REISEN INS REICH
1933 bis 1945

Die Andere Bibliothek

Herausgegeben
von Hans Magnus Enzensberger

REISEN INS REICH
1933 bis 1945

Ausländische Autoren berichten aus Deutschland

Zusammengestellt
und mit einer Einleitung
von Oliver Lubrich

Eichborn Verlag
Frankfurt am Main
2004

ISBN 3-8218-4550-3

Frankfurt am Main 2004

Inhaltsverzeichnis

1933 bis 1939

1939 bis 1945

Reisen ans Ende der Nacht

VON OLIVER LUBRICH

Die Vorstellung, eine Reise in das Dritte Reich zu unternehmen, mag heute einigermaßen abwegig erscheinen. Und vielleicht wurde aus diesem Grund die Reiseliteratur über Nazideutschland als Thema übersehen. Dabei gingen zwischen 1933 und 1945 zahlreiche internationale Autoren nach Deutschland, deren Texte, in denen sie ihre Erfahrungen zur Sprache brachten, inhaltlich aufschlußreich sind und literarisch vielfältig.

Die ausländischen Beobachter kamen aus den unterschiedlichsten Gründen: Einige lebten bereits in Deutschland, als Hitler zum Reichskanzler ernannt wurde, beispielsweise als Sprachlehrer (wie Christopher Isherwood) oder als leitender Angestellter in einem Betrieb (wie René Juvet). Sie kamen als Studenten ins Land (wie Shi Min), als wissenschaftliche Stipendiaten (wie Jean-Paul Sartre), als Gastdozenten (wie Denis de Rougemont), als Landstreicher (Jean Genet) oder zu einer Ruderregatta (wie der spätere Kampfflieger Richard Hillary). Sie waren mehr oder weniger privat unterwegs (wie Albert Camus, Annemarie Schwarzenbach oder Gunnar Ekelöf). Sie befanden sich (wie Virginia Woolf mit ihrem Mann Leonard) auf der Durchreise. Sie besuchten das Land als Kunstinteressierte sowie zum Spracherwerb (wie Samuel Beckett). Sie arbeiteten als Korrespondenten für ausländische Zeitungen und Rundfunkprogramme (wie Georges Simenon, William Shirer, Howard Smith, Harry Flannery, Jacob Kronika oder Theo Findahl). Sie bewegten sich im Untergrund (wie Maria Leitner), um *incognito* über die Zustände aufzuklären. Sie fanden sich auf Einladung der deutschen Regierung ein (wie Jacques Chardonne oder József Nyírö), um an einer Rundfahrt beziehungsweise an einem Schriftstellerkongreß teilzunehmen. Sie kämpften im Krieg als Freiwillige auf deutscher Seite (wie der schwedische Soldat der SS-Division »Nordland«, von dessen Erlebnissen das Buch *Endkampf um Berlin* erzählt). Oder sie trafen ein mit den siegreichen alliierten Truppen (wie die Reporterin Virginia Irwin). Hinter jeder Reise ist eine Geschichte zu entdecken, die bereits für sich Aspekte des Alltagslebens und der Historie des Dritten Reiches beleuchtet.

Die reisenden Autoren kamen aus England und den USA, Frankreich, Belgien und der Schweiz, Schweden, Norwegen und Dänemark, Ungarn, China und aus vielen weiteren Ländern. Während in der Vorkriegszeit zahlreiche prominente Schriftsteller aus aller Welt Deutschland besuchten (sowohl solche, die seinerzeit bekannt waren – wie Sven Hedin oder Thomas Wolfe, als auch solche, die erst später zu Ruhm gelangten – wie Jean-Paul Sartre oder Albert Camus), konnten sich während des Zweiten Weltkrieges nur noch Angehörige verbündeter, neutraler oder besetzter Staaten in Deutschland frei bewegen. Der Anteil professioneller Beobachter nahm gegenüber denjenigen, die aus anderen Gründen gekommen waren und nicht von vornherein den Vorsatz hatten, ihre Reise zu beschreiben, zu.

Worüber schrieben die reisenden Autoren? Welche Einsichten hatten sie? Und wie verhielten sie sich zu dem, was sie in Deutschland erlebten?

1. Dokumente

An die Schriften ausländischer Autoren über Aufenthalte in Nazideutschland lassen sich verschiedene Fragen stellen, die unterschiedliche Erkenntnisinteressen spiegeln. Da es sich um Augenzeugenberichte beziehungsweise um zeitgenössische Aufzeichnungen handelt, haben sie als geschichtliche Quellen einen dokumentarischen Wert. Genaugenommen ist zwar ein Autor niemals identisch mit einem literarischen Erzähler oder einer sprachlichen Figur. Jeder Text ist fiktional.

Seine künstlerische Dimension tritt je nach Gattung in unterschiedlicher Weise zutage. Gleichwohl haben die Reiseberichte nicht nur als authentische Repräsentationen, sondern auch als zeitbedingte Konstruktionen ihren Stellenwert. Um so überraschender ist es, daß es sich bei einigen der hier versammelten Texte um deutsche Erstveröffentlichungen handelt (Block, Chardonne, Dodd, Flannery, Hauser, Irwin, Simenon, Wolfe), in einem Fall sogar um eine Erstveröffentlichung überhaupt (Beckett).

Als Zeugnisse auswärtiger Besucher eröffnen die Reiseberichte neue Perspektiven auf die deutsche Geschichte jener Epoche. Sie leisten einen Beitrag zur Geschichtsschreibung des Dritten Reiches, indem sie dessen Alltag aus verschiedenen Blickwinkeln mit unterschiedlichen Mitteln thematisieren. Da sie die Realität im nationalsozialistischen Deutschland mit fremdem Blick registrieren, machen sie manches in spezifisch anderer Weise sichtbar, als es deutsche Zeitzeugen überliefert haben. Und in einem engeren Sinn geben sie Auskunft darüber, aus welchen Gründen und unter welchen Umständen sich Ausländer in Deutschland bewegen und wie sie das Land erfahren konnten.

Was hielten die Reisenden für bemerkenswert? Die Berichte umfassen zahlreiche Aspekte des deutschen Alltagslebens. Die Besucher beschreiben die Berufswelt und das Freizeitverhalten der Deutschen, die öffentliche Beflaggung, die neue Architektur und das kulturelle Angebot, die Wirkungen der Diktatur, das System des Terrors und die Verfolgung der Juden, die politische Propaganda und die Militarisierung der Gesellschaft, die Psychologie der Anpassung, die Verdunklungen und die Mangelwirtschaft, die Bombenangriffe, die Zwangsarbeiter und die Kriegsversehrten, die sich verändernde Stimmung in der Bevölkerung – und schließlich das Kriegsende.

Viele Berichte stellen eine wichtige Frage: Wie verhalten sich die Deutschen? Während sie dem Regime in vielerlei Hinsicht willfährig war, zeigte sich die Mehrheit der deutschen Bevölkerung nur sehr bedingt kriegsbegeistert.

Während allenthalben Fanatismus und Mitläufertum sich äußerten, waren bisweilen auch kritische Stimmen zu vernehmen, die der Schweizer René Schindler einem »Geheimen Deutschland« zuordnet.

Über die bloße Beschreibung hinaus entwickeln die Beobachter Analysen, Deutungsmodelle und Ansätze für Erklärungen der NS-Herrschaft. So sieht Denis de Rougemont den Charakter des Nationalsozialismus als eine Art Religion und dessen Praxis als eine Art Kult. Howard Smith diagnostiziert eine Eigendynamik des Totalitarismus, eine Dialektik von Gefolgschaft zu Hitler und Angst vor Vergeltung. Dieser Theorie zufolge war sich die Bevölkerung nur zu gut über die deutschen Verbrechen im klaren; sie hielt sich gerade deshalb um so verbissener an ihre Führung, weil sie fürchtete, im Fall einer Niederlage von den Siegern – zu Recht – bestraft zu werden.

2. Erkenntnisse

Welchen Einblick konnten die Reisenden in das totalitäre System nehmen? Was wußten sie? Und zu welchem Zeitpunkt? Über die Kriegspolitik, über die Verfolgung und Ermordung der Juden und über die anderen Verbrechen? Was konnte man wissen? Und auf welche Weise erfuhr man es?

In seinem »Berliner Tagebuch« schildert Christopher Isherwood den sich verschärfenden Terror und die zunehmend repressive Atmosphäre. Diese Entwicklung versteht er als einen allmählichen Vorgang, der lange vor dem 30. Januar 1933 begonnen hat. Sein Kapitel verläuft beinahe unmerklich über dieses Datum, das nicht als schockartiges Ereignis herausgestellt wird, hinweg. Gleichwohl hielt es Isherwood, der bereits seit vier Jahren in Berlin lebte, nach Hitlers Machtübernahme nur noch wenige Wochen aus, bevor er die Stadt im Mai 1933 verließ.

In Georges Simenons Artikel, der einen Aufenthalt vom Februar 1933 beschreibt, findet eine geradezu polemische und heute hellsichtig zu nennende Anklage statt: Ein Portrait des perversen Frauenmörders Kürten wird durch eine Photounterschrift auf den neuberufenen Reichskanzler bezogen. Annemarie Schwarzenbach fand Anfang April 1933 – »selbstverständlich« –»die Äusserungen des dritten Reichs ausnahmslos abstossend«. Der schwedische Dichter Gunnar Ekelöf beklagte am Ende des Jahres, welchen Zivilisationsbruch der Nationalsozialismus in Deutschland bedeutete. Und Jean Genet erlebte ein »Volk von Dieben«, das sich kollektiv »außerhalb des Rechts« gestellt hatte.

Ausgerechnet zur Zeit der Olympischen Spiele, als die Regierung bemüht war, ausländischen Besuchern einen möglichst harmlosen Eindruck zu vermitteln, erkannte Thomas Wolfe, der sich bis dahin hatte blenden lassen, den rassistischen Terrorstaat. Wolfe bringt die Rassengesetze zur Sprache und die Angst eines Freundes vor der Willkür der Mächtigen, die restriktiven Ausreiseregelungen und antisemitische Äußerungen einer deutschen Mitreisenden. Aus dem Zugfenster betrachtet sein Protagonist Flughäfen und Industrieanlagen, die von den Vorbereitungen des Krieges zeugen. Seine Bewertung kristallisiert sich heraus an einer konkreten Erfahrung: an der Begegnung mit einem Juden, der um sein Leben fürchtet.

Meinrad Inglin beschreibt einen aggressiven Jungen, der, kurz nach Kriegsbeginn, vor einem ausländischen Fahrzeug ausspuckt, und naive Krankenschwestern, die von Hitler entzückt sind. Der Korrespondent Harry Flannery notierte 1941, daß Juden in Konzentrationslager deportiert wurden. Der schwedische Journalist Gösta Block, der 1942 sogar eine Zeitlang für den deutschen Rundfunk gearbeitet hatte, setzt sich mit den alltäglichen Schikanen, die sie erleiden, auseinander. Und der Schweizer Konrad Warner spricht (1943/44) von Massenerschießungen und von Vergasungen.

Die US-Amerikanerin Martha Dodd, die zunächst – wie Wolfe – für Deutschland eingenommen war und – wie Genet – mit dem Nationalsozialismus sympathisiert hatte, gelangte vor dem Ausbruch des Krieges und ohne daß sie die »Kristallnacht« noch als Zeugin hätte erleben können, zu der Schlußfolgerung, daß die Verfolgung der Juden in einer planmäßigen Vernichtungspolitik enden würde: »In all diesen Jahren«, blickte sie auf ihren Aufenthalt in den Jahren 1933 bis 1937 zurück, »hat Hitler zielstrebig auf die Liquidierung des deutschen Judentums hingearbeitet.« Der Nationalsozialismus, so warnt sie, »ist versessen auf die Auslöschung dieses Volkes.« In aller Deutlichkeit formuliert sie damit eine Einsicht, deren Möglichkeit von den meisten deutschen Zeitzeugen nach 1945 geleugnet wurde.

Viele ausländische Beobachter erkannten die Verbrechen, die vorbereitet oder ausgeführt wurden – auch wenn man in Rechnung stellen muß, daß Martha Dodd als Botschaftertochter über ein privilegiertes Wissen verfügte; daß ein Schriftsteller wie Thomas Wolfe die intellektuellen Voraussetzungen besaß, seine Einstellung kritisch zu überprüfen; und daß die meisten Reisenden – mit Ausnahme Christopher Isherwoods – *plötzlich* nach Deutschland gekommen waren und sich dem Nationalsozialismus schockartig ausgesetzt fanden, und ihn nicht allmählich, in seiner zunehmenden Radikalisierung, wie die Deutschen erlebten. Wie die meisten Menschen, die damals dort lebten, wurde auch René Juvet, der als Schweizer in Deutschland aufgewachsen war und in seinem Buch *20 Jahre Nationalsozialismus* Revue passieren läßt, ein Zeuge der Pogrome vom 9. November 1938. Das Haus seiner jüdischen Freunde wurde verwüstet, die Frau geschlagen, der Mann getötet. Später begegnete er in einem ganz gewöhnlichen Zugabteil einem SS-Mann, der seine Gewissensbisse mit Alkohol betäubte und die Greuel der Lager preisgab.

All dies konnte man offenbar erfahren, wenn man nur wollte. Aber welche Grenzen waren dem Wissen gesetzt? Die meisten Besucher verzeichnen eine Atmosphäre der Angst. Meinrad Inglin berichtet von der Durchsuchung bei der Einreise. Die professionellen Berichterstatter – Shirer, Smith, Flannery – schildern die Zensur und die Schwierigkeiten der Information: eine freie Presse gab es nicht, auswärtige Radioprogramme waren den Deutschen verboten, die Verlautbarungen des Regimes reine Propaganda. Gleichwohl zeigen die Korrespondenten, wie es unter den Bedingungen der Desinformation dennoch möglich war, Schlußfolgerungen zu ziehen. William Shirer beispielsweise stellte fest, daß es dem Regime nicht recht gelang, die deutsche Bevölkerung für den Krieg zu begeistern. Harry Flannery bemerkte, daß sich die Zuschauer im Kino keineswegs im Sinne der »Wochenschau«-Propaganda verhielten. Howard Smith entwickelte eine feinsinnige Semiotik des Alltags: Als die russischen Bücher urplötzlich aus den Auslagen der Buchläden verschwunden waren, wurde ihm klar, der Überfall auf die Sowjetunion stand bevor. Einige Monate später gaben die auf den ersten Blick unzweideutigen Verlautbarungen der deutschen Kriegspropaganda *zwischen den Zeilen* zu erkennen, daß der »Blitzkrieg« in Rußland gescheitert war.

3. Haltungen

Wie gingen die Reisenden mit dem, was sie in Deutschland erkannten, um? Wie erlebten Menschen, die von außen kamen, ein totalitäres Regime? Wie verhielten sie sich zu Diktatur und Propaganda, zu Antisemitismus und Terror? Welche politische Bewertung nahmen die Autoren (explizit oder implizit) vor? Was beschrieben sie als positiv? Worin lag möglicherweise eine Faszination? Welche Erlebnisse lösten ihren Widerspruch aus? Welche Momente erfuhren sie als Irritationen, die ihrem Vorverständnis oder ihren Vorurteilen entgegenstanden? Wo lag gegebenenfalls ein Auslöser endgültiger Ablehnung? Welche Erlebnisse werden möglicherweise als »Wendepunkte« wahrgenommen?

Die Besucher, deren Texte in der vorliegenden Auswahl versammelt sind, stehen für unterschiedliche Einstellungen, die zwar nicht in ihrer Zusammensetzung, wohl aber in ihrer Bandbreite repräsentativ gewesen sein mögen: Sie positionierten sich als Nazis (Jacques Chardonne, Wiking Jerk), sie verhielten sich widersprüchlich (Heinrich Hauser, Shi Min), wechselhaft (Thomas Wolfe, Martha Dodd) oder kritisch

(Maria Leitner, Howard Smith). Es lassen sich verschiedene »Blicke« unterscheiden: ein sympathisierender, ein neutraler, ein ästhetischer, ein analytisch-distanzierter oder ein politisch-engagierter.

Bemerkenswert ist, daß fast sämtliche Besucher einen Wandel ihrer Einstellung durchlaufen. Wenn sie sich mit dem Dritten Reich auseinandersetzen, ist besonders deutlich zu beobachten, daß Reiseberichte bewegliche Texte sind, die oft keine konstante Ideologie vertreten, sondern von Herausforderungen, Verwandlungen und Neubestimmungen handeln. Die meisten Reisebeschreibungen haben eine innere Dynamik. Die Wirklichkeit des Reisens ist komplexer als jeglicher Schematismus. (Diese Beobachtung hat nicht nur politische, sondern überdies theoretische Implikationen: Die dynamische Beschreibung einer Reise läßt sich nicht mehr mit dem einfachen Modell einer traditionellen Diskursanalyse abbilden, derzufolge ein historisches Dokument immer einem zeitgenössischen Modus des Wissens und Schreibens entspräche, ohne ihn je unterlaufen, überschreiten, in Frage stellen zu können.)

Bisweilen verändern sich nicht nur die Erzähler und die Figuren, sondern auch die Verfasser selbst. Zunächst ist eine gewisse Dynamik innerhalb der Texte zu beobachten, auf der Ebene des Erzählens. (So ist der Reisende, von dem Thomas Wolfes Geschichte handelt, am Ende seiner Reise ein anderer geworden, als er es zu Beginn gewesen war.) Darüber hinaus läßt sich in konkreten Fällen erfahren, wie sich der historische Autor durch den Text verwandelt und neu positioniert. (So hatte die Veröffentlichung seiner Novelle für Thomas Wolfe die ganz reale Folge, daß er nach Deutschland, wo er große Prominenz genossen hatte, nicht mehr zurückkehren konnte). – Das Schreiben hat eine politische und eine kathartische Funktion.

Nur einzelne Zeugen (Jacques Chardonne, Wiking Jerk) verfassen ungebrochene Apologien des Dritten Reiches. Viele Reisende (Jean Genet, Thomas Wolfe, Martha Dodd) kamen zwar nach Deutschland mit romantischen germanophilen

Vorstellungen oder sogar als mehr oder weniger entschiedene Sympathisanten des Naziregimes. Vor Ort jedoch machten sie Erfahrungen, die ihre anfängliche Haltung in Frage stellten. Sie erlebten Augenblicke der Irritation, und sie erfuhren von den Verbrechen. In der Folge betrachteten sie die Gründe ihrer Faszination durchaus kritisch. Und einige gelangten sogar so weit, den Prozeß ihrer Desillusionierung schildern zu können: die Enttäuschung ihrer Erwartungen, ihre Distanzierung vom Faschismus – und bisweilen sogar die Schuldgefühle, die sie wegen ihrer Reise befielen (zum Beispiel Gösta Block).

Andere Zeugen (Christopher Isherwood, Annemarie Schwarzenbach, Gunnar Ekelöf, Virginia Woolf) nahmen von vornherein eine kritische Position ein. Aber auch sie sahen sich zuweilen herausgefordert. So hat Christopher Isherwoods Erzähler durchaus gemischte Gefühle: Einerseits fühlt er sich unter dem Terror der sich einrichtenden Diktatur »so unbehaglich« wie kaum jemals zuvor in seinem Leben; andererseits freut er sich, nach wie vor, an den kleinen Dingen des Alltags – und er schämt sich dafür: »Ich [...] bin entsetzt, mich lächeln zu sehen. Man kann nicht anders – man muß lächeln, wenn das Wetter so schön ist.« Virginia Woolf machte die Erfahrung, daß die Konfrontation mit dem Nationalsozialismus sie charakterlich auf eine Probe stellte – die sie nicht durchweg heroisch bestand. »Wir werden unterwürfig«, stellte sie fest, und zwar bereits gegenüber den ersten Autoritäten der Diktatur, deren Willkür sie an der Grenze sich ausgesetzt sah.

4. Fremde Blicke

Welche Rolle spielt es, daß die Berichtenden aus dem Ausland kamen? Wie wurde Deutschland von Ausländern gesehen? Wie erscheint es als Gegenstand einer reiseliterarischen Perspektive, einer ethnologischen Betrachtung? Welche Elemente eines Deutschlandbildes lassen sich zusammenstellen, welche stereotypen Vorstellungen waren im

Umlauf? Und welche Bedeutung hat in diesem Zusammenhang der Nationalsozialismus?

Viele Reisende interessierten sich keineswegs ausschließlich für Politik. Und ihr Augenmerk war nicht unbedingt auf die Gegenwart gerichtet. Sie hatten Vorstellungen, die sich aus der Geschichte speisten: aus der germanischen Mythologie und dem Mittelalter, aus der klassischen und romantischen Literatur, von Goethe und Madame de Staël, Grimms Märchen und Friedrich Nietzsche, Ludwig van Beethoven und Richard Wagner, zum Teil auch aus der Erfahrung des Ersten Weltkrieges. Für viele ist die deutsche Landschaft Ursprung einer exotisierenden Faszination. Es waren kulturell vorgeprägte Muster, die das Verstehen des Dritten Reiches bedingten; die zu dem, was die Reisenden in der Gegenwart erfuhren, in Beziehung gesetzt wurden. Die Blicke der Fremden sind nicht allein Spiegel aktuellen Geschehens, sondern auch Konvergenzpunkte historischer Überlieferungen.

Die Reisenden gleichen Ethnologen, die »teilnehmend beobachten«. Wenn Deutschland zum Gegenstand »fremder« Blicke und völkerkundlicher Betrachtungen wird, ist die traditionelle Perspektive der Reiseliteratur, die Sicht vom »Eigenen« auf das »Fremde« – aus deutscher Sicht – hier umgekehrt. Karen Blixen etwa ruft immer wieder Assoziationen zu Afrika und Arabien auf, sie vergleicht Nazideutschland mit Tibet und den Faschismus mit dem expansiven Islam. Ihre Wahrnehmung läßt sich insofern als »kolonial« bezeichnen, als sie die Muster klassischer Reiseberichte fortschreibt, in denen ein aufgeklärtes Europa einem primitiven Anderen sich nähert. Nur daß in diesem Fall das sonst bloß vermeintlich Barbarische sich in der Tat als solches erwiesen hat.

5. Räume und Grenzen

In Karen Blixens Text wird deutlich, daß andere Kulturen und symbolisch besetzte Regionen (Afrika, Arabien) in der Wahrnehmung Nazideutschlands eine wichtige Rolle spielen können. Wie werden Länder imaginiert, die im Verhältnis zu

Deutschland und zugleich für die Stellungnahme der Reisenden eine besondere Bedeutung haben?

Anhand von Reisen nach Italien und in die Sowjetunion lassen sich die Wahrnehmungen unterschiedlicher Diktaturen miteinander vergleichen. Wie wurden die autoritären Gesellschaftsordnungen erlebt und bewertet? Wurde etwa Mussolinis »klassischer« Faschismus als positives Gegenmodell zum deutschen Nationalsozialismus verstanden oder die Sowjetunion als »linkes« Gegengewicht zu Hitler gesehen? Bei Jean Genet, der auf seiner Europareise Italien gleich mehrfach durchquerte, bevor er nach Deutschland gelangte, gibt es keinen Hinweis auf den dortigen Faschismus, ihn scheint – als absolute Andersheit und radikale Provokation – allein der deutsche zu interessieren. Auch Albert Camus und Virginia Woolf haben sich auf den Reisen, die sie nach Deutschland führten, anschließend in Italien aufgehalten, und ihre Deutschland-Beschreibungen sind im Kontext der auf sie folgenden Italien-Berichte zu sehen. Die Ankunft in Italien inszeniert Camus (in *Licht und Schatten*) im deutlichen Gegensatz zu seiner deutschen Reise, nämlich euphorisch: »Ich betrete Italien. Es ist ein nach meiner Seele geschaffenes Land [...], alles dient mir zum Vorwand für eine Liebe ohne Maß.« Und während Camus hier wie dort keine ausdrücklich politischen Bezüge herstellt, ist der Kontrast zwischen den beiden Ländern, zumal Mussolini in Italien immerhin schon über zehn Jahre länger an der Macht war als Hitler in Deutschland, bei Virginia Woolf um so bemerkenswerter: denn während ihre Tagebucheinträge über Deutschland (vom 9. und 12. Mai 1935) deutlich politisch sind und ihr das Land einzig wegen des Nationalsozialismus unerträglich wird, enthalten die unmittelbar folgenden Notizen aus Italien (vom 13. bis 21. Mai) keinerlei Hinweis auf die dortige Herrschaft des Faschismus. In Perugia, wo sie sich 1908 schon einmal im selben Hotel aufgehalten hatte, findet Woolf alles unverändert – »all the same«.

Ebenso wie die Reiseberichte über Hitlers Deutschland mit denen über Mussolinis Italien zu vergleichen sind, lassen sie sich im Hinblick auf solche über Stalins Sowjetunion lesen. Einen berühmten Beitrag verfaßte beispielsweise André Gide, der von seinem Besuch enttäuscht zurückgekehrt war (*Le Retour d'U.R.S.S.*, 1936). Martha Dodd, die von Berlin aus in die Sowjetunion flog, erlebte diese als eine verwirklichte Utopie: exotisch, romantisch – ganz so, wie sie zu Anfang ihres Aufenthalts in Deutschlands das Reich der Nazis empfunden hatte.

Eine wichtige Dimension der Reiseliteratur ist in den Räumen zu suchen, die sie jeweils entwirft. Im Hinblick etwa auf Italien und die Sowjetunion, aber auch auf andere Länder, die sie besuchen oder zum Thema machen, wäre die Frage zu stellen, auf welchen symbolischen Landkarten die Autoren Nazideutschland verorten. In bezug auf die Beschreibungen ihrer Aufenthalte im Dritten Reich wiederum läßt sich fragen: Welche sinnreichen Raumordnungen, welche symbolischen Topographien eröffnen ihre Berichte von Nazideutschland selbst? Welche Schauplätze sind mit kultureller und politischer Bedeutung aufgeladen? Wie werden beispielsweise die Großstädte gegenüber der Provinz geschildert? Und welche Funktion haben die Landesgrenzen?

Die Wege der Reisenden folgen unterschiedlichen Modellen: Jean Genet durchquert Deutschland von Polen aus, über Breslau und Berlin, in Richtung Antwerpen (Transit). Thomas Wolfe beschreibt, wie seine Figur das Land verläßt, um nach schrecklichen Erfahrungen in die Heimat zurückzukehren (Exit). Meinrad Inglin unternimmt eine Rundreise (Tour). Martha Dodd hält sich an einem festen Standort auf, in Berlin, von wo aus sie zu Ausflügen aufbricht (Exkursion).

Die Art und Weise, wie die Autoren die Städte und diesen gegenüber das Land in Szene setzten, gibt Aufschlüsse über ihr Verständnis Deutschlands und des Nationalsozialismus. Es ist nicht das Berlin der Klassischen Moderne oder das Bauhaus in Dessau, für das sich die meisten Reisenden interessierten. Die Industrieregionen spielen nur selten eine Rolle, etwa bei Thomas Wolfe, dessen Protagonist mit dem Zug durch das Ruhrgebiet fährt. Nur Heinrich Hauser setzt sich intensiver mit der im Wachstum begriffenen Reichshauptstadt als urbanem Phänomen auseinander.

Martha Dodd verbindet deutsche Natur und Kultur keineswegs mit Modernität, sondern mit der Vergangenheit – auf eine romantische Weise, die zuweilen auch ein wenig schauerlich ist: das ländliche Bayern mit seinen malerischen Dörfern, die Mark Brandenburg, die Nordseeküste; Seen und Wälder, Burgen und Schlösser. Anhand symbolischer Orte aktiviert sie die deutschen Regionen – und in ihnen die deutsche Geschichte – ästhetisch als positives Bezugsfeld. Als Ort der Verbrechen gerät die Metropole in einen Konflikt mit der Provinz, die ihr gegenüber idyllisch erscheint. Daß sich diese Opposition eines städtischen (faschistischen) und eines ländlichen (intakten) Deutschland im Gegensatz nicht nur zum anti-urbanen Selbstverständnis der Nationalsozialisten, sondern auch zur historischen Realität befand, scheint Dodd nicht geahnt zu haben. (Dies ließe sich zum Beispiel an der regionalen Verteilung der Stimmen für die NSDAP in den Wahlen bis 1933 nachvollziehen.) Vor den historischen Schichten des Mittelalters, der Klassik und der Romantik erscheint der Nationalsozialismus nicht als logische Konsequenz einer deutschen Entwicklung, sondern als Fremdkörper. Indem er in der Großstadt verortet wird, ist der Terror der NS-Herrschaft nicht aus dem deutschen Erbe abgeleitet, sondern als ein Phänomen der Moderne gedeutet.

Die Landschafts- und Städtebeschreibungen setzen den Faschismus jeweils in bestimmter Weise mit dem Fortschritt in Beziehung. Während der Nationalsozialismus bei Martha Dodd kritisch als Phänomen der Moderne verstanden zu werden scheint, drücken andere Regimegegner umgekehrt ihre Ablehnung dadurch aus, daß sie ihn – wie zum Beispiel Annemarie Schwarzenbach – als Regressionsphänomen, als Rückkehr ins Mittelalter beschreiben; wogegen Sympathisanten – wie Jacques Chardonne – die gleiche Opposition genau entgegengesetzt ausdeuten und den Faschismus gegenüber einer negativ verstandenen Moderne positiv absetzen. Die ambivalenten oder wechselhaften Haltungen vieler Reisender – Heinrich Hauser, Max Frisch und Karen Blixen oder Thomas Wolfe – finden ihren Ausdruck in jeweils entsprechenden Städtebildern und Landschaftsbeschreibungen.

Eine besondere Funktion kommt der Grenze und ihrer Überschreitung zu. An den Landesgrenzen oder beim Zoll auf den Flughäfen haben die meisten Reisenden zum ersten Mal Kontakt mit dem nationalsozialistischen Deutschland und mit dessen Repräsentanten in Uniform. Virginia Woolf inszeniert ihr Reiseerlebnis im übertragenen und im buchstäblichen Sinn als Grenzerfahrung. Howard Smith erreicht die Schweiz, als japanische Flieger den US-amerikanischen Stützpunkt Pearl Harbor überfallen. Wenig später wäre er als Angehöriger einer Nation, mit der sich Deutschland im Kriegszustand befand, interniert worden. Er wäre nicht mehr entkommen – und hätte seinen Bericht, *Last Train from Berlin,* nicht mehr veröffentlichen können. Das Überschreiten der Grenze wurde für ihn – und seine Reportage – zur Rettung. Auch für die Figuren in der Geschichte von Thomas Wolfe bedeutet die Fahrt mit dem Zug über die Grenze (in diesem Fall zu Belgien) eine Erleichterung, eine Befreiung von dem Druck, den sie auf deutschem Gebiet verspürt haben, die sich sofort und geradezu physisch bemerkbar macht.

6. Krankheiten und Begierden

Bei Meinrad Inglin fallen zwei Motive zusammen: die Bewegung über die Grenze und die Veränderung seines Körpers. Inglin wird krank, sobald er sich auf deutschen Boden begibt. Deutschland löst tatsächlich und allegorisch eine Reaktion bei ihm aus. Einige Reisende verarbeiten die Bedrohung, aber auch die Verlockung, die das fremde Land, in dem der Nationalsozialismus herrscht, für sie darstellt, entweder als Krankheit oder als erotischen Reiz. Wie reagieren die Besucher physisch und psychisch auf das bereiste Land? Worin bestand gegebenenfalls die erotische Attraktion des Faschismus? Und welche geradezu instinktiven Abwehrreaktionen rief er hervor?

Das vorrationale Verhältnis der Reisenden zum Nationalsozialismus, wie es in den Motiven der Krankheit und der Begierde zum Ausdruck kommt, muß sich mit der moralischen und politischen Haltung nicht immer im Einklang befinden. Häufig jedoch scheinen Ethik und Physis in einem – psychosomatischen – Wechselverhältnis zu stehen. Dem Ich-Erzähler der Novelle von Thomas Wolfe wird regelrecht schlecht, als er erfährt, daß sein jüdischer Reisebekannter von der Polizei verhaftet wurde. Howard Smith diagnostiziert bei sich und seinen Kollegen einen »Berlin Blues«, eine Art Depression, die das Leben in der deutschen Hauptstadt mit sich gebracht hat.

Ein unheimliches Phänomen – neben dem der Krankheit –, das in zahlreichen Berichten eine ausdrückliche oder unterschwellige Rolle spielt, ist die Erotik. In den zwanziger und frühen dreißiger Jahren übte Berlin auf schwule Reisende eine besondere Anziehungskraft aus. »Berlin means boys«, fand Christopher Isherwood. Hat das schon seinerzeit umgehende Gerücht einer Verbindung von Homosexualität und Faschismus (das Männerbündlerische, der erkennbare Zusammenhang von Verdrängung und aggressivem Selbsthaß, die Mutmaßungen um den homosexuellen SA-Führer Ernst Röhm) auf politisch bewußte Beobachter wie Isherwood (oder auch W. H. Auden, Stephen Spender und viele andere) beunruhigend gewirkt und sie erst recht zu Analysen und Stellungnahmen herausgefordert?

Hat die sexuelle Orientierung der Besucher in der Wahrnehmung des Faschismus eine Rolle gespielt? Christopher Isherwood und Jean Genet waren beide schwul und haben auf die Nazis sehr unterschiedlich reagiert. Den einen mag seine sexuelle Orientierung besonders sensibilisiert haben: Homosexuelle Autoren und Autorinnen wie Annemarie Schwarzenbach sahen den Faschismus von vornherein kritisch. Den anderen dagegen (wie zum Beispiel auch den Franzosen Marcel Jouhandeau, der zusammen mit Jacques Chardonne und weiteren, darunter vielen homosexuellen, Schriftstellern der französischen Kollaboration in Deutschland unterwegs war) veranlaßte gerade seine Homosexualität, sich mit dem Faschismus beziehungsweise mit den Faschisten einzulassen. Im *Tagebuch des Diebes* gesteht Jean Genet, daß er sich zu Männern in deutscher Uniform hingezogen fühle. Und er schreibt provokant: »Die französische Gestapo vereinte in sich diese beiden betörenden Elemente: den Verrat und den Diebstahl. Fügte man die Homosexualität hinzu, wäre sie strahlend, unangreifbar.« Als wären die *fasces,* die Rutenbündel der römischen Liktoren, die dem Faschismus seinen Namen gaben, nicht nur Zeichen der Gewalt, sondern auch *fascinum,* Mittel der Verführung, wird der Faschismus hier mit Erotik zusammengeführt und mit schwulem Sadomasochismus in Beziehung gesetzt. Auf diesen Zusammenhang hat Susan Sontag hingewiesen: »Zwischen Sadomasochismus und Faschismus besteht eine natürliche Verbindung.« Der Faschismus übe, stellte Sontag fest, seine erotische Attraktion sogar auf Personen aus, die selbst keine Nazis waren. Und sie verwies dabei auf Jean Genet.

Zeugnisse einer gewissen Erregung sind jedoch ebenso bei heterosexuellen Männern und Frauen zu finden. Martha Dodd zeigt sich begeistert von der angeblichen körperlichen Schönheit zahlreicher Nazis, sogar während sie politisch bereits eine immer stärkere Abneigung zu ihnen entwickelt. Thomas Wolfes Desillusionierung vollzieht sich im Angesicht einer erotisch übercodierten, selbstverständlich blonden Mitreisenden (die er mit einschlägigen Attributen überhäuft), einer sexualisierten *Germania,* die schließlich jedoch ihre Verführungsgewalt einbüßt.

Insgesamt lassen sich verschiedene Varianten der Erotisierung unterscheiden, die bei allen Geschlechtern und sexuellen Orientierungen zu finden sind: Während Leni Riefenstahl erotische Motive als Propagandistin einsetzte (zum Beispiel in ihrem Film über die Olympischen Spiele), inszeniert Jean Genet (und beispielsweise auch Luchino Visconti, in dem Film *Die Verdammten*) gerade das »Abseitige« am Faschismus erotisch, was – auch – eine subversive Funktion hat; Thomas Wolfe gestaltet seine Distanzierung, indem er das Nachlassen einer körperlichen Anziehung schildert; bei Martha Dodd wiederum gehen Verführung und Abstandnahme auf merkwürdige Weise miteinander einher.

7. Persönlichkeiten

Der erotisierte Blick der Reisenden richtet sich nicht selten auf die nationalsozialistischen Führer. An ihnen als beispielhaften Objekten der Betrachtung läßt sich – wie bereits an den Städten, Dörfern und Landschaften – begreifen, wie die ausländischen Beobachter Deutschland beziehungsweise das Dritte Reich jeweils verstanden haben.

Begegnungen mit hochrangigen Persönlichkeiten des NS-Regimes bilden ein wiederkehrendes Motiv zahlreicher Berichte: Georges Simenon traf Hitler im Fahrstuhl und verglich seine Physiognomie mit der eines Serienkillers. Sven Hedin berichtet von mehreren Besuchen beim »Führer«, der sich unfähig zum Dialog zeigte, und beim Luftmarschall Hermann Göring, der sich auf seinem Landsitz Karinhall (nordöstlich von Berlin, in der Schorfheide) dem Luxus hingab. Martha Dodd wurde dem »Führer« von dessen Auslandspressechef mit den Worten zugeführt: »Hitler needs a woman.« Sie fand den Diktator, wie sie gesteht, durchaus charmant. In ihrem Portrait verwendet sie einige Motive, die in Beschreibungen Adolf Hitlers immer wieder auftauchen: etwa sein weiches Gesicht und insbesondere das Hypnotische seiner Augen. William Shirer, der ihn bei zahlreichen Anlässen als Redner beobachten konnte, bescheinigte ihm eine erstaunliche rhetorische Begabung. Auch Denis de Rougemont beschreibt die gleichsam magische Wirkung, die Hitler auf die Deutschen auszuüben vermochte. Und sogar der Untergang des Dritten Reiches wird deutlich an einem symbolhaften Blick auf die politische Führung. Der schwedische SS-Kämpfer Wiking Jerk will »an einem Galgen« vor der Reichskanzlei die zugerichtete (und wohl halbverkohlte) Leiche des Gauleiters der Hauptstadt, Joseph Goebbels, gesehen haben.

Indem sie Einzelne herausgreifen, deren Physiognomie (und Psychologie) sie studieren, geben die ausländischen Beobachter dem Dritten Reich ein Gesicht. Sie akzentuieren die diktatorische Macht einer Clique gegenüber der totalitären Teilhabe der Massen. Berichte, die prominente Nazis als »diabolische« Verführer beschreiben, laufen auf eine andere Interpretation des Nationalsozialismus hinaus als solche, die ihre banale Durchschnittlichkeit unterstreichen.

8. Massen und Medien

Neben den politischen Führern, die das Deutschland der Jahre 1933 bis 1945 verkörpern, setzen sich Berichte verschiedener Reisender aber auch mit der anonymen Masse der Deutschen auseinander, die sie im Alltag und bei bestimmten Gelegenheiten erleben konnten. In den Heimatländern der meisten Berichterstatter gab es kaum offizielle Veranstaltungen, die den Masseninszenierungen der Nationalsozialisten vergleichbar gewesen wären. Mit besonderer Aufmerksamkeit registrieren sie daher Ereignisse wie die Olympischen Spiele, Parteitage der NSDAP, Ansprachen Adolf Hitlers, Aufmärsche der SA oder Paraden der Wehrmacht. Sie beobachten die Fanatisierung der Zuhörer bei Reden des »Führers«; aber auch den scheiternden Versuch, bei Kriegsbeginn eine jubelnde Bevölkerung zusammenzutrommeln (beides zum Beispiel bei William Shirer). Denis de Rougemont berichtet davon, wie er eine Kundgebung besuchte, auf der er Tausende um sich herum in Ekstase erlebte und den kultischen Charakter des Regimes zu verstehen begann. Die Massenpsychologie wirkt auf den ausländischen Beobachter, der sich dem Kollektiv nicht zugehörig fühlt, keineswegs. »Ich bin allein«, notierte de Rougemont über sich selbst als unberührten, nüchternen Betrachter inmitten der ekstatischen Menge, »und sie sind eine Gemeinschaft.« Eine Reflexion über Massenveranstaltungen bietet dem Reisenden die Möglichkeit, sich selbst als Individuum von den Deutschen, die als anonymes Kollektiv in Erscheinung treten, abzusetzen und in dem fremden Land die eigene Identität zu behaupten.

Eines der eindrücklichsten Mittel der Nazis zur Konstituierung von Volkskörper und Volksgemeinschaft dürfte der organisierte Einsatz von Massenmedien gewesen sein. Ebenso wie der Eindruck öffentlicher Großveranstaltungen mußte die Erfahrung des massenwirksamen Gebrauchs von Medientechnologie einen Individualreisenden – noch dazu einen fremdsprachigen und erst recht einen solchen, der in seinem Herkunftsland keine vergleichbar organisierte Medienpublizistik kannte – dazu herausgefordert haben, sich mit den Zusammenhängen von Masse, Medien, Technologie und Moderne auseinanderzusetzen. Wie erlebten und beurteilten die Reisenden den Umgang mit den Medien, mit »Volksempfänger«, »Wochenschau«, *Stürmer* und *Völkischem Beobachter?* Wenn sie berichten, wie der Rundfunk militärische Sondermeldungen gestaltet oder wie Lautsprecher im öffentlichen Raum eingesetzt werden, ist ein gewisser Respekt vor den manipulativen Techniken des propagandistischen Apparates zu erkennen, durch den sich die anfänglichen Erfolge des Regimes erklären lassen (Denis de Rougemont, Harry Flannery). Sobald sie hingegen bemerken, daß die Zuschauer im Kino nicht so reagieren, wie man es jeweils erwarten würde, wenn Winston Churchill oder die japanischen Verbündeten ins Bild kommen (was Flannery verwundert), oder daß die Propaganda sich selbst *ad absurdum* führt (Howard Smith), werden die Grenzen der Beeinflussung und mit ihr die der nationalsozialistischen Macht sichtbar.

9. Formen und Gattungen

Einige der Texte, mit denen ausländische Beobachter auf die Nazis und deren Propaganda reagierten, enthalten ihrerseits Elemente von Agitation. Es besteht ein Zusammenhang zwischen den jeweiligen Inhalten, politischen Positionen und sprachlichen Formen. Die Reisenden, die sich zwischen 1933 und 1945 in Deutschland aufhielten, bedienten sich, um ihre

Erfahrungen mitzuteilen, zahlreicher literarischer Genres: Tagebuch, Brief, Erzählung, Novelle, Roman, Erinnerungen, Erlebnisbericht, Reportage oder Pamphlet – sowie verschiedener Mischformen. Welche Bedeutung hat die Wahl der Gattung? Welche Botschaft enthalten stilistische Verfahren? Welche Semantik besitzt die literarische Form? Und welche Rolle spielt die Sprache, deren sich die Beobachter bedienen?

Realität und Fiktion sind untrennbar miteinander verbunden. Der Faktengehalt ist aus der poetischen Textur nicht restlos herauszulösen. Kein Text kann eine reine Abbildung der Wirklichkeit leisten. Immer ist er durch das Blickfeld einer individuellen Perspektive begrenzt, durch Alter, Geschlecht, Herkunft, Vorwissen, Lektüren und Sprache geprägt und durch die Umstände der Reise und der historisch-politischen Situation bedingt. Stets ist er das Ergebnis einer Auswahl. Und dies nicht nur im Sinn des Ausschnitts der Darstellung, sondern auch in der Wahl der Mittel. Jeder Text, sosehr sein Verfasser auch um Sachlichkeit und Objektivität bemüht sein mag, beruht auf Metaphern, die mehr bedeuten, als dem Schreibenden bewußt gewesen sein mag; und er setzt rhetorische Strategien ein, deren jede für sich bereits eine Botschaft vermittelt. Howard Smith beispielsweise faßte seine Beobachtungen in prägnanten Bildern und verdichtete sie so zu Thesen: Das Dritte Reich ist wie ein fauler Apfel mit einer harten Schale. Die Deutschen folgen ihrer Führung, als würden sie am Schwanz eines rasenden Löwen hängen.

Die Autoren bedienen sich zahlreicher Aneignungsformen: Denis de Rougemont führt Interviews mit Personen, die er für repräsentativ hält. Mehrere Reisende widmen sich der Lektüre deutscher Autoren, die ihnen über die Entwicklung und Situation des Landes Aufschlüsse versprechen. So liest Meinrad Inglin gleich mehrere Werke Ernst Jüngers, der den Nationalsozialisten nahegestanden hatte, bevor ihre Bewegung zum Massenphänomen wurde, und dessen Schriften dem Schweizer Leser einen Schlüssel zum Verständnis dieser

Ideologie anzubieten schienen. Martha Dodd besucht Hans Fallada, der sich in die »Innere Emigration« begeben hat (den Autor von *Kleiner Mann – was nun?,* von dem sie den Eindruck gewinnt, daß er »kein Nazi war und auch unmöglich einer sein konnte – welcher Künstler ist das schon?«).

Viele Reisende setzten sich mit der Kunst auseinander. Samuel Beckett beschäftigte sich mit den verbotenen Arbeiten jüdischer Maler und avantgardistischer Stilrichtungen. Karen Blixen beleuchtete die Situation Deutschlands im kulturellen Leben: in Theaterinszenierungen, in Filmproduktionen, in Bauprogrammen. Sie bemerkte, daß die Spielpläne der Bühnen im Kriegsjahr 1940 englische und französische Autoren aufführten; sie besuchte die Produktionsarbeiten für den antisemitischen Propagandafilm *Jud Süß,* und sie beschrieb die monumentalen neoklassizistischen Neubauten. Max Frisch überdachte sein Verhältnis zur deutschen Tradition und zum Dritten Reich ebenfalls an der Architektur.

Es ist keineswegs gleichgültig, in welcher Form die Reisen dargestellt werden. Die Sprache, der Stil, die Gattung, die literarischen Techniken enthalten eine subtile Aussage über ihren Gegenstand. So mag es kein Zufall sein, daß Thomas Wolfe seinen Abschied von der deutschen Kultur ausgerechnet in Form einer Novelle anhand einer »unerhörten Begebenheit« reflektiert, wie sie den Kern der berühmten Definition dieses Genres durch Goethe gebildet hatte, dessen *Faust* er am Schluß seines Textes zitiert. Wenn Meinrad Inglin sich des Kunstgriffs bedient, seine fiebrige Erkrankung, die er sich während der Anreise zugezogen haben mag, in Form surrealer Bilder zu gestalten (sein irrender Weg durch das Labyrinth der menschenleeren Flure des verdunkelten Polizeipräsidiums; die bläulich leuchtenden Taxis auf den nächtlichen Straßen, aus denen heraus ihn Offiziere »wie fremdartige Geschöpfe aus einem Aquarium« anstarren; seine Vision von der Nordsee, die im Schneesturm auf die vereiste Küste zubrandet; die Schützengräben im Stadtbild; die Stimme des »Führers«, die der Fiebernde im Hospital vom Krankenbett aus vernimmt ...), dann kann diese wahnwitzige Verzerrung als politische Allegorie auf die Situation in Deutschland im Frühjahr 1940 gelesen werden.

Martha Dodd inszeniert ihre eigene Bewußtwerdung als wechselvollen Bildungsroman; Annemarie Schwarzenbach und Gunnar Ekelöf suchen den Dialog und schreiben Briefe; Theo Findahl und Jacob Kronika wählen die intime Form des Tagebuchs, der allein sie ihr Entsetzen anvertrauen können: Das Medium selbst hat bereits eine Botschaft. Die literarische Form besitzt eine eigene, eine weitreichende Semantik.

Art und Ort der Publikation spielen ebenfalls eine Rolle: Handelt es sich um private Aufzeichnungen oder um Texte, die für die Öffentlichkeit bestimmt waren? Erschien der Beitrag in Deutschland oder im Ausland? In welcher Art von Medium wurde er publiziert? (Zu bedenken ist beispielsweise, daß die Gattung des Briefes mit zunehmender Verfestigung der nationalsozialistischen Herrschaft wegen der zu befürchtenden geheimpolizeilichen Zensur immer weniger in Frage kam; daß Rundfunkberichte, die *live* gesprochen und gesendet wurden, vorab zensiert worden waren; daß ausländische Korrespondenten, die ihre Beiträge für Print-Medien nach Hause kabelten beziehungsweise telephonisch durchgaben, nachträgliche Repressalien zu befürchten hatten; daß Dokumente, die aus Deutschland ausgeführt wurden, ebenfalls der Inspektion unterlagen; daß Bücher, die vor 1945 in der Schweiz erschienen, der dortigen Kriegszensur unterlagen; und daß Texte, die in Deutschland veröffentlicht wurden, die Kontrollmechanismen der gleichgeschalteten Presse passiert hatten.)

Eine subtile Reflexion findet des weiteren auf der Ebene der Sprache/n statt. In zahlreichen fremdsprachigen Berichten tauchen deutsche Begriffe auf. Ihre Auswahl und richtige oder falsche Schreibung sind Anzeichen dafür, wie gut die Reisenden Deutsch verstanden, sprachen und schrieben, und demzufolge für die Grenzen der Wahrnehmung, die ihnen gesetzt waren. Darüber hinaus erzeugen die deutschsprachigen Elemente eine ironische Brechung im nichtdeutschen Text. Dies vor allem bei Samuel Beckett, der seine

Tagebuchnotizen mit zahlreichen deutschen Wörtern durchsetzte, die zum Teil unkonventionell geschrieben sind, aber einen erstaunlich differenzierten (und ironischen) Umgang mit der deutschen Sprache zeigen. Beispielsweise notiert Beckett am 9. Oktober 1936 in Hamburg, er habe Abendessen gehabt mit einem »Herr Hoppe as Tischgenossen (not mitesser = skinmaggot!)«, sich dann unterhalten mit einem »Herr Martion, der Kaufmann lernt u. genau so auss[i]eht«, und sei schließlich schlafen gegangen »under kolossal Pferdedecke that [...] explains German for nightmare being *Alp.*«

Darüber hinaus zeugen deutsche Zitate von einer sprachlichen Reflexion des Faschismus. In verschiedenen Texten fungieren sie als *corpora delicti,* die Topoi und Mechanismen der Ideologie markieren (»Schlagwort« oder »Eintopfgericht« bei Denis de Rougemont, »Judgeld« bei Thomas Wolfe, »Luftschutzraum«, »Dienstmänner«, »Jude« und »Deutschland über Alles« bei Harry Flannery). Indem sie Begriffe, die in den alltäglichen Gebrauch eingegangen waren, in ihrem fremdsprachlichen Text isolieren, machen die Reisenden das Einwirken des Nationalsozialismus auf die deutsche Sprache und damit den Grad seiner Durchdringung der deutschen Gesellschaft sichtbar. Die Reisenden sammelten Material, das sich zu einer Theorie der Sprache des Dritten Reiches zusammenfügen ließe, wie sie Victor Klemperer in seiner Studie *LTI* (1947) entwickelt hat.

10. Zerstörung

In den Berichten der Jahre 1940 bis 1945 spielt der Luftkrieg eine immer wichtigere Rolle. Auch daran schließlich, wie sie die Zerstörung beschreiben und deuten, läßt sich die Wahrnehmung des nationalsozialistischen Deutschland durch die fremden Beobachter ermessen.

W. G. Sebald hat in seinem vieldiskutierten Beitrag über »Luftkrieg und Literatur« die doppelte These aufgestellt, die Darstellung der Vernichtung der deutschen Städte durch die alliierten Bombenangriffe sei von den nachkriegsdeutschen

Literaten tabuisiert worden und die wenigen Ausnahmen hätten sich ihrem Gegenstand literarisch als nicht angemessen erwiesen. Für die ausländischen Autoren gilt weder der Befund des Tabus noch der des Versagens. In ihren Berichten finden sich zahlreiche Zeugnisse der Zerstörung, die von großer Eindringlichkeit sind.

Der norwegische Autor Theo Findahl reiht Natur-Metaphern und -Vergleiche aneinander, die das Ungeheuerliche greifbar machen: »die Straße gleicht einem Binnensee« / »Der Tiergarten ist wie ein Dschungel« / »Die Händelallee – ein Feuermeer!« / »ein glühender Wind peitscht durch die Straßen«. Die Zerstörung verwandelt die moderne Metropole zurück in den Zustand der Natur. Darüber hinaus entwirft Findahl Szenarien, die ans Unheimliche grenzen und zum Surrealen tendieren: brennende Züge voller Leichen, die ungebremst auf der Ringbahn kreisen; Pumas, die dem Zoologischen Garten entlaufen; Krokodile, die im Aquarium »gesotten« werden. In einem weiteren Schritt eröffnet der fremde Zeuge historische und mythologische Räume, etwa wenn er die Zerstörung Berlins mit dem Untergang von Pompeji vergleicht. Als Gegenort zu Jerusalem ist das Machtzentrum des Dritten Reiches die *un*heilige Stadt. Ihre Zerstörung erscheint als Strafe für Antisemitismus, Judenverfolgung und Holocaust. Als Stadt des Nino, des Sohns der Semiramis, die dessen Identität annahm und in Calderóns Drama *Die Tochter der Luft* als faszinierendes »Monster« beschrieben wird, erscheint Berlin-Ninive als Kapitale einer verbrecherischen Macht. Und während Babel, biblischer Ort gotteslästerlichen Größenwahns, von Findahl nicht aufgerufen wird, übernimmt seine Rolle die unweit gelegene und symbolisch entsprechende Residenz der erzbösen babylonischen Königin, deren illegitime Herrschaft ebenfalls gesühnt werden muß. Die Häuserskelette von »Germania« überblendet Findahl mit den Trümmern der Hauptstädte anderer gescheiterter Imperien: Ninive, Karthago, Rom. Die Geschichte des Dritten Reiches erzählt er als eine Stadtgeschichte, die in Ruinen ihr Ende nimmt. »Berlins Untergang« wiederholt so historische Muster und erneuert moralische Gesetze.

Auch die Erzählungen der Journalisten Konrad Warner und Jacob Kronika gewinnen gerade in den Momenten des Schreckens an sprachlicher Intensität. In den Darstellungen der brennenden Städte erfährt der Asphalt, eines der zentralen Motive des Großstadtdiskurses der zwanziger Jahre, eine schreckliche Metamorphose: vom Symbol der Urbanität und des Fortschritts wird er zum Sinnbild der Vernichtung: Die glühenden und schmelzenden Stadtstraßen lassen die aus den einstürzenden Häusern fliehenden Bewohner wie in einer Höllenphantasie versinken.

Zahlreiche Passagen der Erlebnisberichte, die den Luftangriffen gewidmet sind, lassen sich stilistisch als *Magischer Realismus* verstehen. Hinter der Beschreibung des Unfaßbaren wird eine nur scheinbar irreale Dimension sichtbar. Die ausländischen Autoren, die sich in Deutschland aufhielten, fanden eine bestimmte literarische Form, die dem Gegenstand, der Zerstörung der deutschen Städte und der Vernichtung der Zivilbevölkerung, angemessen sein konnte. Diese Form erlaubte es ihnen, Wirkliches und Unglaubliches miteinander zu verbinden, die schreckliche Realität weder zu verleugnen noch zu verharmlosen, zu verdrängen oder zu verklären. Und sie eröffnete ihnen Möglichkeiten, historische Verortungen, moralische Bewertungen, ästhetische Modelle und theologische Deutungen für das, was sie erlebt hatten, zu erproben.

Während sie darauf hofften, daß die Bomben das Kriegsende herbeiführten, fürchteten viele Berichterstatter, daß ihre Nachbarn getötet wurden – oder daß der Bunker, in den sie selbst sich geflüchtet hatten, einen Volltreffer erhielt.

Die Reiseberichte bieten uns zeitgenössische Wahrnehmungen des nationalsozialistischen Deutschland, von innen, und doch mit fremdem Blick; aus einer gewissen Distanz, und dennoch zeitgenössisch.

Zu dieser Anthologie. Die vorliegende Anthologie ist selbstverständlich nicht vollständig. Zahlreiche weitere Beiträge würden in Betracht kommen: von Knut Hamsun, Michel Tournier, Lörinc Szabó, Kurt Vonnegut, Louis-Ferdinand Céline und vielen anderen.

Die Texte, die aufgenommen wurden, entsprechen den folgenden Kriterien:

1.) Die Berichte gehen auf reale Erlebnisse zurück. Voraussetzung ist eine Reise nach Deutschland oder eine vergleichbare Erfahrung, das heißt: ein Aufenthalt, der mit hoher Wahrscheinlichkeit der literarischen Gestaltung zugrunde liegt. Nicht mit einbezogen wurden daher reine Fiktionen.

2.) Die Verfasser nahmen Deutschland mit fremdem Blick wahr. Die meisten Texte stammen von Ausländern. Einen Sonderfall bildet der in Deutschland aufgewachsene Schweizer René Juvet. Heinrich Hauser ist zwar der Herkunft nach ein Deutscher; er besuchte das Land jedoch aus dem Exil – und verfaßte seinen Bericht in englischer Sprache.

3.) Die Abfassung und gegebenenfalls Veröffentlichung erfolgte zeitnah; es handelt sich nicht um rückblickende Memoirenliteratur, die aus großem zeitlichen Abstand und mit nachträglichem historischen Wissen weit zurückliegende Ereignisse verzeichnet. In einzelnen Fällen lassen sich die zeitgenössischen Berichte mit späteren Erinnerungen vergleichen. Christopher Isherwood, zum Beispiel, erzählt von seinen Berliner Erfahrungen aus dem Jahr 1933 zunächst in seinem autobiographischen Roman *Goodbye to Berlin* (1939) und dann ein weiteres Mal, fast vier Jahrzehnte später, in seiner Autobiographie *Christopher and his Kind* (1977). Der Tagebucheintrag von Virginia Woolf aus dem Jahr 1935 läßt sich vergleichen mit einem Bericht, den ihr Mann Leonard Woolf von den gleichen Ereignissen in seinen Erinnerungen, *Downhill all the Way* (1968), gab. In beiden Fällen ist zu beobachten, daß die ursprünglichen Darstellungen weit differenzierter und widersprüchlicher Beunruhigungen und Zweifel über die eigene Rolle offenbarten, die dann in den späteren Varianten zurückgenommen sind.

4.) Die Auswahl beschränkt sich auf – im weitesten Sinn – literarische Texte. Das Kriterium ist eine sprachliche Verarbeitung der dargestellten Ereignisse, die einen gestalterischen Anspruch und damit einen bestimmten Grad der Reflexion erkennen läßt. Nicht berücksichtigt wurden demgegenüber vorrangig wissenschaftliche Texte, im engeren Sinn journalistische Arbeiten oder pragmatische Reiseführer. Da es naturgemäß schwierig ist, das Feld des Literarischen abzustecken, sind die Übergänge der Gattungen der Reiseliteratur zu benachbarten Formen nicht trennscharf zu bestimmen.

5.) Das thematische Interesse liegt auf der erfahrbaren Wirklichkeit in Deutschland zwischen 1933 und 1945. Nicht berücksichtigt wurden Werke, deren Gehalt sich weitgehend im Privaten verliert oder in politischer Ideologie erschöpft.

6.) Den Extremfall eines Reiseberichts bilden Texte von Überlebenden über die Konzentrationslager. Die Shoa-Literatur konstituiert eine eigene Gattung. Ausgerechnet in der Form einer Reiseerzählung erinnert sich Jorge Semprún in *Le grand voyage* (1963) an seinen tagelangen Transport in das Konzentrationslager Buchenwald. Die Situation der Deportierten im Güterwaggon und den Blick aus dem Fenster auf die vorbeiziehende Landschaft, unter anderem das Moseltal, überblendet Semprún mit Gedanken und Rückblicken.

EDITORISCHE HINWEISE. Die Anordnung der Auszüge orientiert sich, soweit es die Verfaßtheit der Texte gestattet und diese datiert werden können, an der Chronologie der dargestellten Ereignisse. Eine Übersicht über wichtige historische Daten bietet die Zeittafel im Anhang. Vorkriegszeit und Zweiter Weltkrieg werden in zwei große Kapitel unterschieden. Zur besseren Übersicht wurden den einzelnen Ausschnitten Überschriften hinzugefügt. Kurze Einführungen in die Kontexte von Autor, Reise und Werk werden zum besseren Verständnis den Texten vorangestellt. Ein Verzeichnis ausgewählter Quellen dokumentiert Material, das über

Verfasser, Literatur und Zusammenhänge Aufschluß gibt. Nach Möglichkeit wurden jeweils die Erstausgaben zugrunde gelegt.

Eigentümlichkeiten der Vorlagen in Orthographie und Interpunktion wurden beibehalten; lediglich die Auflösungen großgeschriebener Umlaute an Wortanfängen sowie offenkundige und nicht bemerkenswerte Fehler wurden stillschweigend korrigiert. Änderungen, Ergänzungen und Erläuterungen sind in eckige Klammern gesetzt. Auslassungen innerhalb der ausgewählten Textauszüge entsprechend vermerkt ([...]). Während bei Abschnitten, die im Original direkt aufeinander folgen und durch ein mittig gesetztes Sternchen (*) voneinander getrennt sind, diese Markierung beibehalten wurde, werden Ausschnitte aus demselben Text, die nicht direkt aufeinander folgen und nicht in unmittelbarem Zusammenhang miteinander stehen, durch eine stärkere Linie ▬ voneinander abgesetzt. Leerzeilen wurden übernommen. Datierungen – in den Tagebuchtexten – wurden formal vereinheitlicht, so etwa die Jahreszahlen, wo sie im Original fehlen, der besseren Orientierung wegen hinzugefügt. Die Kursivierung von Buch- und Zeitungstiteln wurde vereinheitlicht. Sämtliche Hervorhebungen der Originale (Unterstreichungen, Sperrungen) erscheinen kursiv. Textstellen, die im Original der fremdsprachlichen Quellen in deutscher Sprache vorkommen, sind durch einen hochgestellten Stern (*) gekennzeichnet.

DANK. Für Unterstützung, Hinweise und Auskünfte danke ich Hans Christoph Buch, Hans Magnus Enzensberger, Gert Mattenklott, Yahya Elsaghe, Hinrich Seeba und Ottmar Ette; Marko Martin, Geoff Wilkes, Tobias Döring und Viktor Otto; Julian Garforth, Mark Nixon und James Knowlson, Naomi Bodemann-Ostow, Heidi Lubrich, Marita Keilson, Georg Schoeck, László-Attila Burger, Heiner Frühauf und Niclas Sennerteg.

1933 bis 1939

Christopher Isherwood

Goodbye to Berlin

Fünfundzwanzig Jahre alt war Christopher Isherwood, als er 1929 nach Berlin ging. Wie seine Landsleute W. H. Auden, Stephen Spender oder James Stern hatte ihn die deutsche Hauptstadt angezogen. Isherwood arbeitete als Englischlehrer, genoß das Nachtleben und erlebte den Untergang der Weimarer Republik. Im abschließenden, sechsten, Teil seines autobiographischen und dokumentarischen Romans *Goodbye to Berlin* (1939), »A Berlin Diary. Winter 1932–3«, schildert Isherwood seine letzten Tage in Deutschland nach der Machtübernahme der Nationalsozialisten. Nach den letzten halbwegs demokratischen Wahlen vom 5. März 1933, in denen die NSDAP beinahe 44 Prozent der Stimmen errungen hatte, ging Isherwood im April für vier Wochen nach London, bevor er noch einmal für einige Tage nach Berlin zurückkehrte, um seine endgültige Abreise in die Wege zu leiten. Aus Isherwoods Geschichten um die Barsängerin Sally Bowles (die gleichnamige Erzählung erschien, zunächst unabhängig, bereits 1937) entwickelte John van Druten die Theaterfassung *I Am a Camera* (1951); Joe Masteroff, John Kander und Fred Ebb schufen daraus das Musical *Cabaret* (1966), das unter gleichem Titel von Bob Fosse verfilmt wurde (1972). Als weiteren Roman über seine Erfahrungen in Deutschland hatte Isherwood *Mr. Norris Changes Trains* (1935) veröffentlicht. Von seinen Erlebnissen in Berlin berichtet er später von neuem in seinen – in der dritten Person erzählten – Erinnerungen, *Christopher and his Kind* (1977).

Schleicher ist zurückgetreten. Die Monokels haben ihre Pflicht getan. Hitler hat mit Hugenberg ein Kabinett gebildet. Niemand glaubt, daß es das Frühjahr überleben wird.

Die Zeitungen ähneln mehr und mehr einem Schulverordnungsblatt. Nichts weiter als neue Bestimmungen, neue Strafen und Listen von Leuten, die eingesperrt wurden. Heute früh hat Göring drei neue Arten von Hochverrat erfunden.

Ich sitze jeden Abend in dem großen, halbleeren Künstlercafé an der Gedächtniskirche, wo Juden und linksgerichtete Intellektuelle über den Marmortischen die Köpfe zusammenstecken und leise und verängstigt miteinander reden. Viele wissen ganz genau, daß sie verhaftet werden – wenn nicht heute, dann morgen oder in der nächsten Woche. Darum sind sie höflich und nachsichtig zueinander, lüften den Hut und erkundigen sich nach des andern Familie. Allgemein bekannte literarische Fehden, die jahrelang währten, sind vergessen.

Fast jeden Abend kommt die SA ins Café. Manchmal sammelt sie nur Geld; jeder wird genötigt, etwas zu geben. Manchmal kamen sie auch, um jemand zu verhaften. Eines Abends lief ein jüdischer Schriftsteller in die Telefonzelle, um die Polizei anzurufen. Die Nazis zerrten ihn heraus, und er wurde abgeführt. Niemand rührte einen Finger. Bis sie wieder fort waren, blieb es still, daß man eine Stecknadel hätte fallen hören.

Die ausländischen Zeitungskorrespondenten essen abends in demselben kleinen italienischen Restaurant an einem großen, runden Ecktisch. Die übrigen Gäste beobachten sie und versuchen, etwas von ihren Gesprächen aufzuschnappen. Wenn man irgendeine Neuigkeit für sie hat – Einzelheiten einer Verhaftung oder die Adresse eines Opfers, dessen Verwandte interviewt werden könnten –, dann steht einer der Journalisten auf und geht mit dem Betreffenden draußen auf der Straße auf und ab. Ein mir bekannter junger Kommunist wurde von der SA verhaftet, in eine Nazikaserne verschleppt und furchtbar zugerichtet. Nach drei oder vier Tagen wurde er freigelassen. Er ging nach Hause. Am nächsten Morgen klopfte es. Der Kommunist humpelte, den Arm in der Binde, zur Tür – draußen steht ein Nazi mit einer Sammelbüchse. Bei diesem Anblick verlor der Kommunist die Fassung und schrie: »Ist wohl nicht genug, daß ihr mich niederknüppelt? Jetzt habt ihr auch noch die Frechheit, mich anzubetteln?«

Der Nazi grinste nur. »Na, na – Kamerad! Keinen politischen Streit! Bedenken Sie, wir leben im Dritten Reich! Wir sind alle Brüder! Sie müssen versuchen, sich den kleinlichen politischen Hader aus dem Herzen zu reißen!«

Heute abend ging ich in die russische Teestube in der Kleiststraße und traf dort D. Im Augenblick glaubte ich wirklich zu träumen. Er begrüßte mich wie immer und strahlte übers ganze Gesicht.

»Mein Gott«, flüsterte ich, »was machen Sie denn hier?«

D. strahlte: »Sie dachten wohl, ich wäre ins Ausland gegangen?«

»Ja, natürlich.«

»Aber die Situation heute ist doch so interessant.«

Ich lachte: »Gewiß, so kann man es auch sehen ... Aber ist es nicht furchtbar gefährlich für Sie?«

D. lächelte bloß. Dann wandte er sich zu dem Mädchen, das bei ihm saß, und sagte: »Das ist Mr. Isherwood. Du kannst ganz offen mit ihm reden. Er haßt die Nazis genauso wie wir. Ja, Mr. Isherwood ist ein bewährter Antifaschist!«

Er lachte sehr herzhaft und klopfte mir auf den Rücken. Ein paar Leute in der Nähe hörten, was er sagte. Ihre Reaktion war merkwürdig. Entweder trauten sie einfach ihren Ohren nicht, oder sie waren so eingeschüchtert, daß sie vorgaben, nichts zu hören, und in tiefem Entsetzen weiter ihren Tee schlürften. Selten in meinem Leben war mir so unbehaglich zumute. (D.s Methode scheint doch etwas für sich gehabt zu haben. Er wurde niemals verhaftet. Zwei Monate später gelang es ihm, über die Grenze nach Holland zu gehen.)

Als ich heute vormittag die Bülowstraße hinunterschlenderte, brachen die Nazis gerade in die Wohnung eines kleinen liberalen pazifistischen Schriftstellers ein. Sie hatten einen Lastwagen mitgebracht, den sie mit seinen Schriften beluden. Der Fahrer las der Menge spöttische Titel vor:

»Nie wieder Krieg!« rief er und hielt angeekelt ein Buch an der Einbanddecke hoch, als wäre es ein garstiges Reptil. Alles brüllte vor Lachen.

»Nie wieder Krieg!« wiederholte eine dicke, gut angezogene Frau mit einem rohen, verächtlichen Lachen. »So eine verrückte Idee!«

Einer meiner regelmäßigen Schüler ist jetzt Herr N., der unter der Weimarer Regierung Polizeichef gewesen war. Er kommt jeden Tag zu mir. Er will sein Englisch auffrischen, denn er wird sehr bald fortgehen und in den Vereinigten Staaten eine Stellung annehmen. Bemerkenswert an diesen Stunden ist, daß sie in Herrn N.s großem, geschlossenem Wagen stattfinden, während wir durch die Straßen fahren. Herr N. betritt nie unser Haus; er schickt den Chauffeur herauf, um mich zu holen, und der Wagen fährt dann gleich wieder ab. Manchmal halten wir für ein paar Minuten am Rande des Tiergartens und schlendern die Wege auf und ab, während der Chauffeur uns in respektvollem Abstand folgt.

Herr N. erzählt mir hauptsächlich von seiner Familie. Er sorgt sich um seinen Sohn, der sehr zart ist und den er einer Operation wegen hier zurücklassen muß. Auch seine Frau ist sehr anfällig. Er hofft, daß die Reise ihr nicht schaden wird. Er beschreibt ihre Krankheitssymptome und die Medizin, die sie nimmt. Er erzählt mir Geschichten von seinem Sohn, als der noch ein kleiner Junge war. Auf taktvolle, unpersönliche Weise sind wir ganz vertraut miteinander geworden. Herr N. ist immer ausgesprochen höflich und folgt ernst und aufmerksam meinen grammatischen Erläuterungen. Hinter allem, was er sagt, wird eine große Trauer spürbar.

Wir sprechen nie über Politik; aber ich weiß, daß Herr N. ein Feind der Nazis und vielleicht stündlich in Gefahr ist, verhaftet zu werden. Als wir eines Vormittags die »Linden« entlangfuhren, kamen wir an einer Gruppe aufgeblasener SA-Männer vorbei, die sich unterhielten und den Gehsteig versperrten. Die Passanten mußten in die Gosse ausweichen. Herr N. lächelte müde und traurig: »Seltsame Bilder sieht man heutzutage auf der Straße.« Mehr sagte er nicht.

Manchmal beugt er sich zum Fenster vor und betrachtet aufmerksam und traurig ein Gebäude oder einen Platz, als wollte er sich das Bild einprägen und Abschied von ihm nehmen.

Morgen reise ich nach England. In ein paar Wochen werde ich zurückkommen, aber nur, um meine Sachen zu holen, bevor ich Berlin für immer verlasse.

Das arme Fräulein Schröder ist untröstlich: »Nie wieder werde ich so einen Herrn finden wie Sie, Herr Issyvoo – immer so pünktlich mit der Miete... Ich weiß gar nicht, warum Sie so plötzlich von Berlin wegwollen...«

Es hat keinen Zweck, ihr Erklärungen zu geben oder mit ihr über Politik zu sprechen. Sie paßt sich bereits an, so wie sie sich jedem neuen Regime anpassen würde. Heute früh hörte ich sie sogar bei der Portiersfrau ehrerbietig vom »Führer« sprechen. Wollte man sie daran erinnern, daß sie bei den Wahlen im letzten November kommunistisch gewählt hat, so würde sie das wahrscheinlich ganz entschieden und durchaus gutgläubig abstreiten. Sie akklimatisiert sich eben und folgt damit einem Naturgesetz – wie ein Tier, das für den Winter sein Fell wechselt. Tausende und Abertausende Fräulein Schröders akklimatisieren sich. Denn was für eine Regierung auch an der Macht ist – sie sind ja dazu verurteilt, in dieser Stadt zu leben.

Strahlender Sonnenschein heute. Ganz milde ist es und warm. Ich machte ohne Mantel und Hut meinen letzten Morgenspaziergang. Die Sonne scheint, und Hitler ist Herr dieser Stadt. Die Sonne scheint, und Dutzende meiner Freunde – meine Schüler aus den Arbeiterkursen, die Männer und Frauen, die ich bei der I.A.H. [Internationale Arbeiter-Hilfe] kennenlernte – sind im Gefängnis, sind möglicherweise tot. Aber nicht an sie denke ich – an die klaren Köpfe, an die Zielbewußten, Heldenmütigen; sie erkannten die Gefahr und nahmen sie auf sich. Ich denke an den armen Rudi in seiner albernen Russenbluse. Rudis Als-ob, sein Indianerspiel, ist ernst geworden; jetzt werden die Nazis es mit ihm spielen. Die Nazis werden ihn nicht auslachen, sie werden ihn als das nehmen, was er nur vorgab zu sein. Vielleicht wird Rudi gerade in diesem Augenblick zu Tode gequält.

Ich betrachtete mein Gesicht in der Spiegelscheibe eines Ladens und bin entsetzt, mich lächeln zu sehen. Man kann nicht anders – man muß lächeln, wenn das Wetter so schön ist. Die Straßenbahnen fahren die Kleiststraße hinauf und hinunter wie sonst. Die Straßenbahnen, die Leute auf dem Bürgersteig und die Teepuppen-Kuppel des Bahnhofs Nollendorfplatz haben etwas seltsam Vertrautes, eine auffallende Ähnlichkeit mit etwas, das man von früher her als normal und erfreulich in Erinnerung hat – wie eine sehr gute Fotografie.

Nein. Auch jetzt kann ich es immer noch nicht glauben, daß dies alles vorbei ist...

Georges Simenon

Hitler im Fahrstuhl

In den Jahren 1928 bis 1946 unternahm der belgische Journalist und Schriftsteller Georges Simenon zahlreiche Reisen in Frankreich, durch Europa und um die Welt. Er verfaßte etwa 30 Reisereportagen – zum Beispiel über Afrika, Tahiti oder Panama. 1933 bereiste Simenon Belgien, Polen, das Baltikum, Österreich, die Tschechoslowakei, Ungarn, Rumänien und die Sowjetunion. Das Ergebnis dieser Reise war unter anderem eine siebenteilige Serie über »Europa 1933«, deren sechster Teil sich mit Deutschland befaßt: »La génération du désordre« – »Die Generation des Durcheinanders« (erschienen am 22. April 1933 in der Zeitschrift *Voilà*). Als sich Simenon und seine Frau in Berlin aufhielten, war die Propaganda der Nationalsozialisten im Vorfeld der Reichstagswahlen vom 5. März 1933 bereits in vollem Gange. Die beiden Reisenden wohnten im Hotel »Adlon«, in dem auch Adolf Hitler residierte, dem Simenon prompt im Fahrstuhl begegnete. Kommunistische Aktivisten erzählten ihm, daß die Nazis, deren Büro sie abgehört hätten, einen gewalttätigen *coup* planten. Diese Information, die der Reporter an *Paris-Soir* weitergab, fand jedoch keine Beachtung. Zwei Tage später kam es zum Reichstagsbrand (am 27. Februar 1933), den die Nationalsozialisten als Vorwand nutzten, um Notstandsgesetze zu erlassen. Simenons Artikel über Deutschland ist mit zahlreichen Photos illustriert. Eines zeigt ein schnauzbärtiges Gesicht. Die Bildunterschrift lautet: »Das ist nicht Hitler, aber er ähnelt ihm. Das ist Kürten, der Vampir von Düsseldorf.« Der psychopathische Serienmörder Peter Kürten (1883–1931) hatte Frauen erstochen oder erschlagen und vermutlich sogar deren Blut getrunken. – Im Anschluß an seine Europareise gelang es Simenon, in der Türkei ein Interview mit Leo Trotzki (1879 bis 1940) zu führen. Neben seinen journalistischen Arbeiten veröffentlichte der überaus produktive Literat über 1000 Kurzgeschichten und fast 400 Romane. Seit 1929 entwickelte er die Figur des Kommissars Maigret, den er in zahlreichen Büchern auftreten ließ.

Ich habe ihn gesehen, den Messias, zehn Tage vor den Wahlen, als er gerade in seine Suite im *Kaiserhof* zurückkehrte. Ich wohnte im selben Hotel, hundert Meter von Hindenburgs Haus entfernt. Es schneite. Das Wetter war trüb. In allen ausländischen Zeitungen las man Reportagen mit der Überschrift: *»Elend in Deutschland!«*

Und tatsächlich bat alle hundert Meter ein sehr gut gekleideter, sehr diskreter Mann um eine Mark, oder auch um mehr oder um weniger, wobei er seinen Hut zog.

Irgendwo begegnete ich einem Leichenwagen, dem Tausende von Männern in braunen Hemden folgten. Und hier und da stand ein Polizeiauto, Maschinenpistolen im Anschlag.

Es handelte sich um die Beerdigung eines von den Kommunisten getöteten Hitleranhängers.

In der seriösesten Pariser Zeitung las ich am nächsten Tag: *»Terror in Deutschland.«*

Denn hier und da gab es noch einige weitere Tote!

Sonderberichterstatter schrieben allen Ernstes: *»Ausgeschlossen, daß die Partei der Gewalt siegt!«*

Man darf es ihnen nicht verübeln. Sie betraten Deutschland zum ersten Mal, und diese Tausende von Braunhemden, all die Autos mit ihren Maschinenpistolen beeindruckten sie wirklich.

Nicht jedoch die Deutschen! Sie gingen an dem Leichenzug vorbei, ohne ihn überhaupt anzuschauen. Und wenn sie lasen, daß tags zuvor fünf Kommunisten und drei Nazis getötet worden waren, wunderte sie das nicht mehr, als wenn wir, täglich, von zwanzig tödlichen Autounfällen erfahren.

Auch der »Führer« war völlig ruhig inmitten seines Generalstabs im *Kaiserhof.* Ich bin ihm im Aufzug begegnet, ebenso wie Emil Jannings, der eine Etage darüber wohnte. Die Gemahlin des Kaisers hat sogar einen Tee-Empfang im Hotel gegeben, wo am nächsten Tag ein Maskenball stattfand.

Und die ausländischen Journalisten kabelten:

»Rückkehr zur Monarchie...«

Hitler machte einen kleinen Abstecher nach München, und man druckte: *»Verhandlungen mit den Wittelsbachern ... Es liegt Streit in der Luft. Bayern stellt sich gegen den Führer...«*

Derlei Dinge las ich in den ausländischen Zeitungen, doch im *Kaiserhof,* in Berlin, war niemand erregt, weder besorgt noch erstaunt.

Eines Abends wurde ein großer Rat einberufen, und man beschloß, daß es eines Vorwands bedurfte, um vor den Wahlen den Kommunisten das Maul zu stopfen. Hitler machte den Vorschlag, ein Attentat gegen ihn zu inszenieren, um seine Truppen aufzupeitschen. Goebbels, gelassener, riet ihm davon ab, denn ein falsches Attentat könnte bestimmte Leute auf den Gedanken bringen, ein echtes zu verüben.

Also verfiel man auf den Reichstag. Es war eine Woche vor den Wahlen, ein Samstag. Ich habe die Nachricht nach Paris, an die Abendzeitung telegraphiert. Man wagte nicht, sie zu veröffentlichen. Am Mittwoch abend brannte der Reichstag, und kein Deutscher legte das geringste Erstaunen an den Tag!

Unglaublich! Und können Sie sich die Naivität der Auslandskorrespondenten vorstellen, die ellenlange Artikel schreiben, um die »Wahrheit« herauszufinden?

Hitler triumphierte, und dieselben Korrespondenten waren fassungslos.

– Er ist der Mann Papens!
– Er ist der Mann des Kronprinzen!
– Er ist der Mann Hugenbergs!
– Er ist ein Strohmann!
– Er ist der neue Siegfried...

Einige zehn Millionen Deutsche aber haben den Eindruck, daß es vorbei ist, daß sie ihr Gleichgewicht wiedergefunden haben, daß man ihnen endlich ein Lebensziel gegeben hat.

Und wer dies zustande gebracht hat, ist Hitler!

Die Leute rannten herum und vergnügten sich, so gut sie konnten, ohne Hingabe, jeder nach seinem Geschmack, was schließlich eine allgemeine Langeweile zur Folge hatte.

Hitler hat sie wieder auf Vordermann gebracht. Er wird sie polieren, sie aufrichten, sie rundum erneuern, und so habe ich sie, selbstbewußt, voll Vertrauen in ihr Schicksal und ihre Gefreiten, 1914 durch die Straßen fluten sehen.

Keine individuellen Sorgen, keine Theosophie-, Esoterik- oder Erotikbücher sind mehr nötig. Man braucht nur nach den Klängen der Musik zu marschieren und »Hoch! Hoch! Hoch!«* zu rufen, um den großen Schauder zu empfinden.

Und um den Stolz und die Freude wiederzufinden, als Bürger Großdeutschlands geboren zu sein!

Annemarie Schwarzenbach

Warum konnten die Nazis kommen?

Nachdem sie 1931 in Zürich promoviert hatte (zur Geschichte des Oberengadin), veröffentlichte Annemarie Schwarzenbach Erzähltexte und Reisebücher. Sie unternahm zahlreiche Expeditionen, unter anderem nach Beirut, Bagdad, Persien, Afghanistan und Belgisch-Kongo. Die Schweizer Reiseschriftstellerin schrieb eine Reihe von Briefen zunächst (vor allem zwischen 1930 und 1933, insgesamt 88) an Erika Mann (1905–1969), in die sie unglücklich verliebt war, und in der Folge (von 1933 bis 1942, insgesamt 52) an deren Bruder Klaus Mann (1906–1949), zu dem sie eine Art Seelenverwandtschaft empfand. Die Autorin hielt sich verschiedentlich in Deutschland auf: 1931 war sie nach Berlin übergesiedelt; 1937 besuchte sie die Freie Stadt Danzig; und 1938 – nach dem »Anschluß« – Österreich. Aus Berlin gab sie in Schreiben an beide Geschwister, an Erika Mann (am 19. Januar und 3. Februar 1933) und an Klaus Mann (am 8. April 1933), ihre Eindrücke vor und nach der Machtübernahme wieder.

Berlin, 8. April 1933

Mein lieber Klaus,

Es ist so lange her, dass wir uns gesprochen haben, der erste Brief unter den jetzigen Umständen ist ein schwieriges Unternehmen. Ich bin erst seit acht Tagen hier, lange genug für ungezählte Beobachtungen, Gespräche und Auseinandersetzungen. Selbstverständlich sind die Zustände in jeder Hinsicht erschreckend, die Äusserungen des dritten Reichs ausnahmslos abstossend und nach dem humanistischen, jedem von uns selbstverständlichen Empfinden menschenunwürdig und allen Begriffen von Kultur tief zuwider. Selbstverständlich ist die »Disziplin« mindestens erlogen, denn trotz aller Aufrufe und Mahnungen Hitlers geschehen täglich Einzelaktionen schlimmster Art. Selbstverständlich hat die Ausschliessung der Juden nicht nur für sie, sondern für die betroffenen Anstalten, Geschäfte und wahrscheinlich für die ganze deutsche Wirtschaft katastrophale Folgen. Selbstverständlich ist Deutschland wieder dabei, sich zu isolieren, sich verhasst zu machen und bei sich den Hass auf Generationen gross zu züchten. Darüber brauchen wir uns gar nicht zu unterhalten – sicher hörst Du davon mehr als genug. Mir kommen die Unterhaltungen darüber sogar vollkommen fruchtlos vor – denn ein halbwegs geistig orientierter Mensch, dazu ein Europäer, gehört natürlich in die Opposition. Ich frage mich nur – und täglich wird es dringender – ob die Leute sich eigentlich die Bedeutung der Vorgänge klar machen – nämlich, dass hier nicht nur eine verhasste Tendenz vorübergehend die Oberhand gewinnt, sondern dass ein ganzes Volk, und trotz allem ein hochbegabtes das man aus der Geschichte der europäischen Kultur nicht streichen kann – auf Jahre hinaus durch eine trotz allem gewaltige Revolution sich zu diesem Weg bekennt – Der theoretische Denker braucht solche Vorgänge nicht anzuerkennen, der geschichtlich Denkende und gar der Beteiligte, muss versuchen sie zu begreifen, mit ihnen fertig zu werden. Beteiligt sind wir alle. Sich abwenden ist eigentlich so gut wie Selbstaufgabe und Selbstmord. Wir müssen ja leben, und wir gehören ja dem deutschen Kulturkreis an. Bekennt man sich zur Opposition – und was können wir Anderes tun – so muss das im Bewusstsein geschehen, diesen Vorgängen nicht entrinnen zu können, weil wir eben im Kern unserer Existenz mitbetroffen werden. Auch die Opposition hat ihre Aufgabe. Ich meine: von Deutschland kann man sich nicht abwenden, das hiesse die Freiheit des Individuums zu überschätzen. Opposition wäre also nicht Flucht oder Abkehr oder gar pharisäische Verachtung, sondern Pflege der geistigen Werte an die man glaubt, bis zur besseren Stunde.

Dies zur oppositionellen Stellungnahme. Aber weiter: die heute dieser Opposition angehören – also, augenblicklich, der Rest der »Dichter und Denker« haben bisher dasselbe gedacht: d.h. allgemein gesagt, das Gute und Vernünftige, die internationale Verständigung und Duldung, kurz den menschlichen und kulturellen Fortschritt. Das Programm der Sozialdemokratie war nicht anders gerichtet. Viele in Deutschland dachten so. Viele hatten die besten Absichten, viele versuchten, in diesem Geist zu handeln. Es ist misslungen, 14 Jahre lang und am Schluss brach der Staat zusammen wie ein Kartenhaus. Wie ist das möglich? Nur einer, der von geschichtlichen Gesetzen, insbesondere von Ursache und Wirkung, keine Ahnung hat, kann behaupten: die bösen Nazis kamen und haben den guten Sozialdemokraten einen Strich durch die Rechnung gemacht. Nach Marx hätte das Proletariat im Klassenkampf den Kapitalismus abwürgen müssen – das ist nicht eingetroffen. Warum nicht? Ging es etwa dem Proletariat nicht schlecht genug? Warum konnten die Nazis kommen? »Die nationalistische Bewegung ist unaufhaltsam« – wie kann sie es sein, wenn man den Leuten in der Sozialdemokratie eine so viel menschlichere, einleuchtende Staatsform bietet?

Einige Gründe liegen auf der Hand – die Schwere der Friedensbedingungen, die Politik Frankreichs, die wilden Rüstungen ganz Europas (Polen gibt dafür die *Hälfte* seines Etats aus, England hat erst seit dem Krieg ein stehendes Heer, Frankreich, Russland, das faschistische Italien rüsten unentwegt) – die steigende Arbeitslosigkeit, und Demoralisierung der Massen. Kurz, der Rückstoss musste kommen. Wieder: dem nur theoretisch Denkenden, sagen wir: dem Literaten unter anderen, bleibt dieser Rückstoss gleichermassen verhasst, auch wenn er unvermeidlich war – der Beteiligte aber muss die Unvermeidlichkeit einsehen und die daraus entstandene Bewegung begreifen, selbst wenn sie ihm zuwider ist. Schliesslich sind diese uniformierten Strassenräuber und Landsknechte mit ihrer barbarischen Verwilderung tatsächlich dieselben Leute, die vor einigen Jahren mit ihren Mädchen mit Spielball und Faltboot zum Wochenende loszogen – und ohne Grund waren sie den Verführungen der Volksredner auch nicht zugänglich –

Kurz – es ist die alte Tragik des Konflikts zwischen Denken und Handeln – was nützt es wenn dreissig, hundert, fünfhundert Kultivierte sich über das Fortschrittliche, Humane und allein Wünschenswerte einigen können, und die Millionen des »Volks« sprechen eine andere Sprache, gehorchen der Not, verzweifeln?

Mir dämmert, dass tatsächlich Plato kein Staatsmann war, und dass die mächtigen Bewegungen die die Geschichte machen, über die denkend erworbenen Erkenntnisse hinweggehen, sie widerlegen, – und plötzlich sind wir mitten hineinbezogen, ob als Unterlegene oder freudig Mitgehende. Ich weiss nicht ob das schon Fatalismus ist.

Inzwischen sehen viele Kluge ein, dass die so hochgestimmte »nationale« disziplin- und ordnungsfreudige Bewegung schon die finstersten Symptome der Ausartung zeigt die zum Bolschewismus führen. – Vielleicht werden die Bürger dann einsehen dass Klassenterror von rechts ihnen trotz der militärischen Fähnchen nicht besser bekommt als der von links – Die kapitalistischen Unternehmen, von Kommissaren überwacht, ahnen etwas ähnliches.

Klaus – es ist *so* spät – ich breche ab, u. denke, Du merkst gleich beim Lesen, weshalb ich Dir in so naiv-schematischer Weise dies mitteile (was Du doch selbst schon überlegt hast). Jedenfalls werden wir keine Rachegefühle züchten können, angesichts der Tragik solcher Ereignisse ohne Ausweg, u. fast ohne »Schuld« – denn was man den neuen Führern vorwerfen will u. sollte, ist gering gegenüber dem Strom des Verhängnisses in das wir geraten sind. Schreib bald, lieber Klaus, wie es Dir geht. Hüte Dich vor dem Teufelanbeter den ich gar nicht mag. Dich hingegen sehr –

Deine Miro

Martha Dodd

Hitler braucht eine Frau

Nach dem Abschluß ihrer Studien an der University of Chicago hatte Martha Dodd bereits für die *Chicago Tribune* gearbeitet und zum ersten Mal geheiratet. Als ihr Vater, der Historiker William Edward Dodd (1869–1940), 1933 auf den Posten des Botschafters der USA in Berlin berufen wurde, entschloß sie sich, ihn nach Deutschland zu begleiten. Als Vierundzwanzigjährige kam sie im Sommer 1933 zusammen mit ihren Eltern und ihrem Bruder nach Deutschland. Nach ihrer Rückkehr und noch vor dem Beginn des Zweiten Weltkrieges veröffentlichte sie 1939 ihr Buch über die viereinhalb Jahre, die sie dort verbracht hatte, in England als *My Years in Germany* und in den USA unter dem Titel *Through Embassy Eyes*. Nach dem Tod ihres Vaters gab Martha Dodd dessen Tagebuch gemeinsam mit ihrem Bruder, William Edward Dodd jr. (1905–1952), heraus, *Ambassador Dodd's Diary* (1941). Neben ihrem politischen Werk verfaßte Martha Dodd literarische Texte, beispielsweise einen Schlüsselroman über den Kampfflieger und Rüstungsorganisator Ernst Udet (1896–1941), *Sowing the Wind* (1944/45). – Die im folgenden wiedergegebenen Auszüge aus *My Years in Germany* beschreiben die Ankunft der Familie Dodd im Juli 1933 (über Hamburg reisen sie nach Berlin), eine Rundfahrt im August 1933 (nach Süddeutschland, Österreich und ins Rheinland) und eine Begegnung mit Adolf Hitler, dem die junge US-Amerikanerin von seinem Auslandspressechef Ernst (genannt »Putzi«) Hanfstaengl (1887–1975) mit den Worten zugeführt wird: »Hitler needs a woman.« (Hanfstaengl, der in den USA aufgewachsen war, floh 1937 nach England; während des Krieges beriet er die Regierung der Vereinigten Staaten.)

Langsam fuhren wir elbaufwärts und legten schließlich in Hamburg an. Das also war Deutschland in all seiner tiefen Bedeutung, das Land, dessen neue, ungeahnte Zukunft soeben begonnen hatte, dem sich mein Vater mit dem ganzen Idealismus seines zutiefst emotionalen und disziplinierten Lebens widmete, mit dem er zusammenarbeiten und von dem er lernen wollte. Mich beeindruckte seine Entschlossenheit, die sich darin zeigte, daß er eine der höchsten Positionen übernahm, die Amerika zu vergeben hat, daß er in jenes Land zurückkehrte, das er liebte, das er kannte und stets verteidigt hatte. Für uns, seine heranwachsenden Kinder, war es ein Abenteuer, das wir nicht gesucht hatten und dessen Tragweite uns nicht recht bewußt war. Für uns, so glaubten wir jedenfalls, war es weder Anfang noch Ende, sondern eine Episode, die wir, in gesicherten Verhältnissen und der Liebe unserer Eltern gewiß, erleben sollten. Es war kein Leichtsinn. Es war das elterliche Geschenk einer Erfahrung, die beginnen und enden oder bedeutungslos für uns sein konnte. Wir begrüßten Deutschland voller Neugier, der Zukunft zugewandt mit der unbeschreiblichen Nonchalance der Jugend, bereit für alles oder nichts.

Unsere Ankunft muß eine der ungewöhnlichsten Szenen in der Geschichte der Diplomatie gewesen sein, wenn uns das seinerzeit auch nicht klar war. Mein Vater hatte ein Telegramm des Botschaftsrats falsch verstanden. Er glaubte, alles sei vorbereitet, die Fahrkarten nach Berlin, das Privatauto und so weiter, so daß wir uns an Bord nicht weiter darum kümmerten, und im Wirrwarr der Ausschiffung vergaßen wir, uns die erforderlichen Papiere zu besorgen. Bis zum letzten Moment sprach mein Vater mit Radioreportern und Presseleuten. Einer war Mitarbeiter einer jüdischen Zeitung in Hamburg, in dessen Artikel es dann hieß, mein Vater sei entsandt worden, um bei der Lösung der Jüdischen Frage zu helfen. Später kam uns dieser Bericht zu Ohren, es war eine sehr eigenwillige Darstellung. Die deutschen Zeitungen behandelten uns ausgesprochen höflich, nutzten aber die Gelegenheit, um darauf hinzuweisen, daß dies typisch für Juden sei.

Mein Bruder hatte unseren Chevrolet nach Berlin fahren wollen, sich aber nicht um die Dokumente gekümmert, die für die Entladung notwendig waren.

Der Botschaftsrat, Assistent des Botschafters und diesem direkt unterstellt, war ein außerordentlich protokollbewußter Herr (was Protokoll hieß, wußten wir damals noch nicht), mit graumeliertem Haar, irgendwie gelockt aussehendem Schnurrbart und feuerrotem Gesicht, sehr elegant gekleidet, mit Handschuhen, Stock und Hut, steif, höflich und mit einem entschieden arroganten Tonfall. Über unsere Zwanglosigkeit war er dermaßen schockiert, daß er in seiner Empörung die Grenzen seines strengen Verhaltenskodex beinahe – aber wirklich nur beinahe – überschritten hätte. Wir hatten keine standesgemäße Limousine, keinen Chauffeur, keine Kammerdiener, keine Sekretärinnen und auch keine Hausmädchen – wir sahen überhaupt aus wie ganz gewöhnliche Menschen, mit denen zu verkehren er sich nie im Leben gestattet hätte.

Schließlich waren alle Formalitäten erledigt, mein Bruder setzte sich an das Steuer des bescheidenen Autos, und wir anderen fuhren in einem regulären Zug nach Berlin (zumindest den »Fliegenden Hamburger« hätten wir nehmen sollen, den schnellen und teuren Expreßzug). Mein Vater saß mit dem Botschaftsrat in einem Abteil und sprach mit ihm über die politische Lage in Deutschland. Der Mann versuchte, meinem Vater so höflich und so dezent, wie ihm das eben möglich war, klarzumachen, daß er kein Professor mehr sei, sondern ein einflußreicher Diplomat und sich in Verhalten und Auftreten entsprechend anzupassen habe. Doch der ehrliche und feinsinnige, sanftmütige und immer ein wenig nervöse Gelehrte bewahrte sich seine charakterliche Integrität, als hätte sich in seiner Umgebung und an seiner beruflichen Stellung nichts verändert. Mir war nicht klar, wie nutzlos alle Ermahnungen waren, und ich bin sicher, mein Vater reagierte so gleichmütig wie später, als großer

Druck von allen Seiten auf ihn ausgeübt wurde, um ihn zu den gewünschten Veränderungen zu bewegen.

Meine Mutter und ich saßen in einem anderen Abteil, versunken in einem Meer teurer Blumen – meine Mutter unruhig und bedrückt bei dem Gedanken an die Pflichten und das neue Leben, das ihr bevorstand, während ich, den Kopf auf ihrer Schulter, in einen tiefen Schlaf gefallen war.

Plötzlich hielt der Zug, und ich hatte gerade noch Zeit, mir die Augen zu reiben, meinen Hut aufzusetzen und etwas benommen und sehr verlegen auf den Bahnsteig zu treten. Eine Menschenschar drängte sich aufgeregt um uns, Reporter, die der wachsame Botschaftsrat auf Distanz zu halten suchte. Vertreter des Auswärtigen Amts, Diplomaten anderer Länder und viele Amerikaner waren zum Empfang des merkwürdigen Botschafters und seiner Familie gekommen. Das Blitzlichtgewitter blendete mich, so daß ich, die Arme voller Orchideen und anderer Blumen, einfältig lächelnd in die Kameras schaute. Mein Vater nahm die Reporter beiseite, hielt eine vorbereitete Ansprache, und dann wurden wir fortgeführt.

Ich wurde mit einem jungen Mann, der sich bald als Protokollsekretär unserer Botschaft vorstellte, in ein Auto gesetzt. Er erklärte mir, was es mit dem Protokoll auf sich hatte. Er machte mich auf die Sehenswürdigkeiten Berlins aufmerksam. Als wir am Reichstag vorbeifuhren, rief ich: »Ach, ich dachte, er ist abgebrannt. Sieht doch ganz in Ordnung aus. Erzählen Sie mir, was da passiert ist.« Nach mehreren solcher naheliegender, aber indiskreter Fragen beugte er sich herüber und sagte: »Pssst! Junge Dame, Sie müssen lernen, gesehen, aber nicht gehört zu werden. Sie dürfen nicht so viel sagen und so viele Fragen stellen. Wir sind hier nicht in Amerika, und Sie können nicht sagen, was Sie wollen.« Ich war erstaunt, fügte mich aber einstweilen. Dies war meine erste Begegnung mit der Realität Deutschlands unter einem Diktator, und es dauerte lange, bis ich diesen Rat ernst nehmen konnte. Alte Gewohnheiten stellt man nicht über Nacht ab.

Wir erreichten das Hotel Esplanade und wurden in die Kaisersuite geführt. Sprachlos bestaunten wir die ganze Pracht und fragten uns auch, wieviel eine Übernachtung hier wohl kostete. Auch hier überall Blumensträuße, so daß man sich kaum bewegen konnte – Orchideen und seltene, wohlriechende Lilien, Blumen in allen Farben und Formen. Wir hatten zwei riesige Salons, ausgeschlagen mit Satinbrokat, eingerichtet mit vergoldetem und exquisit bezogenem Mobiliar und Marmortischen. Unsere Freunde, die uns hierher begleitet hatten, verabschiedeten sich von uns. Mein Vater ging mit einem Buch zu Bett. Mutter und ich saßen herum, klein und eingeschüchtert von der Pracht, die die Familie des Botschafters umgab, erhielten Karten und immer mehr Blumengebinde und fragten uns hilflos, wie wir das alles bezahlen sollten, ohne unsere Seelen zu verpfänden. Wir wußten noch nicht, daß das Hotel besondere Tarife für durchreisende »Potentaten« hatte und in unserem Fall sogar noch entgegenkommender war. Der Direktor des Hotels Adlon hatte uns eine Suite angeboten, kostenlos oder zumindest so billig, daß es geradezu umsonst war, aber Botschafter pflegten im Esplanade Quartier zu nehmen, und wir durften nicht aus der Reihe tanzen.

Abends war mein Vater in allerbester Laune. Wir gingen hinunter in den Speisesaal, um das Essen einzunehmen. Mein Vater holte sein ganzes Deutsch hervor, scherzte mit den Kellnern und stellte ihnen Fragen – überaus würdelos für einen Botschafter! Noch nie in meinem Leben hatte ich so viele »Dankeschöns«* und »Bitteschöns«* gehört, und zum erstenmal erlebte ich diese fast unterwürfige Höflichkeit deutscher Kellner. Das Essen war gut, aber schwere deutsche Küche, und ich trank mein erstes deutsches Bier.

Als wir fertig waren, beschlossen wir, vor dem Schlafengehen noch ein wenig in der Nähe des Hotels spazierenzugehen. Wir liefen die ganze Siegesallee hinunter, die auf beiden Seiten von recht häßlichen und protzigen Standbildern früherer deutscher Herrscher gesäumt wurde. Mein Vater blieb vor jeder Statue stehen und erzählte etwas über Zeit und Charakter der jeweiligen Figur. Hier war er in seinem Element, denn er kannte die deutsche Geschichte quasi auswendig, und wenn er etwas nicht wußte, nahm er sich vor, es später nachzuholen. Es muß einer unserer schönsten Abende in Deutschland gewesen sein. Wir waren voller Freude und inneren Friedens. Das Land gefiel uns, und ich war verzaubert von der Liebenswürdigkeit und Unkompliziertheit der Menschen, jedenfalls nach dem, was ich bisher erlebt hatte. Die Straßen waren nur spärlich beleuchtet, fast wie in einer amerikanischen Kleinstadt am späten Abend, man sah keine Soldaten, alles war friedlich, romantisch, fremdartig, nostalgisch. Mir schien, daß die Presse diesem Land unrecht getan hatte, und am liebsten hätte ich die Wärme und Freundlichkeit der Menschen besungen, den sanften Sommerabend mit seinen wohlriechenden Bäumen und Blumen, die Heiterkeit der Straßen.

Die nächsten Tage verbrachte ich wegen einer Erkältung im Bett. Sigrid Schultz besuchte mich, die seit über zehn Jahren als Korrespondentin der *Chicago Tribune* aus Deutschland berichtete. Sie war klein, ein wenig korpulent, mit blauen Augen und einem goldenen Haarschopf, sehr freundlich und intelligent, hellwach, wenn auch nicht immer ganz akkurat, und eine große Nachrichtenjägerin. Sie kannte das Deutschland von früher und war nun sehr bekümmert. Sie erzählte mir viele Geschichten über die Nazis und deren Brutalitäten, über die Geheimpolizei, von der sie wegen ihrer kritischen Berichterstattung regelmäßig vorgeladen wurde. Ich nahm ihr nicht alles ab. Ich hatte das Gefühl, daß sie übertrieb, und fand sie ein wenig hysterisch, aber ich mochte sie als Menschen und wollte etwas über die Leute erfahren, mit denen ich zu tun haben würde – Diplomaten und Journalisten.

Bald warf ich auch den Brief ein, den Alexander Woollcott mir für H. R. Knickerbocker mitgegeben hatte, den bereits ziemlich berühmten amerikanischen Journalisten. Er rief an und lud mich zum Tee ein. Er war klein und schlank, rothaarig, mit warmen, leuchtend braunen Augen und einem lebhaften Mund. Wir tanzten (er ist ein guter Tänzer), und er fragte mich, ob ich Deutsch spreche oder Deutschland kenne oder etwas über die Nazis wisse. Nachdem ich meine vermutlich erschreckende Ignoranz eingestanden hatte, sprach er kurz über die Naziführer, wechselte aber bald das Thema. Ich interessierte mich nicht für Politik oder Wirtschaft, wollte mir nur ein Bild von den Menschen machen. Ich fand sie sehr sympathisch und weiß noch heute, wie wohl ich mich an jenem Nachmittag im Hotel Eden fühlte, als ich ihnen zusah bei ihren komischen steifen Tänzen, ihr unverständliches und gutturales Deutsch hörte, ihre einfachen Gesten, ihre natürliche Art und ihre kindliche Lebensfreude beobachtete.

In diesem ersten Monat erhielten wir Besuche von Deutschen und Amerikanern, hörten alle möglichen Ansichten, die mir nicht viel sagten, weil ich so sehr damit beschäftigt war, Charakter und Denkweise dieses fremden Volkes zu begreifen. Wenn wir – ganz im Gegensatz zu den diplomatischen Gepflogenheiten – in einfachen Restaurants aßen, begann ich unbewußt, die Deutschen mit den Franzosen zu vergleichen. Sie erschienen mir aufrichtiger und weniger gekünstelt, selbst die Geschäftsleute. Erfreut stellte ich fest, daß sie nicht versuchten, uns, die wir erkennbar Ausländer waren, übers Ohr zu hauen, und daß sie auf unsere armseligen Brocken Deutsch immer freundlich reagierten. Sie waren nicht betrügerisch, nicht egoistisch, nicht ungeduldig, kalt oder hart – all das, wodurch sich in meiner Erinnerung die Franzosen auszeichneten. Wir scherzten viel, und wohl nur mein Vater beherzigte die Warnung, daß unsere Bediensteten höchstwahrscheinlich Spitzel waren, die alle unsere Gespräche belauschten.

Zu den Journalisten, denen ich in jener Zeit begegnete, gehörte auch Quentin Reynolds, Korrespondent der Hearst-Blätter, ein Hüne von Mann, mit gewelltem Haar, humorvollen Augen und einem breiten, strahlenden Gesicht. Er war scharfsinnig, knallhart, unsentimental, ein ausgezeichneter Journalist, wie ich fand. Er war schon seit einigen

Monaten im Land und lernte rasch Deutsch. Er war gut befreundet mit so legendären Figuren wie Ernst (»Putzi«) Hanfstaengl, den wir durch seine Vermittlung auf der Party eines englischen Journalisten kennenlernten. Es wurde reichlich getrunken an dem Abend, und die Gäste waren eine interessante Mischung von Deutschen und Ausländern. Putzi, der spät und unter großem Aufsehen erschien, war eine riesenhafte, alle überragende Gestalt. Sein Gesicht war schwer und dunkel, ziemlich hängend und konkav. Er hatte eine sanfte, gewinnende Art, eine angenehme Stimme, die er sehr geschickt einsetzte, mal flüsternd und weich, im nächsten Moment laut und durchdringend. Er galt als der Nazikünstler, unberechenbar und interessant, Hitlers privater Clown und Musiker. Er dominierte gewöhnlich jede Gruppe, in der er war, durch seine eindrucksvolle körperliche Präsenz, seine unbezähmbare Energie und durch unermüdliche Konversation. Er konnte jedermann unter den Tisch reden und durch pure Beharrlichkeit den stärksten Mann in Berlin bezwingen. Ich war fasziniert von der ersten Begegnung mit einem der führenden Nazis, der seinen Charme und sein Talent so aufdringlich zum Ausdruck brachte. Dieses Phänomen verdankte sich bayerischem und amerikanischem Blut. Unmöglich hätte er ein Preuße sein können, und darauf war er stolz.

Erste Eindrücke von Deutschland

Quentin Reynolds schlug meinem Bruder und mir vor, zu dritt in unserem Chevrolet eine kleine Tour durch Süddeutschland und Österreich zu unternehmen. Mit ein wenig Überredung fanden meine Eltern, daß dies eine gute Möglichkeit für uns sei, Deutschland kennenzulernen.

Im August, gut einen Monat nach unserer Ankunft, machten wir uns auf die Reise. Es war spannend, und da wir kein Deutsch sprachen, erlebten wir manch amüsanten Moment, wenn wir uns nach dem Weg erkundigten oder in Restaurants eine Bestellung aufgaben. In Wittenberg machten wir Station, um die Kirchentür mit den fünfundneunzig Thesen Luthers zu besichtigen, und anschließend fuhren wir weiter nach Leipzig, wo mein Vater auf die Universität gegangen war. Natürlich tranken wir in Auerbachs Keller zu Ehren von Faust und Mephisto ein paar Bier. Überall auf den Landstraßen und in den Städten sahen wir die Nazifahne, das mystische Hakenkreuz in weißem Kreis auf rotem Grund. Am Ortseingang hingen immer große Transparente über der Straße, auf denen ich das Wort »Jude« erkannte. Wir begriffen, daß es antisemitische Propaganda war, nahmen es aber nicht so wichtig, zumindest ich nicht. Außerdem konnte ich die deutsche Schrift nicht so gut lesen, um die Parolen wirklich zu verstehen, und ich muß gestehen, daß ich von der Intoleranz der Nazis in all ihren Konsequenzen noch nichts ahnte.

Überall herrschte große Begeisterung – zumindest konnte man diesen Eindruck gewinnen. Wenn die Leute unser Auto sahen und die niedrige Nummer des Kennzeichens, riefen sie »Heil«, wahrscheinlich in der Annahme, daß wir Mitglieder einer der prominenten Berliner Familien waren. Wir sahen viele braununiformierte Männer marschieren, singend und Parolen rufend und Fahnen schwenkend. Das waren die schon berühmten SA-Truppen, auf deren Treue und terroristische Methoden Hitler sich bei seiner Machtergreifung gestützt hatte. Die Begeisterung der Leute war ansteckend, und ich erwiderte das »Heil Hitler« so energisch wie ein Nazi. Quentin und mein Bruder warfen mir mißbilligende Blicke zu und machten sarkastische Bemerkungen über meine Jugend, aber ich fand alles ganz aufregend und konnte meine natürliche Sympathie für die Deutschen nur mit Mühe zügeln. Ich kam mir vor wie ein Kind, überschwenglich und unbekümmert, trunken vom Gift des neuen Regimes.

In Nürnberg wollten wir übernachten, und nachdem wir ein anständiges und billiges Hotel gefunden hatten, wollten wir noch einmal losziehen, uns die Stadt ansehen und eine Kleinigkeit essen. Draußen vor dem Hotel hatte sich mitten auf der Straße ein Menschenauflauf gebildet. Wir blieben stehen, um festzustellen, was los war. Eine junge Frau wurde gerade gewaltsam aus einer Straßenbahn gestoßen. Wir traten näher und sahen das tragische, gequälte Gesicht, dessen Farbe an wäßrigen Absinth erinnerte. Sie sah gräßlich aus. Man hatte ihr den Kopf geschoren, und sie trug ein Schild vor der Brust. Wir folgten ihr kurz, bekamen mit, wie die Menge sie beleidigte und verhöhnte. Quentin und mein Bruder fragten die Umstehenden, was passiert sei. Von ihren auf deutsch gegebenen Antworten verstanden wir so viel, daß sie eine Christin war, die ein Verhältnis mit einem Juden hatte. Auf dem Schild stand: »Ich habe mich mit einem Juden eingelassen.« Ich wollte ihr folgen, doch meine beiden Begleiter waren so abgestoßen, daß sie mich fortzogen. Ich weiß noch, daß Quentin, den ich für gefühllos und abgebrüht gehalten hatte, die Szene so erschütternd fand, daß er erklärte, er müsse sich jetzt betrinken, um über die Geschichte hinwegzukommen. Wir betranken uns alle – mit rotem Champagner.

Ich war nervös und fror, meine ganze Begeisterung hatte sich völlig aufgelöst. Schüchtern versuchte ich, das Vorgehen der Nazis zu rechtfertigen, wies darauf hin, daß wir nicht verurteilen dürften, solange wir nicht alles wüßten. Aber etwas legte sich wie ein dunkler Schatten über mein Bild von einem glücklichen, sorglosen Deutschland. Ich glaubte, die häßliche, nackte Brutalität werde mich nur oberflächlich beeindrucken, doch im Laufe der Zeit mußte ich immer öfter an das bedauernswerte Geschöpf denken, das ein Opfer des Massenwahns geworden war.

Ich beschwor Quentin, die Story nicht aufzuschreiben. Es wäre eine Sensation aufgrund unserer Anwesenheit, der Kinder des amerikanischen Botschafters. Es war ein Einzelfall. Es war im Grunde bedeutungslos, würde einen schlechten Eindruck machen, nicht zeigen, was wirklich in Deutschland passierte, die Aufbauleistungen überschatten. Ich äußerte viele törichte und widersprüchliche Ansichten. Quentin beschloß, die Geschichte nicht zu kabeln, aber nur, weil es, wie er sagte, in der letzten Zeit so viele Schreckensmeldungen gegeben habe, daß sich niemand mehr dafür interessiere. Er würde einen Bericht schreiben, sobald wir nach Berlin zurückgekehrt seien. Doch als wir wieder in Berlin waren, stellten wir fest, daß ein anderer Journalist in Nürnberg gewesen war und die Story unverzüglich gekabelt hatte und daß alle Zeitungen den Bericht gebracht und sich auch über unsere Anwesenheit geäußert hatten.

Am nächsten Morgen fuhren wir weiter in Richtung Süden. Mein Bruder wollte es bis nach Innsbruck schaffen, weil er dort eine Freundin besuchen wollte, so daß wir nur gelegentlich anhielten, um zu essen und zu trinken und zu tanken. Wir fuhren auch nach Bayreuth, kamen aber zu spät für die Vorstellung, so daß wir das Opernhaus nur in der Dunkelheit sahen, kurz hielten und weiterfuhren. Quentin setzte sich ans Steuer, und wie verrückt ging es weiter, über Berge und Hügel. Links und rechts flogen Dörfer mit schönen weißen Häusern an uns vorbei, die altertümlich und geisterhaft und einsam aussahen, wenn unsere Scheinwerfer sie für einen kurzen Moment erfaßten.

Schließlich erreichten wir Innsbruck, müde, aber wunderbarerweise lebend, und gingen bald zu Bett. Am nächsten Morgen sahen wir uns die Stadt an, eine der schönsten Europas. Es war eine großartige Szenerie, und die Menschen waren noch hilfsbereiter und freundlicher als anderswo – aber Innsbruck war ja auch keine Nazistadt.

[...] Schließlich nahmen wir wieder Abschied von dem anmutigen Österreich, seinem Charme und dem weichen Dialekt und kehrten nach Deutschland zurück. Nur ein einziges Mal wurde uns der Hitlergruß entboten, und auch nur in Grenznähe. Es war eigenartig, nach Deutschland zurückzukehren, von der Musik und der Poesie, die uns so erfüllt hatten, war auf einmal nichts mehr da. Wir fuhren den Rhein hinunter, sahen wieder die Fahnen und die Marschkolonnen, die braunen Uniformen. Der kriegerische Charakter des Landes war unübersehbar. Am Rhein schien er nicht so spontan zu sein wie in anderen Gegenden Deutschlands, so daß wir uns fragten, wenn wir unterwegs mit Leuten sprachen, welche Vorbehalte sie wohl hatten. Die Embleme und Symbole der Nazis waren diesem dunklen und energischen Volk gleichsam aufgepfropft.

Wie alle Touristen bestaunten wir den berühmten Lorelei-Felsen, der dunkel und geheimnisvoll über dem träge dahinfließenden Rhein aufragte, bewunderten die geschichtsträchtigen, eindrucksvollen Ruinen, einsam und majestätisch auf den Kuppen wilder Berge. Wir tranken mehr als die übliche Menge des goldenen Weins, der wie flüssige Sonne in unseren Gläsern funkelte. Schließlich war die Zeit um. Wir fuhren rasch in Richtung Berlin, kamen durch den Harz mit seinen dunklen Wäldern, die Erinnerungen an Mythen, Legenden und Märchen in uns wachriefen.

In Berlin, wo wir uns fast schon zu Hause fühlten, begannen wir, ausgeruht und von frischen Reiseeindrücken erfüllt, unsere Umgebung mit wachen Augen zu betrachten und das Deutschland, das wir bereist hatten, mit dem Preußen zu vergleichen, in dem wir wohnten.

Quentin berichtete, daß seine Redaktion verärgert sei, weil er über den Vorfall in Nürnberg nicht berichtet hatte. Das Außenministerium meldete sich, offenbar sehr besorgt. Man bedauerte und entschuldigte sich für den Zwischenfall und versicherte uns, daß es ein Einzelfall sei, der bestraft würde.

Hanfstaengl wollte eine Begegnung zwischen Hitler und mir arrangieren. Überschäumend und bombastisch rief er: »Hitler braucht eine Frau! Am besten eine Amerikanerin – eine sympathische Frau könnte das Schicksal ganz Europas beeinflussen. Martha, Sie sind genau die richtige!«

Das hörte sich, wie alle seine Projekte, nach einem derben Spaß an, aber ich bin überzeugt, daß er wußte, wie aggressiv Hitler und wie gefährlich seine Ziele waren, und sich einbildete und leidenschaftlich hoffte, zumindest punktuell mäßigend auf ihn einwirken zu können. Und wenn er seinen Gästen nicht gerade erzählte, daß er eine Handgranate in die

Wohnung des kleinen Doktors werfen wolle, der unter ihm wohnte, versuchte er, für Hitler eine Frau aufzutreiben. Ich selbst war mit dieser Rolle, die er mir großzügig zudachte, durchaus zufrieden und fand es sehr aufregend, daß sich mir die Gelegenheit bot, diesen seltsamen Politiker kennenzulernen. Und wenn ich die Männer in Hitlers Umgebung, ihre Methoden und vielleicht auch das ganze System zunehmend kritisch betrachtete, so war ich damals doch überzeugt, daß Hitler eine glamouröse und strahlende Persönlichkeit war, ein Mann, der über viel Macht und Charme verfügte. Ich war sehr gespannt auf die Begegnung, die Putzi arrangieren wollte.

Da ich also ausersehen war, der Geschichte Europas eine neue Wendung zu geben, beschloß ich, in möglichst schlichter und trotzdem interessanter Garderobe zu erscheinen. Auf deutsche Männer macht das immer Eindruck. Sie wollen, daß Frauen gesehen, nicht gehört werden, und gesehen auch nur als Anhängsel eines grandiosen Mannes, den sie begleiten – mit Schleier und Blume und eiskalten Händen. Wir fuhren zum Kaiserhof und begegneten dort dem jungen polnischen Sänger Jan Kiepura. Zu dritt saßen wir eine Weile bei einer Tasse Tee und plauderten. Hitler kam mit ein paar Mann herein, Leibwächtern und seinem geliebten Chauffeur (der eine Art Staatsbegräbnis bekam, als er unlängst starb), und setzte sich unauffällig an den Nebentisch. Nach einer Weile wurde Jan Kiepura zu Hitler gerufen, der mit ihm über Musik sprechen wollte, und dann ging auch Putzi hinüber, flüsterte dem Führer etwas ins Ohr und kehrte aufgeregt zurück. Hitler sei einverstanden, mich kennenzulernen. Ich ging hinüber, blieb stehen, während er aufstand, meine Hand nahm, sie höflich küßte und ein paar Worte murmelte. Da ich damals, wie gesagt, kaum Deutsch sprach, blieb ich nicht lange. Wir gaben uns die Hand, die er abermals küßte, dann ging ich wieder zu Putzi an den Nebentisch, lauschte noch eine Weile dem Gespräch der beiden Musikfreunde und merkte, daß mir Hitler von Zeit zu Zeit eigentümlich verlegene Blicke zuwarf.

Nach dieser ersten Begegnung behielt ich das Bild eines schlaffen, weichen Gesichts mit Tränensäcken, vollen Lippen und wenig ausgeprägter Knochenstruktur. Der Schnurrbart war nicht so lächerlich wie auf den Photos – eigentlich bemerkte ich ihn gar nicht, doch das lag wohl daran, daß ich daran schon gewöhnt war. Hitlers Augen waren, wie schon oft beschrieben, überraschend und unvergeßlich – blaßblau, stechend, fest, hypnotisch.

Tatsächlich waren die Augen das einzig Bemerkenswerte an seinem Gesicht. Sie konnten Erregung und Fanatismus und Grausamkeit enthalten, sie konnten geheimnisvoll und traurig und herausfordernd sein. An diesem Nachmittag war Hitler ausgesprochen freundlich und zurückhaltend. Er schien unaufdringlich, aufgeschlossen und natürlich, und seine Stimme und sein Blick hatten einen stillen Charme, beinahe etwas Sanftes. Er unterhielt sich sachlich mit Kiepura und schien interessiert, uns beide kennenzulernen. Diese merkwürdige Verlegenheit, die er mir gegenüber zeigte, seine etwas unsichere, nervöse Art sind, nach Aussage meines Vaters und anderer Diplomaten, immer zu spüren, wenn er auf das diplomatische Corps trifft. Diese Unsicherheit hat eine Schüchternheit und Abneigung gegenüber Menschen höheren Stands oder reichen Leuten hervorgebracht. Mit der Zeit veränderten sich Hitlers Gesicht und Haltung merklich, so daß er in Aussehen und Bewegungen mehr an Mussolini erinnerte. Doch diese eigentümliche Schüchternheit ist ihm bis auf den heutigen Tag geblieben.

Während ich den Kaiserhof mit Putzi verließ, hatte ich kaum Ohren für seine übertriebene, sinnlose Begeisterung. Immer wieder mußte ich an die Begegnung mit Hitler zurückdenken. Ich konnte kaum glauben, daß dies einer der mächtigsten Männer Europas war – andere Nationen fürchteten sich schon damals vor ihm und seinem erstarkenden »neuen Deutschland«.

Hitler wirkte bescheiden, durchschnittlich, farblos und schüchtern – und dazu kam diese eigenartige Sanftheit und anziehende Hilflosigkeit. Nur in den brennenden, irrsinnigen Augen war die furchtbare Zukunft Deutschlands zu erkennen.

Als ich zum Abendessen nach Hause kam, erzählte ich, welchen Eindruck ich vom »Führer« gewonnen hatte. Mein Vater amüsierte sich natürlich über meine Beeindruckbarkeit, räumte aber ein, daß Hitler als Mann nicht unattraktiv sei. Scherzhaft beschwor er mich, in den nächsten Wochen mir keinesfalls die Hände zu waschen, die Auszeichnung des Hitlerschen Handkusses würde ich gewiß bewahren wollen, solange das hygienisch möglich sei. Mein Vater meinte, ich solle mir ganz genau die Stelle einprägen, und wenn ich mir die Hand unbedingt waschen müsse, dann eben sorgfältig um diese Stelle herum. Ich ärgerte mich ein bißchen über seine ironischen Bemerkungen, versuchte aber, es mir nicht anmerken zu lassen.

Für den Abend hatte ich ein paar Leute eingeladen. Es kamen der junge Stresemann, den ich kurz nach meiner Ankunft in Deutschland kennengelernt hatte, der älteste und musikalisch begabte Sohn des berühmten Staatsmanns, der Franzose, den ich trotz seiner politischen Ansichten sehr nett fand, und ein gewisser Hans Thomsen, der in der Reichskanzlei arbeitete und angeblich direkten Zugang zum Führer hatte. Thomsen, dänischer Abstammung und einer der liebenswürdigsten und höflichsten Deutschen, war ein charmanter und, wie ich fand, interessanter Mann. Mit seiner Freundin, einem Fräulein Rangabe, besuchte er uns regelmäßig, und ein, zwei Jahre lang versäumte er keine Party, die meine Eltern oder ich gaben. Er war ein überzeugter Nazi, der die ganze Sache von einem, wie mir schien, distanzierten und intellektuellen Standpunkt aus sah. Er hatte überhaupt nichts Hysterisches an sich. Wie viele andere, die ihm begegnet waren, gewann auch ich den Eindruck, daß er möglicherweise persönliche Vorbehalte hatte, im großen und ganzen aber einer der besten Repräsentanten war, den die Nazis sich wünschen konnten. Bei den Mitgliedern des diplomatischen Corps war er außerordentlich beliebt, und durch seine höfliche, zurückhaltende Art gewann er der

Partei mehr Freunde als die meisten anderen in unserem Kreis. Diplomaten, darunter auch mein Vater, konnten ihn beiseite nehmen und vertraulich über die – aus ihrer Sicht – furchtbaren innen- und außenpolitischen Fehler reden; und sie freundeten sich mit dem blonden, liebenswürdigen, feinsinnigen und ruhigen Thomsen an, so daß er über einen besonderen Zugang zum diplomatischen Corps verfügte, der ihm gern gewährt und der von der deutschen Seite wohl ebenso gern genutzt wurde.

An diesem Abend kam Hanfstaengl, wie gewöhnlich, erst spät. Er war in großartiger Stimmung und unterhielt sich angeregt mit dem jungen Stresemann über Musik. Beide waren sich darin einig, daß Schuberts *Unvollendete* eines der schönsten Werke aller Zeiten sei. Fragt man einen Deutschen nach seinen musikalischen Vorlieben, ahnt man rasch, welch Geistes Kind er ist. Ich ging zur Victrola und legte das Horst-Wessel-Lied auf, das mir irgend jemand geschenkt hatte. Es ist eine ziemlich gute Marschmusik und kann, von einer größeren Menge gesungen, durchaus packend sein – und es ist die inoffizielle Nationalhymne der Deutschen. Hanfstaengl genoß es, mit hintergründigem Humor. Plötzlich stand Thomsen auf, ging zum Grammophon und stellte die Musik abrupt ab. In seinem Gesicht war eine eigentümliche Erregung. Auf meine harmlose Frage, warum ihm das Lied nicht gefalle, antwortete er todernst: »Dies ist keine Musik, die auf gemischten Gesellschaften und in so respektloser Weise gespielt wird. Ich dulde nicht, daß unsere Hymne mit all ihrer Bedeutung auf einer Party gespielt wird.« Ich war fassungslos und verärgert.

Hanfstaengl warf Thomsen einen amüsiert-verächtlichen Blick zu und zuckte mit den Schultern. Später sagte er: »Ja, es gibt solche Leute bei uns. Leute, die blinde Flecken haben und humorlos sind – man muß aufpassen, daß man ihre empfindsamen Seelen nicht verletzt.«

Die Stimmung war irgendwie ruiniert. Die Gäste setzten ihre lebhaften Unterhaltungen und Diskussionen fort, aber die meisten, keine fanatischen Nazis, zum Teil sogar ausgesprochene Nazigegner, hatten nun begriffen, daß Thomsen nicht der amüsante, witzige, heitere oder gute Freund war, sondern ein leidenschaftlicher Kämpfer für die Sache der Nazis. Jeder reagierte auf seine Weise, und alle waren in seiner Gegenwart ein wenig verunsichert.

Unbewußt war dies vielleicht der Wendepunkt in meiner schlichten, eher durch persönlichen Umgang geprägten Einstellung zur Nazidiktatur. Mich, die ich den freien Meinungstausch gewohnt war, schockierte die Atmosphäre dieses Abends, weil die üblichen menschlichen Umgangsformen verletzt worden waren.

Gunnar Ekelöf

Europas kranker Mann

Der schwedische Lyriker Gunnar Ekelöf hielt sich im Herbst 1933 in Berlin auf. Zu Weihnachten kehrte er – aus Geldnot – nach Schweden zurück. Von hier aus berichtete er in Briefen von seinem Deutschland-Erlebnis. Die Machtübernahme Adolf Hitlers und die Veränderungen, mit denen sie einherging, erkannte Ekelöf als dramatischen Zivilisationsbruch. Im folgenden Brief an die Schriftstellerin Agnes von Krusenstjerna (1894–1940) diagnostiziert er den Verfall der bürgerlichen Moral in Deutschland. Zu Weihnachten schrieb Ekelöf an den Schriftsteller Elmer Diktonius (1896 bis 1961) in gleicher Deutlichkeit: »deutschland ist eine moralische hölle, ich habe deutschland nie gemocht, und nun hasse ich es als europas krankesten mann, bazillenherd, großen nebel. und damit basta.« Eindrücke aus Deutschland, wo er sich zuvor bereits mehrmals aufgehalten hatte, sind auch in verschiedene Prosatexte Ekelöfs eingegangen: »Zoologische Gärten«, »Reiseeindrücke: Mitropa-Schlafwagen«.

Malmö, 16. Dezember 1933

Liebe Agnes,

[...] Es ist vielleicht unnötig, Dir Grüße aus Deutschland zu bestellen, dem ich froh und glücklich entronnen bin. Etwas Beklemmenderes als in Berlin einquartiert zu sein, kann ich mir nicht vorstellen. Als Frankophiler bin ich Deutschenhasser, allerdings nicht nur deshalb, sondern auch aus vielen anderen Gründen. Deutschland hat auf eine beklemmende Weise die Rolle als »Europas kranker Mann« übernommen. Es ist ein verfaultes, absinkendes Bürgertum, das auch vor den gröbsten Infamien nicht zurückschreckt, sobald es den Kampf um die eigenen Hosen betrifft. Stock und Rute werden wieder in ihre Rechte eingesetzt. Mit einer gewissen Unruhe sehe ich den Auswirkungen auf Schweden entgegen, glaube jedoch nicht, daß sie allzu schlimm sein werden. Deutschland ist innerlich krank, ein unbefriedigter, zerbrochener Sadist, der um sich schlägt und die Zweifel mit Selbstverherrlichung betäubt. Wir sind immer noch ziemlich gesund.

Ja, viel mehr habe ich nicht zu sagen. [...]

Herzlich Dein
Gunnar

Jean-Paul Sartre

Eine Art Simultaneität

Von September 1933 bis Juni 1934 absolvierte Jean-Paul Sartre einen Studienaufenthalt im Französischen Akademikerhaus in Berlin-Wilmersdorf. Angeregt durch seinen Vorgänger, den Soziologen Raymond Aron (1905–1983), hatte sich Sartre für das Stipendium beworben. In Berlin setzte sich der junge Intellektuelle insbesondere mit der Philosophie Edmund Husserls (1859–1938) auseinander. Seine Tagebücher aus dieser Zeit sind ebenso verlorengegangen wie der Briefwechsel mit Simone de Beauvoir (1908 bis 1986), die ihn zweimal in Berlin besuchte. Allerdings finden sich in Sartres späteren Tagebuchnotizen aus dem Frühjahr 1940 *(Les carnets de la drôle de guerre),* vor der Eroberung Frankreichs durch die Deutschen, einzelne Reminiszenzen an seine Berliner Erfahrung. Der folgende Eintrag stammt vom 28. Februar 1940. In weiteren Tagebuchvermerken schreibt Sartre über seine Beschäftigung mit den Schriften Husserls und Martin Heideggers (1889–1976), über seine begrenzten Deutschkenntnisse und über die Schwierigkeit, deutsche Frauen kennenzulernen.

Ich denke, es ist ein ganz besonderes Vergnügen, sich vor dem Hintergrund, den eine Gruppe bildet, abzuheben, um sich herum eine Art Solidarität zu spüren, der man in eben dem Augenblick entgeht, da man sich ihr beugt. Ich glaube, mich reizte vor allem die empfundene Simultaneität. Während ich schreibe, blättert mein Nachbar normalerweise in einer Zeitschrift, nicht weit von mir spielen zwei Männer Schach, auch das ist eine Simultaneität. Aber in gewissem Sinn ist sie abstrakt, sie zerfällt in tausend kleine lokale und vereinzelte

Handlungen. Ich denke sie nur und empfinde sie kaum. Während auf Grund der Solidarität, die uns damals vereinte, sich jede meiner Gesten in der Einheit unserer Gruppe als Simultaneität zu irgendeiner Geste eines meiner Kameraden zeigte: das verlieh ihr eine Art Notwendigkeit. Mit Entsetzen habe ich in Berlin gesehen, wie sehr die Deutschen diese Art Simultaneität genießen. In der *Neuen Welt,* einem riesigen Schuppen, in den Tausende von Deutschen Bier trinken gehen, traten auf der Bühne Gruppen von Bayern auf, die nichts anderes zustande brachten, als diese Simultaneität lebhaft an den Tag zu legen; einer warf seinen Hut in die Luft, während der andere tanzte und der dritte in ein Jagdhorn blies usw. Der Reiz der Darbietung war ganz offenkundig das »während«, das nichts gemein hat mit der Mannigfaltigkeit in der Einheit einer Balletttruppe, denn sie ist reale Vielfalt in einer bloß affektiven Einheit. Das war also etwas, was wir sehr stark spürten und was mich beglückte.

Martha Dodd

»Lebst du noch?« – Der 30. Juni 1934

In *My Years in Germany* bekennt Martha Dodd, wie ihre anfängliche Sympathie, wachsende Begeisterung und trotzige Parteinahme für das Naziregime sich allmählich, aber keineswegs gradlinig, zu konsequenter Ablehnung entwickelten. Um ihre komplexe Erfahrung darstellen und reflektieren zu können, bedient sie sich bestimmter literarischer Formate, die ihr Buch nacheinander durchläuft: Es beginnt wie ein klassischer Reisebericht, in dem mit ethnographischem Blick erste Eindrücke festgehalten werden. Es entwickelt sich dann zu einem Bildungsroman, der den fundamentalen Wandel der jungen Frau nacherzählt. Dieses Modell wird in der Folge mit einer Reihe von Portraits von Politikern, Journalisten und Diplomaten kontrastiert. Im Anschluß entfaltet sich eine sachbuchhafte Analyse der nationalsozialistischen Herrschaft und ihrer Zielsetzungen, die am Ende in eine politische Agenda mündet: in den Appell an die westlichen Demokratien, Hitler entschlossenen Widerstand entgegenzusetzen, bevor dieser in der Lage sein wird, sein doppeltes Programm in die Tat umzusetzen: einen Angriffskrieg zu führen und den Völkermord an den Juden zu betreiben. Eine französische Ausgabe des Buches erschien nur wenige Wochen vor dem deutschen Sieg über Frankreich unter dem Titel *L'ambassade regarde* (1940). – Die folgende Passage schildert den 30. Juni 1934, den Tag des sogenannten Röhm-Putschs.

Der 30. Juni, ein Samstag, war ein herrlicher Sommertag. Ich beschloß, ihn am Wasser zu verbringen und, wie alle Deutschen, mir bei der ersten Gelegenheit einen Sonnenbrand zu holen. Ich verabredete mich mit einem Freund, einem jungen Sekretär an einer anderen Botschaft. Eine knappe Woche später wollte ich nach Rußland fahren, und da ich gehört hatte, daß es dort unerträglich heiß sei, konnte ich mich ja schon ein wenig daran gewöhnen.

Wir klappten das Verdeck des Ford Roadster auf und fuhren hinaus nach Groß-Glienicke, zu einem schönen, stillen See am Stadtrand. Ich ließ mich den ganzen Tag von der Sonne brutzeln und suchte nur gelegentlich den Schatten auf, um etwas Kühles zu trinken und eine Kleinigkeit zu essen. Der Himmel war strahlend blau, das Wasser glitzerte und schimmerte, und die Sonne glühte. Es war ein ruhiger, unbeschwerter Tag – wir hatten nicht einmal die Energie oder den Wunsch, über Politik zu reden oder über die Spannungen, die in der Luft lagen. Um sechs Uhr fanden wir, daß wir lange genug in der Sonne gelegen hatten, und fuhren, leicht benommen und aufgeheizt, gemächlich nach Berlin zurück.

Die Wege waren gesäumt von Akazien, deren weiße Blüten, üppig und schwer wie helle Trauben, in der sonnenerfüllten Luft einen betörenden Duft verströmten. Die Fahrt ging durch kühle, dunkle Wälder, dann vorbei an Kiefern, deren sonnenwarmer Duft fast wie trockener Staub in der Nase lag.

Wir dachten weder an gestern noch an morgen, nicht an die Nazis, nicht an Politik. Männer und Frauen kamen uns entgegengeradelt, die Kleinen auf dem Kindersattel oder auf dem Rücksitz, auf einem vorbeibrausenden Motorrad saßen Leute, die mit ihren Brillen wie seltsame Gestalten aus einer anderen Welt aussahen, Frauen hatten Blumensträuße in der Hand, an ihrer Seite korpulente Männer mit Rucksäcken. Es war ein heißer und schöner Tag – ich hatte den Rock bis zum Saum meines Badeanzugs hochgezogen, um noch die letzten Sonnenstrahlen zu genießen und den kühlenden Wind, der aufkam, als wir auf eine lange Schnellstraße einbogen. Ich war glücklich, es war ein herrlicher Tag, mein Begleiter war angenehm, ich selbst voller Sympathie für die ernsten, einfachen, freundlichen Deutschen, die nach harter Arbeit einen

Spaziergang oder Ausflug machten, sich erholten und guter Laune waren.

Um sechs waren wir wieder in Berlin. Ich zog den Rock herunter und setzte mich anständig hin, wie es sich für die Tochter eines Diplomaten gehört. Die Atmosphäre hatte sich verändert, es waren nicht mehr so viele Menschen auf der Straße, die meisten in unbeweglichen Gruppen. Bald bemerkten wir, daß ungewöhnlich viele Polizisten herumstanden. Auf dem Weg in das Stadtzentrum sahen wir schwere Militärlastwagen, Maschinengewehre, viele Soldaten, SS-Männer und besonders viele grünuniformierte Polizisten – aber keine SA-Männer. Von den vertrauten Braunhemden war nirgends etwas zu sehen. Wir ahnten, daß etwas Ernstes los sein mußte. Am Straßenrand und in den Grünanlagen immer mehr Waffen und Soldaten, manche Straßen waren abgesperrt, überall Wachposten und Polizisten. In der Nähe der Tiergartenstraße waren kaum noch Zivilisten und auch keine Autos zu sehen. Mit unserem diplomatischen Kennzeichen durften wir passieren. Auch vor unserem Haus stand eine drohende Ansammlung von Militärfahrzeugen, Soldaten und Kriegsgerät. Die Standartenstraße, nur ein paar Ecken weiter, wurde von einem Polizeikordon abgeriegelt. Diese Straße war zu Ehren Röhms, des Vertrauten Hitlers, umbenannt worden.

Mein Begleiter war äußerst besorgt. Er ließ mich am Eingang des Weges aussteigen, der zu unserer Botschaft führte, und fuhr zu seiner Botschaft weiter. Ich lief in der glühenden Sonne auf das Haus zu, stürmte hinein, kühle Luft schlug mir entgegen, daß mir etwas schwindelig wurde, und in der Dunkelheit fühlte ich mich einen kurzen Moment wie blind. Ich stolperte die Treppe hinauf. Ganz oben erkannte ich die Gestalt meines Bruders, der mir erregt zurief:

»Martha, bist du's? Wo warst du? Wir haben uns Sorgen gemacht. Schleicher ist erschossen worden. Wir wissen nicht, was los ist. In Berlin wurde das Kriegsrecht ausgerufen.« [...]

Meine Mutter kam herunter, wir saßen aufgeregt im grünen Empfangssalon und versuchten, uns ein Bild zu machen.

Mein Bruder setzte seinen Bericht von den Ereignissen des Tages und der vorangegangenen Nacht fort, erzählte, was er von Journalisten und einigen befreundeten jungen Diplomaten gehört hatte, die den ganzen Tag versucht hatten, uns telefonisch zu erreichen. Mein Vater war im Büro und schrieb Meldungen an das State Department. Wir schlossen alle Türen, da wir bemerkt hatten, daß die Bediensteten sich in der Diele herumtrieben und unter jedem nur denkbaren Vorwand leise hereinkamen. Sie sahen bleich und erschrocken aus. Natürlich konnten und wollten wir ihnen keine Sekunde vertrauen.

Röhm war in der Nacht zum Samstag oder am frühen Samstagmorgen verhaftet worden, nachdem Hitler, der den Krupps gerade einen Besuch abgestattet hatte, und Goebbels per Flugzeug aus Bonn zurückgekehrt waren. Angeblich sollte am Samstag morgen ein Aufstand – unter Röhms Führung – stattfinden. Röhm lag, nach einem ausschweifenden Abend, mit einem seiner jungen SA-Freunde im Bett, als Hitler erschien und ihn weckte, ihm befahl, sich anzukleiden, ihm die Rangabzeichen von der Uniform riß und ihn zusammen mit seinen Kumpanen ins Gefängnis schaffen ließ. Manche Leute sagen, Röhm sei in jener Nacht im Bett, andere, er sei am Samstag morgen im Gefängnis erschossen worden. Aber weithin geglaubt wird merkwürdigerweise die Version, welche die Nazis selbst verbreitet haben. Röhm wurde zwei Tage lang im Gefängnis festgehalten, wo man ihm einen einzigen Ausweg ließ, nämlich Selbstmord, was er entschieden ablehnte. Er bestritt bis zuletzt, verräterische Aktionen gegen den Führer unternommen zu haben, und versicherte, Hitler treu ergeben zu sein.

Einer der ersten Vorwürfe, die gegen ihn erhoben wurden, lautete auf Homosexualität. Es war merkwürdig, selbst für die leichtgläubigen Deutschen, daß Hitler ausgerechnet aus diesem Grund einen alten Vertrauten ermorden ließ, einen engen Kameraden und Duzfreund, von dessen Homosexualität er wußte, seit sie – gut zehn Jahre zuvor – politische Weggefährten geworden waren. Röhm wurde beschuldigt, einen verderblichen Einfluß auf die Moral seiner Leute ausgeübt und auf Kosten des Volkes ein ausschweifendes Leben geführt zu haben. Aber das wußte Hitler schon seit Jahren, und außerdem führte Röhm auch kein luxuriöseres Leben als Göring und andere Paladine Hitlers und auch kein ausschweifenderes.

Tatsächlich war es ein derart offenes Geheimnis, daß Hitler und Röhm in langen Jahren von Kämpfen und Schwierigkeiten dicke Freunde gewesen waren, daß auch Gerüchte über Hitlers Privatleben kursierten, wenngleich ihm nichts bewiesen werden konnte.

Am Nachmittag des 30. Juni wurde Röhm verhaftet und Schleicher erschossen. In Berlin herrschte Göring, während Hitler und sein kleiner, düsterer klumpfüßiger Freund in Bayern in unnachahmlicher Manier aufräumten. In diesen Tagen konnte man immer wieder hören, daß Göring neben diversen kleinen Leuten auch Goebbels habe beseitigen wollen – und daß der nur deswegen entkommen sei, weil er Görings Absicht geahnt und sich aus Berlin abgesetzt und Hitler angeschlossen habe. Die Polizei hatte die Macht. Eine schwere, von dunkler Rachsucht erfüllte Hand schlug hier und da zu, manchmal nach Plan, manchmal willkürlich, ja sogar unbekümmert, denn es war schon so viel Blut geflossen, daß ein wenig mehr nichts änderte. Hunderte wurden in Berlin ermordet, in ganz Deutschland über tausend. Würde es Unruhen geben, würde es einen Aufstand geben, eine Revolution, würden die Deutschen die Gelegenheit ergreifen und sich erheben und diejenigen, die sie ins Elend gestürzt hatten, beseitigen? Diese Fragen stellten wir uns, genau wie die meisten anderen Leute auch.

Flüsternd saßen wir da und bedachten unsere Lage. Ich beschloß, meine Rußlandreise zu verschieben, eventuell sogar ganz darauf zu verzichten. Immer wieder klingelte das Telefon, und Fritz, der kleine, blonde, unterwürfige, tüchtige Butler mit dem slawischen Gesicht folgte uns, wo wir auch hingingen. Er wollte wohl erfahren, was sein Führer getan hatte. Ich bin sicher, er hatte Angst vor den Nachwirkungen, und die Furcht, an jenem Abend allein durch die Straßen Berlins nach Hause zu gehen, stand ihm deutlich ins Gesicht geschrieben.

An den nächsten beiden Tagen erhielten wir Besuch von Journalisten, die uns weitere Nachrichten überbrachten. Zwei befreundete Diplomaten demokratischer Staaten fragten an, ob sie Montag abend kommen dürften. Ein hoher Nazi würde eine Rede halten, um die Bevölkerung zu beruhigen und den Zorn ihres Diktators zu erklären. [...]

Wir saßen schweigend am Tisch, nur gelegentlich gab das eine oder andere Familienmitglied einen Ausruf des Unwillens von sich – meine Mutter beispielsweise, die nicht über die schreckliche Ermordung Schleichers hinwegkam. Niemand von uns rechnete mit einer Revolution. Trotzdem mußte man diese Möglichkeit bedenken, und zwar ernsthaft. Die Situation ließ das Schlimmste befürchten. Unser einziger Trost an diesem Tag und den vorangegangenen und folgenden Tagen – bis feststand, daß Hitler jede Aussicht auf Protest, jeden Widerstand erstickt hatte – war die Tatsache, daß wir zusammen waren. [...]

Vom Grünen Salon zogen wir in den Ballsaal um und bildeten dort einen Kreis, um Goebbels' Rede zu hören. Schließlich erklang seine Stimme im Radio. In meiner Erinnerung war es keine lange Rede, aber er trug sie mit der ganzen rhetorischen und demagogischen Meisterschaft vor, für die er berühmt ist. Goebbels, dieser unvergleichliche Redner, behandelt seine Stimme – Tonfall, Dynamik, Rhythmus und Takt – wie ein Musikinstrument. Seine Stimme kann honigsüß schmeicheln, sarkastisch und zornerfüllt beben, wie eine Schlange zischen und wie eine Taube gurren.

Ich habe mehrere Reden des Doktors gehört, und jedesmal waren die Worte klar geformt, beherrscht und unmenschlich. Er nuschelt nicht wie Hitler und Göring, er gerät nie in hysterisches Gebrüll oder das scharfe, abgehackte Stakkato Hitlers. Andererseits spürt man keinen einzigen aufrichtigen Ton bei ihm. Er ist sich seiner rhetorischen Meisterschaft stets bewußt. Er benutzt den Kopf, hat seine eigene Logik, aber in keinem der Worte, die dieser harte, gefühllose, dünnlippige Mann äußert, ist die Andeutung eines Herzschlags, real oder vorgetäuscht. Goebbels und seine Stimme sind eins. Goebbels ist unmenschlich und opportunistisch, er verkörpert den Typus des extrem bösartigen Heuchlers, den der Nationalsozialismus hervorbringen kann. Er ist der bestgehaßte Mann Deutschlands. Seine Parteigenossen und die Bevölkerung fürchten seinen Einfluß auf Hitler, seine intellektuelle Rohheit, seine Unberechenbarkeit und das Produkt seines raffinierten Gehirns, das Reichsministerium für Volksaufklärung und Propaganda.

An diesem Abend gingen viele sarkastische Blicke zwischen uns und unseren Freunden hin und her, während Goebbels versuchte, den entschlossenen und grenzenlosen Zorn seines Herrn und Meisters zu erklären, der kurzen Prozeß mit den Oppositionellen gemacht hatte. Goebbels sprach von einigen wenigen Toten, von Laster und sexuellen Perversionen und Ausschweifungen und behauptete, Röhm habe einen Aufstand gegen Hitler in Zusammenarbeit mit einer ausländischen Macht geplant, unter Beteiligung von Schleicher und anderen. [...]

Reiner, Röhms Adjutant, wurde verhaftet und monatelang festgehalten. Nur eine Woche vor der Säuberung war ich auf einer Party bei Röhm gewesen. Er selbst war nicht erschienen, als Gastgeber hatte Reiner fungiert. Es war ein rauschender Abend in einer prunkvollen Villa. In der Kellerbar gab es alles, was das Herz begehrte. Erlesener Blumenschmuck, ein ausgezeichnetes Tanzorchester, prächtig gekleidete Frauen, Männer aus allen Schichten der Gesellschaft – hoch und niedrig, reich und arm, verkommen und arglos. Es war eine der seltsamsten Partys, die ich in Berlin erlebt habe, und eine der verrücktesten. Die Frauen waren mir zum größten Teil unsympathisch, und auch die alkoholisierte, freizügige Atmosphäre gefiel mir nicht. Sie erschien mir verkrampft und häßlich. Daher ging ich schon um halb elf. Später hörte ich, daß es eine ziemlich ekelhafte Angelegenheit gewesen sein soll.

Derselbe Reiner kam nach monatelanger Haft bleich und mit rasiertem Schädel aus dem Gefängnis. Er war mit knapper Not der Hinrichtung entgangen und wurde unehrenhaft aus der SA entlassen. Und es kursierten unappetitliche Gerüchte, wie er sich seine Freiheit erkauft haben soll.

Wie uns berichtet wurde, lautete die Standardfrage, wenn man in diesen Tagen auf der Straße einem Bekannten begegnete: »Lebst du noch?« Als ich Thomsen davon erzählte, machte er ein wütendes Gesicht. Wahr ist die Geschichte eines gewissen Schmitt, eines SA-Mannes in München, der von Hitler-Anhängern aufgespürt und erschossen wurde. Als sich später herausstellte, daß sie den falschen Schmitt erwischt hatten, übergaben sie der Witwe die Asche des Toten, und ein hoher Nazi sprach eine pauschale Entschuldigung aus. Viele Frauen und Familien erfuhren auf diese Weise vom Tod ihrer Ehemänner oder Väter. [...]

Ein Freund meines Bruders berichtete haarsträubende Geschichten aus der Haftanstalt in Berlin-Lichterfelde, die sich in einen Schießplatz mit lebenden Menschen als Zielscheiben verwandelt hatte. SS-Wärter taten dort rund um die Uhr Dienst, was darauf hindeutet, daß die Nazis mit einer Revolution rechneten.

Der junge Mann, der regelmäßig in Lichterfelde zum Dienst erschien, berichtete, daß dort ein Militärtribunal eingerichtet worden war, in dem eine Handvoll Nazis, darunter auch Göring, als Richter fungierte. Die Anklageschrift wurde verlesen, dann das Urteil gesprochen, ohne daß der Angeklagte sich dazu äußern konnte, und schließlich wurde der Betreffende vor ein Erschießungskommando geführt. Das Ganze dauerte nur ein paar Minuten. Die Hinrichtung wurde von verschiedenen SS-Abteilungen durchgeführt, denen erklärt worden war, daß eines der zehn oder zwölf Gewehre mit einer Platzpatrone geladen sei, so daß jeder glauben konnte, er sei derjenige gewesen, der die menschliche Zielscheibe nicht getroffen hatte. Draußen vor dem Gefängnisareal war eine riesige Erdgrube ausgehoben, in die die Leichen hineingeworfen wurden. Sie sollten später verbrannt, ihre Asche den Angehörigen per Post zugestellt werden oder auf dem Postamt zur Abholung bereitliegen.

Wir erfuhren, auch später noch, daß mehrere junge Attachés des Auswärtigen Amtes, die Mitglieder der SS oder anderer Einheiten waren, die Hinrichtungen als Zeugen beobachten mußten – zweifellos glaubten die Nazis, dies diene der Manneszucht, stähle den Charakter. Ich weiß aber, daß es sensible junge Männer gab, die diese erzwungene Teilnahme an dem schrecklichen Drama schockierend und ekelhaft fanden.

Ein Augenzeuge berichtete, daß Ernst sehr tapfer gestorben sei, ohne eine Spur von Angst im Gesicht, und bis zuletzt laut erklärt habe, daß er völlig unschuldig sei und dem Führer auf ewig treu bleiben werde. »Lang lebe der Führer! Heil Hitler!« – das waren seine letzten Worte.

Einige Geschichten, die uns in dieser Nacht zu Ohren kamen, waren so grauenhaft und brutal (und aus journalistischer Sicht so atemberaubend), daß [Victor] Bodker ins Büro eilte und einen Sonderbericht abschickte – der, falls es jemanden interessiert (Reuters News Service, 30. Juni 1934 und folgende), garantiert informatives und zuverlässiges Hintergrundmaterial enthält.

Dieser Abend war für uns alle nervenaufreibend. Walter Duranty [Korrespondent der *New York Times* in Moskau] führte einen heftigen Wortwechsel mit Thomsen und den beiden mit mir befreundeten ausländischen Diplomaten. Diese hatten natürlich eine gewisse Zurückhaltung und Vorsicht zu wahren, aber Duranty legte sich keinerlei Zwang auf. Auf der Sofakante sitzend, wie immer, wenn er erregt war, beantwortete er Thomsens pointierte und sarkastische Fragen über Rußland und stellte ihm ebenso pointierte und sarkastische Gegenfragen über Deutschland, vor allem über die Ereignisse der letzten beiden Tage, und unterstrich seine Worte, indem er mit dem Stock aufstieß. Elmina [Rangabe, die Tochter des griechischen Gesandten], die das Gespräch verfolgte, verteidigte Deutschland und das Vorgehen der Nazis leidenschaftlich. Sie betete Hitler wirklich an und erklärte mir oft, daß er für sie einer der ganz großen Männer der Geschichte sei.

Nachdem die anderen Gäste sich verabschiedet hatten, zog mein Bruder mit den Zeitungsleuten los, um weitere Neuigkeiten aufzuschnappen, und ich ging zu Bett.

Ich verbrachte eine schlaflose Nacht, wie alle vermutlich. Ich hörte, wie schon am Samstag und Sonntag, das leise Geräusch von Schüssen, das meine unruhigen und wilden Träume wie ein Kontrapunkt begleitete. Meine Freunde erlebten diese Nacht sehr ähnlich. Viele Menschen erzählten, daß die Schüsse in Lichterfelde die ganze Nacht über zu hören waren, und ein Freund, der unweit von Lichterfelde wohnte, berichtete, daß ihn das tödlich-metallische Stakkato in dieser Nacht und in der ganzen schrecklichen Woche immer wieder aus dem Schlaf gerissen habe.

Max Frisch

Wunder des Lebens

Nachdem er das Studium der Germanistik abgebrochen hatte, arbeitete Max Frisch als Journalist. 1933 war er als Reporter in Mittel-, Ost- und Südeuropa. Im April 1935 reiste er nach Deutschland, um in einem dreiteiligen Artikel in der *Neuen Zürcher Zeitung* (30. April bis 13. Juni 1935) zu berichten. (Frisch war zusammen mit seiner aus Berlin stammenden jüdischen Freundin Käte Rubensohn unterwegs, mit der er – zunächst im Dezember 1935 – noch verschiedentlich nach Deutschland reiste. An diese Beziehung und an gemeinsame Aufenthalte in Berlin und Nürnberg erinnert sich Frisch in seiner autobiographischen Erzählung *Montauk* aus dem Jahr 1975.) Sein erster Roman, *Jürg Reinhart,* war im Jahr vor der ersten Reise in einem deutschen Verlag erschienen (1934). In seinem Bericht ist Frisch darum bemüht, die deutsche Kultur, die er als Deutschschweizer für sich in Anspruch nehmen kann, von der durch den Nationalsozialismus infizierten deutschen Gesellschaft abzugrenzen. Wie prekär der Versuch ist, eine solche Trennung vorzunehmen, zeigt sich unter anderem an den Überlegungen, die der Autor, der im folgenden Jahr (1936) in Zürich ein Architekturstudium beginnen wird, zu einzelnen Gebäuden anstellt, an denen er das traditionelle vom nationalsozialistischen Deutschland zu unterscheiden versucht. So macht er »das Schönste und Höchste, was unsre Zeit schafft« im Stuttgarter Hauptbahnhof aus (fertiggestellt 1928), dem »besten Bahnhof in Deutschland«. Als sich Max Frisch dort aufhielt, war dessen Architekt, Paul Bonatz (1877–1956), bereits als Berater für Fritz Todt (1891–1942) in Hitlers Bauprojekt der Reichsautobahnen tätig.

I

Soeben bin ich über die Grenze gefahren, und wenn unsereiner, dessen Heimat ja die Sprache ist, zum erstenmal auf deutschen Boden tritt, geschieht es doch mit einer merkwürdigen Spannung, heutzutage fast mit einem gewissen Bangen. Wir können und wollen es nicht leugnen, daß wir seit den Jahren unsrer ersten und großen, lebensgestaltenden Eindrücke eine dankbare Liebe zum deutschen Land empfinden, das uns unter anderm einen Riemenschneider und einen Dürer, einen Goethe und einen Bach gab, kurzum, das unser Bildungserlebnis wurde; und wir können es auch nicht vergessen, daß die echtesten und bedeutendsten Schweizer, die unser Verhältnis zur deutschen Kultur nicht ein unterwürfiges werden ließen, sondern zu einem fruchtbaren Nehmen und Geben gestalteten, ohne das deutsche Geistesgeschehen ja niemals auszudenken wären. Wenn wir also über diese staatliche Grenze fahren, kommen wir bereits aus einem Deutschland des Geistes: wird nun unsre Liebe enttäuscht sein, da wir das wirkliche Deutschland sehen, oder gar mißbraucht werden, mißdeutet und verstümmelt als eine »Sehnsucht nach dem Reich«, so daß sich unser Gefühl in Empörung wandeln muß? Und falls wir das geistige Deutschland, dessen klassische Sprache uns künstlerisches Vorbild ist, nicht wiederfinden sollten im wirklichen und heutigen, müssen wir dann alles Geistige und Geliebte für vergangen halten und uns vom jetzigen lossagen; oder können wir den Stillen vertrauen, die noch immer im Lande sind, etwa einem Carossa oder wie sie nun heißen? Das ist die Frage, wem wir schließlich mehr glauben, dem Volksredner oder dem Dichter, und was uns maßgebender ist, die brüllende Masse oder der einzelne Mann, der allerdings machtlos ist und dennoch Geschichte macht, wenigstens Geistesgeschichte. Nicht Neugier ist es, was uns also auf diese Reise treibt; uns geht es um einen Glauben, um einen seelischen Boden, der uns selbstverständlich war und nunmehr fraglich wurde, aber ohne den wir vielleicht nicht voll gedeihen können, denn kein ernster Deutschschweizer, ob er nun Dichter oder anderswie Künstler sei, wird leichten Herzens das nachbarliche Deutschland aufgeben dürfen, es geistig verlieren und unsre kulturelle Zusammengehörigkeit kündigen können. Ich meine nur: drum ist eine deutsche Reise vielleicht weniger eine Probe für die Deutschen, wie allzuviel Dünkelhafte meinen, die sich wie einen prüfenden und strafenden Gottesboten geben, vielmehr eine Probe für unsre eigene geistige Haltung, unsre innere Weite und Sicherheit, die uns vor jeder Überschätzung der Gegenwart hüten mag.

Den ersten Abend verbringe ich im Schloßpark von Stuttgart: riesenhaft ragen die unzählbaren Platanen, uralte und himmelgreifende Kronen, die noch laublos sind; und ringsum dehnen sich die großzügigen Rasenflächen, die mancherorts mit blühendem Krokus überraschen. Rilke sagte von solchen vereinzelten Blümchen, die kindlich und schüchtern wirken, sie stünden auf und sagten: blau. Und im Hintergrund erkennt man die Umrisse des schmucken alten Schlosses, das nach seinem Brand noch nicht wieder aufgebaut ist, jetzt gerade von Abendsonne übergoldet und hinter einem Netz von knospenden Zweigen. Vor meiner Bank liegt ein dunkelgrüner Teich, darin die Schwäne schwimmen, und im stillen Wasser spiegeln ihre Hälse wie lange, gerade und weiße Kerzen. Und ein schlanker Turm überragt alles und steht rostrot in die Abendstille: dort oben hauste tagelang die Stadtreinigung, als die Revolution des Zweiten Reiches war; aber eine Kirche ist es nicht, sondern das Schönste und Höchste, was unsre Zeit schafft, gehört zum Bahnhof, übrigens zum besten Bahnhof in Deutschland.

In einer Parteibuchhandlung sah ich heute alle Köpfe, deren Namen ich vom Hörensagen kenne: Hitler und Friedrich den Großen, ferner Hindenburg und den heiligen Horst Wessel, und zwischen allerlei Kampfbüchern und erzählenden Werken lagen drei blanke Dolche. Um dem Geist dieser Schriften zur Überzeugungskraft zu verhelfen? Vormittags hatte ich ein Gespräch mit dem Leiter eines großen deutschen Verlages und erfuhr unter anderm, daß der Absatz des deutschen Buches in der Schweiz ganz erheblich zurückgegangen ist, man stoße auf ein zähes Mißtrauen selbst mit rein dichterischen Werken, fast auf einen Boykott, sofern der Verfasser nicht schon bekannt und geschätzt sei; der Roman, der in Blut und Scholle wühlt, vor allem die Erzeugnisse jener flinken Herren, die seit dem Umbruch ihr Bauernherz auf den rechten Fleck rückten und sich nun nicht genugtun können mit ihrem Mistgeruch, würden selbst in Deutschland schon heute kaum mehr gekauft. Denn der Mensch lebt ja nicht von Erde allein.

Nachmittags besichtigte ich die schmucke Stadt, die von baumreichen Hängen aus ihrer Mulde emporgehoben wird, ähnlich wie Zürich, und als ich bald bemerkte, daß hier jedes Stadthaus zwei bis drei Fahnenstangen von sich streckt, wurde ich von einem albernen, aber heftigen Zwang erfaßt, diese langen Stecken abzuzählen; schon in der ersten Straße kam ich rasch über hundert und hatte mich müde gegangen, bevor ich ein Haus ohne dieses Gerät gefunden hätte, daran sich auf Befehl jederzeit die Volksbegeisterung hissen läßt. [...]

II

Wunder des Lebens: so heißt die größte Ausstellung dieses Jahres in Berlin, die unleugbar eine Prachtleistung ist. Als Sensation steht im Vorraum der gläserne Mensch, dessen einzelne Organe durch inwendige Erleuchtung gezeigt werden, ein Spitzenwerk deutscher Technik; deutsch ist die Ausstellung auch in ihrer lehrhaften Haltung, wie man sie hierzulande ja überall antrifft. Aktuell ist das Ganze, weil es einen Hauptpfeiler nationalsozialistischer Ideen veranschaulicht, nämlich die Naturwissenschaft.

Im ersten Hauptsaal, schon raumkünstlerisch eine Freude, wird uns der ganze Vorgang des Lebens im menschlichen Körper dargestellt; an tadellosen Modellen sieht man Blutkreislauf und Herzarbeit, einen Kubus mit dem Blutgehalt, der täglich durch unser Herz läuft, und man staunt immer wieder, wie die begabten Aussteller den Weg finden, um ziemlich unvorstellbare Begriffe ins Schaubare zu übersetzen. [...]

Wunderbar ist der gesunde Mensch! – so ließe sich diese erste Halle betiteln; doch schon die nächsten Räume versuchen eine Nutzbarmachung unserer Begeisterung, denn alles Folgende hat etwa diesen Sinn: Gesund und wunderbar ist nur der nordische Mensch!

Da ist zuerst die Lebensglocke, die alle fünf Minuten schlägt; denn alle fünf Minuten sterben sieben Deutsche und werden fünf geboren. Also zwei zu wenig. Drum heißt der Saal: Die Familie als Träger des Lebens, und alles läuft nun aufs Kinderhaben hinaus. (Eine Frau wagte die Einsendung in eine Zeitschrift: Als Frau empört es mich, was über »das Weib, das nicht geboren hat« heute überall gesagt wird; alle weiblichen Wesen, die Gesundheit und Leben aufs Spiel setzen, um Kindern, Kranken und alten Leuten zu helfen, erscheinen ja danach als unehrenhaft?) Und schon wieder läutet drüben die Lebensglocke: sieben gestorben, fünf geboren, wieder zwei zu wenig. Drum sagt der Führer in Großschrift: Die Mutter ist die wichtigste Bürgerin in meinem Staat. Und ehe du Zeit findest, die Folgen dieses staatlich angetriebenen Kindersegens abzuschätzen und dir einige Fragen vorzulegen, wie sich derlei mit dem Arbeitslosenproblem reimt und mit dem Volk ohne Raum, das sich noch selber die Not schafft, die kein Gebot kennt gegen Osten, noch ehe du also zum Nachdenken kommst, erreicht dein Ohr von neuem die Kinderpropagandaglocke – schon sechs Deutsche zu wenig!

Im nächsten Saal, wohin ich entrinne, empfangen mich gutgemalte Bilder von blonden Jünglingen mit Spaten und Mädchen mit langem Haar, rein und tapfer und treu. Die Wandsprüche sind von verschiedenen Autoren, von Schiller und Hitler, von Darré und Goethe, von Fichte und weniger bekannten Gauleitern. Ehrlich und freudig überzeugen können uns die Siedelungen, zumal wir sie auch in Wirklichkeit gesehen und bewundert haben, geschmackvoll und doch äußerst billig gebaute Kleinwohnungen, die in freier grüner Stadtferne ein gesundes und zufriedenes Leben ermöglichen und unseres Wissens auch sehr begehrt sind, während man in der Villengegend von Wannsee und anderswo an jeder zweiten Großwohnung den Verkaufsschild sieht. Neben solchen Leistungen, die hier gezeigt werden und die wir anerkennen müssen, sofern wir nicht unserseits mit starrer Voreingenommenheit kommen, begegnen wir leider immer wieder dem widerlichen Grundfehler der deutschen Propaganda:

Von jeher schwankte das deutsche Wesen, sowohl im Einzelmenschen wie im Volksganzen, zwischen Minderwertigkeitsangst und übersteigertem Selbstbewußtsein; dazu mag die Mittellage zwischen östlicher und westlicher Kultur beitragen, die zugleich befruchtend und gefährdend sein kann, und es ist ja das Grundproblem jedes deutschen Menschen, daß er sich nicht verliere in der Hingabe ans Fremde und anderseits nicht in ängstlicher Selbstverpanzerung erstarre, daß er zwischen Empfänglichkeit und Selbstpreisgabe, zwischen Selbstbesinnung und Ichgeiz jenes schöpferische Gleichgewicht fände, das allein einen Goethe möglich machte. Das deutsche Volk ist noch ein junges Volk, fast ein jugendliches und daher ein gärendes, das sich selbst noch nie verwirklicht sah, wie etwa das innerlich ältere Frankreich, und daraus mag sich erklären, daß es jene ausgeglichene Abgeklärtheit und Sicherheit noch nicht haben kann, sowenig sie ein junger und werdender Mensch besitzt. Dieses übersteigerte Selbstgefühl ist ein äußerster Ausschlag eines inneren Pendelns und wir wissen auch um die deutsche Selbstbezweiflung, die bis zur Selbstzerfleischung gehen kann und ihresgleichen nicht hat, kurzum, wir stehen der deutschen Seele gewiß nicht ahnungslos gegenüber, empörend aber ist dieser Selbstruhm, der seine eigene Rasse erhöht, indem er alles andre in den Schmutz stößt. Was diese Ausstellung über die Juden bringt, die sie als auserwähltes Volk verspottet, läßt es uns äußerst schwer werden, über diesem dritten Reich das ewige Deutschland nicht zu vergessen; und man möchte wohl wünschen, daß das heutige Reich nach jenem notwendigen Zurückdämmen die Rassenfrage nicht länger auf die Spitze treibe.

Ausgestellt ist eine Galerie von asiatischen Köpfen wildester Sorte, polnische und russische Juden von ausgesuchter Widerwärtigkeit, so daß man versucht ist, sich eine Gegenschau von SA-Gesichtern zu denken, wobei ein ebenbürtiger Eindruck leicht zu erreichen wäre. Ein Vers des Juden Harry Chaim, genannt Heinrich Heine, gibt das höhnische Motto; dann folgt ein Abschaum der Nachkriegsmalerei, eine Auslese schmieriger Bilder, die als nichtarische Kunst schlechthin gelten sollen; daß Liebermann und andre fehlen, ist einfachheitshalber nötig. Vom Rassenstil unterrichtet uns folgender Versuch: verschiedenen jungen Menschen wurde ein Bild vorgelegt, worüber sie sich äußern sollten. Der nordische Jüngling schreibt wortkarg, – nüchtern und zuchtvoll. Der westische Mensch läßt seiner ausschweifenden Phantasie schon die Zügel schießen, wirkt gewandt und ohne den tiefen Gehalt des nordischen Jünglings, kurzum, es ist die posierende welsche Formtändelei. Am längsten schreibt der Jude: Er könne mit dem Bild nichts anfangen, das eine zerschossene Kirche und einen Soldaten vor rauchenden Trümmern zeigt; offenbar wolle der Soldat noch erbeuten, was an Schätzen in der Kirche sei, scheue sich aber vor der Flammenhitze; im übrigen erklärt sich der Schreiber gegen den Krieg, der Unsinn ist, und die Völker sollten sich verständigen; immerhin fände er es besser, wenn Kirchen zerstört würden und nicht Wohnhäuser, da diese noch materiellen Wert besitzen. – Man sieht: der Jude ohne Beziehung zum Volksgeschehen, habgierig und feige, pazifistisch und internationalistisch und materialistisch. Und wenn dann in der Folge logisch aneinander gereihter Themen eine nächste Abteilung vor allem Kinder von Epileptikern, Trinkern, Syphilitikern zeigt, erscheint dieser Jammer offenbar als Auswirkung nichtarischer Rasse; wenn auch diese Beziehung nicht wörtlich ausgesprochen ist, so muß der willige Besucher, der durch die sonst wohlgeordnete und folgerichtige Ausstellung wandelt, diesen Zusammenhang von selber merken; und wenn alsdann die deutsche Aufartung gezeigt wird, wo man Menschen wie Rennpferde züchtet, so hat das letztere nichts Ekelhaftes, im Gegenteil, nach dem Gesehenen muß man ja aufatmen und es glauben – dank dieser mehr als geschickten Art nationalsozialistischer Volksaufklärung.

Am eindrücklichsten aber war mir, die Gesichter der Besucher zu beobachten: ausdruckslos betrachteten sie das Gebotene, ohne mit ihrem Begleiter ein Wort zu tauschen. (Sonst ist ja der Berliner nicht so kommentarlos; wenn Sie einem Radler in die Bahn laufen, ruft er im Nu: Schlafn Se man lieber Zuhause, Frölleinchen!) Hier ist alles stumm; dann zeigt der führende Arzt auf eine Tabelle der berühmten deutschen Männer, die alle aus kinderreicher Familie seien – Goethe und Schiller und einige wurden vergessen – und auf Löwe [Carl Loewe] weisend, der als zwölftes Kind zur Welt kam: »Sie sehen, meine Damen und Herren, niemals hätten wir diese Genies gehabt, wären damals nicht kinderreiche Familien gewesen.« Und keiner dieser Erwachsenen wagt ein Lächeln. Wir bewundern solche Disziplin, womit sie ihre Meinung unterdrücken, oder haben sie schon nichts mehr zu unterdrücken?

III

[...] Einen freundlichen und klugen Buchhändler, den ich fast eine Stunde lang im Gespräch halten konnte, fragte ich unter anderm, was denn das deutsche Publikum vor allem kaufe? Seine Antwort kam ohne Zögern: das stille Buch. Und der große Erfolg, den ein Wiechert im vergangenen Winter davontrug, bestätigt uns diese merkwürdige, sehr begreifliche und tröstliche Auskunft; die Geschichte könnte uns Beispiele genug liefern, daß der Idyllendichter oft in kriegerischen Zeiten am geschätztesten war. Das laute und kämpferische Buch dagegen verdankt seine teils hohen Auflageziffern nicht immer der Leserliebe; wenn es einem Machtstaat auch ein leichtes ist, solchen Büchern den gewünschten Absatz zu verschaffen, so fällt es schon schwerer, dem Aufgezwungenen auch wirkliche Freunde zu gewinnen.

Mein Buchhändler, der mich an meiner ungehemmten Fragestellung bald als Schweizer erkannte, fand folgenden Ausdruck: Wir spüren hier einen ganz bedeutenden Unterschied zwischen dem, was man kaufen muß, und jenem, was man liest. Dann sprach er von einer Zeit, wo doch der Geist nicht eben führend sei, und glaubte ein tiefes Verlangen nach Gedanklichem festzustellen, nach Werken nämlich, wo man nicht nur wieder lese, was man Tag für Tag auf der Straße und im Film und zuhause im Rundfunk höre, sondern auch einmal Gedanken eines umfassenderen, höheren und ewigeren Geistes. Gewiß hat er mit seiner Behauptung recht, daß gerade der heutige Leser wieder besonders hohe Anforderungen ans Buch stelle, das jedenfalls mehr als Zeitvertreib sein soll: erstens haben ja die meisten Deutschen wenig Mußezeit, die sie nach ihrem privaten und freien Willen verbringen könnten; auch ihre Lesekraft gehört größtenteils dem Staat, der seine teure Propaganda gelesen und gesehen haben will, der bekanntlich Kraft durch Freude spendet, bis das Dienstmädchen meiner Bekannten verzweifelt, weil sie nicht mehr zum Strümpfestopfen kommt; und zweitens kann man sich heute seltener ein Buch leisten, der neue Emil Strauß beispielsweise geht deswegen schlecht, weil er neun Mark kostet. Arm am Beutel, krank am Herzen – das letztere vor allem: da ist eine innige Sehnsucht nach Erhebendem und Erlösendem, was der Leser mit tiefem Recht beim Dichter sucht. *Das Herz ist wach* hieß der deutsche Buchschlager des Jahres, ein Liebesbriefwechsel, der meines Erachtens von des Gedankens Blässe angekränkelt und recht nichtig ist, aufschlußreich nur durch seinen Publikumserfolg: er führt ins Reich der Schöngeistelei, ins Wirklichkeitsfremde, also keine Erlösung und höchstens eine Ausflucht; das aber verwechseln offenbar viele. [...]

Berichtigung

Der wissenschaftliche Leiter der großen Ausstellung »Wunder des Lebens« in Berlin macht mich in freundlicher Weise auf einen allerdings nicht gleichgültigen Fehler im Sachlichen aufmerksam, den ich um so mehr bedaure, als mir jede böse Absicht zur Fälschung fernliegt, und den ich hiermit zurücknehme – mit der Entschuldigung, daß ich es nicht für ratsam halten konnte, an Ort und Stelle meine Notizen zu machen, und aufs unzensurierbare Gedächtnis angewiesen war. Die Lebensglocke nämlich, die ich fälschlicherweise eine »Kinderpropagandaglocke« getauft habe, bedeutet vielmehr eine »Kindertriumphglocke«, da nicht alle fünf Minuten zwei Deutsche weniger geboren werden, als solche sterben, sondern umgekehrt; es ist also bereits in hohem Maße erreicht, was ich als erst erstrebtes Ziel darstellte.

Virginia Woolf

Mit Mitzi am Rhein

Im Mai 1935 begab sich Virginia Woolf zusammen mit ihrem jüdischen Ehemann Leonard und dem zahmen Hausäffchen »Mitzi« auf eine Reise nach Südeuropa. Von Holland aus fuhren die Woolfs im Auto quer durch Deutschland, auf dem Weg nach Österreich und Italien. Der Aufenthalt findet Eingang in das Tagebuch von Virginia Woolf, und auch Leonard Woolf (1880–1969) beschreibt die Reise in seinen Erinnerungen *Downhill All the Way* (1967). Er amüsiert sich ebenfalls darüber, daß die illustre Reisegruppe in ihrem Fahrzeug von einer jubelnden Menschenmenge empfangen wurde, die eigentlich auf Hermann Göring gewartet hatte. Ausgerechnet der Affe schien die Woolfs vor Übergriffen seitens der »eingeborenen Wilden« geschützt zu haben: »Wer solch ein ›niedliches kleines Ding‹ auf seiner Schulter hatte«, schrieb Leonard Woolf sarkastisch, »konnte unmöglich ein Jude sein.«

Donnerstag, 9. Mai 1935

Wir sitzen in der Sonne vor der deutschen Zollstation. Ein Auto mit Hakenkreuz am Rückfenster ist gerade durch die Schranke nach Deutschland hineingefahren. L. [Leonard Woolf] ist im Zoll. Ich knabbere an *Aaron's Rod* [von D. H. Lawrence, 1922]. Sollte ich hineingehen & nachsehen, was los ist? Ein schöner trockener windiger Vormittag. Der holländische Zoll dauerte 10 Sekunden. Das dauert jetzt schon 10 Minuten. Die Fenster sind vergittert. Da kamen sie heraus & der grimmige Mann lachte, als er Mitzi sah. Aber L. sagte, als ein Bauer hereinkam & seinen Hut aufbehielt, sagte der Mann Dieses Büro ist wie eine Kirche & veranlaßte ihn, ihn abzunehmen. Heil Hitler sagte der kleine dünne Junge, als er an der Schranke seine Tasche aufmachte, die vielleicht einen Apfel enthielt. Wir werden unterwürfig – beglückt, heißt das, wenn der Beamte Mitzi anlacht – das erste Beugen des Rückens.

Daß ein Kunstwerk bedeutet, daß ein Teil seine Kraft aus einem anderen Teil bezieht.

In Ulken [eigtl. Unkel]: erreichten unser Domizil spät, nachdem wir umgelenkt wurden, um den Weg für den Ministerpräsidenten frei zu machen. [Die Woolfs übernachteten im Rheinhotel Schultz in Unkel, nachdem sie in Bonn nichtsahnend durch einen Empfang gefahren waren, der Hermann Göring galt.]

Am Rhein, am Fenster sitzend, auf den Fluß hinausschauen. Der Kellner kam ins Reden. Er ist in Amerika gewesen: demokratisch; redet als wäre er der Gastgeber. Wie ein kleiner beweglicher Affe. »Jetzt wollen wir mal sehen, Sie mögen guten Kaffee. Was haben wir da Schönes?« & so weiter. Auch der Geschäftsführer – war in der City Road – wollte zurückgehen & ein deutsches Hotel am Bedford Place führen. Wir wurden von Hitler (oder Göring) über den Fluß gescheucht, mußten durch ein Spalier von Kindern mit roten Fähnchen hindurch. Sie jubelten Mitzi zu. Ich hob meine Hand. Die Menschen versammelten sich in der Sonne – eher gezwungenermaßen, wie Schulsport. Spruchbänder quer über die Straße »Der Jude ist unser Feind« »Kein Platz für Juden in –«. So rasten wir weiter, bis wir außerhalb der Reichweite der fügsamen hysterischen Menge waren. Unsere Unterwürfigkeit verwandelte sich allmählich in Wut. Die Nerven ziemlich strapaziert. Der Eindruck von tumbem Massengefühl, versteckt hinter Gutmütigkeit. Dann kamen wir hierher, Unkel, ein altes Landhaus mit geschwungenem Geländer, flachen Stufen, einer schwarzen vergitterten Treppentür & einem Hof. Eine Reihe kleiner runder Fenster im Dach, Kaninchen & Tauben in Verschlägen. Der Gastwirt spielt Karten mit seiner Frau. Sie wollen alle fort – wieder nach Islington, wieder nach Washington – oh, wie ist das schön, sagte der Kellner, der immer weiterreden möchte.

Innsbruck, Sonntag, 12. Mai 1935

L. sagt, jetzt könnte ich die Wahrheit aussprechen, aber ich habe 2 Tage der Wahrheit vergessen, & meine Feder weint Tinte. Ich muß mal sehen. Wir fuhren weiter vom alten Landgasthof, wo sich die Rechnung mächtig summierte, & fuhren den Rhein entlang & versuchten, ihn wie ein verlobtes Paar 1840 zu sehen – das ging nicht. Ein häßliches prätentiöses Land – Opernlandschaft. Hohe, doch unbedeutende Hügel, gespickt mit schwarzgrünen Tannen, mit korrekten Türmen & Ruinen – ein Fluß, auf dem Kohlenkähne wie auf der Oxford Street verkehren; das Fahren auf den Pflastersteinen: & dann war eine Mauer eingestürzt, & wir wurden wieder gezwungen, auf die rechte Seite zu wechseln. Und so weiter – wohin? Ich fange an, zu vergessen. Der langweiligste Tag von allen. Aber wir gelangten nach [...] Heidelberg, welches eine – ja – eine sehr vornehme Universitätsstadt am Neckar ist. Die Professoren & ihre Töchter hatten einen musikalischen Abend. Ich sah sie unterwegs von einem Haus zum anderen mit blaßblauen Beethoven-Quartetten unterm Arm. So ähnlich wie die Verralls & die Darwins im alten Cambridge – dieselbe Kleidung, & nette intelligente Gesichter. Große Rhododendren in Blüte. Immer noch warm & blau. Und der Fluß wie gleitende Glasscheiben. Und am nächsten Tag nach Augsburg – eine langweilige Stadt, aber mit einem Bad. Ein Zimmer mit Bad. Die Landschaft wird ständig besser – gewinnt Form & Raum. Von Augsburg nach Innsbruck, wo ich im leeren Zimmer sitze – die Hotels ganz leer, & die Stadt still wie das Grab, & sehr imposant. Was haben wir heute gesehen? Große Schneehügel mit schwarzen Spalten. Wasserfälle. Seen; einer kupfergrün. Und es hat zum ersten Mal geregnet & war kalt in den Bergen. Man stelle sich vor, mit schmutzigem Schnee vor der Tür im Mai zu leben! Wunderschöne, aber nutzbringende Kiefernwälder. Schwarze Truppen zusammengetrieben. Das Hitlergefühl entspannter, obwohl jedes Dorf ein gemaltes Schild hatte »Die Juden sind hier unwunscht [*sic*]«*. Doch schien das von offizieller Seite aufgehängt. Wechselten endlich nach Österreich hinüber & sind jetzt fast außer Hörweite.

Konrad Warner

Erntedank 1935

Konrad Warner war Korrespondent für Schweizer Zeitschriften und Zeitungen. Sein Buch *Schicksalswende Europas? Ich sprach mit dem deutschen Volk...* (1944) beschreibt, im wesentlichen, einen Aufenthalt in Berlin von Mitte November 1943 bis Ende März 1944. Dann kehrte Warner in die Schweiz zurück und veröffentlichte noch im selben Jahr seinen *Tatsachenbericht.* (Die Einleitung ist auf den »Frühsommer 1944« datiert.) In einzelnen Episoden berichtet er von früheren Reisen, beispielsweise 1938 in der Gegend von Nürnberg. So ist auch die folgende Passage, in der sich Warner an ein Erlebnis aus dem Jahr 1935 erinnert, im Rückblick aus der Perspektive des Jahres 1944 verfaßt. (Das Buch, das unter Pseudonym erschien, unterlag der Schweizer Kriegszensur und trägt im Bestand der Schweizerischen Landesbibliothek noch heute die entsprechende Signatur »Cens«.)

Am Erntedankfest 1935 sah ich Hitler auf dem Bückeberg bei Hameln, der alten Rattenfängerstadt. Eine unübersehbare Menschenmasse wogte über den Hang des Berges, an dessen Fuss und Gipfel Tribünen aufgestellt waren, stand, hockte auf mitgebrachten Stühlen, lagerte auf Decken, genau so eng und unbequem, wie sie es heute in den bombardierten Städten nach einem grossen Angriff tut. Riesige Fahnenmasten säumten das Gelände ein, und die Embleme des Dritten Reiches flatterten am Oktoberhimmel.

Ungeheure Spannung und Erwartung erfüllten die Menschen, die auf das Eintreffen Hitlers und seines Gefolges warteten. Als fern unten in der Ebene die Autokolonne herannahte, wehte wie ein Orkan das von abertausenden Stimmen ununterbrochen gerufene »Heil!« vom Berghang herab, diesem Manne entgegen, der es verstanden hatte, das deutsche Volk in seinen Bann zu schlagen.

Nun hielt er von der unteren Tribüne aus eine Rede, die im Begeisterungsrausch der Massen endete. Anschliessend stieg er mit seiner engeren Umgebung den freigehaltenen Mittelgang hinauf. Aber er kam nur langsam vorwärts. Zu beiden Seiten standen die Bäuerinnen in ihren schmucken Trachten aus Bückeburg, aus dem Weserbergland, aus dem Westfälischen, und alle drängten auf ihn zu, um ihn zu sehen, um ihm die Hand zu drücken und um in seine blauen Augen zu schauen. Strahlendes Lächeln war auf seinem Antlitz, und plötzlich stand er vor mir, keinen Meter weit, und sah mir sekundenlang in die Augen. Er übte unbestritten eine starke Wirkung aus. Die Begeisterung der Tausende, die ohne Pause »Heil« riefen, steigerte jeden einzelnen in einen Rausch hinein, und das erhöhte noch die Wirkung, welche die Persönlichkeit dieses Mannes ausübte. Überall griff er nach Händen, die sich ihm in dichter Fülle entgegenstreckten, streichelte Wangen und strich über Haare. Dicht hinter ihm kamen Göring mit breitem Grinsen, Goebbels und Hess und die andern, alle in bester Laune und nach allen Seiten grüssend.

Unten am Fuss des Hügels war eine künstliche Ortschaft aufgebaut worden. Ein kleines militärisches Manöver sollte sich abspielen. Infanterie ging vor, von Panzern unterstützt. Ein allgemeines, staunendes und anerkennendes Aaah! begleitete die rasend schnelle Fahrt der Tankwagen. Schüsse knallten, Maschinengewehrfeuer knatterte in die friedliche Schönheit des Herbstsonntags hinein, Brände in den Attrappenhäusern loderten auf, Panzer fuhren durch sie hindurch und liessen nichts Aufrechtes zurück. Das Aaah steigerte sich zum lauten Beifall, und nun brausten plötzlich hinter dem Bergwald hervor Kriegsmaschinen im Tiefflug über die »genommene« Ortschaft und vernichteten ihre Überreste durch Bombenwurf und Bordfeuer. Das Dröhnen der Motoren vermischte sich mit dem Jubel der Menge, die nicht ahnte, dass einst andere Motoren über ihren Köpfen dahinbrausen würden, und dass einst das Verderben nicht in potemkinsche Kulissenhäuser herabfallen, sondern ihre eigenen Städte verwüsten würde.

Denis de Rougemont

Der Traum von sechzig Millionen

Der frankophone Schweizer Denis de Rougemont kam im November 1935 für ein einjähriges Lektorat an die Johann Wolfgang Goethe-Universität in Frankfurt am Main. Organisiert hatte diesen Gastaufenthalt Otto Abetz (1903 bis 1958), der später deutscher Botschafter im besetzten Frankreich werden sollte. Denis de Rougemont hatte eine schwierige Zeit hinter sich – wovon sein *Journal eines arbeitslosen Intellektuellen* zeugt (1937) – und sich mit Übersetzungen aus dem Deutschen über Wasser gehalten. Sein *Journal d'Allemagne* (1938) enthält Beobachtungen vom Alltag im nationalsozialistischen Deutschland, es gibt Gespräche mit Personen wieder, die unterschiedliche Haltungen gegenüber dem Regime repräsentieren (»Ein Kleinindustrieller«, »Ein Kommunist«, »Ein Israelit«, »Die Studenten« und viele andere). Die zentrale Erkenntnis seines Aufenthaltes entwickelt de Rougemont beim Erlebnis eines Auftritts von Adolf Hitler: die Theorie vom sakralen Charakter der nationalsozialistischen Herrschaft. – Denis de Rougemonts wohl bekanntestes Werk ist seine kulturkritische Studie über die Liebe und den Liebestod, *L'amour et l'occident* (1939) *(Die Liebe und das Abendland).*

Ende Oktober 1935

Freunde haben sich gewundert, daß ich diese Stelle annahm, die sich durch den Zufall einer Begegnung an einem schönen Juliabend im Café *Deux Magots* anbot. Ich entgegne ihnen, daß man mich nicht in Unkenntnis meiner Ansichten berufen habe: Das sichert mir hier meine Freiheit. Mein erstes Buch sagt genug über meine Liebe zu Mitteleuropa und mein zweites über die Vorstellung, die ich von totalitären Regimen habe. Ich weiß nicht, ob man bei dem Angebot, ein solches Regime von nahem zu sehen, hofft, mich zu bekehren. Wenn dem so wäre, warum mich dem entziehen? Wenn sie recht haben, ist es dringend, das zu sagen und meine Aussagen zu widerrufen. Und wenn sie irren, so werde ich besser wissen, warum. In jedem Fall bringt man sich – wenn man zu Hitlers Zeit lebt und nicht hinfährt, um ihn zu hören und zu sehen, wenn doch eine Nachtfahrt mit dem Zug dazu ausreicht – um gewisse Grundlagen jeglichen Verstehens unserer Zeit. Aber selbst da wäre es wenig, nur *ihn* mit eigenen Augen zu sehen. Man müßte ihn wie durch sein Volk hindurch sehen, mit den Augen seiner Gefolgsleute und mit den Augen seiner Opfer, so wie er geschaffen und so wie er erlitten wird … Ich habe also für ein Jahr angenommen.

Und nun bin ich seit bald einem Monat in dieser Stadt im Westen, unweit des Rheins. Alte Reichsstadt, alte Kultur, moderner Reichtum, schlechte Epoche. Ich kannte die Stadt ein wenig, von mehreren kurzen Durchreisen, einem Aufenthalt von drei Tagen »vor dem Reich«. Aber ich bin in der Überzeugung angekommen, daß sich seit Januar 1933 alles, was ich in diesem Land geliebt habe, verändert hat. Diese Vorstellung hat mich in den ersten Tagen vielleicht in die Irre geführt. Moderne Variante der klassischen Illusion des Reisenden. Man überquert die Grenze einer jener neuen Nationen: Man stellt sich vor, daß uns alles – Menschen wie Dinge – die Zeichen der Revolution zeigen wird. Und natürlich ist mir an diesem frühen Morgen im Bahnhof von Saarbrücken das ganz unwillkürliche »Heil'ler« (das bereits eingeschliffene *Heil Hitler*) der Arbeiter aufgefallen, die die Bahnhofsgaststätte betraten (gerade acht Monate nachdem sie zu Deutschen des Dritten Reichs geworden sind!). Dann ein paar Vorfälle, die ich beschreiben werde, sowie jene flüchtig gesehenen Interieurs, als ich eine Wohnung suchte. Aber im Lauf der folgenden Wochen schien es mir, als würde die Revolution fast unsichtbar. Das Phänomen ist übrigens recht bekannt: Beim ersten Kontakt empfindet man die Fremdheit eines fremden Landes am stärksten; sofort danach wird man im Gegenzug empfänglicher für die Ähnlichkeiten. So habe ich mein altes Germanien in den Cafés, in der mittelalterlichen Stadt, im angenehmen Duft der Tabakhandlungen und in der Tristesse des Himmels wiedergefunden, der auf den grauen und zu blank geputzten Straßen lastet.

Methode: *Sich davor hüten, dem Nationalsozialismus alle charakteristischen Züge des heutigen deutschen Lebens zuzuschreiben.* Das ist der gängige Irrtum der Reporter, die das alte Deutschland schlecht oder kaum gekannt haben.

5. November 1935

Die Eröffnungssitzung des Wintersemesters in unserem Seminar. Dr. N..., Ordinarius, empfängt mich vor der kurzen Zeremonie in seinem Büro.

»Wie viele Studenten werde ich haben?«

»Wahrscheinlich um die vierzig. Vor 1933 – *(immer diese Schwelle!)* – hat es fast dreihundert gegeben. Aber das waren viel zu viele im Verhältnis zu den offenen Stellen. Es wurden Maßnahmen ergriffen, um die Arbeitslosigkeit der Intellektuellen einzudämmen. Die Einschreibungszahlen werden kontingentiert. Und die Nicht-Arier wurden natürlich ...« (Eine zurückweisende Geste.)

Wir betreten den großen Saal. Tatsächlich sind es höchstens etwa vierzig, drei oder vier in brauner oder schwarzer Uniform. Vorstellung des neuen »Lektors«, danach hält Dr. N... seine Ansprache. Am Ende hebt er schüchtern den Arm: »Auf unsere Romanischen Studien, *Sieg heil!*« Eine kurze Stille, dann fängt er sich wieder: »Und natürlich auf Deutschland! ...« Verlegenheit. Alle haben das Zögern bemerkt.

Nur an solchen sehr kleinen Zeichen habe ich bis dahin die wahren Gedanken der Menschen erkennen können, mit denen ich zusammenleben werde. Wie alle verdrängten Gedanken verraten sie sich nur durch bestimmte »aufschlußreiche Versprecher«. Und es wäre übertrieben, aus dem

Zögern von Dr. N... zu schließen, daß er schlecht auf das Regime zu sprechen wäre. Vielleicht hat er sich ganz einfach noch nicht an die Geste gewöhnt, mit der jede offizielle Rede ordnungsgemäß enden muß.

6. November 1935

In den ersten Tagen sind wir jedesmal, wenn auf der Straße Gesänge ertönten, zum Fenster gelaufen. Ein schwarzer oder brauner Trupp zog in Dreierreihen vorüber, oder eine Gruppe der *Hitlerjugend,* des *Jungvolks* oder des BDM, dicke kleine Mädchen oder sehr junge Knaben.

Aber der Rhythmus dieser Gesänge – eine Phrase, dann vier Schritte lang Stille – ist uns inzwischen bereits vertraut. Die Aufmärsche gehören zur deutschen Atmosphäre wie die Verkehrsstaus zur Atmosphäre von Paris. Man dreht sich nicht einmal mehr um.

9. November 1935

Die Stadt ist aus Anlaß des Hitler-Putschs von 1923 geflaggt. Wenige Fahnen in den wohlhabenden Vierteln: nur eine oder zwei pro Villa. Aber die Häuser in den Geschäftsstraßen und den einfacheren Vierteln sind von oben bis unten rot. Nur das Rothschildpalais bleibt nackt, auf skandalöse Weise nackt, hinter seinem gepflegten Rasen.

An einer Ecke des Opernplatzes versperrt ein halbes Dutzend SS-Männer in Stiefeln den Weg und schüttelt Sammelbüchsen vor meiner Nase: »Für das WHW!« [Winterhilfswerk] Mein »Nein, danke« läßt sie sprachlos.

Ich habe gehört, wie das Hilfswerk gelobt und wie es herabgewürdigt wurde. Die einen sagen, die wöchentliche Sammlung diene allein dazu, die Armen mit Kleidern, Kohlen und Brot zu versorgen. Andere dagegen sagen, ein Gutteil des Geldes, das den ängstlichen Passanten abgenötigt wird, »gehe in die Rüstung«, das heißt, man weiß nicht wohin. Wie dem auch sei, ich habe bereits feststellen können, daß der Staat sieben Prozent meiner Bezüge als »freiwillige Gabe« für das WHW einbehält. Meine Pflicht ist also erfüllt, wenn es denn eine Pflicht gibt. Und übrigens liegt mir entscheidend daran, daß ein Passant von tausend – zum Beispiel ich – diesem lärmigen Ansinnen eine grundsätzliche Weigerung entgegenhält. Das Schauspiel der armen Leute, die von den unverschämten Banden bedrängt werden und ihre Pfennige aus Furcht vor den schwarzen Listen hergeben, bewirkt ein allgemeines Schamgefühl. Versuchen wir zumindest, die Ehre zu retten. (Es stimmt allerdings, daß mein Verhalten wegen der Tatsache, daß ich Ausländer bin, viel an Bedeutung verliert.)

Über die Hauptverkehrsstraßen sind ziegelrote Spruchbänder mit dem Slogan oder dem »Schlagwort«* *Der Kampf gegen Hunger und Kälte ist unser Krieg* gespannt worden. Ist das eine pazifistische Erklärung? Oder kann man den Deutschen nur dadurch begeistern, daß man von »Krieg« redet, und sei es der Krieg gegen die Kälte?

Letzten Sonntag war der Tag des *Eintopfgerichts**. An diesem Tag beschränkt sich jeder Haushalt auf ein einziges Gericht, eine undefinierbare Suppe aus Speck, Kohl und Kartoffeln, um den Differenzbetrag zum sonst üblichen Essen dem WHW spenden zu können. Um mit gutem Beispiel voranzugehen und um dafür Propaganda zu machen, legen die Honoratioren der Stadt Wert darauf, dieses Essen öffentlich an vor der Oper aufgestellten Tischen einzunehmen. Es erfolgt ohne große Fröhlichkeit, mit einem gewissen Bemühen. Erlernen des neuen Bürgersinns mit einem mißtrauischen Blick auf den Nachbarn, der Parteimitglied ist. Verbürgerlichte Moral Spartas.

Ende Dezember 1935

Weihnachten. Von neuem verblaßt das Regime: Das alte Deutschland der Frömmigkeit und der Wälder ersteht in allen Heimen wieder. Erneut verbreitet sich im frischen Tannenduft das heimelige Leben in den Einkaufsstraßen mit den bereits mittags hellerleuchteten Auslagen. »O Heil'ge

Nacht!«*, o heilige Nacht des Gemütlichen, in der ich von neuem das Herz meines alten »geliebten Germaniens« schlagen fühle …

2. Januar 1936

Der Sohn der Hausbesitzerin ist bleich und dünn, ein Kriegsversehrter, der sich nur noch um das Haus und die Mietabrechnung kümmern kann. Er hat die Angewohnheit, jedes Mal, wenn jemand das Haus verlassen hat, eine kriegerische Melodie pfeifend die Treppen hinunterzusteigen, um nachzusehen, ob die Tür auch abgeschlossen wurde. Gestern abend hat er mir die Rechnung für Dezember überreicht. Zusätzlich zu den vorgesehenen 70 Mark: 45 Mark für drei Monate Strom und Gas. In der Vorstellung, es handele sich um einen Irrtum, habe ich ihn heute zu mir bestellt.

»Es handelt sich nicht um einen Irrtum«, sagt er mir. »Das ist genau die Summe, die ich dem Zähler nach für Sie habe bezahlen müssen!«

»Aber unser Vertrag sah vor, daß Beleuchtung und Gas *inbegriffen* sind?«

»Möglich, aber das ist die Summe, die Sie mich gekostet haben.«

»Das tut mir leid für Sie, mein Herr, aber das hätten Sie von Anfang an bedenken müssen. Ich halte mich an unseren Vertrag.« (Ich habe die Haltung von Poincaré eingenommen.)

»Unter den Bedingungen kann ich Ihnen die Wohnung nicht mehr vermieten.«

»Und ich kann sie nicht mehr bezahlen.«

So sind meine Deutschen! Zu Beginn machen sie – aus dem Wunsch, sympathisch zu sein, aus Großzügigkeit oder Ungeschick – zu vorteilhafte Angebote, ohne die Risiken zu berechnen, die sie eingehen. Wenn die Erfahrung ihnen zeigt, daß sie dabei verlieren, dann schlagen sie keine neue Abmachung vor, sondern verlieren den Kopf, bluffen, und schon ist der Krieg erklärt.

Das ist die Geschichte vom Vertrag von Versailles.

26. Januar 1936

– Ich gehe in den Hauptverkehrsstraßen spazieren, ich betrachte die Menschen, ich sage mir: Im Grunde hat es keine Revolution gegeben. Alles ist ungefähr so wie früher, nur daß nicht mehr *auf offener Straße* getötet wird. (Ich glaube, das nennen die Leute »Ordnung«.) Sie haben nichts anderes gemacht, als die kapitalistischen Verhältnisse wiederherzustellen und das Unvermeidliche hinauszuzögern, damit meine ich die Abrechnung mit den wirtschaftlichen Fehlern des 19. Jahrhunderts. Aber man muß zugeben, daß ihre soziale Revolution realer ist als die wirtschaftliche: Erstere hängt im großen und ganzen von einer geschickten Propaganda ab, sie ist primär moralisch, gleichmacherisch und ausgleichend; die zweite würde einen schöpferischen Geist voraussetzen. Aber sie sind mehr Maurer als Architekten, sie sind mehr Redner als Denker.

Aber trotzdem – all das befriedigt mich kaum: Es muß einen Schlüssel dafür geben. Etwas darunter. Etwas Unsichtbares eben, das in ihrem Ansehen über allem anderen steht...

7. März 1936

Als ich gestern gegen Mitternacht den Opernplatz überquerte, verkündeten Straßenverkäufer die Schlagzeile einer Sondernummer der lokalen Parteizeitung: »Morgen Einberufung des Reichstags!«

Elf Uhr vormittag. Ich höre das Radio im oberen Stockwerk, ohne etwas zu verstehen. Das muß die Rede des Führers sein. Niemand im Haus reagiert mehr auf das Haustürklingeln, und alle Türen sind zweimal abgeschlossen worden.

Ein Uhr. Die Rede ist gerade zu Ende. Gesang: das *Deutschlandlied**. Oben schlagen Türen. Eilige Schritte auf der Treppe. Der Sohn der Hausbesitzerin kommt gestikulierend mit einer Flasche aus dem Keller und steigt mit großen Schritten wieder die Treppe hoch, während er das *Horst-Wessel-Lied** pfeift. Aufgeregte Unterhaltung bei den Nachbarn. Ich kann das mehrmals gerufene Wort »Frankreich«

heraushören. Auf den Balkonen sind erste Fahnen zu sehen. Was hat er gesagt?

Nachmittag. Die Sondernummern verkünden die »Befreiung des Rheinlands«. Befreien heißt in diesem Land bewaffnen. Da sind wir zurückversetzt in die Zeit der Franken und Westgoten, als die Würde eines freien Mannes durch das Recht bekundet wurde, eine Kriegswaffe zu tragen und sie in Friedenszeiten an seinem Herd aufzubewahren.

Die gesamte Stadt ist beflaggt. Gruppen von Braunhemden ziehen singend umher. Die Truppen habe ich nicht gesehen: Sie sind im Morgengrauen in Richtung Rhein gezogen.

»Bedeutet das Krieg?« hat mich der Verkäufer am Zeitungskiosk gefragt. – »Krieg, meine Güte! Weil Sie ein paar Soldaten an Ihren Grenzen aufstellen? So verrückt sind die Franzosen nicht!«

Er schien mir vollkommen aus der Fassung gebracht.

9. März 1936

Französische Zeitungen. »Wir werden die Stärke des Rechts dem Recht der Stärke entgegenstellen!« Bedeutet: Wir werden den Kanonen Rhetorik entgegenstellen. Das war todsicher.

Trotzdem haben sie hier Angst gehabt. Eine Dame ruft mich an, noch immer besorgt: »Kaum war die Rede zu Ende, bin ich ans Fenster gerannt, um zu sehen, ob nicht französische Flugzeuge am Himmel sind!«

Eine merkwürdige Affektivität wird den Waffen, der Sache des Krieges in diesem Land entgegengebracht. Ich kann mich nicht dagegen wehren, die Erregung der »befreiten« Bevölkerung leicht obszön zu finden. Ich denke daran, daß *befreien** recht nahe an *freien** ist, was soviel bedeutet wie heiraten. Die Wiederbesetzung des Rheinlands ist mindestens ebenso sehr eine Art Geschlechtsakt wie ein politischer Akt. Wie sollte man sonst diese seltsame Euphorie erklären, die in der Luft der Stadt, im Betrieb der Menge, in den sich zugeworfenen Blicken und in den verstreuten Äußerungen liegt?

Man ist dabei, riesige rote Plakate auf die Litfaßsäulen zu kleben: »Der Führer spricht!« Übermorgen in der Festhalle. Die Plätze der Stadt sind bereits voller hoher weißer Masten. Mannschaften vom Arbeitsdienst installieren zwischen den Linden der Alleen alle hundert Meter Lautsprecher.

Das Tempo der Menschen beschleunigt sich. Die endokrinen Drüsen schütten ihr Sekret aus. Es wäre interessant, die Veränderungen des Handelsvolumens einer Stadt zu messen, die ihren Herrn erwartet.

Nacht vom 10. auf den 11. März 1936

Das Getrommel der SS, zwei langsame, drei schnell aufeinanderfolgende Schläge, hat gestern in der ganzen Stadt nicht aufgehört. Es ist drei Uhr morgens: Ich bin von ihrem nahen Trommeln geweckt worden und höre sie noch in der Ferne. Jetzt haben wir es. Das große Tamtam des Stammes ist ausgelöst worden. Sogar der Schlaf muß gleichgeschaltet und selbst das Unbewußte trostlos nach dem Rhythmus ausgerichtet werden.

11. März 1936

Eine heilige Zeremonie. – Drei Uhr nachmittag, in einem Café in der Nähe der Oper. Ich sage meinem Begleiter, dem deutschschweizerischen Dramatiker L...:

»Glauben Sie an die kollektive Seele? Ist das nicht eher ein hochtrabender Ausdruck, um das *Fehlen* einer persönlichen Seele bei Individuen zu bezeichnen, die von den mechanischen Bewegungen einer Masse mitgeführt werden?«

L... wiegt den Kopf:

»Hören Sie sich nachher den Führer an, wir reden dann morgen weiter darüber. Aber gehen Sie gleich los, denn die Halle öffnet um fünf Uhr.«

»Aber er ist erst für neun Uhr angekündigt, und ich habe eine Karte.«

»Kommen Sie her!«

Von der Schwelle des Cafés aus überblickt man den ganzen Opernplatz. Tausende von SA- und SS-Männern haben sich bereits dort aufgestellt und rühren sich nicht von der Stelle. Der Führer wird um 11 Uhr auf dem Balkon erscheinen. Bis dahin werden die Männer sich nicht rühren.

Ich verliere mich im Labyrinth der Absperrungen, bis ich in die Umgebung der Festhalle gelange – Scharen von Menschen kampieren seit dem Morgen um die Halle herum – und komme erst um 5 Uhr 10 durch die Türen. Wie gelingt es, in zehn Minuten 35 000 Sitzplätze zu belegen? Ich dränge mich in die dichten Reihen hinter den Bänken. Dort werde ich einen guten Blick auf die rotbespannte und von Punktscheinwerfern grell erleuchtete Tribüne haben, die sich wie ein viereckiger Turm in der Mitte des Ovals erhebt. Braune Massen, undeutlich erkennbare Gesichter, erstrecken sich stufenförmig bis zum dritten Rang. Gewaltige Trommelwirbel, die ab und zu von einer Querpfeiferfanfare unterbrochen werden. Man wartet, das Gedränge wird immer stärker. Arbeitsfrontformationen kommen und stellen sich mit geschultertem Spaten in den Gängen auf. Die Plakate haben für dieselbe Zeit einen allgemeinen Aufruf der Partei in allen 45 Sälen der Stadt angekündigt. Mit all jenen, die die Sonderzüge seit dem Vorabend in dieser Stadt von 700 000 Einwohnern abgeladen haben, mit den Bussen und dem Zustrom der zu Fuß gekommenen Menschen vom Land wird es eine Million direkte Zuhörer geben.

Ich bin mit dem Vorhaben hergekommen, auch der Menge zuzuhören. Ich stehe inmitten von Arbeitern, jungen Milizionären des Arbeitsdienstes, jungen Mädchen, ärmlich gekleideten Frauen: Sie sagen fast nichts. Man reicht sich ein Opernglas, eine Wurst. Man fragt einander, wie spät es ist. Manchmal gelangt durch die offenen Türen das Geräusch der Menschenmenge, hunderttausend Menschen branden an die Mauern der Halle.

Ein paar Frauen werden ohnmächtig, man trägt sie fort, und das schafft ein wenig Platz zum Atmen. Sieben Uhr. Niemand wird ungeduldig, *niemand scherzt.* Acht Uhr. Die

Würdenträger des Reichs erscheinen, angekündigt von dem von draußen hereindringenden Gebrüll. Göring, Blomberg, Generäle, die von freudigen *Heil*-Rufen begrüßt werden. Der Gauleiter näselt Allgemeinplätze, auf die kaum gehört wird. Seit bald vier mal sechzig Minuten stehe ich hier von der Menge durchgewalkt und gestützt. Ob sich das lohnt?

Aber da geht ein Murmeln durch die wogende Menschenmenge, Trompeten sind von draußen zu hören. Die Bogenlampen unten in der Halle verlöschen, während an der Hallendecke Lichtpfeile angehen, die sich auf eine Tür im ersten Rang richten. Ein aufleuchtender Scheinwerfer läßt einen kleinen braungekleideten Mann auf der Schwelle erscheinen, mit bloßem Haupt und ekstatischem Lächeln. 40 000 Menschen, 40 000 Arme haben sich in einer einzigen Bewegung erhoben. Der Mann schreitet sehr langsam vorwärts, grüßt unter einem betäubenden Donnern rhythmischer *Heil*-Rufe mit langsamer, bischöflicher Geste. (Bald höre ich nichts anderes mehr als die heiseren Schreie meiner Nachbarn vor einem Hintergrund aus Sturm und dumpfen Schlägen.) Schritt für Schritt schreitet er voran und nimmt die Huldigung entlang des schmalen Verbindungsganges entgegen, der zur Tribüne führt. Es dauert sechs Minuten, das ist sehr lang. Niemand kann bemerken, daß ich die Hände in den Taschen habe: Sie stehen aufrecht, unbeweglich und im Takt brüllend, während sie mit den Augen auf diesen leuchtenden Punkt starren, auf dieses Gesicht mit dem ekstatischen Lächeln, und ihnen im Dunkel Tränen über die Gesichter rinnen.

Plötzlich beruhigt sich alles. (Draußen aber wird die Menschenmenge erneut lauter.) Energisch hat er den Arm ausgestreckt – die Augen nach oben – und dumpf steigt das *Horst-Wessel-Lied** aus dem Parkett auf. *»Kam'raden, die Rotfront und Reaktion erschossen – marschier'n im Geist in unsern Reihen mit.«*

Ich habe verstanden.

Das hier kann nur durch eine besondere Art des Erschauerns und des Herzklopfens verstanden werden – währenddessen der Geist klarsichtig bleibt. Ich empfinde jetzt das, was man wohl *heiligen Schrecken* nennen muß.

Ich hatte gedacht, an einer Massenveranstaltung teilzunehmen, an einer politischen Kundgebung. *Aber sie zelebrieren ihren Kult!* Und dabei wird eine Liturgie abgehalten, die große sakrale Zeremonie einer Religion, der ich nicht angehöre und die mich überrollt und mich mit sehr viel mehr Kraft, *sogar physischer Kraft* zurückdrängt als all diese schrecklich strammen Körper.

Ich bin allein, und sie sind eine Gemeinschaft.

13.–21. März 1936

Nachträglich wundere ich mich über meine Blindheit, genau wie der Initiierte, der sich seiner unbegründeten Furcht, seiner naiven Fragen erinnert, als er die ersten Prüfungen durchmachte; jetzt erhellt und verknüpft sich alles. Ich habe Detailbeobachtungen und theoretische Interpretationen gesammelt, jede für sich wahr und glaubhaft, deren Gesamtheit aber einen recht konfusen Eindruck bei mir hinterließ. Kapitalismus und Sozialismus, kriegerische Gesinnung und Passivität, spartanischer Geist und Neigung zur Bequemlichkeit, zynische Jugend und alte abgedroschene reaktionäre Vorstellungen, besorgte Bürger, beteiligte Angehörige der Opposition. Und nur meine jüdischen Freunde haben mir eine Interpretation des Regimes geliefert, die in erstaunlichem Maße mit den Vorurteilen des Durchschnittsfranzosen übereinstimmte, als würden sie nichts von dem spüren, was um sie herum geschieht, als würden sie jenes unbestimmte Etwas in der Atmosphäre nicht spüren, das dazu führt, daß alle »objektiven« Beschreibungen unserer Journalisten von hier aus gesehen eine unechte Welt zu beschreiben scheinen, in der kein Deutscher seinen geheimen Schmerz oder seine Hoffnung wiedererkennen würde. »Es muß einen Schlüssel dafür geben«, habe ich zu dem Zeitpunkt geschrieben. Ich habe diesen Schlüssel gefunden, aber wie kann ich die Franzosen jetzt spüren lassen, was ich gespürt habe, was ich *mit-*

*erlebt** habe? (Nicht einmal das Wort kann man übersetzen.) Die wirkungsmächtigsten Realitäten der Epoche sind affektiv und religiös, aber man erzählt mir nur von Wirtschaft, politischem Handwerk und Recht. Wenn ich versuche, von diesem Auftritt zu erzählen, der mir »ihr« Geheimnis offenbart hat, so werde ich, kaum erzähle ich auch nur mit ein wenig Leidenschaft, belehrt, ich sei Anhänger Hitlers! Die Menschen unserer Zeit glauben nicht an das Urteil des Geistes, sondern nur an das Erschauern bis ins Innerste. Erzählen Sie ihnen nicht von einem Massaker mit dem Maschinengewehr an einer Menschenmenge: Weit davon entfernt, sich zu empören, werden sie Sie bitten, mehr davon zu erzählen. Aus diesem Grund glauben sie – da sie von sich auf mich schließen – nicht einen Augenblick, daß ich das nicht so liebe (weil ich so intensiv empfunden habe, was ich gesagt habe), wie sie es bereits lieben.

[...] Ich habe ihn anderthalb Stunden gehört und habe ihn beim Verlassen seines Kults gesehen, aufrecht in seinem Wagen, der sehr langsam eine schmale, schlecht beleuchtete Straße entlangfuhr. Eine einzige Kette von SS-Männern trennte ihn von der Menge. Ich stand in der ersten Reihe, zwei Meter von ihm entfernt. Ein guter Schütze hätte ihn leicht abknallen können. Aber in hundert ähnlichen Situationen hat sich dieser gute Schütze nie gefunden. Das ist das Wichtigste, was ich über Hitler weiß. Darüber können Sie nachdenken. Nachdenken oder sogar phantasieren.

Man schießt nicht auf einen Mann, der nichts ist und der alles ist. Man schießt nicht auf einen Kleinbürger, der der Traum von 60 Millionen Menschen ist.

21. Juni 1936, Nacht

Fest der Sommersonnenwende. – In stockfinsterer Nacht folgen wir auf unebenem, flachem Terrain, auf dem man strauchelt, schweigend dahineilenden Massen zu einem erleuchteten Viereck, das mit Standarten umstanden ist. An den vier Seiten aufgereiht warten dort dreitausend »Scharführer« der

Jugendorganisationen und Führer der Partei darauf, daß um Mitternacht im Zentrum das Feuer entzündet wird. Die brennenden Fackeln, die von den in der ersten Reihe Stehenden gehalten werden, bilden ein blinkendes und rötlich schimmerndes Geländer auf Höhe der braunen und schwarzen Hemden und der weißen Blusen. Darüber wogt vor dem Hintergrund der Nacht eine Wand von Bannern, eine Wand von Wimpeln unter den Scheinwerfern, deren Strahlenbündel sich in der Höhe verliert.

Wir haben uns neben den Fahnenträgern der alten Garde der Partei ins Gras gesetzt, vier verschämte Zivilisten, auf Höhe ihrer Stiefel. Die Ebene hinter uns ist leer, ab und zu fahren Motorfahrzeuge vorbei.

Eine harte, näselnde Stimme erhebt sich von einer Tribüne, die wir nicht sehen. (Ich habe diese Rede schon einmal gehört und fasse sie bereits im voraus für meine Nachbarn, Emmanuel Mounier und seine Frau, zusammen.) Es ist die klassische Rede des örtlichen Gauleiters, eine Anthologie von »Worten« des Führers. Aber jetzt kündigt man ein Hörspektakel an.

Gesprochener Chor: »Wir lagen im Schlamm, zu Boden gezwungen und erniedrigt...« Ein paar leise geschlagene, düstere Trommelschläge. »Das Volk war uneins und auf dem falschen Weg...« Man hört Bürgerkriegsgeräusche, Schreie, das Rattern von Maschinengewehren, Fetzen von unkontrolliertem, haßerfülltem Geschrei. Öde Stille. Dann erhebt sich eine hellere Stimme: »Aber die alte germanische Legende verkündete uns, daß der Befreier aus den verschneiten Bergen herabsteigen würde...« Volksmusik, dann Fanfaren: »Die alte Legende ist Wirklichkeit geworden! *Er* ist gekommen, sein Volk zu wecken!« Jetzt beschreiben militärische Stimmen die glücklichen Tage des neuen Reichs, die wiedererschaffene Gemeinschaft, die auf hohen Touren arbeitenden Fabriken, die motorisierte Armee, die wiedergewonnene Freiheit...

Dieses Stück ist sichtlich von der protestantischen Liturgie beeinflußt; es kopiert deren Aufbau: Dekalog, Beichten der Sünden, Gnadenversprechen, Credo. Aber anstelle eines heiligen Gesetzes, dessen Forderungen zu Reue und Demut führen, erzählt man uns von einem scheußlichen Vertrag, der Rachsucht und Erniedrigung bewirkt. Anstelle der Gnade bringt der »von oben« gekommene Held seinem Volk den Stolz. Und die Absätze des Credo wurden durch die höchst orthodoxe Aufzählung der Großtaten des neuen Regimes ersetzt. In diesem Land hat, genau wie in Rußland, das Diesseits recht, und es zeigt endlich, wozu es fähig ist!

Wie traurig das *Horst-Wessel-Lied** ist, wenn es nicht wie eine Herausforderung in den Straßen widerhallt, wenn die Stiefel marschieren, oder wie eine sakrale Hymne an den Führer im Gewölbe einer weiten Halle – sondern wenn es aufsteigt und sich in einer schönen Sommernacht im leeren Himmel verliert! Die Flamme lodert aus dem riesigen Scheiterhaufen auf und beleuchtet rote, unbewegliche Gesichter. Wo ist die Freude der Johannisfeuer, über die die Menschen mit hellem Geschrei springen? (Das Feuer hier ist viel zu groß, und außerdem verläßt niemand die Reihen.)

Später wird uns der Gesang der jungen Mädchen, die sich mit der Menge zur Stadt hin entfernen, an die glückliche Sehnsucht der *Wandervögel** früherer Zeiten erinnern. Armes Deutschland, unbeholfen und in einem Stolz erstarrt, den man ihm beibringt, den es für männlich hält (genau wie diese hohen Stiefel, die doch ein wenig störend sind, wenn man kein Pferd hat, in dessen Sattel man sich schwingen kann) – alles, was man an ihm liebte, züchtigt es mit düsterer, schändlicher Wut. Um uns Angst einzujagen? Nein, um sich durch die Angst, die es sich selbst einjagt, seiner zu vergewissern.

Hat Hitler mit dem Ruf *Deutschland erwache!* sein Volk, das jetzt Opfer eines Machtalptraums ist, hypnotisiert? Oder sollte sich heute erst das wahre Gesicht dieser Nation zeigen, und wir in diesem Fall geträumt haben, als wir sie reizvoll fanden …?

Martha Dodd

Eine Party für Tom

Im folgenden Abschnitt ihres Deutschland-Buches berichtet Martha Dodd von ihren Begegnungen mit dem US-amerikanischen Schriftsteller Thomas Wolfe in den Sommern 1935 und 1936. Wolfes deutscher Verleger, Heinrich Maria Ledig-Rowohlt (1908–1992), der Sohn des Verlagsgründers Ernst Rowohlt (1887–1960), erinnert sich an die Amerikanerin, die im gesellschaftlichen Leben Berlins unter Ausländern zu einer bekannten Figur wurde, »verführerisch wie ein Engel des Zorns«. In Berlin scheint die Diplomatentochter nicht nur Affären mit verschiedenen Nazis, sondern auch eine Liebesbeziehung zu einem russischen Diplomaten unterhalten zu haben, der offenbar auf sie angesetzt worden war. (Im Buch war dezent die Rede von »einem jungen Sekretär an einer anderen Botschaft«.) Von Deutschland aus bereiste sie die Sowjetunion. Die junge Frau begann, sich politisch zu betätigen und Informationen an die UdSSR weiterzugeben. Zumindest geht aus Akten des sowjetischen Geheimdienstes hervor, daß sie ihre private Spionagetätigkeit (Codename: »Lisa«, später auch: »Juliet 2«) über mehrere Jahre fortsetzte und sich auch nach dem Krieg – gemeinsam mit ihrem Ehemann, Alfred Stern (1897–1986) – in den USA für die Kommunisten einsetzte. Im Untersuchungsausschuß gegen »unamerikanische Umtriebe« – unter Joseph Raymond McCarthy (1909–1957) – der Spionage für die Sowjetunion bezichtigt und in der Folge in New York unter Anklage gestellt, floh Martha Dodd zusammen mit ihrem Mann 1953 nach Mexiko. Als die US-Behörden um ihre Auslieferung ersuchten, übersiedelten sie 1957 nach Prag; 1962 gingen sie nach Havanna und kehrten 1979 in die

Tschechoslowakei zurück, wo Martha Dodd 1990 starb. Das Verfahren gegen sie war in den USA 1979 eingestellt worden.

Zwei Jahre nach unserer Ankunft kam Thomas Wolfe nach Deutschland. Das nationalsozialistische Unterdrückungs- und Ausbeutungssystem war inzwischen Alltag geworden. Niemand machte sich noch Illusionen über die kommende Revolution oder die Versprechungen, die Hitler dem Ausland und seinen eigenen Anhängern gegeben hatte. Nach zwei Jahren tagtäglicher Praxis war die zynische, grausame, rücksichtslose Vergewaltigung des deutschen Volkes Realität geworden.

Doch merkwürdigerweise kam Wolfe mit großer Begeisterung für Deutschland – viele amerikanische Schriftsteller sind politisch naiv, solange sie keine persönlichen Erfahrungen mit Faschismus und Unterdrückung gemacht haben. Wolfe, der sich mit den großen deutschen Schriftstellern und Malern beschäftigt hatte und sie liebte, stand der deutschen Kultur näher als irgendeiner anderen. Erst nach einiger Zeit wurde ihm klar, was in Deutschland passierte, wie den meisten Amerikanern, denen die politische und wirtschaftliche Entwicklung Europas nicht viel sagt. Endgültig erschüttert wurden seine Illusionen über Deutschland durch seine Beobachtungen und durch die Begegnung mit Männern und Frauen, die der Terror gebrochen hatte. Im Jahr darauf kam er ein zweites Mal, zu den Olympischen Spielen, und lernte die entscheidende Lektion.

Ich hatte praktisch schon an seinem ersten Tag eine Party für Tom arrangiert. Erneut versuchten wir, interessante Schriftsteller und Kritiker zusammenzubringen. Doch es war hoffnungslos. Natürlich kamen Rowohlt, sein deutscher Verleger, und ein paar andere, aber ich hatte auch amerikanische Freunde und die Botschaftsangestellten eingeladen, denen zu Ohren gekommen war, daß Tom ein berühmter Schriftsteller sei, und die sich einfanden, um einen Blick auf eine außergewöhnliche Persönlichkeit zu werfen. Der Haken war, daß die amerikanische Botschaft bekannt war für ihre außerordentlich nazikritische Haltung und wir uns scheuten, Intellektuelle oder unabhängige Köpfe einzuladen, aus Sorge, die deutschen Behörden könnten sie dann überwachen oder schikanieren. In den letzten anderthalb Jahren kamen nicht mehr als ein halbes Dutzend Nazigegner zu uns nach Hause. Wenn ich diese Freunde sehen wollte, sorgte ich dafür, daß sie nicht gefährdet würden.

Die Deutschen schwärmten für Thomas Wolfe, selbst die Nazis. Es erschienen lange Zeitungsartikel, in denen er mit einem beliebten bayerischen Volksdichter verglichen wurde. Sein Buch *Schau heimwärts, Engel!* war in der Weimarer Republik mit viel Beifall aufgenommen worden, im Dritten Reich auch seine Person und sein jüngeres Werk. Er schrieb mehrere Beiträge über Deutschland, die in Zeitungen oder Zeitschriften erschienen. Die fanatischen Hitler-Anhänger lobten ihn, die Hitler-Gegner würdigten ihn als Menschen, respektierten seine kraftvolle und poetische Sprache. Überhaupt schien er etwas Deutsches an sich zu haben, auf das sich alle beziehen konnten. Ich bezweifle, daß Tom, wenn er noch lebte, nach Deutschland zurückkehren könnte. Die offizielle Haltung des Regimes ist feindselig. Unter dem Einfluß seiner Beobachtungen, die ihn tief berührten, hatte er einige Dinge über Deutschland geschrieben, die unmöglich dort veröffentlicht werden konnten. Ich wäre nicht überrascht, wenn seine Bücher, die älteren und die jüngsten gleichermaßen, beschlagnahmt würden.

Während seines ersten Aufenthalts von ein, zwei Monaten wurde er in Berlin zu einer Legende. Erstmals seit Hitlers Machtergreifung erwachte das Romanische Café, einst Treffpunkt von Schriftstellern, Künstlern und Intellektuellen, zu neuem Leben. Thomas schien dem Café und den Straßen frische Impulse zu geben. Scheu betraten die Leute das fast leere Café. Tom, ein baumlanger Mann, knapp zwei Meter groß, mit dem Gesicht eines großen Dichters, ging hoch erhobenen Kopfes, aufrecht und schwerfällig, mit weiten kraftvollen Schritten durch die Straßen, ohne zu bemerken, welches Aufsehen er erregte.

Für das triste intellektuelle Leben in Deutschland war Thomas Wolfe gleichsam ein Symbol der Vergangenheit, jener Zeit, als große Schriftsteller große Männer waren. Er, der etwas von einem Engel und einem Dämon in sich hatte, wie sein bester Freund mir einmal erzählte, gab den Berliner Intellektuellen und Künstlern ein wenig von ihrer Vergangenheit zurück, von der Würde und Kraft und Freiheit unabhängigen Denkens. Die Begegnung mit ihm war gewiß die lebendigste Erfahrung, die das literarische Berlin in den Hitler-Jahren hatte, und noch Monate später redeten die Leute von ihm. Doch kaum war er abgereist, wurde es in dem berühmten Café wieder still und leer – ohne die dröhnende Stimme und seine unbekümmerten Gesten, ohne seine Freunde und Bewunderer. Mir wurde berichtet, daß seinetwegen Leute in das Café kamen, die seit Hitlers Machtantritt nicht mehr an solchen öffentlichen Orten gewesen waren, und daß noch Wochen später Gestapospitzel dort saßen, um Leute auszuhorchen, die ihre politische Meinung in dem Gefühl von Sicherheit, das Thomas Wolfes Anwesenheit ihnen vermittelt hatte, vielleicht weniger vorsichtig äußerten.

Toms unkritische Haltung gegenüber den Nazis ist teilweise durch seine seelische Verfassung zu erklären. Er hatte gerade sein Buch *Von Zeit und Strom* fertiggestellt, nach fünf Jahren Arbeit, in denen die meisten Kritiker schrieben, er habe sich mit seinem ersten Buch erschöpft und werde diesen Erfolg unmöglich wiederholen können. Kurz vor der Veröffentlichung war er nach Paris geflohen. Sein Buch war auf Anhieb ein überwältigender Erfolg, stand nach kurzer Zeit auf der Bestsellerliste, und die Kritiker bezeichneten Tom als einen der größten Schriftsteller seiner Zeit. Er war in einem Zustand enormer seelischer Anspannung, in der ihm die ganze Welt wie ein grandioser, unendlich schöner Traum erschien. Er lobte alles und jeden, seine Hochstimmung färbte ab auf alles, was er tat, dachte, sah oder empfand. Ebenso erschreckend intensiv waren die Phasen seiner Verzweiflung. Er berauschte sich maßlos an der Musik seiner Person und

Macht, und niemand konnte sich ihm nähern, ohne die Hochspannung zu spüren, unter der er stand.

Wir reisten mit ihm nach Weimar, der Heimat des späteren Goethe, und auf die Wartburg. Wir versuchten vergeblich, ihm zu zeigen, daß in Deutschland nicht alles uneingeschränkt schön war. Er sollte von allein dahinterkommen. Doch zunächst nahm er alles leidenschaftlich in sich auf und wartete darauf, daß die Erregung abklang.

Er war fasziniert von Goethes kleinem Gartenhaus, verglich seine Körpergröße mit der des großen Dichters und stellte fest, daß er größer war als Goethe. Geradezu hypnotisiert stand er neben dem berühmten Stuhl, in dem Goethe gesessen hatte. Das kleine Haus gefiel uns viel besser als das pompöse Stadthaus, das wir später besuchten. Wir streiften durch das Grundstück, bewunderten den gepflegten Rasen und die ehrwürdigen Bäume. Ein Sturm kam auf, wir blieben kurz stehen, um den Wind in den Bäumen zu hören, wild und kraftvoll, wie Orgelmusik, wie ein großes Gedicht. Der Himmel verdunkelte sich, die Bäume bogen sich zur verrückt schönen Sinfonie der Klänge. Wir dachten an die Walpurgisnacht.

Wir besichtigten das Stadthaus, in dem Goethe als prominenter Bürger und Staatsdiener ein herrschaftliches Leben geführt hatte. Hier war die Atmosphäre eher verstaubt. In diesen vier Wänden spürte man, daß Goethe bequem geworden war. Hier empfand man keine Sympathie mehr für den jugendlichen Goethe, den Träumer, den Sucher, das Genie, das leidenschaftlich nach dem Sinn der menschlichen Existenz fragte. Goethe war ein zufriedener, selbstgefälliger Bürger geworden, der sich seiner Bedeutung sehr wohl bewußt war, der sich von den Menschen abschottete, auch von seiner getreuen Christiane, die diesen Teil des Hauses nicht betreten durfte, und auch vom Kampf des Herzens. Im Garten standen ein paar Blutbuchen, die sich flammend rot vom blauen Himmel abhoben.

Abschließend besuchten wir die Gräber Goethes und Schillers. Auf Goethes Grab lagen nur wenige Blumen, während Schillers Grabstein unter den Blumengebinden seiner Verehrer, auch nationalsozialistischer Verbände, fast verschwunden war. Eine eindrucksvolle Blutbuche sah aus, als wäre sie brennend aus dem Herzen des Dichters gewachsen.

In der weichen Frühsommerluft fuhren wir weiter, vorbei an fruchtbaren Feldern, die sich wie goldene Wogen über das hügelige Land erstreckten. In Eisenach fanden wir den Geist Luthers, wenn nicht in der Stadt, so doch in uns. Mit großer Freude gedachten wir eines der größten und bescheidensten Deutschen. In einem Hotel auf der legendenumrankten Wartburg, Schauplatz des Venusbergstoffs, tranken wir kühlen Moselwein. Draußen war es dunkel geworden, aber zwischen den dicken, tiefhängenden Wolken waren die Umrisse des schroffen Berges auszumachen. Unter uns lagen die gelben Lichter von Eisenach. Es war eine morbid-romantische Stimmung, die etwas von dem befremdlichen Geist Wagners ausstrahlte, passend für die düsteren Helden und Legenden der neuen Nazireligion. Der Ort hatte einen gewissen Reiz, aber bei dem Gedanken daran, welche Renaissance der grandiose Wagnersche Zauber und welche Pervertierung die germanischen Heldensagen in der Ideologie und den Symbolen der Nazis erfahren hatten, erfaßte mich doch Abscheu.

Am nächsten Morgen, einem neblig-kalten Tag, besichtigten wir die Burg, in der Luther seine Bibelübersetzung geschrieben hatte. Der extra konservierte Tintenklecks an der Wand soll den Besuchern zeigen, daß Luther sehr menschlich auf den Teufel reagierte.

Auf der Rückfahrt nach Berlin ging es wieder durch den Harz mit seinen tiefen, dunklen Wäldern, die die Brüder Grimm und viele andere angeregt hatten, die wunderbarsten Sagen und Märchen zusammenzutragen.

Die Fahrt war eine Freude und eine Offenbarung. Uns wurde das Deutschland der Vergangenheit in Erinnerung gerufen: wichtige, mutige Kapitel in der Geschichte der Literatur und des Fortschritts wurden aufgeschlagen. Wohl endgültig wurde mir klar, daß man unterscheiden muß zwischen dem wahren Charakter des deutschen Volkes und seinen gegenwärtigen Unterdrückern. Hitler wird zweifellos eine historische Rolle spielen, aber es wird eine unappetitliche sein, eine Rolle, an die sich die Erben der bedeutenden literarischen, künstlerischen und philosophischen Traditionen großer Männer nur ungern erinnern werden.

Tom reiste dann bald heim, noch immer mit vielen Illusionen, wenn einige auch Risse bekommen hatten. Im Jahr darauf kam er wieder, sehr viel nüchterner diesmal, um herauszufinden, was unter der Fassade von Erfolg und Tüchtigkeit der Nazis verborgen lag. Er sprach mit sehr viel mehr Menschen als im Jahr zuvor, Anhängern und Gegnern des Regimes, und erfuhr, wie es im Innern der Gesellschaft aussah. Auch diesmal trank und diskutierte er nächtelang mit Rowohlt. Seine Ansichten über den Nationalsozialismus und dessen Auswirkungen auf Freiheit und Gesellschaft hatte er bereits niedergeschrieben, und obwohl er – wie die meisten von uns, die ein wenig von Deutschland und der deutschen Geschichte wissen – den Deutschen auch weiterhin den Respekt und die Zuneigung entgegenbrachte, die sie verdienen, ließ ihm sein Mitgefühl für ihre tragische Lage keine andere Wahl, als dem heutigen Deutschland fernzubleiben.

Thomas Wolfe

»Nun will ich Ihnen was sagen«

Thomas Wolfe hatte eine besondere Beziehung zu Deutschland: Sechsmal (zwei Wochen 1926, zwei Wochen 1927, drei Monate 1928, einen Monat 1930, zwei Monate 1935 und einen Monat 1936) hielt sich der Romancier in seiner geistigen Wahlheimat auf. Als er im Spätsommer 1936 (August/ September), zur Zeit der Olympischen Spiele, zurückkehrte, sollte dies sein letzter Besuch sein. In einem Kapitel seines posthum veröffentlichten Romans *You Can't Go Home Again* (1940), der von einer Reihe verschiedener Heimatverluste und Erfahrungen der Desillusionierung handelt, setzt sich Wolfe mit diesem letzten Berlin-Aufenthalt auseinander, der zugleich seinen Abschied von Deutschland bedeutete. Das Romankapitel wurde zu einer Kurznovelle verdichtet: »I Have a Thing to Tell You *(Nun Will Ich Ihnen Was Sagen)*« (1937). In dieser Novelle gestaltet Wolfe seinen Abschied von Berlin, seine Ausreise mit der Bahn und seine endgültige Erkenntnis über die Zustände in Deutschland anhand einer ›unerhörten Begebenheit‹ im Zug an der belgischen Grenze. (Daß Wolfe für seinen literarischen Abschied von Deutschland die Form der – durch Goethe prominent definierten – Novelle wählte, mag kein Zufall gewesen sein.) Thomas Wolfes Notizhefte enthalten Aussagen über seine begeisterte Liebe zu Deutschland (»eines der bezauberndsten Länder der Welt«), Eingeständnisse über die Faszination der Stärke (»Eine Diktatur in voller Kraft hat eine eindrucksvolle Aura von glänzendem Erfolg«) und Zeugnisse von eigenem Antisemitismus (»Ich mag Juden nicht ...«). Letztlich aber entschließt sich Wolfe, als Schriftsteller das Seine zu tun, um den Faschismus zu bekämpfen (»wenn wir das Übel des

Faschismus wirklich bekämpfen wollen, müssen wir zunächst versuchen, das Gute an ihm zu verstehen«), auch wenn ihm dies, der er in Deutschland sehr populär war, persönlich schaden würde: »Ich werde Ihnen«, notierte Wolfe, »eine kleine Geschichte erzählen, und zwar eine Geschichte, die auch mir weh tun kann.« – Während der Roman seit den fünfziger Jahren in deutscher Übersetzung vorliegt *(Es führt kein Weg zurück)* und Thomas Wolfes Erzählungen in zahlreichen Sammelbänden erschienen, blieb ausgerechnet die Kurznovelle aus dem Jahr 1937 in Deutschland unentdeckt. Heinrich Maria Ledig-Rowohlt erkannte sich als Vorbild der Figur, die im Roman Franz Heilig heißt (und hier Franz Hartmann), dessen Äußerungen und sprachliche Eigenheiten Wolfe »mit phonographischer Genauigkeit« verarbeitet hatte. – Rolf Hädrichs drehte für das deutsche Fernsehen eine halbdokumentarische Verfilmung des Romankapitels, *Erinnerungen an einen Sommer in Berlin* (1972).

I

Um sieben Uhr klingelte das Telefon neben meinem Bett. Ich rührte mich und fuhr aus jenem unruhigen Schlaf hoch, der sich einstellt, wenn man spät zu Bett gegangen ist und weiß, daß man früh aufstehen muß. Es war der Portier.

»Es ist sieben Uhr«, sagte er.

»Ja. Vielen Dank«, antwortete ich. »Ich bin wach.«

Dann stand ich auf, kämpfte mit einer bleiernen Müdigkeit, die nach Schlaf rief, und mit einer quälenden Anspannung, die Handeln erforderte. Ein Blick durch das Zimmer beruhigte mich. Mein alter Lederkoffer lag fertig gepackt auf dem Gestell. Nun blieb mir wenig mehr, als mich zu rasieren, mich anzukleiden und zum Bahnhof zu fahren. Der Zug sollte um halb neun abfahren, und bis zum Bahnhof waren es nur drei Minuten. Ich schlüpfte in meine Pantoffeln, ging zum Fenster, griff nach der Kordel und zog die schweren Jalousien hoch.

Es war ein grauer Morgen. Bis auf ein gelegentliches Taxi oder Automobil, das leise Geräusch eines Fahrrads oder einen

Passanten, der raschen Schritts zur Arbeit eilte, lag der Kurfürstendamm still und verwaist da. Die Bäume über den Straßenbahngleisen hatten ihre sommerliche Frische schon verloren – diese tiefe Intensität des deutschen Grüns, des grünsten Grüns auf der Welt, das den Bäumen eine waldartig dunkle Farbe verleiht, den Eindruck märchenhafter Magie und Zeit. Die Blätter waren schon etwas verblaßt und staubig, hier und da in ein herbstliches Gelb getaucht. Eine Straßenbahn glitt vorbei, cremefarben, blitzblank wie ein neues Spielzeug, mit einem Sirren auf den Schienen und an den Kontakten der Oberleitung. Ansonsten machte sie überhaupt kein Geräusch – perfekt, wie alles, was die Deutschen bauen. Selbst die kleinen Steine, mit denen das Gleisbett gepflastert war, sahen so sauber aus, als wäre jeder einzelne von ihnen gerade mit einem Besen gründlich gekehrt worden, und das Gras zu beiden Seiten der Gleise war so grün und samtweich wie ein englischer Rasen.

Auch die großen Restaurants, Cafés und Terrassen auf beiden Seiten des Kurfürstendamms waren leer. Die Stühle standen auf den Tischen, alles war sauber und ruhig. Drei Ecken weiter, am oberen Ende des Kurfürstendamms, schlug die Glocke der Gedächtniskirche siebenmal. Ich konnte den düsteren Bau der Kirche sehen, und in den Bäumen sangen ein paar Vögel.

Es klopfte an der Tür. Ich wandte mich um und machte auf. Draußen stand der Kellner mit dem Frühstückstablett, ein blonder, ernst dreinschauender Junge von fünfzehn Jahren mit einem frischen, hellroten Gesicht. Er trug ein Frackhemd und eine makellose Uniform, die wohl von einem älteren Vorbesitzer übernommen und etwas gekürzt war. Er trat ein und sagte mit gutturaler, tonloser Stimme die drei Sätze Englisch, die er kannte: »Gut morning, Sir« (als ich die Tür öffnete), »Iff you blease, Sir« (als er das Tablett auf dem Tisch abstellte) und »Senk you very much, Sir« (bevor er wieder losmarschierte und die Tür hinter sich schloß).

Sechs Wochen hatte sich an diesem Auftritt nicht das geringste geändert, und nun, als er abermals hinausging, empfand ich Zuneigung und Bedauern. Ich bat ihn, kurz zu warten, griff nach meiner Hose, holte ein paar Münzen heraus und gab sie ihm. Sein Gesicht wurde vor Glück noch röter. Ich schüttelte ihm die Hand, der Junge sagte: »Senk you very much, Sir«, und fügte dann sehr ruhig und sehr ernst *»Gute Reise!«** hinzu. Er schlug die Hacken zusammen, machte eine Verbeugung und schloß die Tür hinter sich. Und ich stand eine Weile da mit diesem namenlosen Gefühl der Zuneigung und des Bedauerns. Ich wußte, daß ich ihn nie wieder sehen würde.

Dann ging ich zum Tisch, schenkte mir von der heißen, dicken Schokolade ein, schnitt ein knuspriges Brötchen auf, bestrich es mit Butter und Erdbeermarmelade und verzehrte es. Das Kännchen Schokolade war noch halb voll, auf dem Teller türmten sich Röllchen sahniger Butter. Die köstliche Marmelade, die frischen Brötchen und knusprigen Hörnchen hätten für sechs Personen gereicht, doch ich war satt. Ich putzte mir die Zähne und rasierte mich, packte Rasierpinsel und Zahnbürste und all die anderen Dinge in ein kleines Lederetui, das ich in dem alten Koffer verstaute, und zog mich an. Um zehn vor halb acht war ich fertig.

Während ich den Portier rief, erschien Hartmann. Bei meinem Anblick lachte er, mit geschlossenen Augen und schiefem Gesicht, die Lippen säuerlich gespitzt, als hätte er in eine unreife Persimone gebissen. Dann sah er mich aufmerksam an und sagte: »You are ready, then? Können wir gehen?«

Ich nickte. »Ja. Alles ist fertig. Wie geht's, Franz?«

Er lachte unvermittelt, setzte seine Brille ab und begann, sie sauberzureiben. Ohne Brille sah sein kleines Gesicht müde und erschöpft aus, seine schwachen Augen waren gerötet und matt. »O Gott!« rief er in gespielter Verzweiflung. »Mir geht es richtig schlecht. Ich habe überhaupt nicht geschlafen. Nun will ich Ihnen was sagen«, rief er und musterte mich mit jener ernsten Konzentration, mit der er diesen Satz immer sagte. »Ich fühle mich furchtbar, richtig furchtbar.«

Hartmann sprach gutes Englisch. Er hatte einige Zeit in London gelebt und gearbeitet, und mit seinen Englischkenntnissen war er außerordentlich nützlich für die Exportfirma, in der er arbeitete. Aussprachefehler kamen selten vor, aber man merkte sofort, daß er eine ihm fremde Sprache sprach. Es ist schwer zu beschreiben – am ehesten verriet es vielleicht seine Tonlage, die Tatsache, daß er die vertrauten Worte der einen Sprache im versteckten Rhythmus der anderen aussprach. Sein Englisch war mühelos – gelegentlich eine Ungeschicklichkeit im Tempusgebrauch, eine idiomatische Unsicherheit, eine direkte Übersetzung aus dem Deutschen – doch stets sprach er flüssig und klar. Aber selbst bei einem so einfachen Satz wie »You are ready, then?« spürte man die Sorgfalt, mit der er das »then« hinzufügte, wie jemand, der dies in der Schule gelernt hatte. Und wenn er Ausdrücke wie »Nun will ich Ihnen was sagen« verwendete – was sehr oft bei ihm vorkam –, wirkten sie ungewöhnlich, was weniger an der Aussprache lag (seine Aussprache war sehr gut, mit einer leichten Tendenz zum Lispeln) als an der ungewöhnlichen Art ihrer Verwendung. Wenn man ihm eine einfache Frage stellte – wo kann man ein Hemd kaufen, wo fährt dieser oder jener Bus ab, hat jemand für mich angerufen? –, pflegte er mich mit ernster, fast erstaunter Miene anzusehen und zu sagen: »Nun will ich Ihnen was sagen – jemand hat tatsächlich angerufen.«

Nun setzte er die Brille wieder auf.

»Sie haben überhaupt nicht geschlafen?« fragte ich.

»O doch«, sagte er müde. »Eine Stunde. Als ich nach Hause kam, schlief meine Freundin schon, und da ich sie nicht wecken wollte, habe ich mich aufs Sofa gelegt. Habe mich nicht einmal ausgezogen, weil ich Angst hatte, mich zu verspäten und Sie am Bahnhof zu verpassen. Und das« – er musterte mich wieder sehr ernst – »wäre wirklich furchtbar.«

»Warum gehen Sie nachher, sobald mein Zug abgefahren ist, nicht nach Hause und schlafen sich aus? Ich glaube nicht, daß Sie in Ihrem Zustand im Büro groß arbeiten können.

Wäre es nicht besser, Sie nehmen frei und schlafen sich mal richtig aus?«

»Na ja«, sagte Hartmann unvermittelt, aber recht gleichgültig. »Ich werde Ihnen was sagen. Es ist egal. Es ist wirklich egal. Ich werde etwas trinken, einen Kaffee vielleicht« – er zuckte mit den Schultern –, »es ist nicht so schlimm. Aber mein Gott« – wieder dieses bemüht fröhliche Lachen – »...wie ich heute nacht schlafen werde! Und danach werde ich wieder mit meinem Mädchen zusammensein.«

»Das hoffe ich, Franz. In den letzten Wochen hat sie nicht viel von Ihnen gesehen.«

»Also«, erwiderte er, »nun will ich Ihnen was sagen – es ist nicht so wichtig. Wirklich nicht. Sie ist ein gutes Mädchen, sie weiß Bescheid. Sie können sie gut leiden, nicht wahr? Finden Sie sie nett?«

»Ja, sehr sogar.«

»Na dann«, sagte Franz. »Nun will ich Ihnen was sagen: Sie ist wirklich sehr nett. Wir verstehen uns sehr gut. Ich hoffe, man erlaubt mir, sie zu behalten.«

»Man? Wen meinen Sie mit man, Franz?«

»Ach«, sagte er müde, »die Leute, diese dummen Leute, Sie kennen sie.«

»Mein Gott, Franz! *Das* kann doch nicht verboten sein! Sie können doch hinausgehen auf die Straße, und bevor Sie an der nächsten Ecke sind, haben Sie schon ein Dutzend Mädchen.«

»Ach, Sie meinen die kleinen Huren«, sagte Hartmann. »Ja, zu den kleinen Huren kann man gehen. Das ist ganz in Ordnung. Wissen Sie, mein Freund« – er machte ein gespielt hämisches Gesicht und bediente sich jener übertrieben betonten Sprechweise, deren er sich gern bediente, wenn er bissig wurde –, »nun will ich Ihnen was sagen. Im Dritten Reich sind alle so glücklich, alles ist so prima und in bester Ordnung, daß es wirklich verdammt grauenhaft ist«, höhnte er. »Man kann zu den kleinen Huren auf dem Kurfürstendamm gehen, aber man darf kein Mädchen haben. Wenn man ein Mädchen hat, muß man heiraten, aber ... das kann ich nicht. Ich verdiene nicht genug. Es wäre *völlig* unmöglich!« sagte er mit fester Stimme. »Und darf ich Ihnen noch etwas sagen?« fuhr er fort, während er nervös im Zimmer auf und ab ging und hektisch an seiner Zigarette zog. »Wenn man ein Mädchen hat, muß man zwei Zimmer haben. Und das ist ebenfalls unmöglich! Zwei Zimmer kann ich mir einfach nicht leisten.«

»Sie meinen, wer mit einem Mädchen lebt, muß zwei Zimmer haben?«

»Ganz genau«, sagte Hartmann und nickte mit jener Entschiedenheit, mit der ein Deutscher eine bestehende Gepflogenheit bekräftigt. »Das ist die Vorschrift. Wenn man mit einem Mädchen zusammenwohnt, muß sie ein eigenes Zimmer haben. Dann kann man sagen«, fuhr er ernst fort, »daß man nicht zusammenlebt. Man schläft vielleicht jede Nacht miteinander, aber man ist ein guter Staatsbürger. Man verstößt nicht gegen das Gesetz ... Mein Gott!« rief er und lachte wieder. »Es ist alles so schrecklich.«

»Und wenn diese Leute herausfinden, daß Sie mit Ihrer Freundin in einem Zimmer zusammenleben?«

»Tja«, sagte er ruhig, »dann muß sie gehen.« Und müde, mit jener bitteren Gleichgültigkeit, die in diesem einen Jahr so deutlich geworden war: »Es spielt keine Rolle. Mir ist es egal. Diese dummen Leute sind mir egal. Ich habe meine Arbeit, ich habe mein Mädchen. Wenn ich beides behalten kann, mehr will ich nicht.«

Doch nun trat der Portier ein und widmete sich meinem Lederkoffer. Ich packte das Manuskript, die Briefe und Bücher, die sich angesammelt hatten, in die Aktentasche und gab sie dem Mann. Er trug das Gepäck nach draußen auf den Korridor und sagte, er werde unten auf uns warten.

Ich sah auf die Armbanduhr, stellte fest, daß bis zur Abfahrt des Zuges noch eine Dreiviertelstunde war, und fragte Hartmann, ob wir sofort aufbrechen oder lieber im Hotel warten sollten.

»Ach, wir können doch hier warten. Wenn wir eine halbe Stunde bleiben, ist noch immer reichlich Zeit.«

Er bot mir eine Zigarette an, ich gab ihm Feuer. Dann setzten wir uns, ich an den Tisch, Hartmann auf das Sofa an der Wand. Schweigend rauchten wir eine Weile.

»Also«, sagte Hartmann. »Diesmal heißt es wirklich Abschied nehmen … Diesmal fahren Sie tatsächlich«, sagte er und sah mich ernst und besorgt an.

»Ja, Franz, diesmal muß ich wirklich fahren. Ich habe schon zwei Schiffe verpaßt, ein drittes kann ich nicht verpassen.«

Wir rauchten schweigend weiter, doch plötzlich sagte er, ernst wie immer: »Wissen Sie, was? Das finde ich sehr schade.«

»Ich auch, Franz.«

»Wir werden Sie alle furchtbar vermissen.«

Und wieder rauchten wir schweigend.

»Sie werden natürlich wiederkommen«, sagte Hartmann. Und dann, mit großem Nachdruck: »Sie müssen wiederkommen. Wir alle mögen Sie« – und dann ganz einfach und leise: »Wir haben Sie sehr gern, wissen Sie.«

Ich sagte nichts, aber der Hals schnürte sich mir zu. Hartmann musterte mich wieder und fuhr fort: »Und es gefällt Ihnen hier? Mögen Sie uns? Ja, natürlich!« rief er und beantwortete seine Frage gleich mit.

»Natürlich, Franz.«

»Dann müssen Sie wiederkommen«, sagte er. »Es wäre furchtbar, wenn Sie nicht wiederkämen.«

Ich sagte nichts, aber wieder bemerkte ich, wie schon so oft zuvor, die tiefen und tragischen Untertöne seiner ruhigen Stimme, die – für einen Amerikaner – von unergründlichen Tiefen des Lebens kündete, von einer Resignation, die längst alle Verzweiflung hinter sich gelassen hatte, von einer Tapferkeit, die weit über Stolz und Hoffnung hinausgegangen war. Wieder sah er mich aufmerksam an, doch ich schwieg. Dann sagte er: »Ich hoffe auch, daß wir uns wiedersehen.«

»Das hoffe ich, Franz. Ich bin sicher, wir sehen uns wieder, irgendwann.« Und um die Traurigkeit abzuschütteln, die uns überkam, sagte ich entschlossen: »Natürlich werden wir uns wiedersehen. Ich werde wiederkommen, und wir werden zusammensitzen und miteinander reden, so wie jetzt.«

Er antwortete nicht, für einen Moment legte sich jener Ausdruck bitteren Humors auf sein Gesicht, den ich so oft gesehen hatte.

»Glauben Sie?« sagte er und lächelte gequält und bitter.

»Ganz bestimmt!« sagte ich noch nachdrücklicher. »Wir werden zusammensitzen und trinken, wir werden auf Gesellschaften gehen, die ganze Nacht aufbleiben und tanzen und um drei Uhr früh zu Anna Mantz gehen und dort Hühnersuppe essen. Es wird alles so sein wie jetzt.«

»Na gut«, sagte er. »Hoffentlich haben Sie recht. Ich bin nicht so sicher. Vielleicht gibt es mich nicht mehr.«

»Sie!« sagte ich und lachte spöttisch. »Solange es Karl gibt, wird es auch Sie geben, das wissen Sie genau. Sie sind auf einander angewiesen. Sie werden immer zusammensein. Außerdem werden Sie in der Firma wegen Ihrer Englischkenntnisse gebraucht.«

»Da bin ich mir nicht so sicher«, sagte er, paffte an seiner Zigarette und fuhr dann zögernd fort: »Wissen Sie ... diese Leute ... diese dummen Leute!« Er drückte die Zigarette heftig im Aschenbecher aus und verzog das Gesicht zu einem gequälten Lächeln aufsässigen, wunden Stolzes. »Ist mir egal«, rief er. »Ich habe keine Angst. Ich habe mein kleines Leben, meinen kleinen Job, mein kleines Mädchen, mein kleines Zimmer. Diese Leute, diese dummen Leute!« rief er. »Ich bemerke sie nicht. Ich sehe sie nicht! Sie sind mir egal!« Und nun war sein Gesicht wirklich so bitter wie eine groteske Maske. »Ich werde immer etwas finden. Wenn sie mich rauswerfen, also, ich werde Ihnen was sagen – es interessiert mich nicht. Es gibt andere Möglichkeiten!« rief er. »Ich habe in England und Wien gelebt. Wenn sie mir den Arbeitsplatz wegnehmen, mein Mädchen wegnehmen«, rief er zornig und machte eine unwirsche Handbewegung, »das macht mir nichts. Und wenn diese Idioten, diese dummen Leute mir dieses kleine Leben nehmen, was wäre denn daran so schlimm? Finden Sie nicht auch?«

»Nein, Franz. Ich würde nicht gern sterben.«

»Na ja«, sagte Hartmann ruhig, »bei Ihnen ist das etwas anderes. Sie sind Amerikaner. Bei uns ist es anders. Ich habe gesehen, wie Menschen erschossen wurden, in München, in Wien – ich glaube, es ist nicht so schlimm« – er wandte sich wieder mit fragendem Blick an mich –, »nein, ich glaube, es ist nicht so schlimm.«

»Mein Gott, Sie reden dummes Zeug! Niemand wird Sie erschießen. Niemand wird Ihnen den Job oder das Mädchen wegnehmen.«

Hartmann antwortete erst nach einer Weile, ziemlich abrupt: »Ich werde Ihnen was sagen. Im letzten Jahr haben die Idioten, diese dummen Leute, ziemlich schreckliche Sachen gemacht. Alle Juden wurden entlassen, die haben jetzt keine Arbeit mehr. Diese Leute«, sagte er verächtlich, »diese dummen Leute in Uniform erklären, daß man Arier sein muß – so ein wunderbarer Mensch mit blauen Augen, zwei Meter groß, der seit 1820 eine arische Familie nachweisen kann. Wenn es irgendwo einen kleinen Juden gibt – dann hat er vermutlich Pech gehabt«, höhnte Hartmann. »Er kann nicht mehr arbeiten, er ist kein richtiger Deutscher mehr. Das ist alles so dumm.« Schweigend rauchte er eine Weile, dann fuhr er fort: »Dieses Jahr kamen sie zu Karl und mir. Sie wollen wissen, wer ich bin, wo ich herkomme, ob ich geboren bin oder nicht. Ich soll beweisen, daß ich Arier bin. Sonst bin ich meine Arbeit los.«

»Mein Gott, Franz«, rief ich und starrte ihn fassungslos an. »Sie wollen doch nicht sagen, daß *Sie* Jude sind?«

»O *Gott**, nein«, rief Hartmann in einem Ausbruch spöttischer Verzweiflung. »Ich bin so was von deutsch, einfach furchtbar.«

»Und warum macht man Ihnen dann Schwierigkeiten?« fragte ich irritiert. »Warum wollen sie wissen, ob Sie Arier sind, wenn Sie doch Deutscher sind?«

Hartmann schwieg einen Moment, während sich der Ausdruck verwunderten Humors in seinem Gesicht merklich verstärkte. Dann antwortete er: »Mein lieber Paul, nun will ich Ihnen was sagen. Ich bin ein hundertprozentiger Deutscher. Aber meine Mutter, die Ärmste, ich liebe sie natürlich, aber mein Gott!« Er lachte wieder mit geschlossenem Mund, bitter, als hätte er eine unreife Persimone im Mund. »Gott, sie ist so dumm. Diese arme Frau«, sagte er, fast verächtlich, »sie hat meinen Vater sehr geliebt, so sehr, daß sie es nicht für nötig hielt, ihn zu heiraten. Und dann kamen diese Leute und stellten mir all diese Fragen. Wo ist Ihr Vater? Und natürlich kann ich es ihnen nicht sagen. Weil ich als uneheliches Kind geboren wurde, mein Freund«, rief er. Er sah mein bestürztes Gesicht, kniff die Augen zusammen und verzog die Mundwinkel zu einem Lachen. »Es ist alles so furchtbar, so dumm und so schrecklich komisch!« rief er.

»Aber Franz, Sie müssen doch wissen, wer Ihr Vater ist. Sie müssen doch seinen Namen gehört haben.«

»Mein *Gott**, ja«, sagte er und lachte wieder mit geschlossenem Mund. »Das ist ja das Komische daran.«

»Sie kennen ihn also? Lebt er noch?«

»Natürlich«, sagte Hartmann. »Er lebt in Berlin.«

»Sehen Sie ihn manchmal?«

»Natürlich«, sagte er. »Wir sehen uns jede Woche. Wir sind gute Freunde.«

»Wo ist dann das Problem – es sei denn, man kann Sie rauswerfen, weil Sie unehelich geboren sind. Das ist natürlich dumm, aber können Sie es diesen Leuten nicht erklären? Kann Ihr Vater Ihnen nicht helfen?«

»Das würde er bestimmt tun«, sagte Hartmann, »wenn ich ihm davon erzählte. Aber das kann ich nicht.« Und nach einer Pause fuhr er fort: »Wissen Sie, mein Vater und ich sind gute Freunde. Wir sprechen nie über diese Geschichte – welches Verhältnis er zu meiner Mutter hatte. Und jetzt würde ich ihn nicht bitten, mir zu helfen, weil es aussähe, als wollte ich ihn ausnutzen. Es würde alles kaputtmachen.«

»Ist Ihr Vater hier bekannt? Kennen diese Leute seinen Namen?«

»O *Gott**, ja«, rief Hartmann. »Das ist es ja, weshalb die ganze Sache so furchtbar ist – und so schrecklich amüsant.

Die Leute würden sofort wissen, wer er ist, und vielleicht sagen sie, ich bin ein kleiner Jude, und werfen mich raus, weil ich kein Arier bin – und mein Vater«, rief Hartmann bitter, »mein Vater ist ein hoher Nazi, ein hohes Tier in der Partei.«

Ich starrte ihn sprachlos an. Er lächelte, bitter und geringschätzig, und auf einmal wurde seine ganze Lebensgeschichte sichtbar. Er war ein sensibles Kind gewesen, empfindsam, liebevoll, außerordentlich intelligent. Er war das Lamm gewesen, schutzlos der Kälte ausgeliefert, dem Wind, dem harten Kampf gegen Entbehrungen und Einsamkeit. Er war grausam verletzt worden. Er war bedrängt und unter Druck gesetzt worden und hatte sich dennoch unter Schmerzen seine Integrität bewahrt.

»Das tut mir sehr leid, Franz. Das wußte ich nicht.«

»Na ja«, sagte Hartmann gleichgültig. »Es spielt keine Rolle. Es spielt wirklich keine Rolle.« Er schnüffelte ein wenig durch die Lippen, schnipste die Asche von der Zigarette und setzte sich anders hin. »Ich werde etwas unternehmen – ich habe einen dieser kleinen Leute beauftragt, wie heißen sie gleich, Anwälte – o Gott, sie sind schrecklich –, ein paar Lügen für mich zu stricken. Dieser kleine Mann mit seinen Papieren wird sich umsehen, bis er Väter, Mütter, Schwestern, Brüder findet, alles, was ich brauche. Wenn er nichts findet, wenn sie ihm nicht glauben – na ja«, sagte Hartmann, »dann werde ich meinen Job verlieren. Es ist egal.«

»Aber diese Narren«, fuhr er angewidert fort – »diese furchtbaren Leute! Eines Tages, mein lieber Paul, müssen Sie ein böses Buch schreiben. Sie müssen diesen Leuten sagen, wie furchtbar sie sind. Ich bin nur ein kleiner Mann, ich habe kein Talent. Ich bin nur ein kleiner Büroangestellter. Ich kann keine Bücher schreiben. Ich kann nur bewundern, was andere tun, und beurteilen, ob es gut ist. Aber Sie müssen all diesen furchtbaren Leuten den Spiegel vorhalten. Ich habe eine kleine Phantasie«, sagte er mit schelmischer Miene. »Wenn es mir schlechtgeht, wenn ich diese ganzen furchtbaren Leute an ihren Tischen sitzen sehe, wie sie sich vollstopfen, den Kurfürstendamm hinauf- und hinuntergehen, dann stelle ich mir vor, ich habe eine Maschinenpistole. Und dann nehme ich diese kleine Maschinenpistole und gehe auf und ab, und wenn ich einen dieser schrecklichen Männer sehe, nehme ich die Maschinenpistole und mache peng-peng-peng-peng-peng!« Er tat dabei, als ziele er und drücke ab, und rief das »peng-peng« so rasch, wie es Kinder machen. »Oh, Gott*«, rief er begeistert, »es würde mir wirklich Spaß machen, mit dieser kleinen Maschinenpistole herumzugehen und auf all diese dummen Kerle zu schießen. Aber das geht nicht. Meine Maschinenpistole existiert nur in der Phantasie. Bei Ihnen ist es anders. Sie haben eine Maschinenpistole, die Sie auch verwenden können. Und Sie müssen sie wirklich verwenden«, sagte er ernst. »Eines Tages müssen Sie dieses böse Buch schreiben, in dem Sie diesen Narren sagen, wohin sie gehören. Aber« – er musterte mich wieder aufmerksam – »noch nicht gleich. Oder wenn doch, dann dürfen Sie in Ihrem Buch nichts sagen, was den Zorn dieser Leute erregen könnte.«

»Was meinen Sie damit, Franz?«

»Ich meine« – er senkte die Stimme und blickte rasch zur Tür –, »nichts über Politik, nichts über die Partei. Dinge, die man Ihnen übelnehmen würde. Das wäre schlimm, wenn Sie das täten.«

»Warum?«

»Weil Sie einen Namen bei uns haben«, sagte er. »Ich meine, nicht bei diesen Dummköpfen, sondern bei den Leuten, die noch Bücher lesen. Wenn Sie Dinge schreiben, die nicht gern gehört werden, dann würde die Reichsschrifttumskammer Ihre Bücher verbieten. Und das wäre schade. Sie sind sehr beliebt hier, ich meine, bei den Leuten, die etwas verstehen. Niemand glaubt, daß er eine Übersetzung liest. Die Leute sagen, es klingt so, als wäre es von vornherein auf deutsch geschrieben worden, und mein Gott, Sie gelten hier als wirklich großer Schriftsteller.«

»Das ist mehr als das, was ich in Amerika erlebe, Franz.«

»Ich weiß. Aber in Amerika wird jeder in den höchsten Tönen gelobt, ein Jahr lang, und dann vergißt man ihn. Hier haben Sie einen großen Namen bei vielen Leuten«, sagte er ernst. »Und es wäre furchtbar, wenn Sie alles kaputtmachen. Verstehen Sie?« sagte er und sah mich wieder nachdenklich an.

Nach einer Weile antwortete ich: »Man muß schreiben, was man schreiben muß. Man muß tun, was man tun muß.«

»Das heißt also, wenn Sie der Ansicht sind, Sie müßten etwas über diese Narren sagen, über Politik, über ...«

»Über das Leben«, sagte ich. »Und die Menschen.«

»Würden Sie es schreiben?«

»Ja.«

»Selbst wenn Sie sich damit schaden würden? Selbst wenn es Ihrem Ruf hierzulande abträglich wäre?« Er sah mich nachdenklich an, wartete auf meine Antwort.

»Ja, Franz, selbst dann.«

Nach einem Moment des Schweigens sagte er, zögernd: »Selbst wenn man Sie dann nicht mehr ins Land ließe?«

Jetzt schwieg auch ich. Es gab viel zu bedenken, doch schließlich sagte ich: »Ja, selbst wenn ich nicht mehr ins Land dürfte.«

Plötzlich richtete er sich auf, zornig und ungeduldig. »Dann werde ich Ihnen mal was sagen«, sagte er. »Sie sind ein großer Narr.« Er stand auf, warf seine Zigarette weg und lief nervös auf und ab. »Warum wollen Sie das alles kaputtmachen?« rief er. »Sie sind hier zu Hause. Jeder versteht Sie. Und wegen ein bißchen Politik«, sagte er bitter, »wegen dieser dummen, törichten Leute wollen Sie jetzt alles kaputtmachen.«

Ich schwieg. Hartmann ging noch immer erregt auf und ab. Nach einer Weile sagte er: »Warum wollen Sie das tun? Sie sind doch kein Politiker. Sie sind doch kein Parteiagitator. Sie sind keiner dieser gottverdammten New Yorker *Salon-Kommunisten**.« Er spuckte das Wort verächtlich aus, kniff die blassen Augen zusammen. »Kann ich Ihnen etwas sagen?« Er hielt abrupt inne, sah mich an. »Ich hasse diese dummen kleinen Leute – sie sind überall gleich. Man findet sie überall, in London, Paris, Wien. In Europa sind sie schon schlimm genug, aber in Amerika!« – seine Stimme überschlug sich fast – »Mein Gott! Ich sage Ihnen, sie sind einfach furchtbar. Wo kommen sie her? Selbst die europäischen Ästheten sagen, mein Gott, diese dummen Leute, diese schrecklichen Leute, diese verdammten Ästheten aus den USA sind furchtbar.«

»Reden Sie jetzt von den Kommunisten?«

»Ach, wissen Sie« – kalt und knapp, mit arrogant-wegwerfender Geste, die typisch für ihn wurde –, »ist doch egal, wie sie sich nennen. Es sind überall die gleichen Leute. Diese kleinen *Expressionisten, Surrealisten, Kommunisten** – aber in Wahrheit sind sie alle gleich. Diese Typen hängen mir zum Hals heraus«, sagte er verächtlich. »Es ist vollkommen egal, was diese Leute sagen. Sie haben keine Ahnung.«

»Sie glauben, daß der ganze Kommunismus so ist, daß alle Kommunisten nur ein Haufen von Schwätzern sind?«

»Ach, *die Kommunisten**«, sagte Hartmann müde. »Nein, nicht alle sind Salonkommunisten. Und der *Kommunismus**!« Er sah mich an, zuckte mit den Schultern und sagte: »Also, ich glaube, der Kommunismus ist gut. Ich glaube, daß wir eines Tages so leben werden. Nur glaube ich nicht, daß Sie und ich das noch erleben werden. Es ist ein zu großer Traum. Es ist mehr, als man erwarten kann. Und diese Dinge sind nichts für Sie. Sie sind keiner von diesen kleinen Parteiagitatoren – Sie sind ein Schriftsteller. Es ist Ihre Pflicht, sich umzuschauen und über die Welt und die Menschen zu schreiben, wie Sie sie sehen. Es ist nicht Ihre Pflicht, Propaganda zu schreiben und dies als Literatur auszugeben. Das könnten Sie nicht. Ausgeschlossen.«

»Aber wenn man, indem man über die Welt und die Menschen schreibt, in Konflikt mit diesen Parteiagitatoren gerät – was dann?«

»Dann«, sagte er, »wäre das sehr töricht von Ihnen. Sie können über die Welt und die Menschen schreiben, auch ohne diese Parteileute gegen sich aufzubringen. Sie brauchen sie überhaupt nicht zu erwähnen. Wenn doch, wenn Sie unangenehme Sachen sagen, dann können Sie nicht zurückkehren. Und warum? Wenn Sie irgendein kleiner Propagandist in New York wären, könnten Sie diese Dinge sagen, und es würde niemanden interessieren. Weil die alles sagen können, was sie sagen wollen – aber sie wissen nichts von uns, und es kostet sie nichts. Sie selbst haben viel zu verlieren. Sie haben einen Namen. Hier werden Sie bewundert.« Unruhig, ernst, aufmerksam sah er mich wieder an. »Und Sie? Mögen Sie die Leute?«

»Sehr.«

»Ja, natürlich«, antwortete er ruhig, und dann: »Es sind wirklich gute Leute. Es sind natürlich große Dummköpfe, aber sie sind nicht so schlecht.«

Schweigend drückte er seine Zigarette im Aschenbecher aus und sagte dann, ein wenig melancholisch: »Nun ja, Sie müssen tun, was Sie tun müssen. Aber Sie sind ein großer Dummkopf. Kommen Sie, mein Freund.« Er sah auf seine Armbanduhr und legte die Hand auf meinen Arm. »Wir müssen gehen.«

Wir hielten einen Moment inne, sahen einander an, dann schüttelten wir uns die Hand.

»Auf Wiedersehen, Franz«, sagte ich.

»Auf Wiedersehen, mein lieber Paul«, sagte Hartmann. »Wir werden Sie sehr vermissen.«

»Ich Sie auch«, sagte ich.

Dann gingen wir hinaus.

II

Es war soweit. Auf dem Bahnsteig herrschte großes Durcheinander, ein Signallicht flammte auf, Gepäckträger liefen hin und her. Ich drehte mich um und schaute das Gleis entlang. Der Zug tauchte auf, näherte sich in einer weiten Kurve, passierte den Zoologischen Garten, die mächtige Lokomotive wurde immer größer, die Puffer waren mit hellgrünen Lampen versehen. Die dampfende Maschine rollte kochend an uns vorbei und blieb stehen. Die gleichförmige Linie der Waggons wurde unterbrochen durch das auffällige Rot des Mitropa-Speisewagens in der Mitte.

Wir setzten uns in Bewegung. Der Gepäckträger nahm meinen schweren Lederkoffer, stieg rasch in den Wagen und fand einen Sitzplatz für mich. Ringsum Stimmengewirr, ein erregtes Durcheinander von Abschiednehmenden. Hartmann schüttelte mir kräftig die Hand, sein kleines, bitteres Gesicht verkniffen, als weine er. Er weinte tatsächlich. Plötzlich wurde mir klar, wie nahe Lachen und Kummer bei ihm waren. Ich hörte seine eigentümlich bebende, tiefe und tragische Stimme sagen: »Auf Wiedersehen, auf Wiedersehen, lieber Paul, *auf Wiedersehen**.«

Dann stieg ich ein. Der Schaffner warf die Tür zu. Während ich den schmalen Korridor hinunterging, meinem Abteil entgegen, setzte sich der Zug schon in Bewegung. Wir fuhren. Die Gestalten, die Gesichter, all diese Existenzen blieben zurück.

Hartmann lief noch ein Stück mit, er winkte mit dem Hut, das Gesicht noch immer zu dieser seltsamen Miene aus bitterem Humor und Kummer verzerrt. Dann fuhren wir in die Kurve, und Hartmann war verschwunden.

Der Zug wurde allmählich schneller. Die Straßen und Häuser des Westens glitten an mir vorbei – diese häßlichen Straßen, die großen häßlichen Gebäude im wilhelminischen Stil, die mir aber mit dem schönen Grün der Bäume, den leuchtend roten Geranien vor den Fenstern und dem Bild von Ordnung, Sauberkeit und Behaglichkeit immer so vertraut und angenehm erschienen waren wie die stillen Straßen und Häuser einer Kleinstadt. Schon kamen wir durch Charlottenburg. Wir passierten den Bahnhof ohne Halt, auf den Bahnsteigen sah ich, mit dem alten und deutlichen Gefühl von Verlust und Bedauern, die Menschen, die auf die S-Bahn warteten. Wir kamen am Funkturm vorbei, und ehe es mir klar wurde, fuhren wir durch die westlichen Vororte, dem offenen Land entgegen. Wir passierten ein Flugfeld, ich sah die Hangars und ein paar glitzernde Flugzeuge. Genau in diesem Moment rollte einer der großen silbrigen Vögel auf die Startbahn, wurde schneller und schneller, die Heckflosse ging in die Höhe, und während wir uns immer weiter entfernten, löste sich das Flugzeug von der Erde.

Die Stadt lag hinter uns. Die vertrauten Gesichter, Gestalten und Stimmen waren nun, sechs Minuten später, so weit entfernt wie Träume, gefangen in einer anderen Welt, einer Welt von vier Millionen, von Hoffnung und Angst und Haß, Müdigkeit und Verzweiflung, von Grausamkeit und Hingabe, jener Welt mit Namen Berlin.

Und nun flog das Land an uns vorbei, Brandenburg, das flache nördliche Land, das mir als so uninteressant geschildert worden war und das ich so eigentümlich bezaubernd und schön gefunden hatte. Die dunkle Einsamkeit der *Kiefern**, hochgewachsen, schlank und kerzengerade wie Segelmasten, auf den Wipfeln die Last ihrer immergrünen Nadeln. Die kahlen Stämme schimmerten in diesem goldbronzenen Ton, der wie das verdinglichte Destillat eines magischen Lichts anmutete. Und alles dazwischen lag wie verzaubert da. Der goldbraune Schein der Dämmerung, mit diesem magischen Licht, die Erde goldbraun und kahl, die Bäume vereinzelt und einsam, ein Wald, erfüllt von magischem Licht.

Und dann wurde es hell, und der Wald verschwand. Wir fuhren durch das flache Land, das mit großer Sorgfalt bis an den Bahndamm bewirtschaftet wurde. Und ich sah die Bauernhöfe, die roten Ziegeldächer, die Karrees von Scheunen und Häusern. Und dann umfing uns wieder die Magie der Wälder.

Ich öffnete die Abteiltür, ging hinein und setzte mich auf einen Platz an der Tür. Schräg gegenüber, am Fenster, saß ein junger Mann, der in einem Buch las. Er war ausgesprochen modisch gekleidet. Seine Garderobe war von einer dandyhaften Eleganz, die einem sofort als kontinentaleuropäisch auffiel, obwohl man nicht hätte sagen können, woher er kam.

So war ich sehr verblüfft, als ich sah, daß er ein amerikanisches Buch las. Und während ich noch über diese rätselhafte Verbindung nachdachte, ging die Tür auf, und eine Frau und ein Mann traten ein.

Es waren Deutsche. Die Frau war nicht mehr jung, aber füllig, warm, verführerisch aussehend, mit strohblondem Haar und saphirblauen Augen. Sie sprach mit ihrem Begleiter und fragte mich dann, ob die anderen Plätze frei seien. Ich antwortete, daß das vermutlich der Fall sei, und warf dem jungen Mann in der Ecke einen fragenden Blick zu. Auch er sagte, in etwas gebrochenem Deutsch, daß sie wahrscheinlich frei seien. Die Frau nickte zufrieden, wandte sich mit selbstbewußter Stimme an ihren Begleiter, der nun das Abteil verließ und mit ihrem Gepäck zurückkehrte – zwei Reisetaschen, die er auf das Gepäcknetz stemmte.

Er war ein großer, blonder Deutscher mit frischem Gesicht, der etwas sehr Naives an sich hatte. Die Frau, obschon sehr attraktiv, war deutlich älter als er, in den Dreißigern, vielleicht sogar Anfang Vierzig. In den Augenwinkeln waren feine Fältchen eingezeichnet, sie hatte eine körperliche Reife und strahlte eine Wärme aus, die die Weisheit der Erfahrung besaß, aus der die Frische der Jugend aber verschwunden war.

Der junge Mann war erkennbar in den Zwanzigern. Man ahnte sofort, ohne zu wissen, warum, daß er mit der Frau nicht verwandt war. Es war völlig klar, daß er nicht ihr Bruder sein konnte, sie waren aber auch nicht Mann und Frau. Der verführerische Charme der Frau verlieh ihr eine geradezu schamlose körperliche Attraktivität, einen unverhüllten Reiz, wie man ihn bei Schauspielern oft sieht – bei Tänzerinnen oder Stripteasegirls in einem Tingeltangel. Neben dieser Frau, die so selbstsicher, praktisch und erfahren und so lebhaft wirkte, hatte der junge Mann etwas geradezu Bäuerliches. Und er sah tatsächlich nervös aus, schien nicht sehr reiseerfahren zu sein. Mir fiel auf, daß er den Kopf die meiste Zeit gesenkt hielt und nur sprach, wenn die Frau ihn anredete. Und dann errötete er vor Verlegenheit, zwei dunkelrote Flecken zeichneten sich auf seinem frischen rosafarbenen Gesicht ab.

Man konnte fast nicht anders, als an die alte Geschichte zu denken und sich vorzustellen, daß dies ein junger Bauerntölpel war, der von der Stadtsirene verführt wurde, mit ihr nach Paris zu reisen, wo sie ihm bald alles Geld abnehmen und ihm den Laufpaß geben wird. Doch die blonde Frau hatte überhaupt nichts Ordinäres an sich. Sie war ausgesprochen attraktiv und interessant. Ihr Verhalten hatte etwas kindlich Unschuldiges, und der sexuellen Anziehungskraft, die sie zweifellos besaß, schien sie sich überhaupt nicht bewußt zu sein.

Während ich diese Gedanken anstellte, ging die Abteiltür wieder auf. Ein kleiner spießig aussehender Mann mit langer Nase schaute herein, aufdringlich und mißtrauisch sah er sich um und fragte, ob die restlichen Plätze im Abteil frei seien. Wir antworteten alle, ja. Auch er verschwand daraufhin wortlos im Korridor, um mit einer großen Reisetasche zurückzukehren. Ich half ihm, sie im Gepäcknetz zu verstauen. Obwohl er es allein vermutlich nicht geschafft hätte, reagierte er auf meine Hilfe ohne ein Wort des Danks, hängte seinen Mantel auf, schien insgesamt sehr unruhig, holte eine Zeitung aus seiner Tasche, setzte sich und schlug sie auf, donnerte die Abteiltür heftig zu, sah sich mit säuerlichem und mißtrauischem Blick im Abteil um, raschelte mit der Zeitung und begann schließlich zu lesen.

Währenddessen hatte ich Gelegenheit, diesen verdrießlich schauenden Menschen zu beobachten. Er war eine völlig uninteressante Erscheinung. Nicht, daß er unsympathisch gewirkt hätte – keineswegs. Es war nur einer dieser langweiligen, steifen, leicht erregbaren Zeitgenossen, denen man auf Reisen ausgesprochen ungern begegnet. Er hatte etwas von diesem Typus an sich, der ständig das Fenster aufreißt, ohne Rücksicht auf andere zu nehmen, der ständig Unruhe verbreitet – kurzum, der unablässig versucht, seinen Mitreisenden auf den Geist zu gehen.

Der Mann entsprach durchaus diesem bekannten Typus, doch abgesehen von diesen unangenehmen Eigenschaften war er ganz unauffällig. Erst wenn er eine lange Reise unternahm und wie eine nervöse Hummel sogleich Unruhe zu verbreiten begann, fiel er auf. In diesem Moment hätte der elegante junge Mann am Fenster fast seinen Zorn auf sich gezogen. Er holte ein teuer aussehendes Zigarettenetui heraus und fragte die Dame mit einem freundlichen Lächeln, ob es ihr etwas ausmache, wenn er rauche. Sie antwortete sofort und sehr freundlich, daß sie überhaupt nichts dagegen habe. Ich registrierte diese Antwort mit großer Erleichterung, holte ein Päckchen Zigaretten aus der Tasche und war schon im Begriff, es meinem unbekannten jungen Abteilgenossen gleichzutun, als der alte Unruhegeist ungehalten mit der Zeitung raschelte, uns einen säuerlichen Blick zuwarf und dann auf das Schild über der Abteiltür zeigte und mit krächzender Stimme *»Nichtraucher!«** rief.

Das wußten wir natürlich, aber wir hatten nicht geahnt, daß der Mann so ein Theater deswegen machen würde. Der junge Mann und ich warfen uns einen erstaunten Blick zu, schmunzelten, fingen den Blick der Frau auf, die die Situation ebenfalls komisch zu finden schien, und wollten unsere Zigaretten schon unangezündet wieder einstecken, als der Mann uns ein zweites Mal säuerlich ansah und dann meinte, daß er nichts dagegen habe. Er wolle nur darauf hinweisen, daß dies ein Nichtraucherabteil sei. Gemeint war wohl, daß wir im Begriff seien, uns strafbar zu machen, er als guter Staatsbürger sein Bestes getan und uns gewarnt, aber nichts damit zu schaffen habe, wenn wir unser gesetzwidriges Vorhaben tatsächlich umsetzten. Nach dieser Zusicherung holten wir die Zigaretten wieder heraus und rauchten.

Die Zeit verging nun in Schweigen, und bald fiel ich in einen leichten Schlaf, aus dem ich hin und wieder hochfuhr, um mich umzusehen und dann wieder einzudösen. Immer wieder stellte ich dabei fest, daß der alte Unruhegeist mich mißtrauisch und übellaunig, geradezu feindselig beobachtete. Er verbreitete eine solche Unruhe, daß man nie mehr als ein paar Minuten schlafen konnte. Andauernd schlug er die Beine abwechselnd übereinander, raschelte mit der Zeitung, spielte mit dem Türgriff, riß die Tür halb auf und knallte sie wieder zu, als müsse er sich vergewissern, daß sie richtig geschlossen sei. Unentwegt sprang er auf und trat hinaus auf den Korridor, ging auf und ab, sah zum Fenster hinaus auf die vorbeifliegende Landschaft, lief hin und her, die Hände auf dem Rücken verschränkt, und spielte nervös mit den Fingern.

Unterdessen brausten wir mit hoher Geschwindigkeit durch das Land. Wälder und Felder, Dörfer und Höfe, Äcker und Wiesen flogen an uns vorbei mit der zielstrebigen, verschlingenden Bewegung höchster Schnelligkeit. Die Elbe überquerten wir langsam, aber ohne Halt. Zwei Stunden nach der Abfahrt in Berlin fuhren wir in die mächtig geschwungene Bahnhofshalle in Hannover. Dort hatten wir zehn oder fünfzehn Minuten Aufenthalt. Ich war eingenickt, doch als der Zug in langsamerem Tempo durch die Vororte der alten Stadt fuhr, wachte ich auf. Aber die Müdigkeit steckte immer noch in mir. Ich stand nicht auf.

Alle anderen Abteilinsassen – bis auf den eleganten jungen Mann in der Ecke – standen auf und gingen hinaus auf den Bahnsteig, um sich die Beine zu vertreten und frische Luft zu schnappen. Der Mitreisende in der Ecke hatte sein Buch beiseite gelegt, schaute zum Fenster hinaus und sagte dann zu mir auf englisch, mit leichtem Akzent: »Wo sind wir jetzt?«

Ich antwortete ihm, daß wir in Hannover seien.

Er seufzte leise und sagte: »Ich bin dieses Reisen satt. Ich freue mich auf zu Hause.«

»Wo sind Sie denn zu Hause?«

»In New York«, sagte er, und als er mein erstauntes Gesicht sah, fügte er hinzu: »Ich bin natürlich kein gebürtiger Amerikaner, wie Sie sehen können. Aber ich bin naturalisiert und wohne in New York.«

Ich erklärte, daß ich ebenfalls dort wohnte. Ob ich lange in Deutschland gewesen sei, fragte er.

»Nein, diesmal nicht. Zwei Monate.«

»Als Sie heute morgen das Abteil betraten, hielt ich Sie zuerst für einen Deutschen. Aber Ihr Akzent machte mir klar, daß Sie kein Deutscher sein konnten. Als ich Sie den *Paris Herald* lesen sah, dachte ich mir, daß Sie Engländer oder Amerikaner sein müssen.«

»Ich bin Amerikaner.«

»Ja, das sehe ich jetzt«, sagte er. »Ich bin gebürtiger Pole. Ich bin vor fünfzehn Jahren nach Amerika ausgewandert, aber meine Familie lebt noch in Polen.«

»Haben Sie sie besucht?«

»Ja. Zwei Brüder leben auf dem Land. Ich komme gerade von dort«, sagte er, und nach einem Moment setzte er mit Nachdruck hinzu: »Aber nie wieder. So schnell werde ich sie nicht wieder besuchen. Ich kann Europa nicht ausstehen. Die Politik, dieser Haß, die Armeen und die Diskussionen über Krieg, diese ganze bedrückende Atmosphäre hier«, rief er unwillig und zog ein Papier aus der Brusttasche: »Schauen Sie sich das an!«

»Was ist das?«

»Eine Genehmigung, mit der ich dreiundzwanzig Mark aus Deutschland ausführen darf. Dreiundzwanzig Mark!« wiederholte er geringschätzig. »Als ob ich an ihrem verfluchten Geld interessiert wäre.«

»Ich weiß. Für alles braucht man ein Papier. Hier, schauen Sie!« sagte ich und holte aus meiner Brusttasche einen ganzen Haufen Papiere hervor. »Das hat sich in zwei Monaten alles angesammelt.«

Nun war das Eis zwischen uns gebrochen. Nach diesem Austausch über ein gemeinsames Ärgernis begannen wir, uns füreinander zu erwärmen. Bald zeigte sich, daß meine neue Reisebekanntschaft mit der patriotischen Inbrunst seines Volkes ein geradezu leidenschaftlicher Amerikaner geworden war.

»Ja«, sagte er, »nach alldem wird es guttun, wieder dort zu sein, wo Frieden, Freundschaft und Liebe sind.«

Ich selbst hatte da gewisse Vorbehalte, die ich aber für mich behielt. Seine Leidenschaft war so aufrichtig und warm, daß es unfreundlich gewesen wäre, sie zu relativieren. Und außerdem hatte ich ebenfalls Heimweh, und die sympathische Wärme seiner großzügigen und aufrichtigen Worte steckte mich an.

Denn ich war ebenso müde und erschöpft wie er, ausgelaugt von dem Druck, der Anspannung von Nerven und Geist, angewidert von dem Krebsgeschwür dieses unheilbaren Hasses, der nicht nur ganze Nationen infiziert, sondern sich auf unterschiedlichste Weise in das Leben all meiner Freunde, fast aller Menschen, die ich in Deutschland kannte, hineingefressen hatte. Und so erschien mir der Vergleich meines Landsmannes, obschon überzogen und maßlos, durchaus berechtigt. Und ich ahnte, daß es guttäte, wieder zu Hause zu sein, befreit aus dieser vergifteten Atmosphäre, zu Hause in einem Land, in dem man, wie unvollkommen es auch sein mochte, die Luft zum Atmen hatte und den Wind, der für frische Luft sorgte.

Mein neuer Freund erklärte, daß er in einer Maklerfirma in der Wall Street arbeite. Nun schien es mir geboten, auch meinerseits zu berichten, welcher Tätigkeit ich nachging, und zwar so wahrheitsgetreu wie nur irgend möglich. Also erzählte ich, daß ich für einen Verlag arbeitete. Daraufhin bemerkte er, daß er mit der Familie eines New Yorker Verlegers befreundet sei, und als ich mich nach deren Namen erkundigte, sagte er: »Die Edwards'.«

»Ich kenne die Edwards'«, antwortete ich. »Sie sind Freunde von mir, Mr. Edwards ist mein Verleger. Und Sie müssen Johnnie sein, hab ich recht? Ich habe Ihren Nachnamen vergessen, aber er ist mir zu Ohren …«

Er nickte sofort. »Ja. Johnnie Stefanowski«, sagte er lächelnd. »Und Sie? Wie heißen Sie?«

Ich nannte ihm meinen Namen.

»Natürlich. Ich habe von Ihnen gehört.«

Und im nächsten Moment schüttelten wir uns verblüfft und staunend die Hand, in jenem Zustand, in dem Menschen zu der banalen Erkenntnis gelangen, daß die Welt doch wirklich sehr klein sei.

Und tatsächlich entdeckten wir bald tausenderlei Anknüpfungspunkte und viele gemeinsame Bekannte, über die wir uns angeregt austauschten. Als die anderen das Abteil betraten und der Zug sich wieder in Bewegung setzte, waren wir gerade in ein lebhaftes Gespräch vertieft.

Unsere drei Abteilgenossen schauten etwas überrascht, als sie das rasche Hin und Her unserer Konversation hörten, Zeichen der Bekanntschaft zweier Menschen, die doch zehn Minuten zuvor noch Fremde gewesen waren. Die kleine blonde Frau lächelte uns zu und nahm wieder Platz, ebenso der junge Mann. Der alte Unruhegeist war jetzt ganz Ohr, verfolgte uns mit aufmerksamem Blick.

Wie ein Kreuzfeuer ging unsere Unterhaltung hin und her zwischen meiner Abteilecke und der meines neuen Freundes. Die plötzliche Intimität einer fremden Sprache, mit der wir unsere Mitreisenden überfielen, zu denen wir bislang ein distanziertes, höfliches Verhältnis gehabt hatten, war mir etwas peinlich, doch Johnnie Stefanowski schien nichts dabei zu finden. Er lächelte unsere Abteilgenossen so freundlich an, als nähmen sie an unserem Gespräch teil und könnten jedes unserer Worte verstehen.

Seine gewinnende Art ließ sie merklich auftauen. Die blonde Frau unterhielt sich lebhaft mit ihrem jungen Begleiter, dann fiel auch unser Nervenbündel ein, und bald war das ganze Abteil erfüllt von dem raschen Durcheinander von Englisch und Deutsch.

Johnnie Stefanowski schlug nun vor, in den *Speisewagen** zu gehen. »Ich habe keinen Hunger«, sagte er gleichgültig. »In Polen habe ich zuviel gegessen. Ich kann es nicht mehr sehen, vielleicht möchten Sie etwas von diesem polnischen Obst?« sagte er und deutete auf eine großes Päckchen an seiner Seite. »Sie haben mir etwas Proviant mitgegeben – Obst vom Hof meines Bruders, Hühnchen und Fasan. Ich habe keinen Appetit, aber möchten Sie nicht etwas probieren?«

Ich antwortete, daß ich noch keinen Hunger hätte.

Daraufhin schlug er vor, im Speisewagen etwas zu trinken. »Ich habe noch deutsches Geld«, sagte er. »Siebzehn oder achtzehn Mark. Die brauche ich nicht mehr. Aber jetzt, nachdem wir Bekanntschaft geschlossen haben, könnten wir das Geld doch ausgeben. Wollen wir mal schauen, was es dort gibt?«

Damit war ich einverstanden. Während wir aufstanden und schon im Begriff waren, auf den Korridor hinauszugehen, fragte unser Nervenbündel, ob er mit Stefanowski den Platz tauschen könne. Der antwortete gleichgültig: »Ja, natürlich, mir ist es egal, wo ich sitze.«

Wir traten hinaus auf den schmalen Korridor, gingen durch mehrere Waggons des dahineilenden Zugs und erreichten schließlich den *Speisewagen**, passierten den heißen Atem der Küche und setzten uns an einen der Tische des blitzsauberen MITROPA-Wagens. Stefanowski besaß die Trinkfestigkeit der Polen. Er kippte seinen Kognak und meinte: »Ein kleines Glas. Aber er ist gut und schadet nicht. Wir trinken noch einen.«

Vom Kognak auf das angenehmste erwärmt, begannen wir, mit der Selbstverständlichkeit von Menschen, die sich seit Jahren kennen, über die Mitreisenden in unserem Abteil zu sprechen.

»Die kleine Frau – sie ist ganz nett«, sagte Stefanoswki. »Sicher nicht mehr die Jüngste, aber sehr reizend, finden Sie nicht? Eine Persönlichkeit.«

»Und ihr Begleiter?« fragte ich. »Ob das ihr Mann ist, was glauben Sie?«

»Nein, natürlich nicht«, erwiderte Stefanowski prompt. »Sehr merkwürdig«, fuhr er in nachdenklichem Ton fort. »Er ist sehr viel jünger und kommt aus einer anderen Schicht. Er ist viel einfacher als sie.«

»Ja. Man hat fast den Eindruck, als wäre er ein junger Bauer und sie …«

Stefanowski nickte. »Jemand vom Theater. Schauspielerin oder vielleicht Varietétänzerin.«

»Und der andere Mann?« fragte ich. »Der unruhige Kerl, der uns dauernd anstarrt? Wer mag das sein?«

»Ach der«, sagte mein Freund unwirsch. »Das weiß ich nicht. Ist mir auch egal. Er ist einer von diesen uninteressanten Leuten, denen man bei einer Zugfahrt immer begegnet.

Es ist nicht wichtig. Aber wollen wir nicht wieder zurück und mit ihnen reden?« fragte er. »Wir werden die drei später nie mehr wiedersehen, und es wäre doch interessant, herauszufinden, wer sie sind.«

Ich willigte ein. Mein polnischer Freund bat den Kellner um die Rechnung und bezahlte – von den dreiundzwanzig Mark waren noch immer zehn oder zwölf übrig. Dann standen wir auf und gingen zurück in unser Abteil.

Die Frau begrüßte uns mit einem Lächeln, als wir eintraten. Unsere drei Mitreisenden betrachteten uns merklich aufmerksamer. Es war klar, daß sie während unserer Abwesenheit über uns gesprochen hatten. Stefanowski lächelte und wandte sich sofort an sie. Er sprach etwas gebrochen, aber doch verständlich Deutsch, und er war von Natur aus so freundlich und selbstsicher, daß ihn diese Unzulänglichkeit überhaupt nicht störte. Unsere Abteilgenossen beantworteten eifrig unseren Gruß und erzählten bereitwillig von ihrem Interesse, von ihren Überlegungen, die unser Gespräch, das Wiedersehen zweier Bekannter, wie es schien, bei ihnen ausgelöst hatte.

Die Frau fragte Stefanowski, wo er herkomme – *»Was sind Sie für ein Landsmann?«** Amerikaner, antwortete er.

»Ach« – sie schaute überrascht und fügte rasch hinzu: »Sie sind aber nicht dort geboren?«

»Nein«, sagte Stefanowski, »ich stamme aus Polen. Aber ich lebe jetzt in New York. Und mein Freund« – er wies auf mich, worauf sich alle mir zuwandten und mich neugierig ansahen – »ist gebürtiger Amerikaner.«

Sie nickten. Die Frau fragte, noch immer lächelnd: »Ihr Freund ist Künstler?«

Stefanowski bejahte.

»Maler?« – setzte die Frau nach, eifrig bedacht, ihre Vorhersage bestätigt zu finden.

»Nein, er ist *Dichter**«, sagte mein polnischer Freund. Ich verbesserte ihn sofort: *»Ein Schriftsteller.«**

Die drei tauschten zufriedene Blicke, riefen, ja, das habe man sich schon gedacht, das sei ja klar gewesen und so weiter.

Unser Nervenbündel steuerte die kluge Bemerkung bei, daß allein schon »der Kopf« diesen Schluß zulasse. Die anderen nickten. Die Frau wandte sich wieder an Stefanowski: »Aber Sie sind kein Künstler? Was machen Sie?«

Stefanowski antwortete, er sei *Geschäftsmann**, arbeite in einem Büro in der Wall Street. Dieser Name hatte offenbar große Bedeutung für sie, denn sie nickten beeindruckt und sagten wieder »Ah!«

Dann erzählten wir, daß wir uns vor dieser Zugreise noch nie begegnet seien, aber viele gemeinsame Freunde hätten, über die wir einander schon seit Jahren vom Hörensagen kannten. Das versetzte sie in großes Erstaunen. Die kleine blonde Frau nickte triumphierend, wandte sich sofort an ihren Begleiter und an das Nervenbündel und brach in ein aufgeregtes »Hab ich's euch nicht gesagt? Ich hab's doch gewußt. Die Welt ist wirklich klein!« und so weiter aus.

Nun war eine wunderbar gelöste Atmosphäre im Abteil, wir redeten ganz natürlich miteinander, als kennten wir uns schon seit Jahren. Die kleine Frau erzählte von sich. Sie und ihr Mann besäßen ein Geschäft unweit des Alexanderplatzes. Nein, lächelte sie, ihr Begleiter sei nicht ihr Mann. Er sei ein junger Künstler, ein Angestellter in ihrer Firma. Die Branche? Sie lachte – das würden wir nie erraten. Sie und ihr Mann stellten Schaufensterpuppen her. Also eine größere Firma, schloß ich. Sie beschäftigten mehr als fünfzig Arbeiter, manchmal knapp hundert. Und ein-, zweimal im Jahr müsse sie nach Paris reisen, denn in Paris werde die Mode gemacht, nicht nur die Kleidung, sondern auch die Puppen.

Natürlich würden sie die Pariser Modelle nicht kaufen. *Mein Gott!** In der gegenwärtigen Lage sei das völlig unmöglich. Aber so umständlich das Reisen auch sei, sie müsse eben ein-, zweimal im Jahr nach Paris, nur um auf dem laufenden zu bleiben. Der junge Mann begleite sie dabei. Er zeichne für sie, fertige Skizzen der aktuellen Mode an, die nach der Heimkehr kopiert würden.

Stefanowski meinte daraufhin, daß er sich frage, wie Deutsche unter den gegenwärtigen Verhältnissen überhaupt ins

Ausland reisen können. Der Grenzübertritt sei schon für Ausländer reichlich kompliziert. Die leidigen Devisenvorschriften. Ich selbst berichtete, welche Schwierigkeiten und Komplikationen ich auf meinen kurzen Reisen im Sommer erlebt hatte – selbst auf der Reise nach Tirol. Seufzend zeigte ich all die Dokumente, Genehmigungen, Visa und offiziellen Papiere, die sich in zwei Monaten angesammelt hatten. Was diese Sache anging, waren wir alle einer Meinung. Die Frau bestätigte, daß es töricht, mühsam und für Deutsche mit Geschäftsbeziehungen im Ausland nahezu unmöglich sei. Loyal fügte sie sofort hinzu, daß diese Maßnahmen natürlich notwendig seien, begann dann aber, ihre eigenen Schwierigkeiten zu schildern, ein verwirrendes Labyrinth bürokratischer Hindernisse, und rief schließlich mit einer charmanten Handbewegung: »Ach, ich kann es nicht erklären, es ist alles viel zu kompliziert!«

Auch das Nervenbündel meldete sich zu Wort. Er sei, sagte er, Rechtsanwalt in Berlin, habe früher intensive Beziehungen zu Kollegen in Frankreich und anderen Teilen Europas gepflegt. Auch in Amerika sei er gewesen, zuletzt 1930 anläßlich eines internationalen Juristenkongresses in New York. Er spreche sogar etwas Englisch, was er uns nunmehr demonstrierte, und im Moment sei er wieder unterwegs zu einem internationalen Anwaltskongreß, der am nächsten Tag in Paris eröffnet werden und eine Woche dauern solle. Doch für Deutsche sei selbst eine so kurze Reise mit enormen Schwierigkeiten verbunden. Und seine beruflichen Aktivitäten im Ausland seien nun völlig unmöglich geworden.

Er fragte mich, ob meine Bücher ins Deutsche übersetzt worden seien, was ich bejahte. Alle Mitreisenden wollten sofort die Titel und meinen Namen wissen. Und so schrieb ich ihnen die deutschen Titel meiner Bücher, den Namen des deutschen Verlags und meinen Namen auf. Die kleine Frau steckte den Zettel in ihr Notizbuch und erklärte, daß sie die Bücher nach ihrer Rückkehr kaufen werde. Unser Nervenbündel studierte meine Angaben sorgfältig, faltete den Zettel, steckte ihn in seine Brieftasche und bemerkte, daß er die Bücher ebenfalls lesen werde, sobald er wieder zu Hause sei.

Stefanowski nahm nun die große Proviantschachtel, öffnete sie und forderte jedermann auf zuzugreifen. Es gab köstliche Birnen und Pfirsiche, ein gebratenes Hähnchen, ein paar fette Täubchen und diverse andere Delikatessen. Unsere Abteilgenossen protestierten, sie könnten ihm unmöglich sein Mittagessen wegnehmen, doch Stefanowski versicherte mit größter Freundlichkeit, die offenkundig zu seinem Naturell gehörte, daß er ohnehin mit mir in den Speisewagen gehen wolle und daß der Proviant, wenn sie ihn nicht verzehrten, verkommen würde. Daraufhin griffen alle zu, aßen von dem Obst, das sie in den höchsten Tönen lobten. Die Frau erklärte, später von dem Hähnchen kosten zu wollen. Nach dieser Versicherung verließen mein polnischer Freund und ich das Abteil, um ein zweites Mal den Speisewagen aufzusuchen.

III

Es ist erstaunlich, in welch kurzer Zeit man auf Reisen Bekanntschaften schließt. Während Stefanowski und ich durch den dahinrasenden Zug gingen, überlegte ich, daß wir schon so vertraut miteinander waren, als wären wir alte Freunde. Unsere neuen Freunde im Abteil fanden wir allesamt sympathisch. Innerhalb von fünfzehn Minuten waren wir auf ganz ungewöhnliche Weise in ihr Leben getreten und sie in unseres. Was sie über sich erzählt hatten, interessierte uns brennend, ihre Sorgen waren uns so nahe, als wären es unsere eigenen.

Während einer langen und ausführlichen Mahlzeit, begleitet von Kognak, einer guten Flasche Bernkasteler und schließlich Kaffee und Kognak und einer Zigarre, einer Mahlzeit, für die wir unser gesamtes restliches deutsches Geld loswerden wollten, sprachen wir wieder über unsere Reisegefährten. Die kleine Frau fanden wir beide charmant. Und ihren jungen schüchternen Begleiter fanden wir ebenfalls sympathisch. Selbst für unser Nervenbündel hatten wir nun Worte der Anerkennung. Nachdem wir die Schale dieses komischen alten Kauzes geknackt hatten, war er doch gar nicht schlecht, eigentlich sogar ganz nett.

»Es beweist doch«, sagte Stefanowski, »wie gut die Menschen im Grunde sind, wie leicht es ist, miteinander auszukommen, daß sie einander wohlwollen, wenn nur...«

»Wenn nur...«, sagte ich und nickte.

»Diese verdammten Politiker«, sagte Stefanowski.

Schließlich baten wir um die Rechnung. Stefanowski warf seine Markstücke auf den Tisch und zählte. »Sie müssen mir aushelfen«, sagte er. »Wieviel haben Sie noch?«

Ich holte mein deutsches Geld heraus. Es reichte für die Rechnung und ein Trinkgeld. Und es war noch genug übrig für zwei doppelte Kognak und eine gute Zigarre.

Und so bezahlten wir, mit einem zufriedenen Grinsen, das der Kellner, der unsere Absicht erkannt hatte, freundlich erwiderte, wir bestellten Kognak und Zigarren, die wir, gesättigt und in dem Wissen, eine Sache gut zu Ende gebracht zu haben, zufrieden pafften.

Mittlerweile fuhren wir durch das westdeutsche Industrierevier. Der Qualm gigantischer Fabriken legte sich wie ein schmutziger Schleier über die Landschaft, die durch Skelette riesiger Hochöfen und Eisenhütten und mächtige Abraumhalden entstellt wurde. Es war eine der wenigen Regionen Deutschlands, die ich noch nicht kannte, brutal, dunstig, dicht bevölkert, die Städte ein düsteres Gewirr. Aber sie hatte auch die Faszination solcher Regionen, die beeindruckende Kraft unwirtlicher, gigantischer Fabrikanlagen.

Stefanowski teilte mit, daß es bis zur Grenze nicht mehr weit sei und daß wir, da unser Kurswagen direkt nach Paris gehe, kein Geld mehr für Gepäckträger benötigten.

Das rief uns die Schwierigkeiten unserer deutschen Mitreisenden in Erinnerung. Wir waren beide der Meinung, daß die Vorschrift, wonach Deutsche nur zehn Reichsmark mitführen durften, für Leute wie die kleine blonde Frau und das alte Nervenbündel sehr unangenehm sei.

In diesem Moment hatte Stefanowski eine glänzende Idee. »Könnte man ihnen denn nicht helfen?«

»Wie denn? Wie könnten wir ihnen helfen?«

»Also, ich habe hier die Genehmigung, dreiundzwanzig Mark auszuführen. Sie haben keine Genehmigung, aber jedermann darf …«

»… zehn Mark ausführen«, sagte ich und nickte. »Sie meinen also, da wir unser ganzes deutsches Geld ausgegeben haben …«

»… könnten wir trotzdem den erlaubten Betrag mitführen«, sagte Stefanowski. »Wir könnten den Leuten also vorschlagen …«

»… daß sie uns einen Teil ihres Geldes vorübergehend anvertrauen?«

Er nickte. »Genau. Es ist nicht viel, aber es hilft vielleicht.«

Gesagt, getan. Die Chance, diesen netten Menschen einen kleinen Dienst erweisen zu können, stimmte uns fröhlich, fast übermütig. Und während wir uns gerade einen verschwörerischen Blick zuwarfen, betrat ein Uniformierter den Speisewagen, blieb an unserm Tisch stehen – wir waren die einzigen Gäste – und wies uns ruhig, aber bestimmt darauf hin, daß nunmehr die Paßkontrolle stattfinde und wir uns unverzüglich in unser Abteil zurückbegeben sollten. Wir wußten, daß wir keine Zeit zu verlieren hatten, standen sofort auf, eilten durch die Waggons des schaukelnden Zuges, betraten unser Abteil und berichteten unseren Mitreisenden, daß die Paßkontrolle bevorstehe, die Beamten seien schon im Zug.

In großer Aufregung bereiteten sich alle vor. Die blonde Frau holte Geldbörse und Paß heraus und begann, mit sorgenvollem Gesicht ihr Geld zu zählen. Stefanowski beobachtete sie eine Weile, holte dann seine Bescheinigung heraus und sagte, daß er offiziell dreiundzwanzig Mark ausführen dürfe, diese Summe inzwischen aber ausgegeben habe. Dies war mein Stichwort, darauf hinzuweisen, daß ich ebenfalls die zehn Mark ausgegeben hätte, die ich ausführen dürfe.

Die kleine blonde Frau sah uns aufmerksam an und erkannte die freundschaftliche Geste.

»Sie würden wirklich ...?« sagte sie lächelnd. »Das wäre ja wundervoll!«

»Haben Sie denn dreiundzwanzig Mark dabei?« fragte Stefanowski.

»Ja«, sagte sie schnell und schaute besorgt. »Sogar mehr als dreiundzwanzig. Aber wenn Sie die dreiundzwanzig an sich nehmen und behalten, bis wir die Grenze passiert haben ...«

Er hielt ihr die Hand hin. »Geben Sie mir das Geld«, sagte er, und im nächsten Moment hatte es den Besitzer gewechselt.

Und auch unser Nervenbündel hatte zehn Mark aus der Tasche geholt und sie mir wortlos gegeben. Ich steckte das Geld ein. Gespannt, aber siegesgewiß lehnten wir uns alle zurück, das Gesicht leicht gerötet, und versuchten, ganz ruhig zu wirken.

Wenig später öffnete ein Grenzbeamter die Abteiltür, grüßte und bat um unsere Pässe. Er kontrollierte zuerst Stefanowskis Paß, stellte fest, daß alles in Ordnung war, prüfte die Devisenbescheinigung, ließ sich die dreiundzwanzig Mark zeigen, stempelte dann den Paß und gab ihn Stefanowski zurück.

Dann wandte er sich an mich. Ich reichte ihm meinen Paß und verschiedene Devisenerklärungen, in denen mir der Besitz amerikanischer Dollar bestätigt wurde. Er blätterte meinen Paß durch, der inzwischen nahezu vollgestempelt war, und gab ihn mir mit einem freundlichen Lächeln zurück. Sodann kontrollierte er die Pässe der blonden Frau, ihres Begleiters und unseres Nervenbündels. Alles schien in Ordnung, abgesehen davon, daß die Frau den Besitz von mehr als zwanzig Mark deklarierte, woraufhin der Beamte meinte, daß sie nur zehn Mark ausführen dürfe, alles andere müsse sie abgeben. Der Betrag werde ihr bei der Rückkehr an der Grenze selbstverständlich zurückerstattet. Die Frau lächelte bekümmert, zuckte mit den Schultern und gab dem Mann zwölf Mark. Alles andere war nun offensichtlich in Ordnung, denn der Mann salutierte und verließ das Abteil.

Geschafft! Wir atmeten alle tief durch und sprachen unserer reizenden Abteilgefährtin unser Bedauern aus. Aber wir waren insgeheim wohl auch froh darüber, daß sie nur einen geringen Betrag hatte abliefern müssen, daß mit unserer Hilfe ein größerer Verlust hatte vermieden werden können. Ich fragte unser Nervenbündel, ob er sein Geld jetzt oder lieber später zurückhaben wolle. Er bat mich, zu warten, bis wir die belgische Grenze überschritten hätten. Und erklärte zugleich, beiläufig und ohne daß wir seinen Worten besondere Bedeutung beimaßen, daß seine Fahrkarte nur bis zur Grenze gültig sei, er während der Viertelstunde Aufenthalt in Aachen eine Fahrkarte für den Rest der Strecke lösen müsse.

Wir näherten uns nun tatsächlich Aachen. Der Zug fuhr schon langsamer, durch eine angenehme Landschaft, durch grüne Felder und sanfte Hügel, eine unspektakuläre, unverkennbar europäische Landschaft. Das unansehnliche und gebrandmarkte Kohle- und Industrierevier hatten wir hinter uns gelassen, nun ging es durch die Vororte einer freundlichen Stadt.

Das war Aachen. Wenig später fuhr der Zug in den Bahnhof ein und hielt. Hier war eine Viertelstunde Aufenthalt mit Lokomotivwechsel vorgesehen. Wir stiegen alle aus – das Nervenbündel, um eine Fahrkarte zu lösen, wir übrigen, um uns die Beine zu vertreten und frische Luft zu schnappen.

Mein polnischer Freund und ich gingen den Bahnsteig entlang, um einen Blick auf die Lokomotive zu werfen. Die deutsche Lokomotive, die hier von einer belgischen abgelöst würde, war eindrucksvoll, fast so groß wie eine dieser mächtigen amerikanischen Lokomotiven. Alles an ihr verwies auf hohe Geschwindigkeit. Besonders beeindruckend war der Tender, eine wundervolle Sache, die aussah wie eine Honigwabe aus Dampfleitungen.

Man sah eine springbrunnenartige Konstruktion, die aus Tausenden winzig kleiner Wasserstrahlen bestand. Es war eine wunderbare Maschine, die in all ihren Bestandteilen von der bemerkenswerten Ingenieurskunst zeugte, die sie erschaffen hatte.

Da ich wußte, wie rasch und flüchtig die ersten Eindrücke sind, die man beim Passieren einer Grenze gewinnt, wartete ich mit geradezu fieberhaftem Interesse auf das Eintreffen der belgischen Lokomotive. Mir war schon vorher klar, daß sie nicht so leistungsfähig sein würde wie die deutsche, daß sie über weniger Energie, Intelligenz, Stärke und Fülle verfügen würde, war aber gespannt darauf, den Unterschied zwischen dem kraftvollen, soliden und unbezwingbaren Volk, von dem ich mich nun verabschiedete, und dem kleinen Volk zu beobachten, dem ich nun begegnen würde.

Bald kehrten wir wieder um und fanden unsere kleine blonde Frau, mit der wir auf und ab schlenderten. Und als wir bei einem Blick auf die Bahnhofsuhr schließlich feststellten, daß der Moment der planmäßigen Abfahrt gekommen war, kehrten wir rasch zu unserem Waggon zurück.

Doch offensichtlich war etwas passiert. Nichts wies auf eine Abfahrt des Zuges hin. Schaffner und Bahnhofsvorsteher standen beieinander auf dem Bahnsteig. Es gab keine Lautsprecherdurchsage. Und es lag eine Spannung in der Luft, ich spürte eine Art Krise, die meinen Puls schneller schlagen ließ.

Dieses Phänomen habe ich schon oft beobachtet, seine Erscheinungsformen sind unter bestimmten Bedingungen fast immer gleich. Ein Mann fällt beispielsweise von einem hohen Haus auf die Straße. Jemand wird erschossen oder zusammengeschlagen oder von einem Auto überfahren. Jemand stirbt mitten auf der Straße, vor den Augen anderer Leute. Und immer reagiert die Menge gleich. Noch ehe man ihre Gesichter sieht, verrät einem der Blick von hinten, auf Rücken, Kopf und Schultern, daß etwas passiert ist.

Man weiß natürlich nichts Genaues, ahnt aber sofort, daß hier eine Tragödie stattgefunden hat. Man weiß, daß jemand gerade gestorben ist oder gerade stirbt, und in der furchtbaren Beredsamkeit von Rücken und Schultern, dem

Schweigen der Umstehenden, spürt man eine noch größere, noch tiefere Tragödie. Es ist die Tragödie menschlicher Brutalität und Sensationsgier, jene tragische Schwäche, die den Menschen verdirbt, die er verabscheut, aber nicht abschütteln kann.

Und immer zeigt sich diese Tragödie in der gleichen Weise. Noch bevor man eintrifft, verrät einem die stumme Beredsamkeit von Schultern, Rücken und Köpfen, daß etwas Furchtbares passiert ist. Ich kannte diese Zeichen nur zu gut. Und während ich am Zug entlangeilte und die Leute in ebenjener Haltung im Korridor stehen sah, wartend, beobachtend, in diesem tödlich faszinierten Schweigen, wurde mir klar, daß ich abermals den Tod erleben würde.

Das war der erste Gedanke, der mir – und wohl allen von uns – durch den Kopf ging. Daß jemand gestorben war. Und sprachlos, entsetzt erkannten wir, daß der Tod unser Abteil betreten hatte. Die Gardinen waren vorgezogen, die Tür zugeschoben, alles hermetisch verschlossen. Wir waren eben erst eingestiegen, als diese Geschichte über uns hereinbrach. Und nun sahen wir den jungen Begleiter der Frau am Gangfenster stehen. Er machte eine rasche Handbewegung, signalisierte uns, nicht weiterzugehen. Und im selben Moment wurde uns schlagartig bewußt, daß das Opfer dieses tragischen Ereignisses der nervöse kleine Mann war, der mit uns im Abteil gesessen hatte.

Die Stille der Szene und die Uneinsehbarkeit des verschlossenen Abteils waren furchtbar. Und während wir entsetzt und fassungslos auf dieses unheilvoll verhängte Abteil blickten, in dem wir kurz zuvor noch miteinander gesessen hatten und das nun den Tod beherbergte, ging die Abteiltür auf, und ein Mann trat heraus, ein Beamter, ein stämmiger Mann mit Schirmmütze und olivgrüner Jacke, fünfundvierzig oder darüber, germanischer Typus, mit hohen, groben Wangenknochen, rötlichem Teint, gelbbraunem, wilhelminisch hochgezwirbeltem Schnurrbart. Der Schädel war rasiert, der fleischige Nacken zu Wülsten gefaltet. Der Mann ging den Korridor hinunter, stieg ächzend aus, winkte einen anderen Beamten herbei und stieg dann wieder in den Waggon.

Ich kannte diesen Typus, hatte ihn schon oft gesehen, ihm freundlich zugenickt, doch dieser hatte, in dieser unguten Situation, etwas ausgesprochen Unangenehmes, Bösartiges. Selbst sein Körpergewicht und die schwerfällige Art, wie er die Stufen des Waggons hinunterstieg und wieder heraufstieg, die breiten Hüften, der massige Leib, der dicke Hintern, der hochgezwirbelte Schnurrbart, dessen Spitzen vor Erregung und Autoritätsbewußtsein zitterten, der Klang seiner gutturalen, lauten Stimme, mit der er seinen Kollegen herbeirief, das Keuchen – all diese Symptome wirkten in dieser unheilvollen Situation abstoßend, bösartig und widerlich.

Plötzlich und ohne zu wissen, warum, packte mich eine mörderische, rätselhafte Wut. Ich wollte diesen fetten Wulstnacken bearbeiten, ich wollte dieses erregte dumme Gesicht zu Brei schlagen, ich wollte diesen obszönen Fettmassen einen Tritt versetzen. Und mir war klar, daß ich nichts tun konnte, daß wir alle nichts tun konnten. Wie allen Amerikanern, waren auch mir Polizisten oder die Sorte Autorität, die sie verkörpern, immer unangenehm gewesen. Doch dieses Gefühl, diese Heftigkeit, diese hilflose Empörung war etwas anderes. Ich fühlte mich ohnmächtig, wie gelähmt, unfähig, gegen die Bastion einer obszönen, aber unerschütterlichen Autorität anzugehen.

Der Mann mit dem hochgezwirbelten Schnurrbart öffnete, mittlerweile von Kollegen begleitet, die verhängte Abteiltür, und nun sah ich, daß sie nicht allein waren. Zwei weitere Beamte waren schon darin, und unser nervöser kleiner Reisebekannter – nein, er war nicht tot, er saß da, in sich zusammengesunken, schaute zu den Beamten auf, die sich über ihn beugten. Sein Gesicht war kreideweiß und glänzte, als wäre es mit kaltem Schweiß bedeckt. Der Mund unter der langen Nase zitterte in dem grauenhaften Versuch, zu lächeln. In der Haltung der Uniformierten, die sich über ihn beugten, lag etwas Widerliches, Obszönes.

Der Beamte mit dem wulstigen Stiernacken stand nun in der Tür und versperrte die Sicht. Er ging hinein, gefolgt von einem kleineren Kollegen, der die Tür hinter sich schloß, und wieder herrschte diese üble und nichts Gutes verheißende Verborgenheit.

All das war binnen kürzester Zeit geschehen, während wir verblüfft und überrascht und verdutzt zugeschaut hatten. Die Reisenden, die im Gang standen, begannen nun, miteinander zu tuscheln. Unsere kleine blonde Frau ging zu dem jungen Mann am Fenster und kam dann wieder zurück, nahm Stefanowski und mich am Arm und führte uns fort, außer Hörweite.

Auf unser geflüstertes »Was ist los?« blickte sie sich vorsichtig um und sagte mit gesenkter Stimme: »Der Mann in unserem Abteil, er wollte Deutschland verlassen, man hat ihn erwischt.«

»Aber wieso? Warum? Was hat er getan?« fragten wir fassungslos.

Wieder sah sie sich vorsichtig um, zog uns näher zu sich heran, bis wir mit den Köpfen fast zusammenstießen, und sagte angsterfüllt, fast ehrfürchtig: »Er soll Jude sein. Sie haben sein Gepäck durchsucht – er wollte Geld schmuggeln.«

»Wieviel denn?« frage Stefanowski.

»Weiß ich nicht«, flüsterte sie. »Vermutlich eine ziemliche Summe. Mehrere tausend Mark. Sie haben das Geld gefunden.«

»Aber wie …«, hob ich an. »Ich dachte, die Kontrolle ist schon beendet. Ich dachte, sie hätten uns alle abgefertigt, als sie durch den Zug gingen.«

»Ja«, sagte sie. »Aber erinnern Sie sich nicht mehr, er hat gesagt daß er keine durchgehende Fahrkarte bis Paris hat. Er ist ausgestiegen, um eine zu lösen. In dem Moment müssen sie ihn wohl erwischt haben«, flüsterte sie. »Er war ihnen wohl schon aufgefallen. Deshalb haben sie ihn während der Kontrolle im Zug nicht befragt.« Ja, daran erinnerte ich mich nun. »Und dann haben sie ihn hier erwischt«, fuhr sie fort. »Sie haben ihn gefragt, wohin er fahren will. Nach Paris, sagte er. Sie fragten ihn, wieviel Geld er dabeihat, da sagte er zehn Mark. Dann fragten sie ihn, für wie lange und warum er nach Paris fahren will. Er antwortete, daß er eine Woche bleiben und an einem Juristenkongreß dort teilnehmen will. Daraufhin fragten sie ihn, wie er das schaffen will, mit zehn Mark in der Tasche. Und ich glaube, da bekam er es mit der Angst zu tun. Er hat die Nerven verloren. Er sagte, er habe vergessen, daß er außerdem noch zwanzig Mark dabeihabe, die in einer anderen Tasche steckten. Da hatten sie ihn natürlich. Sie durchsuchten ihn. Sie durchsuchten sein Gepäck und fanden noch mehr Geld«, flüsterte die Frau ehrfürchtig. »Sehr viel mehr Geld.«

Einen Moment sahen wir uns alle an, sprachlos vor Verblüffung. Dann brach die Frau in ein leises, fast ängstliches Lachen aus, in ein unsicheres »O-ho-ho-ho-ho«, das irgendwie ungläubig klang.

»Dieser Mann«, flüsterte sie wieder, »dieser kleine Jude ...«

»Ich wußte nicht, daß er Jude ist«, sagte ich. »Hätte ich gar nicht gedacht.«

»Doch, doch«, flüsterte sie und sah sich wieder vorsichtig um, ob uns jemand belauschte. »Er hat getan, was so viele der anderen getan haben, er wollte mit seinem Geld ins Ausland.« Und wieder lachte sie, dieses unsichere Ho-ho-ho, das in einem Ton ungläubigen Erstaunens endete. Aber ich sah auch die Besorgnis in ihren Augen.

Auf einmal war mir schlecht, ich fühlte mich elend und leer. Dieses Geld, diese verfluchten zehn Mark brannten ein Loch in meine Tasche. Ich steckte die Hand in meine Westentasche und spürte, wie schmierig sich die Münzen anfühlten, als wären sie mit Schweiß bedeckt. Ich holte sie heraus, schloß die Hand darum und begann, in Richtung Zug zu gehen.

Die Frau packte mich am Arm. »Wohin wollen Sie?« fragte sie hastig. »Was haben Sie vor?«

»Ich werde ihm das Geld zurückgeben. Ich kann es doch nicht behalten.«

Ihr Gesicht wurde bleich. »Sind Sie verrückt?« flüsterte sie. »Wissen Sie nicht, daß das nichts hilft? Man wird Sie auch noch verhaften, und der Mann – der hat schon genug Scherereien. Sie machen es nur noch schlimmer für ihn. Und überhaupt«, sagte sie stockend, der Konsequenzen gewahr werdend, »weiß der Himmel, was er getan, was er schon alles gesagt hat. Wenn er gesagt hat, daß wir Ihnen unser Geld gegeben haben – sind wir alle dran!«

Daran hatten wir nicht gedacht. Doch nun war es ausgesprochen. Reglos standen wir da, sahen einander hilflos an und dachten an die möglichen Konsequenzen. Wir standen einfach da, wie gelähmt, schwach und leer. Wir standen einfach da und beteten.

Und nun kamen sie aus dem Abteil. Zuerst der Mann mit dem hochgezwirbelten Schnurrbart, in der Hand die Reisetasche des Nervenbündels. Er sah sich um. Mir war, als musterte er uns. Wir standen reglos da und beteten. Wir rechneten damit, daß nun unser Gepäck herausgetragen würde. Wir dachten, daß nun wir dran wären.

Doch in diesem Moment verließen die drei anderen Uniformierten zusammen mit dem kleinen Mann das Abteil. Sie führten ihn den Bahnsteig entlang, der Mann war kreidebleich, sein Gesicht schweißnaß, er protestierte laut und mit leicht gequälter Stimme. Er kam direkt an uns vorbei. Ich machte eine Bewegung mit den Armen. Die schmierigen Münzen lagen in meiner Hand, und ich wußte nicht, was tun. Ich war im Begriff, den Mann anzusprechen, und betete gleichzeitig, daß er mich nicht ansprechen würde. Ich versuchte, ihn nicht anzusehen, aber ich konnte nicht wegsehen. Er kam auf uns zu, noch immer laut protestierend, daß sich die Sache aufklären werde, alles ein absurder Irrtum sei. Und genau in diesem Moment, als er auf unserer Höhe war, hörte er auf zu reden, sah uns an, käsebleich, kläglich lächelnd, und im nächsten Moment war er, ohne ein Zeichen des Erkennens von sich zu geben, schon an uns vorbeigegangen.

Ich hörte die kleine blonde Frau neben mir leise aufseufzen und spürte, wie ihr Körper leicht nachgab. Wir fühlten uns alle schwach und leer. Wenig später stiegen wir wieder in den Zug. Die unheilvolle Spannung hatte sich aufgelöst. Die Leute sprachen miteinander, noch immer leise, aber jetzt deutlich erregt. Unsere kleine blonde Frau lehnte sich aus dem Wagenfenster und fragte den schnurrbärtigen Uniformierten, der noch immer auf dem Bahnsteig stand: »Werden Sie ihn weiterfahren lassen?«

Der Mann musterte sie kurz, dann trat ein unerträgliches Lächeln auf sein brutales Gesicht. *»Nein«**, sagte er, *»er bleibt.«** Langsam schüttelte er den Kopf und sagte unendlich zufrieden: *»Geht nicht!«**

Sie hatten ihn erwischt. Am anderen Ende des Bahnsteigs erklang auf einmal das schrille Pfeifen der Lokomotive. Der Schaffner rief Achtung, die Türen wurden zugeworfen, und langsam setzte sich der Zug in Bewegung. Wir rollten an dem Mann vorbei. Sie hatten ihn erwischt. Sie umringten ihn. Er stand in ihrer Mitte, laut protestierend, mit den Händen gestikulierend, rief immer wieder, daß sich alles aufklären werde. Und sie schwiegen. Sie hatten ihn erwischt. Sie standen einfach da und musterten ihn, mit der Andeutung jenes unerträglichen Lächelns im Gesicht. Wortlos sahen sie zu uns hoch, als wir vorbeifuhren, Blicke und Lächeln als Zeichen eines obszönen Einvernehmens.

Und der Mann – auch er unterbrach sein lautes, fieberhaftes Protestieren, als wir vorbeifuhren. Er hob die Augen, das bleiche Gesicht, und schwieg für einen Moment. Und wir sahen ihn zum letzten Mal an, und er uns – direkter diesmal und fester. Und in diesem schweigenden Blick lag die ganze Todesangst eines Menschen. Und wir alle waren irgendwie nackt, beschämt, irgendwie schuldig. Uns war, als nähmen wir Abschied, nicht von einem Menschen, sondern von der Menschlichkeit. Nicht von einem namenlosen Niemand, sondern von dem verblassenden Gesicht eines Bruders. Und dann hatten wir ihn verloren. Der Zug ging in eine Kurve, wurde immer schneller – Adieu.

Ich wandte mich an Stefanowski. Auch er stand wortlos da. Dann sagte er: »Das ist ein trauriges Ende unserer Reise.«

Und wir? Wir betraten wieder das Abteil und nahmen unsere alten Plätze ein. Doch es wirkte merkwürdig fremd und leer. Der Geist des Abwesenden saß dort. Mantel und Hut lagen noch da, die er in seiner Angst vergessen hatte. Stefanowski stand auf und schickte sich an, die beiden Gegenstände dem Schaffner zu übergeben. Doch die Frau sagte: »Sie sollten vorher in den Taschen nachsehen. Vielleicht ist etwas darin. Vielleicht« – rasch jetzt, eifrig – »vielleicht hat er dort Geld gelassen.«

Stefanowski durchsuchte die Manteltaschen. Es war nichts darin. Er schüttelte den Kopf. Die Frau begann, die Sitzpolster abzusuchen, bis tief in die Ritzen. »Es könnte doch sein«, sagte sie, »daß er dort Geld versteckt hat.« Sie lachte aufgeregt, fast ausgelassen. »Vielleicht werden wir alle reich.«

Der junge Pole schüttelte den Kopf. »Dann hätten sie es bestimmt gefunden«, sagte er, hielt plötzlich inne, sah zum Fenster hinaus und griff in die Hosentasche. »Ich vermute, wir sind in Belgien. Hier ist Ihr Geld«, sagte er und gab der Frau das Geld zurück, das sie ihm übergeben hatte.

Sie nahm es an sich und steckte es in ihre Börse. Ich hatte noch immer die zehn Mark in der Hand, betrachtete die Münzen. Als die Frau mein Gesicht sah, sagte sie freundlich: »Machen Sie sich Sorgen? Sie sehen so bekümmert aus.«

Ich steckte das Geld wieder ein und sagte: *»Ich fühle mich gerade, als ob ich Blutgeld in meiner Tasche hätte.«**

Sie beugte sich zu mir, legte die Hand auf meinen Arm und lächelte: *»Nein. Nicht Blutgeld – Judgeld!«** flüsterte sie. »Machen Sie sich keine Sorgen. Er hatte noch so viel Geld!«

Stefanowski und ich wechselten einen raschen Blick. Auch er sah ernst aus. »Dies ist ein trauriges Ende unserer Reise«, sagte er wieder.

Unsere kleine blonde Abteilgefährtin versuchte zu lachen und zu scherzen, aber auch in ihren Augen stand Sorge. Sie wollte uns beruhigen und sich selbst auch.

»Diese Juden!« rief sie. »Ohne sie wäre das alles nicht passiert. Sie machen überall Schwierigkeiten. Deutschland muß sich wehren. Die Juden schaffen ihr Geld ins Ausland

– Tausende sind geflohen und haben Millionen Mark mitgenommen. Und jetzt, wo es zu spät ist, wachen wir auf. Es ist sehr bedauerlich, daß Ausländer das alles mit ansehen müssen, daß sie diese schmerzhaften Dinge miterleben müssen – das macht einen schlechten Eindruck. Sie wissen nichts von dem Grund dafür. Aber es sind die Juden!« flüsterte sie.

Wir schwiegen. Die Frau redete immer weiter, erregt, ernst, nachdrücklich, aber es schien, als wollte sie sich selber beruhigen, als wollte sie mit jedem Satz etwas rechtfertigen, was sie mit Scham und Kummer erfüllt hatte. Und trotzdem waren ihre blauen Augen voller Unruhe. Schließlich hielt sie inne. Einen Moment war es still. Dann sagte sie leise und ernst: »Er wollte unbedingt fliehen.«

Da erinnerten wir uns an alles, was er während der Reise gesagt und getan hatte. Seine Handlungen und Bewegungen, jedes seiner Worte, alles erhielt nun eine neue, furchtbare Bedeutung. Wir entsannen uns, wie nervös er gewesen war, wie er immerfort die Tür aufgerissen hatte, unablässig aufgestanden und auf dem Korridor unruhig auf und ab gegangen war. Wir entsannen uns, wie er uns mißtrauisch beobachtet hatte, wie er, als wir in den Speisewagen gingen, Stefanowski sofort gefragt hatte, ob er den Platz mit ihm tauschen wolle. Wir entsannen uns, wie er erzählt hatte, daß seine Fahrkarte nur bis zur Grenze gültig sei. Und all diese Dinge, die wir als Ausdruck eines nervösen Temperaments oder als banale Äußerungen abgetan hatten, bekamen nun eine schreckliche Bedeutung.

»Aber die zehn Mark!« rief die Frau. »Mein Gott, wo er doch noch das andere Geld hatte, warum hat er Ihnen die zehn Mark gegeben? Es ist so dumm!«

Und wir konnten keine andere Erklärung finden, als daß er es getan hatte, weil er glaubte, auf diese Weise seine wahren Absichten vor uns verbergen zu können und keinen Verdacht zu erregen. Vielleicht, sagte ich mir, war er in einer solchen Verfassung, daß er blindlings, impulsiv handelte.

Wir wußten es nicht. Wir würden es nie herausfinden. Wir sprachen über die zehn Mark, die er mir anvertraut hatte.

Stefanowski wies darauf hin, daß ich dem Mann doch meinen Namen und meine Adresse gegeben hätte, er mir also, wenn er die Reise fortsetzen dürfe, schreiben könne. Doch uns allen war klar, daß ich nie wieder von ihm hören würde.

Inzwischen war es früher Abend geworden. Wir fuhren durch eine romantische, hügelige Landschaft, durch Wälder, in denen man kühle, dunkle Bäche vermutete. Die Sonne stand tief, und der Tag neigte sich. Irgendwie wußten wir, daß wir in einem anderen Land waren. Unsere kleine blonde Begleiterin schaute angestrengt zum Fenster hinaus und fragte dann, ob wir tatsächlich in Belgien seien. Der Schaffner bejahte. Wir gaben ihm Hut und Mantel unseres einstigen Mitreisenden und erklärten ihm den Grund dafür. Er nickte, nahm beides an sich und ging davon.

Die Frau legte die Hand auf die Brust und seufzte erleichtert.

Dann sagte sie: »Verstehen Sie mich nicht falsch. Ich bin Deutsche, ich liebe mein Vaterland. Aber mir ist, als wäre *hier* eine Last von mir genommen«, und wieder legte sie die Hand auf die Brust. »Sie können sich vielleicht nicht vorstellen, wie es für uns ist, aber« – sie hielt inne, als müsse sie genau überlegen, was sie sagen wollte – »es ist so schön, *draußen* zu sein.«

Draußen? Auch ich war »draußen«. Und plötzlich wußte ich, was sie meinte. Auch ich war »draußen«, für sie ein Ausländer, der sich in ihrem Land nie fremd gefühlt hatte. Auch ich hatte dieses große Land jetzt verlassen, dessen Bild sich mir schon in Kindheit und Jugend eingeprägt hatte, bevor ich es überhaupt gesehen hatte. Auch ich hatte dieses Land wieder verlassen, das für mich immer sehr viel mehr gewesen war als nur ein Land, sehr viel mehr als nur ein geographischer Begriff. Es war ein Ort, nach dem sich das Herz sehnte. Es war das dunkle Geheimnis der Seele, ein Märchenland von betörender Schönheit, das ewig in mir gebrannt hatte, so wie die dunkle Helena im Blut des Menschen brennt. Und nun war es für mich ebenso verloren wie Helena. Ich hatte die Sprache seines Geistes gesprochen, noch ehe ich es betrat. Ich hatte, vom ersten Augenblick an, die Sprache seiner Bewohner gesprochen, sehr gebrochen, aber immer ohne die geringste Fremdheit. Ich hatte mich dort zu Hause gefühlt, das Land gehörte mir. Mir war, als wäre ich in diesem Land geboren und es in mir. Ich hatte viele Wunder in ihm kennengelernt, Wahrheit und Magie, Kummer, Einsamkeit und Leid. Ich hatte die Liebe in diesem Land kennengelernt und zum erstenmal in meinem Leben das helle, täuschende Sakrament der Berühmtheit gekostet.

Für mich war es also kein fremdes Land. Es war die andere Hälfte meiner inneren Heimat. Es war die dunkle verlorene Helena, die ich gefunden hatte, es war die dunkle gefundene Helena, die ich verloren hatte – und nun wurde mir klar, wie nie zuvor, was ich verloren, was ich gewonnen hatte – der Weg, der mir nun für immer verschlossen sein würde, der Weg des Exils, aus dem es kein Zurück gab – und ein anderer Weg, den ich gefunden hatte. Denn ich wußte, daß ich »draußen« war. Und daß ich nun meinen Weg gefunden hatte.

Dem alten Meister, dem Magier Faust, Urpatron des ewigen Seelensuchers, dem alten Deutschland mit seiner Wahrheit, seinem Ruhm, seiner Schönheit, seinem Zauber und seinem Unheil – diesem düsteren, diesem alten Land, das ich so lange geliebt, sagte ich nun Lebewohl.

Ich muß Ihnen etwas sagen:

Etwas hat in der Nacht zu mir gesprochen, die schwachen Lichter des ausgehenden Jahres gelöscht; etwas hat in der Nacht gesprochen und mir gesagt, daß ich sterben werde, ich weiß nicht, wo. Wenn wir die vertraute Erde verlieren um des Wissens willen, das Leben verlieren um des Lebens willen und geliebte Freunde verlassen um der Liebe willen, dann finden wir ein Land, das freundlicher ist als unsere Heimat, größer als die Erde.

Auf dem die Säulen der Erde ruhen, dem sich die Geister aller Nationen zuwenden, dem das Gewissen der Welt sich zuneigt – ein Wind erhebt sich, und die Flüsse fließen.

Albert Camus

Ins Bodenlose

Im Juli 1936 brach Albert Camus zusammen mit seiner Frau Simone Hié und seinem Freund Yves Bourgeois von Algerien aus zu einer Europareise auf, in deren Verlauf die drei ausgedehnte Kajaktouren unternahmen, die für den tuberkulosekranken Camus eine besondere Herausforderung darstellten. Über Marseille, Lyon und durch die Schweiz gelangten sie nach Österreich, von wo aus sie einen Abstecher nach Berchtesgaden machten. Als Camus in Salzburg den Brief eines algerischen Arztes liest, der Simone mit Drogen versorgte und überdies ihr Liebhaber war, beschließt er, sich von seiner Frau zu trennen. Er verbringt einige Tage allein in Prag. Trotz aller persönlichen Probleme setzen die drei ihre Tour gemeinsam fort. Sie reisen nach Deutschland: nach Dresden, Bautzen, Görlitz und Breslau. (Es ist Mitte August, in Berlin gingen gerade die Olympischen Spiele zu Ende.) Schließlich kehren sie über die Tschechoslowakei, Wien und Venedig via Marseille nach Algier zurück. Diese kurze Deutschlandreise hat Albert Camus in verschiedener Form verarbeitet: in knappen Aufzeichnungen in seinem Tagebuch (1936, acht Zeilen); in einer Passage des autobiographischen Essays *Licht und Schatten,* »Tod im Herzen« (1937, eine halbe Seite); und in einer Episode des unvollendeten Romans *Der glückliche Tod* (1938, fünf Seiten). Während Camus in der Essayfassung lediglich im Irrealis andeutet, wovon er berichten *könnte,* wird die Darstellung im Fragment des Romans um den flüchtigen Mörder Mersault (fast den gleichen Namen, Meursault, wird der Protagonist des berühmten Romans *Der Fremde* tragen) ausführlicher und konkreter, ohne dabei weniger trostlos zu sein. Ist die pessimistische Grundierung des Reise-Erlebnisses den biographischen Umständen geschuldet, der philosophischen Haltung des späteren Theoretikers des Absurden zuzuschreiben oder als Reaktion auf Nazideutschland und damit als politische Aussage zu verstehen?

Kurz darauf verließ ich Prag. Und gewiß nahm ich an allem Anteil, was ich nachher sah. Ich könnte von der besonderen Atmosphäre in dem kleinen gotischen Friedhof von Bautzen berichten, vom flammenden Rot seiner Geranien und vom blauen Morgen. Ich könnte von den langgedehnten Ebenen Schlesiens sprechen, den unerbittlichen und undankbaren. Ich habe sie im Morgengrauen durchquert. Ein schwerfälliger Vogelzug flog im dunstigen, schmierigen Frühmorgen über das zähe Land. Auch das weiche, ernste Mähren liebte ich, seinen reinen Horizont und die Pflaumenbäume voll saurer Früchte, die seine Wege säumen. Aber noch wohnte in mir der Schwindel, der einen befällt, wenn man zu lange ins Bodenlose geblickt hat. Ich kam nach Wien, reiste eine Woche später weiter und war immer noch mein eigener Gefangener.

Samuel Beckett

HH ohne Unterlaß

Seinen Roman *Murphy* hatte Samuel Beckett gerade abgeschlossen, als er sich am 28. September 1936 zu einer langen Reise nach Deutschland aufmachte, von wo er erst ein halbes Jahr später, am 1. April 1937, über London nach Dublin zurückkehrte. Becketts Reiseroute verlief durch zahlreiche Orte: Cuxhaven, Hamburg, Hannover, Braunschweig, Wolfenbüttel, Berlin, Potsdam, Halle, Weimar, Erfurt, Naumburg, Leipzig, Dresden, Pillnitz, Meißen, Freiberg, Bamberg, Würzburg, Nürnberg, Regensburg und München. Während dieses halbjährigen Auslandsaufenthaltes führte Samuel Beckett ein umfangreiches Tagebuch, sein mysteriöses *German Diary,* das lange Zeit unbekannt geblieben war und bis heute nur in Zitaten und einzelnen Auszügen publiziert werden durfte. Charakteristisch ist die Fixierung von Details, etwa in genauen Wegbeschreibungen, und die intensive Auseinandersetzung mit Gemälden, insbesondere mit verbotener Kunst, die der junge Autor in Museen, Galerien und Privatsammlungen besichtigte. In München besuchte Beckett eine Vorstellung des Komikers Karl Valentin (1882 bis 1948). – Im folgenden werden ausgewählte Einträge aus Samuel Becketts *Deutschem Tagebuch* zum ersten Mal veröffentlicht. – Zur Erläuterung: Gretchen Wohlwill (1878 bis 1962), Eduard Bargheer (1901–1979) und Willem Grimm (1904–1986) sind Maler; der *Grieben* war ein verbreiteter Reiseführer; im letzten Ausschnitt ist die Rede zunächst vom Nordportal der Jakobskirche zu Regensburg (ca. 1180 bis 1190), den Schriftzug »Heil Hitler« entdeckte Beckett am Nordportal der Dominikanerkirche. (Zur Verdeutlichung sind die in Becketts Original deutschsprachigen Begriffe kursiv gesetzt.)

Hamburg, 28. Oktober 1936

Endlose Tirade von Göring über den *Vierjahresplan** in einer Übertragung aus Berlin. *Sehr volkstümlich.** *Kolonien, Rohstoffe, F[e]ttwaren.** Er hat X Kilo verloren, & A. H. [Adolf Hitler] ißt weder Fleisch noch Butter.

Hamburg, 24. November 1936

Gretchen Wohlwill, Flemmingstraße 3. Intelligent (Jüdin). Einige angenehme Aquarelle von Lissabon, das Boot, in dem sie unterwegs war, usw. Früher die Geliebte von Eduard Bargheer. Zeichnungen und Aquarelle, von Bargheer und Grimm gemalt. Interessiere mich für Grimm, möglicherweise wegen all der negativen Bemerkungen, die ich über ihn gehört habe. Wohlwill natürlich von allen beruflichen Aktivitäten ausgeschlossen. Sie darf Ausstellungen unter Ausschluß der Öffentlichkeit haben, zu der nur Juden eingeladen werden können. Sie darf nur an Juden verkaufen usw. usw.

Braunschweig, 5. Dezember 1936

Würste in *Bierstube**. HH [Heil Hitler] ohne Unterlaß. Zusammenkunft der WH [Winterhilfs-] *Werker*[...]*. Wieder verdammt. Lese den miesen Führer, den einzigen, den es gibt (ich dachte, es gäbe einen Grieben). Todmüde zu Bett. Was für eine *Schererei** diese Reise langsam wird.

Berlin, 15. Januar 1937

Zu Pschorr um etwa 3 Uhr & esse Haschee & lese vom verdammten neuen *Glaspalast** in München, das *Haus der deutschen Kunst** & die kommende Ausstellung, für jedermann zugänglich. Nun daß die Periode von Nolde, der *Brücke**, Marc usw. »*[ü]berw[u]nden*«* ist. Bald werde ich wirklich zu kotzen beginnen. Oder nach Hause gehen.

Regensburg, 3. März 1937

Schaue mir nochmals das Nordportal an. Eine vollständig andere Welt als die des 13. Jahrhunderts in Naumburg & Bamberg. In seiner Naivität (formal) & Freiheit vom Naturalismus moderner. Ich bin mir bewußt, daß es falsch ist, sich mit der Bedeutung zu befassen, aber es ist unterhaltsam, wenn man weiß, daß man falsch liegt. Gehe weg, an der *Dominikanerkirche** vorbei, die ich mir nicht anschaue, bemerke jedoch, daß auf dem Schild über der Nordtüre *»Grüss Gott«** durchgestrichen & mit *»Heil Hitler«** ersetzt wurde!!!

Jean Genet

Ein Volk von Dieben

Nachdem er seine französische Heimat verlassen hatte, zog Jean Genet als Vagabund durch Europa. Er kam nach Spanien, Italien, Albanien, Jugoslawien, Österreich, in die Tschechoslowakei und nach Polen. Im Sommer 1937 gelangte er von Polen aus für wenige Wochen nach Deutschland – ein kurzer Aufenthalt, der in Form einer knappen, aber wichtigen Passage in sein *Tagebuch des Diebes* eingegangen ist. Hatte Genets Erzähler im Zuge seines ›existentialistischen‹ Vorsatzes, sich selbst als den ›Anderen‹ der französischen Gesellschaft und als das vollständige Gegenbild der bürgerlichen Zivilisation zu stilisieren, nicht nur mit Landstreicherei und Kriminalität, mit Gefängnisaufenthalten und Ausweisungen, sondern immer wieder auch mit dem Faschismus kokettiert, wird ihm in Berlin klar: In Deutschland kriminell zu sein oder sich mit dem Faschismus einzulassen heißt, mit der Mehrheit konform zu gehen; seinen Individualismus aufrechtzuerhalten würde dagegen bedeuten, zu jener Position zurückzukehren, gegen die er ursprünglich rebelliert hatte: zur Moral der westlichen bürgerlichen Gesellschaft. Eilig verläßt Genet das Land wieder – er kehrt über Belgien dorthin zurück, wo seine lange Reise ihren Anfang genommen hatte: nach Frankreich.

Auf dem Weg nach Antwerpen durchquerte ich Hitler-Deutschland, wo ich ein paar Monate verweilte. Ich war zu Fuß von Breslau nach Berlin gekommen. Ich hätte gern gestohlen. Ein merkwürdiger Bann hielt mich ab. Deutschland flößte ganz Europa Schrecken ein, es war, vor allem in meinen Augen, zum Inbegriff der Grausamkeit geworden. Schon war es ausgestoßen. Selbst Unter den Linden hatte ich das Gefühl, durch ein von Banditen angelegtes Lager zu spazieren. Ich glaubte, das Hirn des gewissenhaftesten Berliner Bürgers verberge Pfunde von Heuchelei, Haß, Bosheit, Grausamkeit, Gier. Es wühlte mich auf, frei zu sein mitten in einem geächteten Volk. Sicher stahl ich auch dort wie anderswo, aber ich empfand dabei eine Art Verlegenheit – denn die innere Einstellung, die diese Handlungen beherrschte, war hier zur Bürgertugend erhoben – eine ganze Nation war damit vertraut und richtete sie gegen die anderen.

»Dies ist ein Volk von Dieben«, fühlte ich. Wenn ich hier stehle, tue ich nichts Besonderes, wodurch ich mich auszeichnen könnte: ich gehorche nur der allgemeinen Ordnung. Ich zerstöre sie nicht. Ich störe nicht. Der Skandal ist unmöglich. Ich stehle ins Leere.

Mir schien, daß sich die Götter, die über die Gesetze wachen, nicht empörten, nur erstaunt waren. Ich schämte mich. Vor allem aber wünschte ich, in ein Land zurückzukehren, wo die Gesetze der geläufigen Moral, auf die sich das Leben gründet, Gegenstand eines Kults sind. In Berlin wählte ich, um zu leben, die Prostitution. Sie befriedigte mich ein paar Tage, dann langweilte sie mich.

Maria Leitner

Besuch bei Heinrich Heine

Im heutigen Kroatien in einer deutschsprachigen jüdischen Familie geboren und in Budapest aufgewachsen, hatte Maria Leitner in der Schweiz studiert und während des Ersten Weltkrieges für linksorientierte Blätter geschrieben. Nach der Zerschlagung der ungarischen Räterepublik 1919 floh sie nach Wien und von dort nach Berlin. In den zwanziger Jahren berichtete sie in sozialkritischen Reportagen aus den USA. 1930 erschien ihr Roman *Hotel Amerika,* 1932 die Reportagensammlung *Eine Frau reist durch die Welt* und 1937 (in Paris) der Fortsetzungsroman *Elisabeth, ein Hitlermädchen.* Nach der Machtübernahme der Nationalsozialisten verließ Maria Leitner Deutschland, ging zunächst nach Prag, dann nach Paris. Offenbar kehrte die engagierte Kommunistin mehrere Male mit falschen Papieren unerkannt ins Deutsche Reich zurück, um über ihre Eindrücke in Exilzeitschriften zu berichten (1936–1939). So erschien der »Besuch bei Heinrich Heine«, der sich auf einen heimlichen Aufenthalt in Düsseldorf bezieht, unter dem Pseudonym *Mary L.* in der Moskauer Zeitschrift *Das Wort.* 1940 in Frankreich interniert, gelang Maria Leitner zunächst die Flucht. Im Frühjahr 1941 wurde sie zum letzten Mal gesehen (von Anna Seghers in Marseille). Vermutlich wurde sie in ein Konzentrationslager verschleppt und ermordet.

Düsseldorf hat heute nur *einen* »großen« Sohn: Schlageter. Zu seinem Ruhme brennen ewige Feuer. Für ihn werden Denkmäler errichtet. In der Königsallee liegt zwischen Musikcafés sein Ehrenmal. In der Landes- und Stadtbibliothek am Friedrichsplatz verkündet eine große Tafel: »Schlageter-Museum«.

Ich frage den Portier: »Wo ist, bitte, das Heine-Zimmer?«

Er sieht mich verständnislos an. Dann ruft er einen älteren Mann. Der gibt mir düster Auskunft: »Das Heine-Zimmer ist vorläufig für immer geschlossen.«

Ich gebe mich aber damit noch nicht zufrieden und gehe in die Kartothekräume der Bibliothek. »Könnte ich, bitte, das Heine-Zimmer sehen?«

Alle Anwesenden, Frauen und Männer, es sind die Angestellten der Bibliothek, halten in ihrer Arbeit inne und blicken mich verwundert an. Einer knurrt: »Wissen Sie denn nicht, daß das Heine-Zimmer geschlossen ist? Von wo kommen Sie denn her?«

»Aus Amerika«, sage ich, »und ich bin in Düsseldorf nur ausgestiegen, um das Heine-Zimmer zu sehen.«

Alle starren mich an, als wäre ich ein Wundertier: die kommt also aus Amerika und ahnt nichts davon, wie es in Deutschland zugeht! Aber gab es nicht auch Leute im Krieg, die nichts von ihm wußten?

Ich blickte heiter und unbefangen vor mich hin. Die Angestellten stecken die Köpfe zusammen, flüstern, beratschlagen.

Dann kommt ein hagerer Mann auf mich zu: »Warten Sie!«

Ich setze mich und warte. Der Hagere ist aus dem Zimmer gegangen, wahrscheinlich muß er mit der Direktion beraten. Nach einer Weile kehrt er zurück und sagt nur: »Kommen Sie.«

Stumm geht er mit dem Schlüssel voran, durch dunkle Gänge, durch Korridore, in denen die Kartotheken aufbewahrt sind. Nein, das Heine-Zimmer ist nicht erst jetzt in einen Hinterraum verbannt worden: Es war auch in den Zeiten der Republik ein halb verborgenes Zimmer, dessen man sich ein wenig schämte.

Der Schlüssel knarrt heiser im Schloß. Die Tür geht schwer, wie von Staub verklebt. Staub liegt auch dicht über den Kästen, die an den Wänden entlanglaufen. Die Wände sind kahl.

Der Hagere beginnt die Schränke zu öffnen. Er nimmt behutsam einige Bände aus ihrem Gefängnis. Eine Staubschicht liegt auf den abgescheuerten Ledereinbänden, deren Rücken den Namen des Dichters mit goldenen Schnörkeln zeigen.

Die Bücher sind verstaubt, aber wenn man sie öffnet, ist es, als spreche jemand mit einer ganz jungen, frischen Stimme:

»Die Stadt Düsseldorf ist sehr schön, wenn man zufällig dort geboren, und es ist mir, als müßte ich gleich nach Hause gehen. Und wenn ich sage nach Hause gehen, so meine ich die Bolckerstraße und das Haus, worin ich geboren bin. Dieses Haus wird einst sehr merkwürdig sein –«

Das Haus in der Bolckerstraße sieht jetzt wirklich merkwürdig aus: mit den abgekratzten Inschriften und der leeren Nische, aus der man eine Statue gerissen hat.

»Wir müssen uns jetzt beeilen«, sagt der Hagere, aber seine Hände betasten noch die vielen Bände in den Schränken, als wollte er feststellen, daß sie noch nicht zu Staub zerfallen sind.

Bücher in japanischer, chinesischer, spanischer, griechischer, hindostanischer, indochinesischer – Bücher in hundert Sprachen! Alle diese Völker dachten, es sei ein deutscher Dichter, den sie in ihrer Sprache lasen und den sie liebten... Das Dritte Reich will sie eines anderen belehren.

Der Hagere öffnet noch schnell einige Schränke, blickt hinein; dort ist die Büste Heines, dort sind Zeichnungen, auf denen er aussieht wie ein echter deutscher träumender Poet, und hier: ein ausgestopfter Papagei, sein Lieblingsvogel...

»Über diesen Papagei schrieb er an Laube, daß nur noch er und Mathilde ihn am Leben hielten«, erklärt der Hagere, dann aber schweigt er plötzlich, als hätte er schon viel zuviel gesagt. Er blickt auf seine Uhr und beginnt schnell wieder die Schränke zu schließen.

»Das alles hat keinen Sinn«, sagt er, und ich weiß nicht, *worauf* er es bezieht.

Dann stehen wir draußen. Wieder knarrt der Schlüssel.

Unten warten sie schon auf unsere Rückkehr, als hätten wir uns in ein verbotenes, fernes Land gewagt.

»Da sind Sie ja wieder«, sagt eine freundliche Dame, und sie breitet vor mir, als lebten wir in alten, vergangenen Zeiten, ein Gästebuch aus.

Und ich schrieb einen Namen hinein.

Shi Min

Das gelbe Gesicht

Hinter dem Pseudonym Shi Min verbirgt sich ein chinesischer Student, der in den dreißiger Jahren in Berlin lebte. Sein »Deutscher Reisebericht« erschien 1938 in einer Sammlung autobiographischer und pseudo-autobiographischer Texte von Chinesen, die in Europa und Amerika studierten und ihren literarischen Ambitionen nachgingen: *Oufeng Meiyu* (wörtlich: »Europäischer Wind und amerikanischer Regen«; frei übersetzt: »Unser stürmisches Leben in Übersee«). Der Bericht offenbart die Ambivalenz eines Kuomintang-Anhängers, der Bewegung Tschiang Kai-scheks (1887–1975), der mit dem Faschismus sympathisiert, sich in Deutschland jedoch selbst als Objekt des herrschenden Rassismus erfährt. – In einem anderen Text, der im selben Sammelband erschien, »Die chinesischen Studenten in Deutschland«, beschreibt der Autor, wie er und seine Landsleute einen Lebensstil, den sie für europäisch hielten, auf die Spitze trieben: »Kaum einer, der nicht mindestens acht bis zehn Kleidergarnituren im Schrank hat: Heute trägt man einen dunkelblauen Anzug mit schwarzglänzenden Lederschuhen, morgen einen hellgrauen Gehrock mit gelbleuchtenden Lackschuhen. Einmal in der Woche geht man zum Friseur und läßt sich eine dicke Schicht Haarcreme auflegen, zweimal täglich wird rasiert, und vor dem Ausgang schaut man dreimal in den Spiegel. Das ist Tatsache; schließlich geht es den Studenten hier um die Würde unseres Landes!«

Die Berliner Straßen beeindrucken alle durch ihre geräumige Weite und ihre makellose Sauberkeit. Überdies sind beide Seiten mit liebevoll gepflegten Baumreihen einheitlicher Größe bestückt; kein einziger Pferdeapfel verunziert die

Mitte der Fahrbahn und nirgends beschmutzen Papierabfälle den Bürgersteig: für einen Pariser ganz unvorstellbare Sachverhalte. [...] Uns Chinesen bleibt da nichts anderes übrig, als voller Bewunderung das gelbe Gesicht zu heben und andächtig zu staunen. [...] Müssen wir da nicht zugeben, daß es uns Angehörigen der »Rassenkategorie dritten Grades« nicht zusteht, das solide Glück der »Übermenschenrasse« zu genießen!? (– Denkt doch nur an den Schmutz auf den Straßen Beipings; Kohlenruß und Papierabfälle überall; abends gießt jede Familie ihre Urinkübel draußen aus, deren Inhalte sich zu einem gelben Strom vereinigen. Ganz zu schweigen von dem Gestank, den die Hundekadaver, die verfaulenden Katzen, die angemoderten Ratten und die Anhäufungen der über Nacht produzierten »Goldpagoden« – Menschenkot – hervorrufen).

RICHARD HILLARY

Görings Viererpreis

Bei der Luftschlacht um England wurde Richard Hillary Anfang September 1940 abgeschossen und schwer verwundet. Da schrieb der britische Jagdflieger ein Buch, *The Last Enemy. The Memoir of a Spitfire Pilot.* Im ersten Teil schildert Hillary, der 1937 an der Universität Oxford sein Studium begonnen hatte, eine Reise nach Deutschland, die er im Sommer 1938 unternahm. Hillary und seine Reisegefährten nehmen an einer Ruderregatta – ausgerechnet um den Pokal des Luftmarschalls Göring – teil, deren Verlauf als symbolische Vorwegnahme des Krieges gedeutet wird: Die Deutschen sind gut trainiert und verbissen bei der Sache, wohingegen die Engländer den Wettkampf als *Gentlemen* betrachten, zunächst zurückliegen, schließlich aber doch noch gewinnen... Das Buch schildert die Ausbildung der Flieger, die Kämpfe gegen die deutsche Luftwaffe, die Kameradschaft bei der Royal Air Force und die Trauer um den Tod der Freunde. Der Titel zitiert einen Vers aus der Bibel (I. Korinther XV.26): »Der letzte Feind, der überwunden wird, ist der Tod.« Richard Hillary war noch nicht wieder völlig genesen, als er Anfang 1943 zu seinem letzten Flug aufbrach.

Wir hatten an die deutsche und die ungarische Regierung geschrieben und um Erlaubnis gebeten, in ihren Ländern rudern zu dürfen. Sie antworteten, daß sie sich freuen würden, sandten uns die Termine ihrer Regatten (die wir natürlich kannten) und drückten den Wunsch aus, für unsere Spesen aufkommen zu dürfen. Wir antworteten mit angemessen freudiger Überraschung und Dankbarkeit und machten uns, zusammen mit acht anderen, am 3. Juli 1938 auf den Weg.

Die eine Hälfte fuhr mit dem Wagen, die andere mit dem Zug, aber wir schafften es irgendwie, zwei Tage vor der dortigen Regatta gemeinsam in Bad Ems einzutreffen. Wir sollten um General Görings Viererpreis rudern. Ursprünglich war es der Viererpreis des Kaisers gewesen, und der General hatte ihn übernommen.

Wir ließen unser Gepäck im Hotel und besichtigten ausgiebig die Stadt, die mit ihren bewaldeten Flußufern ein entzückendes Bild bot. Im Bootshaus unten trafen wir zum ersten Mal auf Popeye, den örtlichen Trainer. Im letzten Krieg war er Feldwebel gewesen. Mit seiner stämmigen, muskulösen Gestalt, der ständig paffenden Pfeife im zahnlosen Mund und der unerläßlichen Schirmmütze über einem Auge war seine Kompetenz über jeden Zweifel erhaben. Popeye wurde unser unschätzbarer Verbündeter. Er war sehr stolz auf sein Englisch, obwohl wir niemals herausbekamen, wo er es gelernt hatte. Nachdem er den ersten Schreck über die Tatsache, daß wir kein eigenes Boot mitbrachten, überwunden hatte, zerbrach er sich den Kopf, wie er uns helfen könne.

»Mr. Waldron«, sagte er, »Sie kriegen bis morgen nachmittag alles. Sie kriegen Ihr Boot.«

Der nächste Tag brachte die Ankunft von sieben außerordentlich ernst dreinschauenden Mannschaften und deren Begleitern, aber kein Boot. Wieder gingen wir zu Popeye.

»Ah, meine Herren«, sagte er, »meine Alte, sie säuft seit zwei Jahren, aber morgen kommt sie.«

Wir hofften, er meinte damit das Boot. Glücklicherweise stimmte dies, und wenn es auch leck war und zu tief im Wasser lag, es war immerhin ein Boot, und wir waren erleichtert. Von den elegant ausstaffierten deutschen Mannschaften wurden wir mit gelinder Verachtung gestraft. Sie kamen mit einem Troß von Begleitern und trugen starre, entschlossene Mienen zur Schau. Kurz vor dem Rennen suchten wir die Ankleideräume auf, um uns fertigzumachen. Alle fünf deutschen Mannschaften lagen flach ausgestreckt auf Matratzen, große braune, dümmlich aussehende Riesen, die tief atmeten. Es war sehr beeindruckend. Ich schlüpfte aus meinem Hemd, als einer sich erhob und etwas sagte, oder mir vielmehr eine Predigt hielt, denn ich kam überhaupt nicht zu Wort. Er habe uns beobachtet, sagte er, und könne nur zu dem Schluß kommen, daß wir typische Vertreter einer dekadenten Rasse seien. Keine deutsche Mannschaft würde auch nur im Traum so schlampig-sorglos daherkommen, müßte sie in England rudern; sie würde trainieren und sie würde gewinnen. Es möge uns vielleicht nicht sehr wichtig sein, dieses Rennen zu gewinnen, aber ich könne versichert sein, daß das deutsche Volk dies aufmerksam verfolgen und aus unserer Niederlage lernen werde.

Ich meinte, es sei doch ratsam, mit dem Mundaufreißen zu warten, bis das Rennen vorbei sei, aber er hörte mir gar nicht zu. Schließlich brachte ihn Popeye zum Schweigen, indem er ihm unseren Sieg prophezeite. Das verursachte brüllendes Gelächter, und alles war wieder glücklich. Da Popeye unser einziger Anhänger war, lehrten wir ihn zu rufen: *»You got to go, boys, you got to go!«* Er versprach, daß wir ihn bestimmt hören würden.

Zurückblickend war das Rennen tatsächlich ein überraschend genauer Hinweis auf den Verlauf des Krieges. Wir waren völlig untrainiert, ohne jede Organisation und wirklich ganz hoffnungslos gleichgültig. Wir kamen sogar ziemlich spät zum Start, wo bereits die deutschen Boote aufgereiht dalagen. Man erklärte uns, daß in der üblichen Form gestartet würde. Der Starter würde rufen: »Alles fertig?«, und wenn keiner zurückriefe oder die Hand erhöbe, werde er den Schuß abfeuern, und wir würden loslegen. Wir bestätigten, daß wir alles verstanden hatten, und kamen erwartungsvoll nach vorn. »Alles fertig?« rief der Starter. Neben uns schwirrten die Ruder, und sämtliche deutsche Mannschaften befanden sich bereits mehrere Längen vor uns flußaufwärts. Unser Start war etwas unsicher, ich kann mich auch nicht erinnern, den Startschuß gehört zu haben. Wagenladungen deutscher Anhänger fuhren langsam an beiden Ufern der Ems mit und feuerten ihre jeweilige Mannschaft mit Sprechchören an, während wir still vor uns hinruderten, bis ungefähr nach der Viertelstrecke das Brüllen und Schreien an den Ufern durch Popeye übertönt wurde: *»You got to go, boys, you got to go, all my dough is on you.«* Aufschauend sah ich, wie Popeye von einem Ast am Flußufer herabhing.

Sein besorgtes Gesicht berührte beinahe das Wasser. Als Frank eine Hand vom Ruder nahm und ihm zuwinkte, glaubte ich wirklich, der kleine Mann würde ins Wasser fallen. Bei der Wendemarke an der Brücke angekommen, lagen wir mindestens fünf Längen zurück. Aber in diesem Moment spuckte jemand auf uns herunter. Das war ein taktischer Fehler. Sammy Stockten, unser Vormann, riß uns in der zweiten Hälfte des Rennens mit, als würden wir von allen Teufeln gejagt. Wir gewannen das Rennen mit 2,5 Sekunden Vorsprung. General Göring mußte seinen Pokal hergeben, den wir mit nach England nahmen. Es war eine vergoldete Granathülse, mit einem deutschen Adler als Zierde; sie verschandelte unsere Räume in Oxford beinahe ein Jahr lang, bis wir es nicht länger aushielten und den Pokal an die Deutsche Botschaft zurückgehen ließen. Es war gewiß ein unpopulärer Sieg gewesen. Hätten wir etwas Enthusiasmus gezeigt oder den Eindruck erweckt, daß wir trainiert hatten, würden die anderen ihn toleriert haben. So aber löste unser Sieg nur Verstimmung aus.

William Shirer

Demonstration gegen den Krieg

William Shirer war von 1934 bis 1940 als Korrespondent in Berlin tätig – für die Presse *(Chicago Tribune),* für Nachrichtendienste *(Universal News Service, International News Service)* und schließlich fürs Radio *(Columbia Broadcasting System).* Den Nationalsozialismus betrachtet er als erbitterter Gegner. Shirer scheint indes weniger an dessen historischen Ursachen interessiert zu sein. Statt dessen erklärt er seine Herrschaft mit einer vermeintlichen Veranlagung der Deutschen. Einer rassistischen Ideologie begegnet er seinerseits mit rassistischen Denkfiguren. Shirers Tagebuch enthält zahlreiche Einträge über den »Charakter« »*des* Deutschen«: »das Naziregime hat etwas zum Ausdruck gebracht, das sehr tief in der deutschen Natur wurzelt, und es ist insofern repräsentativ für das Volk, das es beherrscht«. »Gewiß sind die Deutschen individuell das häßlichste Volk in Europa.« Nur für die Zensoren, mit denen er zusammenarbeiten mußte (»decent«), und für die Wehrmacht (»businesslike«, »very correct«, »I get along all right with German naval people«) scheint er eine seltsame Vorliebe zu haben. Noch im Mai 1990 schrieb William Shirer in der Neuausgabe seiner historischen Studie *Der Aufstieg und Fall des Dritten Reiches* (1959), mit Blick auf die bevorstehende deutsche Wiedervereinigung: »Europa wird sich nun wieder mit dem deutschen Problem konfrontiert sehen.« Die von ihm selbst gestellte Frage »Haben sich die Deutschen geändert?« beantwortet Shirer skeptisch: »Viele im Westen scheinen das zu glauben. Ich bin mir da nicht so sicher.« – Eine der wenigen Beobachtungen, die Shirers Bild der deutschen Bevölkerung relativieren, ist die, daß sie den Krieg keineswegs mit Begeisterung aufgenommen habe.

Berlin, 27. September 1938

Bei Einbruch der Dämmerung rollte heute eine motorisierte Division durch die Straßen der Stadt, ihr Ziel ist die tschechische Grenze. In Erwartung einer mächtigen Demonstration ging ich zur Ecke Unter den Linden, wo die Kolonne in die Wilhelmstraße einbog. Ich rief mir die Szenen von 1914 in Erinnerung, über die ich gelesen hatte: eine jubelnde Menge auf ebendiesen Straßen, die den vorbeimarschierenden Soldaten Blumen zuwarf; und Mädchen, die spontan auf sie zuliefen und sie küßten. Die heutige Nachmittagsstunde hat man zweifellos gewählt, um jene Hunderttausende von Berlinern zu erreichen, die nach Feierabend aus ihren Büros strömen. Doch sie eilten schnurstracks zur U-Bahn und weigerten sich, dem Spektakel zuzuschauen. Und jene Handvoll, die am Straßenrand stand, verharrte in völligem Schweigen, unfähig zu einer Freudenreaktion angesichts der Blüte der Jugend, die da in den ruhmreichen Krieg zog. Es war die bewegendste Demonstration gegen den Krieg, die ich jemals gesehen habe. Hitler äußerst aufgebracht deswegen, wie es heißt. Ich stand noch nicht lange an der Kreuzung, als ein Polizist aus Richtung Reichskanzlei die Wilhelmstraße hochkam und der kleinen Gruppe am Straßenrand zurief, der Führer begrüße die vorbeifahrende Truppe vom Balkon herab. Nur wenige setzten sich daraufhin in Bewegung. Ich ging hin, um die Szene zu beobachten. Da oben stand Hitler, und an der Straße sowie auf dem großen Areal des Wilhelmsplatzes hatten sich nicht einmal zweihundert Menschen versammelt. Hitler blickte erst grimmig, dann immer zorniger in die Runde und verließ bald darauf seinen Balkon, auf die Inspektion der Truppen verzichtend. Was ich da am heutigen Abend gesehen habe, läßt beinahe wieder ein wenig Vertrauen in das deutsche Volk aufkommen. Sie sind mit tödlichem Ernst gegen diesen Krieg.

René Juvet

»Reichsscherbentag« – 8. November 1938

Ein Schweizer Kaufmann berichtet von den Erfahrungen, die er zwischen 1923 und 1943 in Deutschland machte. Er erzählt vom Hitler-Putsch in München (1923) und von einer Begegnung mit dem späteren »Führer« in einem Münchener Restaurant. Das süddeutsche Unternehmen, bei dem er tätig war, und die Gruppe seiner Kollegen (deren Namen Juvet ebenso wie seinen eigenen hinter einem Pseudonym versteckt – lateinisch *juvet* bedeutet »er möge helfen« –, während er den Ort, an dem die Firma ansässig war, veränderte) werden zu einem Mikrokosmos der deutschen Gesellschaft, an dem sich beispielhaft verschiedene Verhaltensweisen während der einzelnen Phasen des Nationalsozialismus und des Dritten Reiches studieren lassen: nach der Weltwirtschaftskrise, als die Nationalsozialisten zur stärksten Partei im Reichstag wurden (1930); in der Krise des Weimarer Staates (1932); nach Hitlers Machtübernahme (1933); zum Anschluß Österreichs und der Annexion des Sudetenlandes (1938); bei Ausbruch des Krieges (1939); und während der Kriegswende (1942/43).

Waldmeyer hatte mich auf Kundenbesuch nach Nordbayern geschickt und ich hatte den Abend des 7. November bei Freunden in Nürnberg zugebracht, Juden. Sie gehörten einer seit Jahrhunderten ansässigen Familie an, die seit Generationen zum christlichen Glauben übergetreten war. Der Herr des Hauses, Inhaber einer alten und angesehenen Firma, war im Weltkrieg bayerischer Artillerieoffizier gewesen, er hatte ein Bein und ein Auge verloren und war mit dem Eisernen Kreuz beider Klassen ausgezeichnet worden. Der

Abend war bei Musik und einer guten Flasche Rheinweins rasch vergangen; über Politik hatten wir kaum gesprochen, ich kannte die Sorgen meiner Freunde. Damals war ja noch Streicher Gauleiter in Nürnberg, der Mann, der aus dem Judenhaß eine pathologische Religion gemacht hatte. An allen Straßenecken war seine Zeitschrift, der *Stürmer,* ausgehängt, der voll war von abstoßenden und verzerrten Karikaturen, die sich meist mit der angeblich unersättlichen Geschlechtsgier der Juden gegen deutsche blonde Mädchen beschäftigte. Franken, der Gau Streichers, war nun freilich ein dankbares Feld für seine Propaganda. Vor 1933 hatte hier fast der ganze ländliche Handel in den Händen der Juden gelegen, und die Bauern waren infolge der Krise alle mehr oder weniger bei den Juden verschuldet. Ein Gläubiger ist aber immer unbeliebt, besonders, wenn er die natürliche Tendenz hat, sein Geld zu verlangen. So wurde hier aus der Abneigung gegen die Gläubiger ganz von selbst der Judenhaß, und Streicher fand ein reiches Feld für seine maßlose Propaganda.

Meine Freunde hatten ihre Auswanderung nach Amerika längst vorbereitet. Aber die Schwierigkeiten waren groß, die Wartefristen lang, und so mußten sie sich einstweilen in Geduld fassen. Sie klagten nicht über ihr Schicksal, sie hingen mit rührender Liebe an Deutschland, und in der Sudetenangelegenheit waren sie völlig auf der deutschen Seite – für mein Mitleid mit den Tschechen hatten sie kein Verständnis. Daß Hitler in München den Weltfrieden gerettet hatte, rechneten sie ihm hoch an, aber fast mehr noch, daß es ihm gelungen war, den großdeutschen Traum seines Volkes zu verwirklichen.

Ein Schatten lag über dem Abend. Tags vorher war aus Paris die Nachricht gekommen, daß ein junger polnischer Jude, Herschel Grynszpan mit Namen, ein Attentat auf den deutschen Legationsrat Ernst vom Rath verübt habe. Ich hatte mehr Verständnis für die Motive dieser Wahnsinnstat des verzweifelten jungen Mannes, dessen Eltern zwangsweise aus Hannover deportiert worden waren, als meine Gastgeber, die sein Verhalten scharf verurteilten; aber wir streiften die Angelegenheit nur mit wenigen Worten, weil wir uns ja den schönen und harmonischen Abend nicht von der Politik verderben lassen wollten.

Allzulange konnte ich ohnehin nicht bleiben, denn am nächsten Morgen wollte ich weiter nach Bayreuth. Der Wein hatte mir einen tiefen und festen Schlaf verschafft, und so hatte ich nur schattenhaft gehört, daß etwa nach Mitternacht auf der Straße gelärmt worden war. Da dergleichen in der Großstadt nichts Außergewöhnliches ist, maß ich dem Geräusch auch keine Bedeutung bei und schlief weiter.

Auf der neuen Autobahn gelangte ich rasch nach Bayreuth. Ich hatte die Stadt mit ihrer Einbildung auf den falschen Wagnerschen Theaterpomp noch nie gemocht, aber die Erlebnisse dieses Tages haben meine Abneigung gegen sie verewigt.

An einer Straßenbiegung sah ich einen Auflauf von Menschen, und wie ich näher herzufuhr, bemerkte ich, daß die Menge vor einem Haus stand, aus dem Feuerwehrleute angekohlte Möbelstücke schleppten. Das Haus sah irgendwie anders aus als alle anderen, und auch die wartende Menge hatte ein anderes Gesicht, als man es bei einem Brandunglück erwartet. Sie war nämlich ganz offensichtlich freudig erregt.

Ich stieg aus und fragte eine Frau, was denn da geschehe. »Ha, die Synagoge hamr abgebrennt heut nacht.« Ja, um Gottes willen, warum denn? »Ha, wissen Sie denn net, daß die Juden unsern Herrn vom Rath umgebracht ham?« Ich wagte zu fragen, ob es denn die Bayreuther Juden gewesen seien oder ob der unglückliche Herr vom Rath, »unser« Herr vom Rath, wie meine Auskunftgeberin gesagt hatte, etwa ein Bayreuther gewesen sei. Aber es war nicht gerade ratsam, auf dieser Basis weiterzureden, die erst erstaunten, dann drohenden Gesichter der Umstehenden sagten mir genug.

Aus den aufgeschnappten Gesprächen hatte ich erfahren, daß die Juden in der Halle eines Lagerhauses untergebracht seien und auf ihren Abtransport warteten. Ich fuhr dorthin. Unterwegs kam ich an zahlreichen jüdischen Geschäften vorbei, alle hatten sie eingeschlagene Scheiben; die Schaufenster waren leer geplündert und die Ladeneinrichtung auf die Straße geworfen. Vor der Lagerhalle war eine große gaffende Menschenmenge versammelt. Es widerstrebte mir, sie um meine Person zu vergrößern, aber ich mußte doch mit eigenen Augen sehen, was da vor sich ging. Durch die großen Fenster erblickte man etwa fünfzig Menschen in einer völlig kahlen und leeren Halle. Die meisten standen stumpfen Blickes an der Wand, einige gingen ruhelos umher, andere saßen trotz der empfindlichen Kälte auf dem nackten Boden. Fast alle waren übrigens unzureichend bekleidet, manche hatten gerade nur den Mantel über das Nachthemd geworfen, zu mehr hatten ihnen die SA-Leute, die sie in der Nacht abgeholt hatten, anscheinend keine Zeit gelassen.

Gegen die Dinge, die sich später ereignen sollten, war dies erst ein kleiner Anfang. Mir war die Lust am Arbeiten für heute vergangen. Wenn es in Bayreuth, das nicht zu Streichers Gau gehörte, schon so zugegangen war, was mochte sich erst in Nürnberg ereignet haben! Ich hatte Sorgen um meine Gastfreunde vom Vorabend; ich mußte Gewißheit haben. Aber telephonieren wollte ich nicht, ich fuhr lieber die 70 km zurück.

Um zu meinen Freunden zu gelangen, mußte ich nicht durch die Stadt, sie wohnten in dem nördlichen, Bayreuth zugewandten Außenbezirk. So sah ich einstweilen nichts von den Verwüstungen an den Läden. Aber das Bild, das ihr Haus bot, war umso schlimmer. Die Tür war aus den Angeln gehoben, Möbel lagen im Garten. Das ganze Treppenhaus war durchnäßt, die nächtlichen Eindringlinge hatten die spaßhafte Idee gehabt, im Badezimmer den Hahn aufzudrehen und lustig das Wasser laufen zu lassen. Das Treppengeländer und fast alle Türen waren mit der Axt zerstört, und dem herrlichen Steinway-Flügel, den ich vor wenigen Stunden noch gespielt hatte, war es nicht besser ergangen. Die wertvollen Bilder an den Wänden waren mit dem Messer zerschnitten, kurz, was sich hatte verwüsten und zerstören lassen, war der Vernichtungslust zum Opfer gefallen. Ich suchte nach meinen Gastgebern, aber das Haus war leer. Als ich mich zum Gehen wandte, kam die Frau des Hauses. Sie war durch blaue Flecken im Gesicht völlig entstellt, ihren seelischen Zustand will ich lieber nicht beschreiben. Ihr Mann lag im Krankenhaus; er starb am nächsten Tag an den erlittenen Verletzungen.

Ich habe die Dinge geschildert, wie ich sie gesehen habe. Von meinen Gefühlen dabei will ich nicht sprechen, denn es kommt auf sie nicht an. Wichtiger scheint mir, was der kleine Ausschnitt des deutschen Volkes, mit dem ich zu tun hatte, zu den Vorfällen des 8. November 1938 sagte.

Zur Ehre meiner Augsburger Kollegen kann ich berichten, daß sie, mit Ausnahme Neders, der an der Aktion in seiner Eigenschaft als SA-Führer teilnahm, die Ausschreitungen mißbilligten. Die einen mehr, die anderen weniger. Waldmeyer sagte nichts, aber er war sehr nachdenklich in diesen Tagen; Hofmann, der sich eigentlich beinah zu den alten Kämpfern rechnen durfte, machte mir gegenüber aus seinem Entsetzen kein Hehl. Auch von den Arbeitern hörte ich, daß sie empört seien. Gesprochen habe ich keinen. Neder hat anderen gegenüber drastische Schilderungen seiner Heldentaten gegeben. Sie waren nicht viel anders wie das, was ich in Nürnberg gesehen hatte und was sich ähnlich in allen deutschen Städten abgespielt hatte. In der ehrwürdigen Universitätsstadt Würzburg hat der Rector Magnificus in eigener Person das Pogrom geleitet.

Einige Zeit nachher habe ich unseren Nürnberger Vertreter, einen harmlosen und fleißigen Menschen, getroffen. Er war SA-Mann, aber an jenem Abend durch einen Zufall auswärts festgehalten. Nach seinem Bericht hatte Streicher die ganze Nürnberger SA damals zusammengetrommelt, eine zündende Rede gehalten und die Zerstörungstrupps zur Äußerung des organisierten Volkszorns nach einem festen Plan eingeteilt. Jeder hatte seinen Bezirk.

»Ich bin froh, daß ich an dem Abend nicht in Nürnberg war, es wäre mir doch sehr gegen den Strich gegangen«, meinte unser Vertreter.

Ich fragte ihn, ob er denn mitgemacht hätte, wenn er dagewesen wäre. »Selbstverständlich«, meinte er, »Befehl ist Befehl.«

Da ist mir manches klargeworden.

Heinrich Hauser

Berlin im Sommer 1939

Heinrich Hauser (dessen biographische Angaben einander nicht selten widersprechen) vollzog im Lauf seines Lebens sonderbare politische Wendungen: Nachdem er sich lange Zeit am rechten Rand des politischen Spektrums bewegt, einem Freikorps angehört und den Nationalsozialisten ideologisch nahegestanden hatte, sagte er sich 1942 los (mit *Time Was. Death of a Junker*). Bereits seit 1938 lebte er (überwiegend) im US-amerikanischen Exil – und publizierte sowohl dort wie auch weiterhin in Deutschland. Im Winter 1938/39 kehrte er zeitweise nach Deutschland zurück. Von einer Reise aus der Sicht eines US-amerikanischen Touristen handelt das erste Kapitel seines Buches *Battle Against Time,* »Berlin in the Summer of 1939« (das er im selben Jahr in New York veröffentlichte). Im Vorwort schreibt Hauser: »Ich habe dieses Buch in der Überzeugung geschrieben, daß Adolf Hitler das deutsche Volk in die Vernichtung führt, und in der Einsicht in die Pflicht, dagegen Widerstand zu leisten.« Gleichwohl enthält *Battle Against Time* zahlreiche Elemente der NS-Ideologie und ein freundliches »Profil« von Hermann Göring. 1945 ging Hauser dazu über, eine reaktionäre Kritik an den USA zu formulieren *(The German Talks Back).* Heinrich Hauser veröffentlichte Romane (*Brackwasser,* 1928), Reiseberichte (*Feldwege nach Chicago,* 1931) und Industriereportagen (*Im Kraftfeld von Rüsselsheim,* 1940, eines der ersten Sachbücher mit Farbphotographien) sowie Dokumentarfilme (*Die letzten Segelschiffe,* 1930). 1949 war er für kurze Zeit Chefredakteur des Magazins *Stern.*

Als Hitler an die Macht kam, wurde in Berlin vielfach die Befürchtung geäußert, er werde eine andere Stadt – wie etwa

München – zur Hauptstadt machen. Diese Sorge war unbegründet. München ist zwar weiterhin Hauptstadt der Bewegung, aber keine andere Stadt wäre für den dynamischen Willen des Führers so geeignet gewesen wie Berlin. Wenn die preußischen Könige in der Entwicklung dieser Stadt Unmögliches erreicht hatten, so war Hitler genau derjenige, der in ihre Fußstapfen treten würde.

Gesetzt, ein amerikanischer Tourist unternimmt im Sommer 1939 eine Tour durch Berlin, einmal mit einem Parteimitglied als Stadtführer, tags darauf mit einem gewöhnlichen Bürger, der dem Nationalsozialismus noch kritisch gegenübersteht. Unser Reisender wird die Stadt unter zwei völlig verschiedenen Blickwinkeln sehen.

Der Nationalsozialist – höchstwahrscheinlich ein sehr aufgeweckter junger Mann – wird sich nicht darauf beschränken, dem Fremden nur die Schönheiten der Stadt zu zeigen. Als typischer Deutscher wird er alles gründlich erklären.

»Um Berlin zu verstehen, muß man wissen, daß die Stadt im Jahre 1870 nur 170000 Einwohner hatte. Seitdem ist die Bevölkerungszahl in irrsinnigem Tempo, eigentlich viel zu schnell angestiegen. Es kam zu einer chaotischen, praktisch planlosen Bautätigkeit. Der Reichtum der Achtziger und Neunziger war zu plötzlich gekommen. Die allermeisten Häuser in den großen Geschäftsvierteln stammen aus dieser Zeit. Seinerzeit bezeichnete man diese Häuser als Palais, aber Sie werden selbst sehen, daß es recht geschmacklose Palais waren. Als ein Beispiel planloser und schlechter Architektur werde ich Ihnen ein typisches Mietshaus in einem der östlichen Stadtteile zeigen. Sie werden bemerken, daß das Haus, fünf Stockwerke hoch, mit unzähligen kleinen Wohnungen und mehreren dunklen Hinterhöfen etwas Kasernenartiges hat. Leider wohnt ein großer Teil der Berliner Bevölkerung in solchen Mietskasernen. Statt Hinterhöfen sollten dort Straßen sein. Wissen Sie, wie es zu diesen düsteren Höfen kam? Weil ein Architekt dem König seinen Entwurf für diesen Stadtteil vorlegte, ohne die notwendigen Seitenstraßen eingezeichnet zu haben; und nachdem der König den Plan genehmigt hatte, traute sich der Architekt dann nicht mehr, die von ihm vorgesehenen Seitenstraßen hinzuzufügen.

Ich zeige Ihnen mit Absicht zuerst die Schattenseiten, damit Sie verstehen, wie sehr Berlin die Umgestaltung durch den Führer benötigte. Die Linden beispielsweise sind für jeden Ausländer, der diese Straße zum erstenmal sieht, eine Enttäuschung. Die meisten Häuser dort sind unterschiedlich hoch und in verschiedenen Stilen gebaut. Kein Vergleich mit den Champs-Élysées in Paris oder der Ludwigstraße in München. Es ist das Pech Berlins, daß es nicht von Königen und vornehmen Adligen erbaut wurde, sondern von geldgierigen Spekulanten.

Der Dom, gegenüber vom Schloß, ist eine armselige Kopie des Petersdoms in Rom. Selten sieht man jemanden hineingehen. Das Schloß ist ein Stilmischmasch aus sieben Jahrhunderten. Die unschöne Kaiser-Wilhelm-Gedächtniskirche behindert nur den Verkehr auf einem ohnehin stark befahrenen Platz. Die Gebäude am Kurfürstendamm sehen aus, als hätten sie Hosen an, wie ein geistreicher Franzose einmal sagte – gemeint ist, daß die schreckliche Architektur der Geschäftshäuser durch die unteren Stockwerke verdeckt wird.

Doch von alldem wird dank des energischen Bauwillens des Führers bald nichts mehr übrig sein. Schauen Sie sich die neuen Gebäude an – das Luftfahrtministerium, die Reichskanzlei, das neue Propagandaministerium, den Flughafen in Tempelhof, das Olympiastadion, die Ost-West-Achse, die breiteste, prachtvollste Magistrale in der ganzen Welt. Sehen Sie sich den Stadtplan an, und ich werde Ihnen zeigen, wie wir Ordnung in dieses Chaos bringen werden. Wir werden das Flußbett der Spree vertiefen, um sie für 1000-Tonnen-Transportkähne schiffbar zu machen. Wir werden die Bahnhöfe verlegen, wir werden neue Untergrundbahnen bauen und nagelneue Vororte wie Legebruch bei Oranienburg, das in zwei Jahren von 400 auf 5000 Einwohner angewachsen ist. Man kann sagen, es ist das umfangreichste Bauprogramm, das Berlin je erlebt hat, aber natürlich darf niemand nach Lust und Laune bauen. Der Führer und der Generalbauinspekteur [Albert Speer] legen fest, was und wie gebaut wird.

Ihnen werden die vielen Baustellen aufgefallen sein, die in die Höhe schießenden Stahlkonstruktionen. Nachts finden Sie wegen des Lärms der Dampframmen vor Ihrem Hotel keinen Schlaf. Sie schauen hinunter in die Baugrube, wo ein neues Gebäude entsteht, und sehen die Arbeiter, winzig kleine Gestalten, im Licht der gleißenden Scheinwerfer, hören das Rattern der Preßlufthämmer, das Dröhnen der Betonmischmaschinen und das Brummen von Motoren. Tag und Nacht wird gearbeitet.

Das heißt aber nicht, daß der Führer alles Alte abreißen läßt, bloß weil es nicht seinem Geschmack entspricht. Die *Siegessäule** findet niemand schön, der Führer ebensowenig wie wir, und die Standbilder an der Siegesallee sind scheußlich. Aber an einem Ort der Erinnerung an die Epoche Wilhelms II. haben sie ihren Platz, dort lassen wir sie stehen.«

Den amerikanischen Besucher wird diese enorme Bautätigkeit gewiß beeindruckt haben. Er wird verstanden haben, daß die großen neuen Bauten des Führers einen klaren, angemessenen und einfachen Stil aufweisen, einen Stil, der dem Charakter Berlins entspricht – so wie die besten neuen Wolkenkratzer dem Charakter New Yorks entsprechen. Aber am nächsten Tag unternimmt er wieder eine Stadtrundfahrt, diesmal mit einem anderen Führer, sagen wir, einem Geschäftsmann, der kein Freund Hitlers ist:

»Die großen Gebäude? Ja, die sind durchaus kolossal, ich würde sagen, viel zu kolossal. Wissen Sie, wieviel diese bebauten Flächen den Staat kosten? Tausend Mark pro Kubikmeter! Nehmen Sie beispielsweise die Reichskanzlei, die 422 Meter lang, über 20 Meter hoch und ungefähr 60 Meter breit ist. Sie können die Kosten selber errechnen. Einschließlich der Innenausstattung mindestens eine halbe Milliarde. An der Ecke Wilhelmstraße sieht man die alte Bismarcksche Reichskanzlei, die in das gigantische Bauwerk integriert wurde. Sie wirkt klein wie eine Puppenstube, aber

Bismarck regierte von dort aus ein großes Reich. Unserer Ansicht nach war dieses gigantische Bauwerk unnötig. Und es soll ja auch schon wieder zu klein sein!

Vielleicht kennen Sie den Witz von den beiden Arbeitern, die an der Reichskanzlei vorbeikommen. Sagt der eine zum anderen: Was glaubst du, was Hitler gebaut hätte, wenn er die Mittel gehabt hätte!

Wenn Sie nach München fahren, müssen Sie sich unbedingt die Architekturausstellung ansehen, mit den Modellen der Monumentalbauten, die der Führer errichten will. Sie werden überwältigt sein. Geplant sind 60 Millionen Kubikmeter, aber die Produktionskapazität der gesamten deutschen Bauindustrie beträgt nur 12 Millionen jährlich. Das heißt, es wären sechs Jahre nötig, um das Vorhaben des Führers umzusetzen, und in dieser Zeit könnte keine einzige Wohnung gebaut werden.

König Ludwig von Bayern wurde als Verrückter eingesperrt, weil er 10 Millionen Mark für drei Schlösser ausgegeben hatte. Und Hitler ...?

Schauen Sie sich diesen Trümmerhaufen an, der eines Tages eine Straße sein wird, und diese Grube, die ein Platz sein wird. Der Grundstückspreis in diesem Stadtteil liegt bei 200 Mark pro Quadratmeter. Früher standen hier Mietshäuser, keine besonders schönen, aber sie brachten jährliche Einnahmen von soundsoviel Millionen Mark. Sie wurden abgerissen, und zwar in einer Zeit akuten Wohnungsmangels – es fehlten mindestens 300 000 Wohnungen. Deshalb muß der kleine Mann nun außerordentlich hohe Mieten bezahlen. Natürlich unterliegt der Wohnungsmarkt staatlicher Aufsicht – Mieten müssen staatlich genehmigt sein und dürfen nicht erhöht werden, aber in der Praxis funktioniert es so: Der Vermieter stellt irgendwelchen alten Krempel hinein und verlangt nun eine exorbitante Miete für eine möblierte Wohnung. Oder er verlangt einen überhöhten Preis, wenn der Interessent die Miete nicht für ein Jahr im voraus entrichtet. In den Zeitungen findet man Dutzende Inserate großer Firmen, die Wohnungen für ihre Angestellten suchen.

Das beste Wohnviertel im alten Westen, die Gegend zwischen Tiergarten und Landwehrkanal, gibt es nicht mehr. An allen Wohnhäusern werden Sie Schilder von zahllosen offiziellen Büros bemerken. Das sind Behörden, Wirtschaftsverbände, Dienststellen von Heer und Luftwaffe. Auf der Straße stehen die dazugehörigen Limousinen in langen Reihen – man erkennt sie leicht an den Zelluloidwimpeln zu beiden Seiten des Kühlers.

Vor den neuen Gebäuden, die für staatliche Stellen errichtet werden, sieht man jede Menge Baumaterial, beste Ziegelsteine, Zementsäcke, Stahlträger, die der Privatmann nicht mehr bekommt. Wissen Sie, daß der einfache Bürger, nachdem er unzählige Anträge gestellt und Dutzende Formulare ausgefüllt hat, nur eine Tonne Stahl für sein Haus bekommt? Ihm wird erklärt, daß er Holz verwenden soll, aber auch Holz ist knapp. Die neuen Häuser müssen Bogenfenster haben, damit eine Schicht Stahlträger eingespart werden kann. Und die Architekten sollen ihre Auftraggeber dazu anhalten, sich wegen der Holzknappheit keine offenen Kamine bauen zu lassen.

Ich will nichts gegen die Kasernen, die Flughäfen, die Autobahnen, die Brücken sagen, vielleicht sind sie notwendig und dienen in der einen oder anderen Weise dem Wohl der ganzen Nation. Aber warum diese Kolossalbauten, diese riesigen Stadien, die nur ein paar Tage im Jahr genutzt werden? Und dann die vielen Prachtvillen, die sich die Parteiführer für mehrere hunderttausend Mark haben hinstellen lassen. Das sorgt für böses Blut. Wie konnten diese Leute so schnell so reich werden? Woher kommt das ganze Geld? Warum erhalten sie Baumaterial, das dem einfachen Bürger verwehrt bleibt?«

Der amerikanische Tourist hat Berlin nun also unter zwei verschiedenen Blickwinkeln gesehen, hat aber keinen Eindruck von Berlin als der größten deutschen Industriestadt gewonnen.

Es gibt 2,4 Millionen Erwerbstätige in Berlin. Davon arbeiten 145 000 in der Elektroindustrie. Die Textilindustrie hat 2000 Fabriken und Werkstätten. Fünfundneunzig Prozent aller deutschen Filme werden in Berlin produziert. Die Brauereien haben ein Kapital von rund 100 Millionen Mark. Der Hafen mit einem Warenumschlag von 100 Millionen Tonnen jährlich ist der zweitgrößte Europas. Berlin ist Sitz der größten deutschen Banken. 12 Prozent der gesamten deutschen Maschinenindustrie entfallen auf Berlin.

Der Haushalt der Stadt Berlin beläuft sich auf knapp eine Milliarde Mark. Die jährlichen Steuereinnahmen betragen 524 Millionen Mark.

Der amerikanische Industrielle wird sich natürlich am meisten für die großen repräsentativen Unternehmen interessieren. Doch die sind für Berlin als Industriestadt nicht typisch. Charakteristischer sind die zahllosen Kleinbetriebe mit bis zu zwanzig Arbeitern. Obwohl man dort nicht so viel verdient wie in einer großen Fabrik, werden sie vom Berliner Arbeiter vorgezogen. Er ist ein Individualist. Er hat es gern, wenn die Kaffeekanne neben der Werkbank steht oder er den Lehrling losschicken kann, ihm zum zweiten Frühstück eine Flasche Bier aus der nahe gelegenen Kneipe zu holen. In einer großen Fabrik wäre das unmöglich. Auch gefällt ihm der direkte Kontakt zum Chef.

Der Angestellte oder Geschäftsmann, der im eigenen Auto zur Arbeit fährt, hat keine Parkplatzprobleme – eine der positiven Überraschungen für den Touristen aus den Vereinigten Staaten. Selbst in den Geschäftszentren kann man sein Auto überall parken, höchstens eine Ecke vom Büro entfernt. Es gibt keine Wolkenkratzer, also auch nicht die Menschenmassen, die für die Geschäftszentren der amerikanischen Städte so typisch sind. In Berlin sind die Straßen breiter als in New York, London oder Paris, und der Verkehr fließt. In Berlin gibt es immer Platz, so daß sich die Stadt, anders als Manhattan, in alle Richtungen ausdehnen kann. Heute erstreckt sich die Stadt über eine Fläche von 900 Quadratkilometern, aber man hat sie in der Hälfte der Zeit durchquert, die man für eine Durchquerung Manhattans in ganzer Länge braucht.

Berlin ist eine »grüne« Stadt. Es hat ebenso viele Bäume wie Einwohner, und die Balkone sind den ganzen Sommer über mit Blumen geschmückt. Man denkt vielleicht, daß sich das Leben in einer solchen Atmosphäre gemächlicher abspielt als in einer amerikanischen Großstadt, aber Berlin ist eine Stadt der Arbeit. Der Berliner ist stolz darauf, nie Zeit zu haben. Ab fünf Uhr morgens sind Hunderttausende auf dem Weg zur Arbeit. In den meisten großen Betrieben wird in drei Schichten gearbeitet. Wo es keine Schichtarbeit gibt, ist um sieben Uhr Arbeitsbeginn. Ab acht ist dann die Masse der Büroangestellten unterwegs, in den beigefarbenen Straßenbahnen, den Doppeldeckerbussen, den rotweißen Zügen der Hoch- und Untergrundbahn, den dunkelrot-beigefarbenen Zügen der Stadtbahn. Das wichtigste Verkehrsmittel ist die Straßenbahn – sie befördert mehr als 40 Prozent der Fahrgäste, auf Hoch- und Untergrundbahn entfallen 15 Prozent, auf die Stadtbahn 33 Prozent und auf den Omnibus 11 Prozent.

Arbeitsbeginn in den Büros ist um neun, üblicherweise auch für den Chef. Nach neun, wenn der Verkehr etwas nachläßt, sieht man Hausfrauen mit großen Taschen einkaufen gehen oder Besorgungen machen.

Nur wenige Geschäftsleute, Angestellte oder Arbeiter haben die Möglichkeit, das Mittagessen zu Hause einzunehmen. In den meisten großen Fabriken bekommen die Arbeiter heutzutage eine warme Mahlzeit, die im Grunde ihre Hauptmahlzeit des Tages ist. Dies ist eine der Maßnahmen der Arbeitsfront, mit der zweierlei erreicht werden soll – eine effizientere Nutzung der Arbeitszeit und das Einsparen von Fett, das der Arbeiter früher für seine Butterbrote benötigte. Für die warme Mahlzeit in der Kantine des Betriebs bezahlt der Arbeiter zwischen 30 und 50 Pfennige. Da man für diesen Betrag natürlich kein vernünftiges Essen zubereiten kann, wird die Differenz vom Betrieb getragen.

Stenotypistinnen und kleine Angestellte essen gewöhnlich im Büro zu Mittag. Milch und warme Würstchen werden von fliegenden Händlern angeliefert, und belegte Brote bringt man von zu Hause mit. Was für einen Londoner der Regenschirm, das ist für den Berliner Angestellten die Aktenmappe, nur daß sie tendenziell eher Flaschen und Brotdose enthält als Dokumente. Geschäftsleute und höhere Angestellte essen meist in einem der vielen Berliner Lokale. Aschinger ist für Berlin, was Lyon's für London oder Horn & Hardart für New York ist. Außerdem gibt es unzählige Eckkneipen, die meisten im Besitz von Brauereien. Hier trinken die Leute ihr »kleines Helles« für 15 Pfennige. Beliebte Gerichte sind Erbsensuppe mit Speck für 60 Pf., Bockwurst mit Kartoffelsalat für 50 Pf. und belegte Brote für 10 bis 50 Pf. das Stück. Wer mehr ausgeben kann, bestellt ein Menü (Suppe, Fleischgericht und Nachtisch), das in diesen billigen Lokalen etwa eine Mark kostet.

Bessere Bürokräfte, die mehr als 250 Mark im Monat verdienen, nehmen lieber einen leichten Imbiß in einem der Kaffeehäuser zu sich, wo es stilvoller zugeht als bei Aschinger, oder in einem der Schnellrestaurants. Diese Leute können es sich leisten, für ein Kännchen Kaffee, einen Teller Aufschnitt und zwei Eier im Glas 1,20 bis 1,50 Mark auszugeben.

Besserverdienende gehen mittags in eines der großen Hotels oder in ein gutes Weinrestaurant, wo man, je nachdem, was man ißt und trinkt, zwischen 4 und 10 Mark bezahlt.

Um fünf Uhr nachmittags setzt der Berufsverkehr wieder ein, der bis in den frühen Abend dauert. In den meisten Büros ist um fünf Dienstschluß, aber in den letzten Jahren wurde oft bis sieben oder noch später gearbeitet.

Ab sechs Uhr schnellt der Verbrauch von Gas und Strom sprunghaft in die Höhe, denn die Hausfrauen bereiten das Abendessen zu. Weil die Hauptmahlzeit des Tages mittags eingenommen wird, blieb die Küche abends meist kalt. Doch vor zwei Jahren kam es zu einer Neuerung: um den Verbrauch von Butter und Fleisch zu senken, propagierte der Staat die warme Abendmahlzeit, die vor allem aus Kartoffeln bestehen sollte, einem der reichlich vorhandenen Nahrungsmittel.

Staatliche Propaganda berührt alle Lebensbereiche, und zwar in einem Ausmaß, wie es in anderen Ländern nicht denkbar wäre. Wer ein Berliner Mietshaus betritt, dessen Blick fällt sofort auf eine Reihe bunter Anschläge im Treppenhaus. Es wird geworben um Spenden für das Hilfswerk »Mutter und Kind« und das *Winterhilfswerk**. Die Partei fordert zum Besuch eines antisemitischen Vortrags oder Films auf oder weist auf eine Versammlung hin, auf der über die koloniale Frage diskutiert wird. Auf einem vierten Anschlag steht in schreiend roten Lettern: »Volksgenosse, hast du schon deine Gasmake gekauft?« Ein fünfter macht darauf aufmerksam, Abfälle wie Stanniolpapier, leere Zahnpastatuben und anderes Metall, selbst gebrauchte Rasierklingen, nicht wegzuwerfen, sondern in besonderen Behältern zu sammeln.

Jeder muß Mitglied des Luftschutzbundes werden, das ist »Bürgerpflicht«. Jedes Wohnhaus hat seinen Luftschutzwart, der mit polizeiähnlichen Befugnissen ausgestattet ist. Im Dachgeschoß eines jeden Hauses wird Luftschutzzubehör aufbewahrt – Spaten, Äxte, Schaufeln, Sand. Jede Küche muß mit Feuerlöscher und Eimer ausgestattet, jedes Fenster muß verdunkelbar sein. Ausführlich wird erläutert, wie man bei Luftangriffen ein Feuer in der Wohnung löscht: die Gasleitungen müssen abgestellt, die Fenster mit Papierstreifen verklebt werden, damit das Glas durch den Explosionsdruck nicht zerspringt. Pfeile weisen den Weg zum Keller, der, wenn er tief genug liegt und gut geschützt ist, als Luftschutzraum dient, ausgestattet mit Stahltüren, Ventilatoren, WC-Kübeln, Notlampen. Bei einem Luftangriff wird empfohlen, für Kleinkinder Milch in Thermosflaschen mitzunehmen.

Die staatliche Propaganda endet nicht vor der Wohnungstür. An jeder Tür sieht man bis zu fünf, sechs Anschläge, Zettel und Plaketten. Ein Aufkleber mit den Buchstaben NSV weist beispielsweise darauf hin, daß der betreffende Mieter Mitglied der Nationalsozialistischen Volkswohlfahrt ist. Er entrichtet dafür einen monatlichen Beitrag von durchschnittlich zwei Mark. Der Hinweis »Spendensammeln verboten« auf einem anderen Zettel besagt, daß der Mieter einen bestimmten Betrag entrichtet hat, der ihn von den diversen Spendensammlungen aller Art befreit, die die Partei häufig durchführt. Diese Befreiung gilt jedoch nicht für die wöchentliche Sammlung zum Winterhilfswerk und für die »Pfundsammlung«, bei der nicht Geldbeträge gespendet werden, sondern Nahrungsmittel in Pfundpackungen, also Zucker, Mehl, Grieß und Reis.

Obwohl nominell »freiwillig«, werden diese Spenden praktisch zwangsweise geleistet. Eine Familie, an deren Wohnungstür nicht mehrere Spendenplaketten prangen, würde von den Nachbarn schief angesehen und sich alle möglichen Scherereien einhandeln. Wenn sonntags für das Winterhilfswerk gesammelt wird, geht niemand auf die Straße, ohne sein Spendenabzeichen sichtbar an den Mantel zu heften. Dieses Abzeichen, das 20 Pfennig kostet, tragen alle Familienmitglieder, auch Kinder.

Falls wir eine Berliner Familie zu Hause besuchten, würden wir sofort bemerken, daß ihre Wohnung sehr viel größer ist als das Appartement einer vergleichbar situierten Familie in New York oder London. Berlin ist in jeder Hinsicht eine weitläufige Stadt – für amerikanische Begriffe wird in den Berliner Wohnungen sogar Platz verschwendet. Besonders die Küchen sind groß, Kochnischen sind unbekannt. Gekocht wird überwiegend mit Gas, Elektroherde haben sich erst in den letzten Jahren durchgesetzt. Der Staat fördert den Einbau von Gas- und Elektroherden, in der Hoffnung, daß bei einem Krieg zumindest eines der beiden Systeme noch funktionstüchtig ist. Zwei Herde sollen doppelte Sicherheit garantieren.

Im allgemeinen sind die Berliner Wohnungen solider und aufwendiger eingerichtet als vergleichbare Wohnungen in New York. Der Berliner, wie der Deutsche überhaupt, schätzt die *Gemütlichkeit** seines Heims und gibt relativ mehr Geld für Einrichtungsgegenstände aus als der durchschnittliche Amerikaner. Eine »substantielle« Ausstattung ist wichtiger und stolzer Bestandteil der Mitgift einer jeden Braut.

Dagegen spielen moderne Haushaltsgeräte eine sehr viel geringere Rolle als in Amerika. Der billigste Kühlschrank kostet mehr als 300 Mark und übersteigt damit die finanziellen Möglichkeiten der ärmeren Schichten. Waschmaschine und Staubsauger haben nur wenige Familien. Diese Geräte, meist im Besitz der Hausgemeinschaft, stehen im Waschkeller, wo sie von den Mietsparteien reihum benutzt werden können. Radios sind aber ebenso selbstverständlich wie in Amerika. Der billigste Volksempfänger kostet 45 Mark, das nächstgrößere Modell 65 Mark. Diese beiden Typen werden in staatlichem Auftrag produziert, da der Rundfunk eines der wichtigsten Instrumente der staatlichen Propaganda ist.

In den modernen Berliner Wohnhäusern, das heißt all jenen, die nach dem Krieg gebaut wurden, verfügen die größeren Wohnungen (ab drei Zimmer aufwärts) über ein Badezimmer. Am gebräuchlichsten sind gasbetriebene Boiler. Die Miete für eine Dreizimmerwohnung beträgt je nach Lage zwischen 75 Mark in einem der östlichen Bezirke und 130 Mark in bester Wohnlage im westlichen Berlin. In den besseren Vierteln gab es nur Sechs-Zimmer- und noch größere Wohnungen, doch während der Wirtschaftskrise standen viele große Wohnungen leer, weil sie zu teuer waren, und wurden daraufhin von den Besitzern zu zwei kleinen Wohnungen umgebaut. Die verschärfte Judenverfolgung der letzten Jahre ist auf den Wohnungsmangel zurückzuführen: Nachdem die reichen Juden ihre Wohnungen verlassen mußten, standen den Ariern Tausende kleiner Wohnungen zur Verfügung.

Das Abendessen ist beendet, die Kinder liegen im Bett. Was dann?

Die meisten Berliner Familien verbringen den Abend zu Hause, das ist billig und entspricht im Grunde deutscher Tradition. Die Hausfrau greift zu ihrem Nähzeug, das Radio wird angestellt, der Mann liest die Zeitung. Man geht früh zu Bett, gegen zehn, spätestens um halb elf, denn der Tag beginnt früh. Der wöchentliche Kinobesuch – mehr können sich all jene, die unter 250 Mark im Monat verdienen, nicht leisten – findet meist am Sonntag statt. Der Eintritt kostet durchschnittlich eine Mark. Einmal in der Woche geht der Mann in seine *Stammkneipe**. Zwei von drei Männern sind Mitglieder in einem Skatclub oder Gesangsverein. Wenn er Kinder hat, wird er sich in der Kneipe höchstens drei, vier *Mollen** leisten können, ein Glas Bier für 20 Pfennig. Branntwein wird vergleichsweise wenig getrunken.

All das heißt nicht, daß der Vater die übrigen Abende zu Hause verbringt. Gehört er einer Parteiorganisation an, was höchstwahrscheinlich der Fall ist, wird er an mindestens einem Abend pro Woche »Dienst« haben. Gehört er der SA an, wird er sein braunes Uniformhemd anziehen und zu einer Übung gehen, übrigens auch am Sonntagvormittag. Oder er ist Blockwart (der niedrigste Rang in der Parteihierarchie), Luftschutzwart oder ein normales Parteimitglied, aber gewiß wird er zu einer Versammlung, einem Vortrag, einem Übungsabend oder einer Kundgebung gehen. Er muß mit der Sammelbüchse losziehen oder »freiwillig« seinen Abend opfern, um beim Bau von Wohnungen für SA-Leute mitzuhelfen. Mit einem Wort, er muß jede Woche mindestens ein paar Stunden für die Partei opfern. Es versteht sich von selbst, daß dieser Arbeitseinsatz ehrenhalber, d. h. unbezahlt, geleistet wird.

Auch die Frau unseres Mannes muß ihren Dienst für die Partei leisten. Sie wird an einem Vortrag des NS-Frauenbundes teilnehmen oder an einem Schulungskurs für Mütter oder an einem Kochkurs (»Koche ohne Fett«). Wenn sie noch jung ist, wird sie einmal in der Woche an einem Gymnastikabend.

Sind die Kinder über zehn Jahre alt, werden die Eltern sie nahezu jeden Sonntag und mindestens an einem Abend in der Woche zum Dienst in der Hitlerjugend ziehen lassen müssen. [...]

Bevor Hitler an die Macht kam, stand das Berliner Nachtleben in dem Ruf, noch freizügiger und ausschweifender zu sein als das von Paris. Die Vergnügungsviertel hatten ein internationales Gepräge. Die Nachtclubs lockten mit englischen und französischen Namen, die Tanzorchester spielten die Schlager von London und Paris. Kinos zeigten dieselben Filme, die auch am Broadway liefen. Gleichzeitig prophezeite Max Reinhardt, daß deutsche Filme bald auf englisch gedreht würden, weil über die amerikanischen Filme die Kenntnis des Englischen rasch Verbreitung finde.

Für den Ausländer war das Berliner Nachtleben vor allem wegen seiner hektischen Atmosphäre so faszinierend. Alle ahnten: es war ein Tanz auf dem Vulkan – durch das Parkett der Tanzdielen glaubte man die Erschütterungen der Wirtschaftskrise zu spüren, man stand am Rande einer Revolution. Der Ausländer konnte die angenehme Rolle des Zuschauers spielen, der das Geschehen auf der Bühne unbeteiligt verfolgt.

Die nationalsozialistische Revolution machte Schluß mit dieser geradezu gespenstischen Atmosphäre des Berliner Nachtlebens, und in den folgenden Jahren ging es ausgesprochen langweilig zu. Doch mittlerweile wird wieder auf dem Vulkan getanzt, die Vergnügungssucht ist allenthalben zu spüren und das Nachtleben nicht weniger fieberhaft als das der Vergangenheit. Berlin schwimmt in Geld. Einige Industrien, allen voran die Rüstungsindustrie, konnten in den letzten drei Jahren ungeheure Summen verdienen. Natürlich glaubt niemand an die Fortdauer dieser rasch erzielten Reichtümer, und so erlebt das Berliner Nachtleben abermals eine abnorme, geradezu tropische Blüte, wie es sie seit der Inflation nicht mehr gegeben hat. Geld spielt keine Rolle. In den staatlichen Schauspielhäusern sind die Plätze, die bis zu 25 Mark kosten, auf Wochen hinaus ausverkauft. Wer eines der Varietés besuchen will, die Scala oder den Wintergarten, sollte mindestens einen Tag vorher Plätze reservieren; gleiches gilt für die bekannten Kabaretts. Nach einundzwanzig Uhr eines der eleganten Restaurants aufzusuchen ist sinnlos, wenn man nicht einen Tisch reserviert hat. Ab elf drängt sich alles in die Nachtclubs. Champagner und Wein fließen in Strömen. Champagner ist vergleichsweise billig, weil die darauf erhobene Steuer abgeschafft wurde zu einer

Zeit, als der Staat den Verbrauch ankurbeln wollte, doch der Preis guter Weine ist seit 1935 um das Zwei- bis Dreifache gestiegen. Für einen Cocktail oder einen Whisky-Soda muß man zwei- bis dreimal soviel zahlen wie in den Vereinigten Staaten.

Im Sommer 1939 ist das Berliner Nachtleben so kosmopolitisch wie ehedem, nur daß weniger Amerikaner, Engländer und Franzosen zu sehen sind, dafür eher Rumänen, Ungarn, Griechen – die Angehörigen der oberen Zehntausend aus Südosteuropa. Für diese Nationen nimmt Berlin die Stelle von Paris ein, nicht nur, weil Berlin der wirtschaftliche Magnet von Südosteuropa ist, sondern auch, weil man in diesen Ländern aufgrund der Devisenvorschriften nicht an französische Francs kommt, die Reichsmark aber frei erhältlich ist.

Berlin ist, mehr denn je, auch zum Eldorado amüsierwilliger Deutscher geworden. Von einer Handvoll Großstädte wie Köln, Düsseldorf und Hamburg abgesehen, herrscht in der Provinz noch immer der ursprüngliche puritanische Geist der ersten Jahre unter Hitler, aber in Berlin findet der Geist hemmungsloser Vergnügungssucht den besten Boden. Außerdem ist das gesamte Wirtschaftsleben der Nation zunehmend abhängig von den staatlichen Stellen in Berlin, so daß der Geschäftsmann aus der Provinz, der früher viermal pro Jahr nach Berlin kam, nunmehr jede Woche anreisen muß. Auch diese Schicht verfügt über viel Geld.

Beobachter des Berliner Nachtlebens können sich des Eindrucks nicht erwehren, daß sich die Leute ganz bewußt zügellosem Genuß hingeben. Die Deutschen sind im allgemeinen ein nüchternes Volk, und Betrunkene sah man früher sehr selten auf der Straße. Doch inzwischen nimmt die Trunksucht dermaßen zu, daß strenge Gesetze gegen den Alkoholmißbrauch erlassen wurden. Eine weitere Droge ist die zur Schau gestellte Nacktheit. Noch 1937 konnten die Illustrierten den amerikanischen Nackttänzerinnen die Bescheidenheit der anständig bekleideten deutschen Tänzerinnen gegenüberstellen. Gott sei Dank sind wir besser, war da zwischen den Zeilen zu lesen. Doch seit dem letzten halben Jahr ist davon nicht mehr viel übrig. Was in den Berliner Shows gezeigt wird, ist so gewagt und freizügig wie nirgendwo auf der Welt. Selbst der Führer, der oberste deutsche Puritaner, applaudierte einem Nacktballett in München und billigte damit die Tendenz zu immer mehr Freizügigkeit auf der Bühne. Das Satireblatt *Simplicissimus* etwa bringt gewagtere Fotos als die berüchtigte *Vie Parisienne.* Was früher als »verwerfliche jüdische Sinnlichkeit« gebrandmarkt wurde, gilt nun als gesunde Lebensfreude, die die Geburtenrate stimuliert – und damit politisch wertvoll ist!

Ein ganz besonders interessantes Element des Berliner Nachtlebens sind die Kabaretts. Hier werden politische Witze gerissen, daß das Publikum vor Lachen brüllt. Wenn diese Witze einem Ausländer auch zahm erscheinen mögen, so sind sie doch ein Ventil, denn dort wird auf Verhältnisse angespielt, die allgemein bekannt sind, die aber nie ausgesprochen werden. Immer wieder landeten leichtsinnige Unterhalter im Konzentrationslager oder wurden mit Auftrittsverbot belegt, aber es gab stets Leute, die das Risiko auf sich nahmen, weil sie mit dem Beifall des Publikums rechnen konnten. In der jüngsten Zeit traf es den Komiker [Werner] Finck. Er sagte: »Wir Deutsche verwenden zu oft den Plural anstelle des Singulars. Nehmen Sie zum Beispiel das Sprichwort ›Lügen haben kurze Beine‹. Warum sagen wir nicht einfach: ›Die Lüge hat ein kurzes Bein?‹« Das war eine Anspielung auf Propagandaminister Goebbels, der einen Klumpfuß hat.

In Deutschland kann nur ein einziger Mann politische Witze erzählen, ohne etwas befürchten zu müssen: der Münchener Komiker Weiß Ferdl. Er wird oft nach Haus Wachenfeld gerufen, Hitlers Bergvilla, um den Führer zu unterhalten. Er spielt die Rolle eines Hofnarren, über dessen Indiskretionen hinweggesehen wird. [...]

Die wenigsten amerikanischen Geschäftsleute fahren nur zum Vergnügen nach Deutschland. Die meisten kommen, um diesen neuen Kometen am europäischen Himmel mit eigenen Augen zu studieren, oder aus geschäftlichen Gründen. Da alle bedeutenden Projekte vom Staat ausgehen und da jeder größere Geschäftsabschluß mit deutschen Firmen direkt oder indirekt offiziell genehmigt werden muß, kann der amerikanische Geschäftsmann nichts Besseres tun, als Kontakte zu staatlichen Stellen zu knüpfen.

Dies ist viel leichter, als man im Ausland vielleicht glaubt, in gewisser Weise sogar kaum vermeidbar. Wenn ein Amerikaner geschäftlich nach Deutschland kommt, heißt das nämlich Dollar, und wenn es etwas gibt, was Deutschland noch dringender braucht als die Weisungen des Führers, dann sind es Dollar. Deshalb stehen dem Besucher mit ausländischen Devisen viele Türen, die dem Deutschen verschlossen sind, sperrangelweit offen.

Die massiven Türen der neuen Reichskanzlei öffnen sich jedem vielversprechenden Empfehlungsschreiben. Das kolossale Gebäude scheint nur den einen Zweck zu haben, durch seine Größe, seine Pracht, seine Würde zu überwältigen, einzuschüchtern. Und das gelingt ihm fraglos.

Als der Führer die ausländischen Diplomaten erstmals in seinem neuen Amtssitz empfing, sah man anderntags in der Wochenschau, mit welcher Ehrfurcht diese Männer durch die »Große Halle« schritten. Sie ist 146 Meter lang und 12 Meter breit, die Fenster auf der einen Seite sind 6 Meter hoch, in der gegenüberliegenden Marmorwand sind drei enorme Türen eingelassen. Hinter der mittleren liegt das Arbeitszimmer des Führers, das 27 Meter lang, 14,5 Meter breit und 10 Meter hoch ist.

Draußen vor dem Eingang zum Allerheiligsten stehen zwei großgewachsene Elitesoldaten in schwarzer Uniform, Tag und Nacht, selbst dann, wenn der Führer nicht in Berlin ist. Die Posten stehen eine Stunde völlig unbeweglich da, in einer Haltung, die nur nach langem, hartem Drill möglich ist. Diese reglosen schwerbewaffneten Soldaten bilden einen seltsamen Kontrast zur Pracht der dunkelroten Marmorsäulen, der riesigen Kandelaber, der weichen Teppiche und der teuren Kübelpflanzen, die den Raum schmücken. Sollten die Posten sich jemals genötigt sehen, den Führer unter Waffeneinsatz zu verteidigen, werden sie gewiß Löcher in die kostbaren Wandbehänge schießen oder etwas anderes kaputtmachen, das viel Geld gekostet hat.

Die Wachablösung ist ein bemerkenswertes Schauspiel, denn das oberste Gebot dieses Spektakels vor dem Arbeitszimmer des Führers lautet: Absolute Ruhe!

Mit mechanischer Präzision durchqueren die zwei Mann Ablösung die große Halle und machen vor der Tür des Führers kehrt. Die schwarzuniformierten Soldaten stehen sich mit maskenhaft reglosem Gesicht gegenüber. Plötzlich kommt ein leise gezischtes Kommando aus dem Mund des einen, die Wachen vor der Tür treten vier Schritte vor, an der Ablösung vorbei, und auf ein zweites Kommando marschiert die Ablösung zu den Säulen neben der Tür. Auf ein drittes Kommando machen sie kehrt, auf ein viertes marschieren die Abgelösten wie Marionetten davon und entfernen sich, bis sie in der Ferne verschwinden.

Nicht zu sehen sind natürlich die inneren Geheimnisse dieses Gebäudes, in dem die Macht des Dritten Reichs sich der Welt präsentiert. Hierzu gehören unterirdische Luftschutzbunker, in denen ganze Flotten von Automobilen verschwinden können – angeblich soll es fünf unterirdische Geschosse geben –, Vorratsmagazine, von denen die Mitarbeiter Hitlers notfalls monatelang leben könnten, sowie unterirdische Verbindungsgänge zum S-Bahn-Tunnel, die als Fluchtwege dienen.

Der Touristenführer kann erstaunliche Dinge erzählen – die Geschichte des riesigen Teppichs im Empfangszimmer, der auf speziellen Webstühlen hergestellt wurde. Stolz wird er einige der technischen Apparate zeigen, mit denen die Büros der höheren Beamten der Reichskanzlei ausgestattet sind. Er wird einem die Türen aus Edelhölzern öffnen, so daß man einen Blick auf die Panzerschränke werfen kann, in denen das Geheimarchiv untergebracht ist. Er wird auf einen Knopf drücken, und plötzlich wird eine geheimnisvolle Maschine, ein Reißwolf, zu brummen anfangen. »Wenn ein

Beamter Geheimdokumente vernichten will, wirft er sie einfach in die Maschine, als wäre sie ein Papierkorb. Und hier sehen Sie das Ergebnis: schmale Papierschnipsel, auf denen kein einziger Buchstabe mehr zu lesen ist.«

Nicht weniger eindrucksvoll, aber doch eher komisch, ist eine Galerie in einem der oberen Geschosse. Es handelt sich um ein Magazin, in dem die Kunstwerke, vor allem Skulpturen, untergebracht sind, über deren Schicksal der Führer noch nicht entschieden hat. Man stelle sich 150 Büsten des Führers vor, mit ihrem jeweils eigenen Ausdruck von Stärke, Würde oder Erhabenheit. Man stelle sich außerdem hundert Büsten von Mussolini in vergleichbarer Haltung vor, des weiteren 200 nackte Krieger mit oder ohne Helm, mit oder ohne Schwert oder Schild, sowie rund 150 Frauenakte in Marmor oder Bronze, mit oder ohne Feigenblatt. Nun denke man sich diese eindrucksvolle Versammlung in militärisch exakter Linie aufgestellt, so daß der Führer gleichsam die Parade abnehmen kann, als wäre es ein Regiment Soldaten!

Noch größer, aber weniger luxuriös, ist das Luftfahrtministerium mit seinen 2000 Dienstzimmern. Freilich sind nicht alle Ministerien in derart pompösem Stil errichtet. Sie wuchern wie die Pilze, und die neuen Gebäude reichen meist schon nicht mehr aus. So verteilen sich die Abteilungen des Propagandaministeriums auf mindestens ein Dutzend verschiedene Gebäude. Sie scheinen, wie zahllose andere staatliche Behörden auch, ständig unterwegs zu sein. Sollten Sie dummerweise einen ganz bestimmten Beamten sprechen wollen, werden Sie ihn nur selten unter seiner Anschrift im Telefonbuch finden. Seit dem Erscheinen der letzten Auflage ist er wahrscheinlich ein paarmal umgezogen, und höchstwahrscheinlich wissen nicht einmal die Telefonistinnen seiner eigenen Behörde, unter welcher Adresse man ihn auffindet. Die deutsche Bürokratie ist das furchtbarste Krebsgeschwür, das man sich vorstellen kann. Sie wächst und wächst, gleichsam ohne Sinn und Verstand, nur weil Ämter insgeheim dazu neigen, unentwegt und uneingeschränkt zu wuchern. Wer die Bürokratie betritt, verliert sich in einem Dschungel.

Auch private, gewissermaßen halbstaatliche Vertretungen wachsen wie die Pilze aus dem Boden. Beispielsweise die in Berlin ansässigen Wirtschaftsverbände. Da der Staat das gesamte Leben der Nation lenkt und leitet, muß die Nation engen Kontakt zum Staat halten.

Die meisten großen deutschen Unternehmen sind mit einem Büro in Berlin vertreten. Ein völlig neuer Beruf hat sich herausgebildet: der des Verbindungsmannes zu staatlichen Stellen. Dafür braucht man Personen, die möglichst gut wissen, wie der komplizierte Staatsapparat funktioniert, und die die Grundsätze und Mechanismen der staatlichen Lenkung der Industrie verstehen. Vor allem aber müssen sie mit Beamten und altgedienten Parteimitgliedern umgehen können. Ihre Hauptaufgabe ist es, gute Beziehungen zu Beamten zu unterhalten, deren Entscheidungen für ihre Firma wichtig sind. Besonders begehrt als Verbindungsleute sind ehemalige Offiziere. Sie genießen gesellschaftliches Ansehen und verstehen die Sprache von Ämtern [...]. Dieser Verbindungsmann ist oft die wichtigste Person in seiner Firma. Von seinem Geschick hängt es ab, ob die Firma genug Stahl für ein Erweiterungsprojekt bekommt oder genügend Rohstoffe, um die Produktion überhaupt aufrechterhalten zu können.

Das heißt allerdings nicht, daß dieses System grenzenlose Korruption begünstigt. Im großen und ganzen sind die Beamten nicht in dem Sinne korrupt, daß sie bestechlich wären. Aber es ist natürlich ein Riesenunterschied, ob der Verbindungsmann in irgendeinem Vorzimmer warten muß, um einen vielbeschäftigten Beamten für ein paar Minuten beanspruchen zu können, oder ob er seinen Freund, Direktor Soundso, anrufen und sich mit ihm zum Mittagessen verabreden kann.

Diese Besprechung wird fraglos in einem guten Restaurant stattfinden, und das Essen wird fraglos von der Firma bezahlt. Geschäfte lassen sich viel besser bei einem guten Glas Wein und einem Täßchen Mokka besprechen als in der kühlen Atmosphäre eines Dienstzimmers.

Dies ist die heutige Lage – in der sich Innenminister Dr. Frick unlängst veranlaßt sah, den Beamten streng zu verbieten, Einladungen zu Jagden oder Wochenendgesellschaften anzunehmen. Doch es gibt kein Verbot, das sich nicht umgehen ließe, und der Verbindungsmann wird seine Unersetzlichkeit auf andere Weise beweisen müssen.

Angenommen, der amerikanische Geschäftsmann hat in diesem Durcheinander zwei Männer kennengelernt – einen Beamten und einen Verbindungsmann der Privatwirtschaft. Es braucht keine Freundschaft zu sein: es reicht, daß man sich ein-, zweimal zum Mittagessen getroffen oder ein paar Bier oder Glas Wein getrunken hat. Am Ende wird unser Amerikaner ins Vertrauen gezogen, und der Beamte wird vielleicht die folgenden Worte äußern: »Mr. Z., Sie haben sicher gute Beziehungen zur deutschen Industrie. Könnten Sie nicht ein gutes Wort für mich einlegen, damit ich aus dieser Verwaltungsmaschine herauskomme und eine Stelle in der Privatwirtschaft finde? Ich halte dieses Leben nicht mehr aus. Wie so viele von uns, habe auch ich das neue System voller Begeisterung begrüßt und gehofft, eine Arbeit zu finden, die meinen nationalsozialistischen Idealen entsprach. Diese Hoffnung habe ich schon vor Jahren aufgegeben. Dies ist nicht das Deutschland, von dem wir geträumt haben. Hier wird ein regelrechter Krieg geführt, ein bürokratischer Krieg, wir stecken bis zur Halskrause drin. Und auf allen Seiten umgeben einen Neider, die einem das Leben schwermachen. Fünfzig Prozent meiner Energie verwende ich darauf, mich vor Intrigen zu schützen – und das gilt für jeden, der einen verantwortungsvollen Posten bekleidet. Außerdem verdiene ich als junger Beamter nur 400 Mark im Monat, und davon geht noch einiges für repräsentative Aufgaben ab. Bei meinen Fähigkeiten könnte ich in der Privatwirtschaft das Dreifache verdienen und hätte keine anderen Ausgaben. Als Beamter genieße ich zwar den Pensionsanspruch – aber zum Teufel mit meiner Pension! Wer garantiert mir denn, daß der Staat überhaupt in der Lage ist, mir etwas zu bezahlen, wenn ich das Pensionsalter erreicht habe?«

Am nächsten Tag bekommt unser amerikanischer Geschäftsmann vielleicht diese Worte eines Verbindungsmannes zu hören:

»Sie haben doch bestimmt gute Kontakte in den USA, Mr. Z. Könnten Sie mir nicht eine Stelle drüben besorgen? Ich kann so nicht mehr weitermachen. Ich bin mit den Nerven am Ende, meine Energie ist futsch. Jeder Beweis meines guten Willens, den ich – wie so viele andere auch – dem Dritten Reich gebracht habe, war umsonst. Glauben Sie, es ist lustig für mich als alten Offizier, den jungen Grünschnäbeln zu schmeicheln, die heutzutage in den Ministerien sitzen? Sie kennen bestimmt den Witz, wie Göring die Regierungsräte auffordert, endlich aus der Hitlerjugend auszutreten. Darin steckt eine bittere Wahrheit. Diese jungen Beamten sind in der Regel ungebildet, untauglich und nicht einmal intelligent. Das heutige Ergebnis unserer nationalen Erziehung und unserer Universitäten hebt sich unvorteilhaft von dem Ergebnis früherer Zeiten ab. Früher war der deutsche Beamte, wenn auch nicht immer intelligent, so doch zumindest gewissenhaft in seiner Arbeit. Er bearbeitete seine Fälle nach bestem Wissen und sachbezogen. Heute fragt der Referent zuerst: »Wie würde mein Kollege in dieser Sache entscheiden? Wie würde mein Chef den Fall beurteilen? Werde ich ihm schaden, wird er mir schaden?« Sehr viele Leute denken so. Alles, was über seinen Schreibtisch geht, sieht der jeweilige Referent unter dem Aspekt seiner Karriere. Ein Vorgang wird nicht mehr nach inhaltlichen Gesichtspunkten bearbeitet, sondern einfach »überflogen«. Bei uns findet man die gefährlichste Form von Bürokratie, die es, abgesehen von Rußland, in einem Staat geben kann ... Kennen Sie übrigens diesen Witz: Was ist der Unterschied zwischen Deutschland und Rußland? In Rußland ist es kälter.

In meiner Firma entfallen fünfzig Prozent der Büroarbeit auf Verhandlungen mit staatlichen Stellen. Und das ist überall so. Heute haben wir in Deutschland, das Militär ausgenommen, etwa sechsmal so viel Beamte wie 1932. So kann es nicht weitergehen ...«

Diese Formulierungen tauchen refrainartig immer wieder auf – »so kann es nicht weitergehen« ... »Wissen Sie von einer Stelle in der Privatwirtschaft?« ... »Können Sie mir eine Arbeit im Ausland vermitteln?« Ein Ausländer hört seine besten deutschen Freunde so reden. Zuerst wird er glauben, daß sie übertreiben. In gewissem Umfang mag das auch so sein, denn in solchen Äußerungen offenbaren sich unterdrückte Gefühle.

Und wenn ein Amerikaner solche Ausbrüche hört, spürt er, daß da jemand seine Fesseln abwerfen, frei sprechen, frei sein will, und dann beginnt er, die glänzende Fassade, die das neue Deutschland errichtet hat, ein wenig skeptischer zu sehen.

Wahrscheinlich wird er den Wunsch verspüren, hinter diese Fassade zu schauen, den deutschen Problemen auf den Grund zu gehen und das Gute und Schlechte in Hitlerdeutschland sorgfältig gegeneinander abzuwägen.

1939 bis 1945

William Shirer

»*Gegenangriff*«

William Shirer erlebte den Beginn des Zweiten Weltkriegs in Berlin. Bald nach seiner Ausreise aus Deutschland erschien Shirers *Berliner Tagebuch* im Jahr 1941 und wurde ein *bestseller.* Mit den siegreichen US-amerikanischen Truppen kehrte Shirer Ende Oktober 1945 nach Deutschland zurück. Hiervon legt er in einer Fortsetzung seines Berliner Tagebuches Zeugnis ab: *End of a Berlin Diary* (1947). Shirers Rundfunkreportagen aus der Reichshauptstadt (1938–1940) erschienen in Buchform unter dem Titel *»This is Berlin«.*

Berlin, 1. September, später

Es ist ein »Gegenangriff«! Heute bei Morgengrauen ist Hitler in Polen eingefallen. Das ist ein flagranter, unentschuldbarer, nicht provozierter Akt von Aggression. Aber Hitler und das Oberkommando nennen ihn »Gegenangriff«. Ein grauer Morgen mit tiefhängenden Wolken. Die Leute auf der Straße waren apathisch, als ich zu meiner ersten Sendung um viertel neun früh in den Rundfunk fuhr. Gegenüber vom Adlon bauten die Arbeiter der Frühschicht am neuen IG-Farben-Gebäude weiter, als wäre nichts geschehen. Keiner der Männer kaufte die Extraausgaben, die die Zeitungsjungen ausriefen. Entlang der Ost-West-Axiale brachte die Luftwaffe fünf große Flieger-Abwehrgeschütze in Stellung, um Hitler bei seiner Ansprache im Reichstag um zehn Uhr zu schützen. [Max] Jordan [NBC] und ich mußten an den Apparaten bleiben, um die Hitler-Rede nach Amerika zu übertragen. Während ich zuhörte, empfand ich, daß die gesamte Rede von einer seltsamen Anspannung getragen war, als sei Hitler selbst überrascht von der Lage, in die er sich manövriert hat, und nicht sehr glücklich damit. Irgendwie klang er wenig überzeugend, und es gab auch viel weniger Hochrufe im Reichstag als bei früheren, weniger wichtigen Gelegenheiten. Jordan muß ähnlich empfunden haben. Als wir darauf warteten, den Text für Amerika zu übersetzen, flüsterte er: »Klingt wie sein Schwanengesang.« So war es tatsächlich. Er klang mutlos, als er dem Reichstag verkündete, daß Italien sich an dem Krieg nicht beteiligen werde, weil »wir nicht gewillt sind, für diesen Kampf ausländische Hilfe in Anspruch zu nehmen. Wir werden diese Aufgabe selbst erfüllen.« Dagegen beinhaltet Paragraph 3 des Achsen-Militärpakts unmittelbaren, automatischen Beistand Italiens mit »all seinen militärischen Kräften zu Land, zur See und in der Luft«. Was ist nun damit? Er klang hoffnungslos, als er, unter Bezugnahme auf Molotows gestrige Rede bei der Ratifizierung des Nazi-Sowjet-Pakts in Moskau, sagte: »Ich kann nur jedes Wort der Rede von Außenminister Molotow unterstreichen.«

Morgen werden wahrscheinlich Großbritannien und Frankreich eingreifen, und der zweite Weltkrieg ist da. Briten und Franzosen haben heute abend Hitler ein Ultimatum übermittelt, seine Truppen aus Polen zurückzuziehen. Andernfalls würden ihre Botschafter um die Pässe ersuchen. Voraussichtlich werden sie ihre Pässe erhalten.

Später. Zwei Uhr dreißig früh. – Haben unsere erste Verdunkelung beinahe überstanden. Die Stadt ist total finster. Man muß sich erst allmählich damit vertraut machen. Man tastet sich zunächst die pechschwarzen Straßen entlang, doch bald gewöhnen sich die Augen daran. Man kann die weißgewaschenen Bordsteine ausmachen. Der erste Fliegeralarm begann abends um sieben. Ich war im Rundfunk und begann gerade mein Manuskript für die Sendung um viertel neun. Die Lichter gingen aus, sämtliche deutschen Angestellten griffen nach ihren Gasmasken und eilten, kein bißchen verängstigt, in den Luftschutzkeller. Keiner gab mir eine Gasmaske, doch die Luftschutzhelfer bestanden darauf, daß ich ebenfalls in den Keller gehen müsse. In der allgemeinen Dunkelheit und Verwirrung entfloh ich nach draußen und ging zu den Studios, wo ich einen kleinen Raum fand, mit einer brennenden Kerze auf dem Tisch. Dort kritzelte ich meinen Text nieder. Keine Flugzeuge tauchten auf. Morgen kann das schon anders sein, wenn die Engländer und Franzosen eingreifen. Dann werde ich in der keineswegs angenehmen Lage sein, zu hoffen, sie mögen die Stadt empfindlich treffen – jedoch ohne mich dabei zu erwischen. Das schreckliche Geheul der Sirenen, die Flucht in den Keller mit der Gasmaske (wenn man eine hat), die absolute Dunkelheit der Nacht: Wie werden die menschlichen Nerven das für längere Zeit aushalten?

Seltsam in Berlin während dieser ersten Nacht des Krieges: Die Cafés, Restaurants und Bierlokale waren überfüllt. Die Leute nur wenig beunruhigt nach dem Fliegeralarm, wie ich fühlte. Beendete die Sendung um halb zwei, stolperte in der Dunkelheit eine halbe Meile den Kaiserdamm hinab und fand schließlich ein Taxi. Doch aus der Nacht tauchte noch ein anderer Fußgänger auf und sprang als erster hinein. Schließlich teilten wir uns den Wagen, er betrunken, der Fahrer gleichfalls, und beide die Dunkelheit und den Krieg verfluchend.

Die Isolation von der Außenwelt, die man in solch einer Nacht spürt, wird noch verstärkt durch das heute abend erlassene Verbot des Abhörens ausländischer Sender. Wer fürchtet die Wahrheit? Keine Frage. Seltsam, daß kein einziger polnischer Bomber heute nacht durchgekommen ist. Aber wird das mit den britischen und französischen ebenso geschehen?

Sven Hedin

Audienz

Der schwedische Weltreisende Sven Hedin kam zwischen 1935 und 1943 regelmäßig ins nationalsozialistische Deutschland. Dem prominenten Sympathisanten wurden Ehrungen zuteil; er hielt Vorträge; seine Bücher erfuhren große Beliebtheit (*Die Seidenstraße,* 1936; *Eroberungszüge in Tibet,* 1940). Durch den Angriff der Sowjetunion auf den skandinavischen Nachbarn Finnland (1939) alarmiert und besorgt über ein mögliches Vordringen der Roten Armee in sein Heimatland, betrieb der Schwede eine Art Privatdiplomatie bei »den Mächtigen des Dritten Reiches«. Nicht ohne Eitelkeit berichtet er von Begegnungen mit Propagandaminister Joseph Goebbels (1897–1945), dem Reichsführer SS Heinrich Himmler (1900–1945), Außenminister Joachim von Ribbentrop (1893–1946) und vielen anderen. Viermal (1936, 1939 und zweimal 1940) traf Sven Hedin mit Adolf Hitler zusammen. Der folgende Ausschnitt erzählt vom zweiten Treffen mit Hitler am 16. Oktober 1939 in der Reichskanzlei. (Otto Meißner, der dem Treffen beiwohnte, war der Leiter der Präsidialkanzlei.) Hedins Erlebnisbericht erschien 1949 im Original in Stockholm sowie auf deutsch in einem Emigrantenverlag in Buenos Aires.

Meißner nahm meinen Arm, und wir gingen durch die mit deutschem Marmor dekorierte Festhalle, in der man die ausländischen Botschafter zu empfangen pflegte, weiter durch die Rotunde und die 156 Meter lange »Große Galerie«. In der Mitte dieser Galerie bogen wir nach rechts ab, und gelangten in den Warteraum, in dessen Mitte ein großer runder Tisch mit mehreren Lehnstühlen stand.

Punkt 12 Uhr ging Meißner in das angrenzende Empfangszimmer des Führers und kehrte sogleich zurück, mich zu holen.

Das große längliche Empfangszimmer war geprägt von nüchternem und gediegenem Geschmack ohne jeden überflüssigen Luxus. Die linke Wand trennte den Raum von der großen Galerie, in der rechten Wandseite strahlten die gewaltigen Fenster. Am nächstliegenden Fenster und in einem geraden Winkel dazu stand ein langes Sofa, in dessen dem Fenster zu liegende Ecke mich Hitler führte, nachdem er mich freundlich begrüßt hatte. Er selbst nahm in einem Lehnstuhl Platz, so daß er das Licht im Rücken hatte, während mir das Tageslicht von links entgegenkam. Meißner nahm in einem anderen Lehnstuhl Platz und Legationsrat [Walther] Hewel auf einem gewöhnlichen Stuhl. Bei allen Audienzen waren Meißner und ein Vertreter des Auswärtigen Amtes zugegen. Sie dienten sicherlich als Zeugen für den Fall, daß verdrehte Darstellungen der Ausführungen Hitlers nach einer Audienz erscheinen sollten. Meißner hatte ein erstaunliches Gedächtnis und konnte nach einer Audienz ohne weiteres die Unterredung Wort für Wort niederschreiben. Diese Anmerkungen wurden später im Archiv der Reichskanzlei aufbewahrt.

Man kann nicht behaupten, daß sich ein roter Faden durch unser Gespräch gezogen hätte. Hitler konnte, wenn ihm ein neuer Gedanke kam, plötzlich von einem Thema zu einem anderen überspringen und kam in eine völlig neue Spur. Er antwortete jedoch stets klar und bereitwillig auf gestellte Fragen. Die Behauptung, er spräche bei Audienzen immer nur allein und der Besucher müsse sich damit abfinden, stumm und geduldig seinem Vortrag zuzuhören, ist wohl richtig. Er war ein Diktator, er entschied alles selbst, und es gab in Deutschland keinen anderen Willen als seinen. Die Minister, die seine Berater hätten sein sollen – jeder auf seinem Gebiet –, hatten nur Befehlen zu gehorchen. Wenn er einen Fremden empfing, ging seine Taktik darauf hinaus, diesen über seinen Willen zu informieren – was der Fremde meinte und dachte, interessierte ihn nicht im geringsten. Ich hatte bereits genügend Kontakt mit Hitler gehabt, um eine einigermaßen klare Vorstellung von seinem Wesen und seiner Denkart zu besitzen.

Meinrad Inglin

Deutsche Fieberträume

Als der Schweizer Schriftsteller Meinrad Inglin im Februar 1940 die deutsche Grenze überquerte, war er in verschiedenen Missionen unterwegs: Auf Einladung der Auslandschweizer-Vereinigung sollte er eine Lesereise unternehmen; er wollte mit seinem deutschen Verleger sprechen; außerdem hatte man ihm ein Kurierpaket für die Eidgenössische Gesandtschaft in Berlin anvertraut; und seitens der Regierung war er gebeten worden, in dem im Kriegszustand befindlichen Nachbarland »die Augen offenzuhalten«. Ein mit fiktiven Titeln für literarische Projekte getarntes Notizheft *(e Dichter hed immer Plän),* das er für Einträge über Truppenbewegungen an Bahnhöfen und andere Auffälligkeiten anlegte, ist leider nicht überliefert. Ein nach einem ersten kurzen Bericht (1940) angefertigtes Typoskript seines Reiseberichts (1943) wurde für die Erstveröffentlichung in den *Schweizer Monatsheften* (1963) nur geringfügig bearbeitet. Mit der Haltung des Schweizer Botschafters im Dritten Reich, die Inglin am Schluß seines Reiseberichts kritisiert, setzt sich Thomas Hürlimanns Theaterstück *Der Gesandte* (1991) auseinander.

Man warnte mich vor dieser Reise. Der Ausländer sei in Deutschland nicht mehr genehm und werde kaum ungeschoren durchkommen, wenn er nicht nationalsozialistisch denke oder mindestens seine eigene politische Anschauung verleugne. Ich kannte Deutschland von früheren Reisen und Aufenthalten her und war unbesorgt. Auf der Fahrt über die Grenze, Ende Februar 1940, genoß ich allerdings den Vorteil des Kuriers, und später konnte ich mich an unsere Konsulate wenden; das Auslandschweizer-Sekretariat der Neuen Helvetischen Gesellschaft, das mich zu Vorlesungen auf die Reise schickte, hatte mich überall angemeldet und empfohlen.

Zur deutschen Paßkontrolle tauchten Leute der berüchtigten SS auf, und schon wurde mir bewußt, daß ich selber nicht frei war von Vorurteilen, wie sie aus der Verallgemeinerung entstehen; ich erwartete in den schwarz uniformierten Vertretern der nationalsozialistischen Kerntruppe unwillkürlich straffe, strenge Kämpfertypen und war überrascht, harmlos aussehenden, höflichen Männern zu begegnen. Ein Zollwächter holte mein Privatgepäck aus dem Zug und forderte mich auf, mitzukommen. Ich wies mich als Kurier aus, doch er bestand darauf, und ich folgte ihm in den Kontrollraum, wo die ersten der zwei Dutzend Durchreisenden in der betont vertrauenswürdigen Haltung, die man bei solchen Musterungen annimmt, den Inhalt ihrer Koffer vorzeigten. Hier erklärte ich einem Beamten, daß ich nicht warten, sondern zu meinem Kuriergepäck in den Zug zurückkehren werde. Er stutzte, verschwand und kam nach wenigen Minuten wieder, um sich in aller Form zu entschuldigen; da sei leider ein Irrtum geschehen, mein Privatgepäck werde mir sofort uneröffnet in den Zug zurückgebracht. Ich nickte entschuldigend und ging unter den Blicken meiner Mitreisenden gelassen hinaus, erbaut über mein Ansehen und geneigt, der Eidgenossenschaft diesen angenehmen Dienst bei der nächsten Gelegenheit wieder zu erweisen. Im Abteil fand ich zu meinem Glück das versiegelte Riesenpaket, das man mir von Bern aus zugeschickt hatte, unberührt an seiner Stelle. Ich bildete mir nicht ein, daß es außer der üblichen Fracht von Zeitungen und Drucksachen wichtige Aktenstücke enthielt, aber es war tabu, und man hatte es mir anvertraut.

Auf der Fahrt las ich deutsche Zeitungen. Die Schweizer Presse wurde zum größten Teil an der Grenze zurückgehalten, man fand sie nicht wohlwollend genug und mißtraute schon ihrer bloßen Neutralität, die mit dem System der einheitlich und zweckhaft gelenkten öffentlichen Meinung nicht zu vereinbaren war. Diese Bevormundung, die dem einzelnen nicht nur das Recht, sondern auch die Fähigkeit aberkannte, sich die dem Volksganzen zuträgliche Meinung selber zu bilden, war für den demokratischen Ausländer eines der auffallendsten Merkmale der neuen Regierungsart. Wie außerordentlich aber in diesem geweckten Volke das Bedürfnis war, auch eine andere als die offizielle Meinung zu hören, erfuhr man auf Schritt und Tritt. Wo man auch hinkam und sich als Schweizer zu erkennen gab, hatte man die begierige Frage zu beantworten: »Was sagt man denn in der Schweiz dazu?«

Über den augenblicklichen Stand der großen Auseinandersetzung berichtete die deutsche Presse nur Oberflächliches. Die stürmische Machtentfaltung des Dritten Reiches und die erste kriegerische Reaktion Englands und Frankreichs darauf wurde zur Zeit von einer unheimlichen Pause unterbrochen. Die Mächte lagen an den schwer befestigten Grenzen einander gegenüber, die Alliierten noch unzulänglich gerüstet, aber mit internationalen Verpflichtungen beladen, die endlich erfüllt werden mußten, die Deutschen im vollen Bewußtsein ihrer militärischen Übermacht, aber angeblich bereit, den offenen Krieg zu vermeiden, wenn die Ziele auf einem anderen Weg zu erreichen waren. Über diese Ziele und ihre Tragweite wußte wohl nur der Reichskanzler Adolf Hitler Bescheid, und es war schon mehr als zweifelhaft, daß darüber noch Verhandlungen möglich sein sollten. Die Alliierten schienen jedenfalls nicht gesonnen, die deutschen Gewaltstreiche gegen Polen und die Tschechoslowakei hinzunehmen und neue Zugeständnisse zu machen. Ihre eigene Zukunft stand auf dem Spiel und damit für Europa die Zukunft der westlichen Demokratie überhaupt. Ein Sieg der diktatorischen Mächte mußte das Gesicht der Welt verändern. Das leidenschaftliche Bedürfnis, den Verlauf der Ereignisse vorauszusehen, war überall zu spüren, aber die Vereinigten Staaten und Rußland galten trotz dem russisch-deutschen Beistandspakt noch als die großen Unbekannten, und der schreckliche Vorhang wich nicht um Fingersbreite auseinander.

Gegen vier Uhr morgens begann ich halbwach zu frösteln. Das Abteil war verdunkelt, die Mitreisenden saßen schlafend ins Polster gelehnt, und ich versuchte, ohne mich zu regen, auf meinem Fensterplatz wieder einzuschlafen. Zwischen Leipzig und Berlin wachte ich frierend endgültig auf, schob den Vorhang hoch und entdeckte am inneren Rahmen der Scheibe, durch die im ersten Morgengrauen das verschneite Flachland erschien, eine Eiskruste. Es war Februar, draußen herrschte grimmige Kälte, und der Zug war nicht geheizt. Deutschland sparte Kohle. Die Reisenden begannen sich zu regen und froren offenbar auch, aber niemand klagte oder zog einen Mantel an, man schien einem kriegsbedingten Umstand gegenüber keine Schwäche verraten zu wollen.

In Berlin blickte ich umsonst auf dem Bahnsteig nach einem Dienstmann aus und schleppte mein Gepäck selber vor den Anhalter Bahnhof zu einem der wenigen Mietwagen, die noch fahren durften. Auf der schweizerischen Gesandtschaft wurde mir das Kuriergepäck so gleichgültig abgenommen wie einem Paketträger, ich brauchte mich nicht einmal auszuweisen und merkte erheitert, daß über die Wichtigkeit des Kuriers hier wohl andere Begriffe herrschten als in der Vorstellung eines Neulings. Nachdem ich unter verschiedenen Leuten eine Weile unbeachtet im Vorraum gewartet und mich dann aus Zeitmangel entschieden bemerkbar gemacht hatte, wurde ich aber vom Legationsrat, der den abwesenden Gesandten vertrat, mit aller Zuvorkommenheit empfangen.

Nachmittags wartete ich in einem Polizeigebäude unter etwa fünfzig zusammengepferchten Leuten auf das Visum für meine übrigen Reiseziele, das auf meinem Paß noch fehlte. Im weiten Büroraum hinter der Schranke arbeiteten zwei Dutzend Beamte an bequemen Tischen mit einer solchen Ruhe und gründlichen Langsamkeit, als ob sie es darauf abgesehen hätten, die fünfzig Ungeduldigen, die auf irgendeine dringende polizeiliche Bewilligung warteten, auf diese raffinierte Art aus der Fassung zu bringen. Es kam zu Auftritten. Ein Däne, der mit dem nächsten Zug weiterreisen mußte, verlangte verzweifelnd seinen Paß, eine Arbeiterfrau verließ das Lokal entrüstet mit der Bemerkung, sie habe nun über zwei Stunden gewartet und könne ihre Kinder zu Hause nicht länger allein lassen. Neben ungeduldigen und zornigen Mienen sah man auch den Ausdruck fatalistischen Duldens, der später das Gesicht der deutschen Öffentlichkeit so undurchsichtig machen und so viel zu verbergen haben sollte. Die Beamten ließen sich keinen Augenblick aus ihrer quälerischen Ruhe bringen.

Nach einer Stunde berief ich mich bei dem leicht hinkenden Schreiber, der meinen Paß entgegengenommen, zum zweitenmal auf den Polizeiinspektor, an den mich die Gesandtschaft empfohlen hatte; der Mann blickte mich kurz an, schwieg und fuhr mit betonter Langsamkeit fort, irgendwelche Kontrollkarten zu ordnen. Ich fragte ihn höflich, wie lang es denn noch dauern werde; er zuckte schweigend die Achseln. Nach zwei Stunden mußte ich fort, ich gab dem Mann meine Karte mit den nötigen Bemerkungen und fuhr ohne Paß mit großer Verspätung zu einem verabredeten Orte, wo ich ungeduldig erwartet wurde.

Um fünf Uhr nachmittags betrat ich ein Polizeibüro im Westen und bat den Wachtmeister, mich telefonisch mit dem Polizeiinspektor X am Alexanderplatz zu verbinden. Als ich meine Gründe nannte, blickten mich die Beamten belustigt an, und der Wachtmeister rief, was mir denn einfalle, als Ausländer hier ohne Paß im Berliner Westen herumzulaufen; von Rechts wegen wäre er verpflichtet, mich zu verhaften. Der Polizeiinspektor wurde aber angeläutet und erklärte barsch, ich solle sofort meinen Paß abholen. Ich fuhr mit der überfüllten Stadtbahn stehend zum Alexanderplatz.

Zwei mit dem Karabiner bewaffnete Polizisten, die den Eingang zu dem mächtigen, hoch in die Dämmerung ragenden Polizeigebäude bewachten, sagten mir, daß die Bürozeit längst vorüber und niemand mehr da sei. Auf meine Beteuerung, daß der Herr Polizeiinspektor X mich hieher [sic] beschieden habe, ließen sie mich mit einigem Mißtrauen eintreten, ohne mir das Büro des Inspektors nennen zu können. Ich kam in einen langen, dunklen Gang, an dessen Ende das gesuchte Büro liegen mußte, doch fand ich es nicht und begann aufs Geratewohl an verschiedene Türen zu klopfen, die aber alle geschlossen waren. Eine graue Gestalt kam spähend dahergeschlichen, ich ging auf sie zu und fragte nach dem Inspektor. Es war eine Putzfrau; sie wußte nichts von einem Polizeiinspektor X, riet mir aber, im anderen Flügel nachzusehen, zwei Treppen hoch, dann durch den Gang rechts, dann eine Treppe hinab und durch den Gang links. Ich folgte der Weisung, ohne das Büro zu finden, begann wieder an verschlossene Türen zu klopfen, traf keinen Menschen mehr an und stieg endlich ratlos ins Erdgeschoß hinab, wo ich den nächsten Ausgang suchte; ich fand ihn, aber das Tor war verriegelt. Ich schlug den Rückweg ein und wollte die Putzfrau und dann das richtige Tor wieder finden, aber die Frau war verschwunden und das Tor fand ich nicht.

Suchend ging ich weiter durch enge Gänge, eine Treppe hinauf, eine Treppe hinab, um die Ecke rechts, um die Ecke links, bald im Halbdunkel, bald im gedämpften Licht, das von außen da und dort durch ein Fenster hereinfiel. Da ich mich im Nachtschnellzug erkältet und zu dieser Zeit schon Fieber hatte, erinnerte mich meine sonderbare Lage nicht ganz ohne Grund an einen bösen Fiebertraum. Neugierig, wohin das führen würde, irrte ich noch eine Weile in den unteren Geschossen des weitläufigen Gebäudes herum, unterbrach den trockenen Hall und Widerhall meiner Schritte manchmal durch Rufe und blieb horchend stehen oder versuchte, Türen zu öffnen. Eine dieser Türen gab nach, ich trat unter ein Gewölbe hinaus und sah im Torbogen die zwei dunklen Gestalten der Polizisten wieder, die sich mir zuwandten.

Nach kurzer Verhandlung ergab sich, daß ich den Polizeiinspektor X wahrscheinlich in einem anderen Gebäude zu suchen habe, Straße und Nummer soundso, doch würde ich ihn dort zu dieser Stunde wohl kaum mehr finden. Ich machte mich auf den Weg und merkte erst jetzt, daß die Stadt verdunkelt war; im blauen Schein der spärlichen Richtlampen ließen sich weder Straßennamen noch Nummern ablesen. Ich kehrte auf den Alexanderplatz zurück, bestieg einen Taxi und war nach wenigen Minuten vor dem richtigen Tor. Wieder nahm mich ein langer, dunkler Gang auf, ich durchschritt ihn bis zum Ende, klopfte an eine Türe und trat ein.

Im Hintergrund eines weiten, dämmerigen Raumes saß jemand mit dem Rücken gegen mich im Lichte einer kleinen Stehlampe. »Heil Hitler« lautete der vorgeschriebene Gruß, aber ich sagte »Guten Abend« und näherte mich dem Mann. Er beachtete mich erst, nachdem ich eine Minute lang schweigend neben ihm gestanden hatte; langsam drehte er sich zu mir herum, musterte mich und fragte: »Was wollen Sie hier?« Nachdem ich ihm mein Anliegen erklärt und auf meine Empfehlung an den Herrn Polizeiinspektor X hingewiesen hatte, erfuhr ich, daß der Gesuchte vor mir saß. Meine vermutlich zu offen gezeigte Genugtuung, ihn endlich gefunden zu haben, machte ihm keinen Eindruck, er äußerte sich sehr ungnädig und ließ mich noch einmal warten, dann schob er mir schweigend, mit einer knappen, zornig wirkenden Bewegung, meinen Paß mit dem neuen Visum zu.

Ich kehrte auf den Alexanderplatz zum Standort der Taxi zurück, aber nun war kein Wagen mehr da. Man sagte mir, der letzte sei vor fünf Minuten weggefahren, aber ich könne ja versuchen, einen fahrenden anzuhalten. Ich versuchte es, obwohl sich das beim abgeschirmten schwachen Licht der Scheinwerfer als schwierig erwies. Es war regnerisch, kalt und dunkel, schlotternd stand ich ohne Taschenlampe auf der Fahrbahn und gab das Haltezeichen, aber meistens war der knapp an mir vorübergleitende Wagen besetzt; einmal erkannte ich durch die Scheibe ein paar Offiziere, die aus dem bläulich fahlen Licht wie fremdartige Geschöpfe aus einem Aquarium zu mir hinausstarrten. Nach wiederholten vergeblichen Versuchen läutete ich aus einer Telefonkabine mein Hotel an, bekam aber keine Verbindung, dann folgte ich einem uniformierten Mann, stieg auf seinen Rat irgendwo in die Tiefe und betrat einen Zug der Untergrundbahn. Da mir alles schon leicht ins Absonderliche verrückt war, hegte ich wenig Hoffnung, auf diese Art mein Ziel zu erreichen, aber ich erreichte es, fand mein Hotel und legte mich fiebernd zu Bett.

In der Nacht ging mein Fieber zurück, ich fuhr am Tage darauf nach Leipzig, sah mir die Stadt wieder an und trieb mich im berühmten Bücherviertel herum, das mit seinem riesigen Bestand an Werken der Wissenschaft, Musik und Literatur, unter anderem auch mit Ausgaben von Othmar Schoeck und mit 8000 Bänden meiner hier verlegten Bücher, noch vor Kriegsende unter den Bomben der Alliierten in Flammen aufgehen sollte. Nach einem angeregten Abend mit den Herren meines Verlages, die ich schon früher persönlich kennen und schätzen gelernt hatte, wurde ich in mein Hotel begleitet und ging zuversichtlich schlafen.

Den folgenden Abend verbrachte ich beim Schweizer Konsul, der mich zum Nachtessen eingeladen hatte. In seiner gepflegten, herrschaftlichen Wohnung lernte ich in ihm einen unverfälschten Berner und zugleich einen weltgewandten, gebildeten Mann kennen, der schon im Fernen Osten berufsmäßig eine ähnliche Stellung bekleidet hatte. Der Schweizer bleibt als Weltmann besonders erfreulich, wenn seine herkömmliche Gestalt nicht zur Allerweltsfigur abgeschliffen wird, sondern, wie in diesem Fall, mit ihren ursprünglichen Eigenschaften eine weltläufige Form angenommen hat.

Nach dem Essen fuhr ich mit ihm zur Veranstaltung der Schweizer Kolonie, für die ein kleiner, vollgestopfter Gasthaussaal genügen mußte, weil für größere Säle keine Heizbewilligung zu erhalten war. Ich las Stücke vor, die unsere Landsleute daran erinnern konnten, daß wir daheim in einer bewährten, alten Demokratie lebten und nicht auf einen neuestens so laut angepriesenen Volksstaat zu warten brauchten. Um meine trockene, heisere Kehle zu schmeidigen, trank ich während der Vorlesung Wein statt Wasser, kam ins Feuer und las recht ordentlich. Nach umständlichen Vorbereitungen wurde ein Schmalfilm aus den Bergen und zuletzt aus purem Zufall noch der Reklamefilm einer norddeutschen Schiffahrtsgesellschaft gezeigt, der mit dem Sinn meiner Vorlesung nichts mehr zu tun hatte.

Ich war als »Sendbote der Heimat« vorgestellt worden und geriet am Schluß der Veranstaltung in ein Kreuzfeuer von Fragen und Antworten, dem ich nun wohl oder übel standhalten mußte. Warum man in der Schweiz so sehr gegen Deutschland eingestellt sei und jedem beliebigen Schreiber erlaube, öffentlich über Zustände abzusprechen, über die er sich aus der Ferne doch kein Urteil bilden könne. Die Auslandschweizer im ganzen Reiche hätten es jeweilen zu büßen; sie bemühten sich ihrerseits um ein gutes Verhältnis zu diesem mächtigen Lande, das ihnen Gastrecht gewähre und sie arbeiten lasse, während man aus der kleinen Heimat durch ein kurzsichtiges und vermessenes Gebaren ihnen sozusagen in den Rücken schieße. Man wolle doch neutral sein und solle sich also auch entsprechend verhalten. Das war die durchschnittliche Meinung eines großen Teils der Schweizer in Deutschland. Daneben gab es eine im folgenden Jahr noch wachsende Anzahl von Kleinmütigen, die an der Existenzmöglichkeit »dieses kleinen Drecklands in den Alpen«, wie Göring über die Achsel hinwarf, dieses demokratischen Überbleibsels mitten in einem militärisch und politisch übermächtigen Staatengefüge verzweifelten und nur noch die Kapitulation für möglich hielten. Am schlimmsten waren die Angesteckten und Verführten, die einen schweizerischen Nationalsozialismus oder gar den Anschluß verfochten, doch lernte ich keinen von ihnen kennen, da sie ihre eigenen Zirkel bildeten und die Kolonie nur als Jagdgrund betrachteten. Dagegen traf ich überall auf Landsleute, die mit sowohl menschlicher wie politischer Entrüstung den Gang der Dinge in Deutschland eine Katastrophe nannten, in der Öffentlichkeit jedoch notgedrungen darüber schweigen mußten. Alle nicht geradezu abtrünnigen Schweizer aber, die ich traf, verrieten am Ende eine Anhänglichkeit an ihr kleines Dreckland, die aus einem tieferen Grunde stammte als ihre jeweilige politische Meinung.

Ich versuchte den Standpunkt der Heimat so gut zu formulieren, wie es mir möglich war, und wies vor allem auf die schwierige und heikle Notwendigkeit hin, einerseits die Neutralität zu wahren, anderseits aber im Nationalsozialismus den möglichen Angreifer zu erkennen und eine Gesinnung zu stärken, die es unter keinen Umständen erlaube, mit ihm zu paktieren.

Um meine Erkältung zu überwinden, blieb ich vierzig Stunden lang im Leipziger Hotel liegen. [...]

In der Frühe des Tages, an dem ich in Hamburg vorlesen sollte, spürte ich noch keine Besserung und hätte, was mich selber betraf, gern auf die Weiterreise verzichtet. Unser Auslandschweizer-Sekretariat aber hatte diese Vortragsreise aus gewichtigen Gründen veranstaltet und darum auch meine Zusage erhalten, es hatte in langen, mühevollen Vorbereitungen das ganze Unternehmen geregelt, Geld dafür ausgegeben und mir die Wege geebnet; in Hamburg, Frankfurt, Mannheim, Stuttgart und München wartete man auf mich, der Vortrag war angesagt, das Lokal reserviert, das Programm gedruckt. Wie hätte ich unter diesen Umständen mich wegen eines bloßen Fiebers meinem Auftrag entziehen dürfen? Ich fuhr nach Hamburg und nahm dort im Hotel mit unserem Generalkonsul Zehnder und dem Präsidenten des Schweizervereins eine Stunde vor dem Vortrag das Abendessen ein. Dabei war mir bald heiß, bald kalt, und das Essen schmeckte mir nicht. Der Generalkonsul legte mir eine Hand auf den Arm, behauptete, daß ich Fieber habe[,] und riet mir, sofort ins Bett zu gehen, statt vorzulesen. Ich weigerte mich, mußte aber einwilligen, mir wenigstens noch das Fieber zu messen, und da ich 39,5 hatte, half keine Widerrede mehr. Ärgerlich über mein Versagen und bedrückt von der Möglichkeit, die Vortragsreise abbrechen zu müssen, aber schon richtig geschüttelt und geschwächt, legte ich mich in mein Hotelbett.

Als erster betrat am nächsten Morgen Generalkonsul Zehnder mein Zimmer, ein älterer, aufgeschlossener, sympathischer Mann, der den Nationalsozialismus verabscheute und leider kurz vor Kriegsende auf seinem Posten bei einem Luftangriff sein Leben verlieren sollte. Da ich ihm keine Besserung melden konnte, besprach er mit mir auf seine ruhige, heitere Art alle notwendigen Anordnungen. Ihm verdanke ich, daß noch am selben Tage ein guter Arzt zu mir kam, ein Vorzug, den der Ausländer bei dem herrschenden Mangel an Ärzten und ihrer starken Beanspruchung nicht ohne weiteres erwarten durfte. Der Arzt, ein Sanitätshauptmann, entschuldigte sich, daß er in Uniform erscheine, und erwarb rasch mein Vertrauen, das sich in der Folge als gerechtfertigt erwies. Nach der Untersuchung ließ er die Frage noch offen, ob ich eine Lungenentzündung habe oder nicht, verbot mir aber die Weiterreise und meinte, daß ich mir dafür dann wenigstens Hamburg richtig ansehen könne. Auf meine Bemerkung, daß mich vor allem der Hafen anziehe, die Küste, das Meer, erzählte er, die Nordsee sei in diesem strengen Winter ungewöhnlicherweise weit hinaus zugefroren.

In einer der folgenden Nächte weckte mich ein Sturm aus meinem verworrenen Halbschlaf, ein schwerer Weststurm, der stundenlang an den Fenstern fauchte und rüttelte. Ich dachte sogleich an den zugefrorenen Meeressaum und wurde von der Vorstellung gepackt, wie die Wellen den äußersten Eisrand bald überschwemmten, bald unterliefen und aufspalteten; sie wuchsen aus dem hochgehenden Meere zu Wogen an, die das Eis brachen, zerrissen, durcheinanderschleuderten, so daß eine wild schäumende Brandung aus Eis und Wasser entstand, die sich donnernd und krachend auf breiter Front im sausenden Sturm allmählich der Küste zuwälzte. Tags darauf las ich in einem Hamburger Blatt, daß dies wirklich so oder ähnlich geschehen sei, und ich bedauerte, das erregende Schauspiel nur in der Vorstellung erlebt zu haben.

Indessen war mein Fieber noch gestiegen, ich maß wiederholt 40 und mehr Grade, und die nächste Untersuchung durch den Arzt ergab, daß ich Lungenentzündung hatte. Der Generalkonsul, der mich bald durch das Telefon neben meinem Bette nach dem Befinden fragte, bald selber ins Zimmer trat, sagte mir nun, daß er meiner Frau in die Schweiz telegrafieren müsse. Ich ermaß den Schrecken, in den sie dadurch versetzt würde, und riet entschieden ab, doch mußte ich am Ende in ein Telegramm einwilligen, das ihr wenigstens den Sachverhalt mitteilte, die Reise nach Hamburg aber ihrem Belieben anheimstellte. Sie ließ alles liegen, als sie die Nachricht empfing, und brach nach den verwickelten, vom Auslandschweizer-Sekretariat in Bern hilfreich beschleunigten Vorbereitungen unverzüglich auf.

Ich versuchte einen klaren Kopf zu behalten, aber langsam ging nun eine Änderung mit mir vor, die sich meiner Einwirkung entzog. Ich maß mir nach Vorschrift noch einmal das Fieber und las 40,7 ab, dann geriet ich, von gewohnten Gedanken und Gefühlen, auch körperlichen Gefühlen, nicht mehr behelligt, in einen Zustand ruhiger Sammlung. Mir schien, ich sei in eine durchsichtige, glühende rote Kugel eingeschlossen, die alles Unwesentliche, Störende von mir abhielt, ich fühlte mich darin tief geborgen und war bereit, ohne Widerstreben nun so zu erlöschen.

Ahnungslos, wie lange dieser Zustand gedauert hatte, sah und hörte ich den Arzt mit der Frage vor mich hintreten, ob er mir ein neues, von ihm noch unerprobtes, doch sehr empfohlenes Medikament geben dürfe. Ich nahm das Mittel und wurde im Verlaufe weniger Stunden zu meiner Verwunderung fieberfrei. Der Arzt war bei seinem nächsten Besuch darüber verblüfft und fand das Mittel wunderbar. Es war Cibazol, ein Basler Produkt, das damals in Deutschland als Eubasin, in Frankreich als Dagénan eben eingeführt wurde und durch seine frappante Wirkung in den verschiedensten Fällen sich rasch aller Welt empfahl. Mein Arzt betonte jedoch, daß die Gefahr damit zwar beschworen, der Heilungsprozeß aber erst eingeleitet sei und durch eine sorgfältige Spitalpflege gefördert werden müsse. Es erwies sich, daß alle Betten der Hamburger Spitäler besetzt waren, aber der Generalkonsul in seiner mir unvergeßlichen, wahrhaft väterlichen Sorge, fand nach langem Suchen doch einen Platz für mich; ein evangelisches Diakonissen- und Krankenhaus, eine Zweiganstalt des Berner Diakonissenhauses, räumte dem kranken Schweizer ein Zimmer ein, und zwar, dem sonderbaren Stil der Reise entsprechend, in der Abteilung für Wöchnerinnen.

Zwei starke Männer trugen mich am sechsten Tage auf einer Bahre jene verschwiegenen Hintertreppen hinab, über die man auch Tote aus dem Hotel befördert. Die Angestellten, die uns begegneten, blickten mich halb neugierig, halb mitleidig an, während ich selber heiter und zuversichtlich gestimmt war.

Die geregelte Pflege durch freundliche Schwestern und eine peinliche Tagesordnung, der ich mich nicht ohne Widerstreben fügte, machten meinem etwas willkürlich verbrachten Krankendasein im Hotelzimmer ein Ende. Die Schwestern schüttelten belustigt den Kopf, wenn ich statt um sechs Uhr morgens erst um acht Uhr erwachen und frühstücken wollte oder bei Nachtanbruch zu lesen begann, statt das Licht zu löschen. Der Arzt, der mich auch hier regelmäßig untersuchte, erklärte, daß ich die Krise überwunden habe, aber noch keineswegs geheilt sei und mindestens zehn Tage lang liegen müsse. Beim Lesen merkte ich dann, wie sehr mich das Fieber geschwächt hatte, ich wurde oft müde und konnte am hellen Tag einschlafen. Wenn ich weder lesen noch schlafen konnte, wäre ich am liebsten spazieren gegangen, und da mir dies auch nicht möglich war, schaute ich, halb aufgerichtet, wenigstens zum Fenster hinaus. Aber da draußen schlich ein kalter, grauer Tag vorüber, und mein Blick ging über einen unübersichtlichen Hinterhof auf die Rückseite kahler Backsteingebäude. Im Hofe befand sich zwischen häßlichen Schuppen ein Lager von Abfallstoffen, bei dem manchmal ein Kehrichtwagen vorfuhr und einen Schwarm von Möwen und Nebelkrähen aufjagte. Zuerst freute ich mich noch über die Vögel und achtete auf ihr Treiben, aber wenn ein paar ärmliche Männer stundenlang mit einer nur erratbaren widrigen Arbeit am Abfall beschäftigt waren, die

Krähen wartend auf den Schuppendächern hockten und die Möwen in begierigen Flügen nur noch die Möglichkeit erspähten, einen Fetzen aus dem Kehricht zu reißen, wenn dazu ohne Unterbruch derselbe kalte Wind den Vögeln ins Gefieder blies und immer dieselbe schmutzige Nebelgräue darüber hing, wandte ich mich von diesem trostlosen, frühlingsfernen Großstadtwinkel gern wieder ab. In diesen selben Tagen leuchtete daheim vielleicht schon die Wiese mit blühenden Märzenglöggli grün aus vergehenden Schneeresten, und der Haselbaum stand voller Kätzchen unter einem blauen Föhnhimmel, ich sah es als eine mir unentbehrliche Wirklichkeit vor Augen und verlangte danach wie noch nie.

Am Abend meines dritten Spitaltages wurde mir mitgeteilt, meine Frau sei hier eingetroffen. Ein paar Minuten später stand sie auf der Schwelle, in den kummervoll fragenden Augen noch die Qual einer langen Reise und noch längeren Ungewißheit über den Zustand ihres Mannes, aber bei meinem Anblick erlöst aufatmend, oder vielmehr zu diesem Aufatmen ansetzend, da sie keine alltägliche Last abzuwälzen hatte und trotz meiner Zuversicht nur allmählich wieder lachen lernte. Von nun an hatte ich mich über nichts mehr zu beklagen.

Nach meinem Auslandsurlaub würde ich daheim bald wieder die Uniform anziehen müssen, die Schweizer Armee stand seit Monaten mobilisiert im Aktivdienst. [...]

Vor der Nachtruhe wurde jeweilen leise meine Zimmertür geöffnet, und draußen erklang der fromme Abendgesang der Schwestern; darauf erschien ein stilles Gesicht im Türrahmen und nickte freundlich, die Tür ging zu, und eine selten gestörte, friedliche Nacht begann.

Eines Tages ging die Tür zur Unzeit auf und blieb geöffnet, eine barsche Rede drang herein, der Führer sprach im Rundfunk. Auch im Ausland hat man dem unheimlich verstiegenen Mann jeweilen zugehört. In Deutschland war seine Wirkung erstaunlich. Das unkritische breite Volk, zu dem er vor allem sprach, wurde durch den Ton seiner Rede, durch das beherrscht leidenschaftliche harte Hämmern, das drohende Crescendo, das Furioso, gepackt und angesteckt. Unsere Krankenschwestern widerstanden ihm nicht. Diese sanften, frommen Wesen, die gewiß hundert Vorbehalte gegen die Gewaltsamkeit der Bewegung auf dem Herzen hatten, ließen sich wenigstens für den Augenblick zu einer Gesinnung überreden, die ihrem ganzen Dasein widersprach. Wer mochte sich da noch wundern, wenn die wehrhafte Jugend, die eine Neigung dafür besaß, begeistert zustimmte? Die Einsichtigen und Widerstrebenden mußten schweigen oder verderben, die anfänglich Schwankenden wurden mitgerissen. Wer später über die Haltung des breiten Volkes zu Gericht sitzen will, wird sich vorerst fragen müssen, ob er selber beizeiten etwas dagegen getan hat, und auch dann wird er nur mit einer sehr humanen Psychologie und nicht mit einem streng moralischen Maßstab um ein Fehlurteil herumkommen. Und wer wird jene ohnehin verwischten Grenzlinien nachziehen wollen, auf denen im einzelnen, noch gar nicht zur politischen Verantwortung erzogenen Menschen das bisher Geglaubte verraten und das Neue geglaubt wurde oder eine ursprüngliche Gleichgültigkeit in ein opportunes Bekennertum hinüberwechselte. Dies alles dürften die Deutschen einmal unter sich auszumachen haben. Ihre alliierten Gegner aber, die künftigen Siegerstaaten, werden nach dem Schuldspruch über die Verantwortlichen dem unglücklichen Volke nur eine Generalabsolution erteilen können. –

Nach zehn Spitaltagen ging ich mit meiner Frau zum erstenmal ins Freie, aber ein kurzer Gang zum nahen Park ermüdete mich so, daß ich dort gern auf einer Bank ausruhte. Durch die dürftig begrasten Flächen unter den kahlen Bäumen liefen Schützengräben, die offenbar von der hier spielenden Schuljugend angelegt waren, aber in ihrem Verlauf, mit ihren Verbindungsgängen, Brust- und Schulterwehren eine schon mehr als spielerische Kenntnis verrieten. Aus einem Hinterhalt tauchte plötzlich ein rüder Knirps mit einer Kinderpistole vor uns auf, zielte, schoß und warf sich in die nächste Deckung. Zwei Tage darauf sah ich einem Gassenjungen zu, der mit gerunzelter Stirn den Wagen des Generalkonsuls musterte; vor dem Schild mit dem C. C., dessen Bedeutung ihm bekannt sein mochte, rief er auffahrend: »Und so was hat noch Benzin!« Rief es, spuckte aus und schlenderte entrüstet von dannen.

Sobald ich mich wieder ordentlich auf den Beinen halten konnte, fuhren wir, meinen alten, dringenden Knabenwunsch erfüllend, nach Stellingen hinaus zu Hagenbeck, wo meine besorgte Frau dann freilich ihre liebe Müh und Not hatte, mich beizeiten wieder wegzubringen. Vor der Abreise zeigte uns der ortskundige Präsident des Schweizervereins bei stürmischem Wetter noch soviel von Hamburg, als in der kurzen Frist möglich war, genug, um uns den Abschied vom Eigenartigen und Merkwürdigen dieser Stadt zu erschweren. Wir versprachen, in einer friedlicheren Zeit dahin zurückzukehren, und dann wollten wir in den Häfen und Kanälen herumfahren, zwischen Werften, Kranen und Schiffen aller Art, zu den Dampfern, die, vom Zauber der Ferne umwoben, aus märchenhaften Ländern wieder hier einlaufen würden, wollten die Elbe hinab zur unübersehbaren Mündung und an einsame Küsten vor das offene Meer.

In dunkler Morgenfrühe fuhren wir von Altona aus, wo der in Hamburg sich rasch überfüllende Zug noch ein paar freie Plätze hatte, nach Berlin. Hier meldeten wir uns auf der schweizerischen Gesandtschaft, und ich berichtete dem Minister, der inzwischen auf seinen Posten zurückgekehrt war, kurz das Wesentliche über meine mißglückte Reise. Während er uns die repräsentablen Gesandtschaftsräume zeigte, kamen wir ins Gespräch über das unvermeidliche Thema. Auch er beklagte sich über den neutralitätswidrigen Mutwillen besonders der kleineren Schweizerpresse, der von den zuständigen deutschen Stellen keineswegs übersehen, sondern peinlich angekreidet werde, und betonte, daß diesem ungeheuer mächtigen neuen Reiche gegenüber doch nur ein Verhältnis auf freundschaftlichem Fuß erträglich und fruchtbar sei. Ich erinnerte ihn daran, daß man mit allgemeineren freundschaftlichen Gefühlen für das Dritte Reich in der Schweiz nicht rechnen dürfe, und daß man ja ihm selber in gewissen politischen Kreisen der Heimat gram sei, weil er angeblich mit prominenten Nationalsozialisten freundschaftliche Beziehungen pflege und nicht entschieden genug als Exponent einer Demokratie auftrete. Darauf erwiderte er bitter, er möchte den schweizerischen Gesandten sehen, der ohne solche Beziehungen wirtschaftlich soviel erreichen würde wie er. Zweifellos wußte er genauer als irgend jemand, was er seiner Aufgabe schuldig war, einer Aufgabe von äußerst delikater Natur, die vor allem unter den jetzt und heute herrschenden Umständen erfüllt werden mußte und nicht im unbestimmten Hinblick auf vielleicht anders laufende künftige Entwicklungen.

Nachmittags trieben wir uns noch in ein paar Buchhandlungen herum. Nationalsozialistische Literatur lag in Menge auf, ohne, wie es schien, noch besonders begehrt zu werden. Ich fragte unter der Hand nach dem, was nicht mehr da sein durfte, und es schien wirklich nicht mehr vorhanden, doch fand ich unter beiseite geschobenen Restbeständen noch ein paar Einzelausgaben von Werken Hofmannsthals, die ich sogleich kaufte, so den unvergleichlichen »Andreas«; vom Nachwort Wassermanns ließ sich nur noch die erste Seite erraten, die sorgfältig mit dem vorhergehenden Blatt zusammengeklebt war, der Rest fehlte. Von Ernst Jünger war bei weitem nicht alles zu haben [...].

Wir saßen in einer bekannten Konditorei am Potsdamer Platz, die ich früher oft besucht hatte, und begnügten uns schweigend mit dem schlechten Ersatz, der allein noch zu haben war; niemand hielt sich darüber auf, Genuß war nicht mehr zeitgemäß, Entbehrung selbstverständlich.

Am späten Abend betraten wir eine Stunde vor dem Abgang des Zuges den Anhalter Bahnhof, gerade noch früh genug, um in einem Abteil Platz zu bekommen. Schlafwagenplätze hatten wir schon vor acht Tagen umsonst bestellt, wir hätten vierzehn Tage vorher anfragen oder die Heimreise hinausschieben müssen. In unserem Abteil saß unter lauter Zivilisten ein Hauptmann in Uniform, ein Mann mittleren Alters mit straffen Zügen und verschlossener Miene. Er saß aufrecht da und folgte bei der Abfahrt des Zuges mit keiner Bewegung dem Beispiel der übrigen Reisenden, die im Hinblick auf die lange Fahrt nun eine bequemere Haltung annahmen.

Da ich beim blauen Nachtlicht nicht lesen konnte, überdachte ich noch einmal meine Reise und fand, daß ich von jenem hochgerüsteten, organisatorisch äußerst angespannten Deutschland, das die Welt in Atem hielt, doch recht wenig gesehen hatte. Es blieb dem Ausländer verborgen, es paradierte nicht mehr wie vor 1914, aber es war da, auf abgelegenen Übungsfeldern, auf Flugplätzen, in Amtsgebäuden, Kasernen, im überall spürbaren Bewußtsein der Bereitschaft im Westen, und es hielt das deutsche Leben unter einem Druck, dem niemand ausweichen konnte, es wäre denn nach innen. Auch von deutscher Kunst hatte ich diesmal wenig gesehen, aber dafür neue Menschen kennengelernt und ein paar persönliche Erfahrungen gemacht, die man nicht zwischen seinen vier Wänden geschenkt bekommt.

Um Mitternacht versuchte man in unserem Abteil mit den gewohnten Zeichen des Unbehagens endlich einzuschlafen, oder man schlief auch schon und vergaß eine Weile, wie man aussah, um wieder wachgerüttelt zu werden, die Beine anders zu strecken und entspannt sich abermals zu vergessen. Der Hauptmann saß, leicht ans Rückpolster gelehnt, immer noch aufrecht da und vergaß sich keinen Augenblick.

Um drei Uhr konnte man in einer großen, düsteren Bahnhofhalle ein Bulletin kaufen, das den Abschluß des Krieges zwischen Rußland und Finnland meldete. In unserem Abteil wurde das Ereignis lebhaft besprochen, eines der vielen Ereignisse, die den Beginn des Weltkrieges in einem so undeutlichen, rasch wechselnden Lichte zeigten. Der Hauptmann hörte aufmerksam zu, doch als man versuchte, ihn ins Gespräch zu ziehen, nahm er nach ein paar höflichen Worten so unmißverständlich Abstand, daß niemand den Versuch wiederholte. Ungezwungen, doch aufrecht und schweigend, saß er auf der weiteren Fahrt wieder da, und erst in Stuttgart verließ er mit einem knappen militärischen Gruß das Abteil. Er war die ganze Nacht durchgefahren, ohne seine Haltung zu lockern, und verriet keine Spur vom unfrischen, übernächtigten Zustand, in dem die anderen Reisenden endlich den Morgen erlebten. Es war die Haltung, die der deutsche Soldat, der Offizier, der Öffentlichkeit und der Welt gegenüber einnimmt, unabhängig vom jeweiligen politischen Schicksal, das sich seiner bedient. Er hält jede Probe aus, er läßt sich nie gehen und läßt auch nicht ohne weiteres mit sich reden. Es ist die äußere Form einer unheimlichen Disziplin und soldatischen Tüchtigkeit. Diese Haltung ist älter als die von ihr freilich mitbewirkte des nationalsozialistischen Kämpfers, und sie enthält auch heute noch in vielen Fällen mehr, als man hinter der metallischen Härte des Jüngerschen Soldatengesichtes finden wird. Die alten preußischen Tugenden sind in den Augen der Welt durch den Militarismus und nun wieder durch den Nationalsozialismus kompromittiert worden. Ihre wirklichen Träger besitzen zur Zucht und Tapferkeit ein Ehrgefühl, das nicht nur die eigene Ehre, sondern ritterlich auch die der Mitmenschen bedenkt, und nur sie dürften noch die bei den Nationalsozialisten in Verruf gekommene Fähigkeit besitzen, eine Niederlage hinzunehmen.

Die wohlwollende Annahme, daß es neben dem nationalsozialistischen noch ein zum Schweigen verurteiltes anderes, besseres, humaneres Deutschland gebe, hat im gegnerischen Lager immer mehr an Boden verloren. Die Annahme ist aber richtig, es gab und gibt dieses andere Deutschland, wie es neben dem faschistischen Italien immer auch noch ein anderes gab. Dieses humanere Deutschland muß eines Tages die Soldaten wieder an die friedliche Arbeit schicken, die Jugend in die Schulstuben zurückführen, politisch Gestalt annehmen und sich zur europäischen Kulturgemeinschaft bekennen, zu der es gehört.

Sven Hedin

An Görings Tisch

Bereits im Ersten Weltkrieg hatte Sven Hedin Bücher aus deutscher Perspektive veröffentlicht: *Ein Volk in Waffen* (1915) und *Nach Osten!* (1916). Diese Parteinahme erhielt der Schwede auch unter den Nationalsozialisten aufrecht. Lediglich sein Buch *Deutschland und der Weltfriede* (1937) wurde bei Brockhaus in Leipzig zwar gedruckt, aber nicht ausgeliefert, weil Hedin einige kritische Anmerkungen nicht tilgen wollte, die Walther Funk (1890–1960), seit 1933 Staatssekretär im Propagandaministerium und ab 1937 Wirtschaftsminister, beanstandete. Auch hiervon erzählt der schwedische Reiseschriftsteller in *Ohne Auftrag in Berlin* (1949). – Der folgende Auszug berichtet von einem Besuch bei Hermann Göring am 6. März 1940.

Bei meinen Besuchen pflegte ich Göring eine Flasche schwedischen Aquavits zu schenken, den er liebte. Er nahm die Flasche in den Arm und umschmiegte sie wie ein kleines Kind. Die Stimmung war hoch, das Essen lukullisch. Es gab Butter und echten Schweizer Käse, Kaviar, Hummer, frisches Spanferkel, Salate und Delikatessen aller Art. Die Rationierung in Berlin wurde an Görings Tisch nicht durchgeführt.

Frau Emmy war nett, würdig und anspruchslos. Sie vertraute später meiner Schwester an, daß sie diesen ganzen Luxus verabscheue in einer Zeit, da Millionen in Knappheit und Not lebten. Sie war verzweifelt über diesen unnützen Krieg, der nur zu Armut, Mißständen und Sorge führe.

Die kleine Edda trippelte herein und grüßte zierlich die Gäste. Darauf begann ein Rundgang durch diese originelle Wohnstätte, die ein Mittelding zwischen einem Herrensitz und einem Bauernhof war. Auf Tischen und in Vitrinen wurde ein ganzes Museum von Ehrengaben verwahrt, die Göring von Kameraden, Organisationen oder Vereinigungen erhalten hatte, kostbare Pokale, Gefäße und Becher von Gold und Silber, Schmuckkästchen, Statuetten und Schmuckgegenstände verschiedenster Art. Die Wände waren mit Tapeten und Kunstwerken alter italienischer Meister geschmückt. Aber am meisten schätzte er seine Sammlung von Cranachs Meisterwerken und sagte, daß diese die größte bestehende sei.

An einer Wand hingen eingerahmte Photographien von verschiedenen bemerkenswerten Begebenheiten. Eines hatten sie alle gemein, nämlich, daß Hitler auf jedem Bilde vorkam. Die Bibliothek war reich mit Prachtbänden versehen. In einem der großen Salons bestand die Außenwand aus einer einzigen Fensterscheibe, der größten in Deutschland.

Wir wurden auch in die Küche geführt, die riesengroß war und verriet, daß der Besitzer kein Verächter der kulinarischen Kunst war. Im Kellergeschoß zeigte man uns ein Schwimmbassin, dessen kristallklares Wasser zweieinhalb Meter tief war und eine Temperatur von 25 Grad hatte. In seiner Nähe befand sich auch eine Spielzeugeisenbahn für Edda, die aber anscheinend ebenso sehr vom Vater geschätzt wurde, der uns mit Freuden zeigte, wie die kleinen elektrisch getriebenen Züge in der hügeligen Landschaft einherbrausten, in Tunnels verschwanden und über Brücken und Viadukte ratterten.

Nach einigen netten Stunden in dem Göringschen Heim fuhren wir zurück in unseren »Kaiserhof«.

Karen Blixen

Halbmond und Hakenkreuz

Um für die Kopenhagener Zeitung *Politiken* eine Serie von Reportagen aus den Hauptstädten der drei kriegführenden Länder Deutschland, Frankreich und England zu schreiben, flog die dänische Schriftstellerin Karen Blixen am 1. März 1940 nach Deutschland. Wenige Tage nach ihrer Abreise aus Berlin am 2. April besetzten deutsche Truppen ihr Heimatland (9. April 1940). Blixens »Briefe aus einem Land im Krieg« wurden erst 1948 in der dänischen Literaturzeitschrift *Heretica* veröffentlicht. Neben ihrem Aufenthalt in Berlin schildert die Reisende einen Ausflug nach Bremen, wo sie dem vormaligen Befehlshaber deutscher Kolonialverbände in Ostafrika, Paul von Lettow-Vorbeck (1870–1964), einen Besuch abstattete. Bezüge auf Afrika und Arabien spielen eine wichtige Rolle für die Autorin, die 17 Jahre lang ihren Lebensmittelpunkt in Kenia hatte, wovon ihr bekanntestes Werk handelt, *Jenseits von Afrika* (1937). Überhaupt ist Blixens deutscher Reisebericht voller überraschender Assoziationen: Die nazideutsche Organisation bezieht sie auf tibetanisches Yak-Öl; die Aggressivität des Faschismus vergleicht sie mit der des frühen Islam; ein Deutscher, dem sie begegnet, »hatte dieselbe Eigenart wie meine schwarzen Leute in Afrika«; und Hitlers Untertanen verhalten sich wie Tiefseefische – die nur lebensfähig sind, wenn sie einen ungeheuren Druck verspüren.

Große Unternehmungen in Berlin

Hier in Deutschland zeigt man dem Fremden, der herfährt, das Dritte Reich kennenzulernen, ein überraschend großzügiges Entgegenkommen. Am Tage nach meiner Ankunft in Berlin stattete mir ein Beamter des Propagandaministeriums einen Besuch ab, um mir Ratschläge zu erteilen, was ich mir während meines Aufenthalts hier ansehen müßte. Er attachierte mir gewissermaßen einen jungen Herrn aus dem Ministerium, einen Herrn Doktor, und eine liebenswürdige, dänisch sprechende Dame und stellte mir einen Wagen zur Verfügung. Ich vertraute mich den Händen meiner Führer an – schon ihre Auswahl der Dinge, die ich sehen sollte, war ja für mich aufschlußreich. »Sehen Sie sich jetzt ungehindert *um*«, sagten sie. Ich bin ihnen für ihre Mühe zu großem Dank verpflichtet – und wie gesagt: mich umsehen sollte ich.

In einem totalitären Staat muß sich wohl, neben dem eigentlichen Beamtenstande, eine Art politischer Geistlichkeit entwickeln, ein Stab von sozialen Seelsorgern. Die hochgestellten unter ihnen werden hier besoldet, die meisten verrichten aber ihren Dienst »ehrenamtlich«. Sie haben eine Macht wie die katholische Kirche in ihrer großen Zeit. Das private geistige Wohlergehen des Volkes, insbesondere dessen Erziehung und Festhalten am rechten Glauben, ist zu einem großen Teil in ihre Hände gelegt, und sie fühlen sich dafür verantwortlich. Sie rekrutieren sich, glaube ich, namentlich aus dem, was wir die Mittelschicht nennen. Man kann sich von dieser sozialen Priesterschaft schlecht vorstellen, daß sie in größerem Maße als die katholische Priesterschaft ein Privatleben hätte – das Privatleben anderer Menschen bildet ihren Lebensinhalt, dort mischen sie sich ein, um zu helfen, zu steuern, zurechtzuweisen und zu strafen. Es liegt in der Natur der Sache, daß ich nur über diese aktive soziale »Innere Mission« etwas erfahren kann. Ihre Männer und Frauen sehen sich alle ähnlich – der Glaube leuchtet ihnen aus den Gesichtern, sie sind unermüdlich, eifrig bis in den Tod, ihre Seelen kennen keinen Zweifel und kein Zaudern. – Was das große, passive Volk sagt – »the people, whom things are done to« – das kann ich nicht wissen.

Der »Reichsfrauenbund« war die erste der großen freiwilligen sozialen Organisationen, die ich zu sehen bekam.

Der Verband hat 14 Millionen Mitglieder, und über ihnen allen steht Frau Scholtz-Klink, die wiederum nur dem Führer selbst verantwortlich ist. Ich hatte die Ehre, Frau Scholtz-Klink vorgestellt zu werden, einer geraden, typisch deutschen Dame mit langen blonden Zöpfen, die zum Kranz aufgesteckt waren, und einem Paar sehr heller Augen. Die Aufgabe des Reichsfrauenbundes ist vor allem die Erziehung der deutschen Frauen, der alten wie der jungen. Er verzweigt sich nach demselben System wie die anderen großen Institutionen dieser Art in Gau, Kreis, Ort, Zelle und Block bis hinunter in das eigentliche Volk, in die einzelnen Familien. Der Block, die kleinste Zelle im System, umfaßt dreißig bis vierzig Familien, die in Nachbarschaft zueinander wohnen – entweder in einem großen Häuserblock in der Stadt, in einem Villenviertel oder in einem Dorf. Für sein Wohl steht die Vertreterin des Frauenbundes, die Blockwartin, ein. Sie wartet nicht, bis die Bedürftigen ihre Hilfe suchen, sondern an ihr ist es, zu wissen, wo materielle oder geistige Not herrscht – um dann sofort helfend einzugreifen. Sie hält die Mütter zum Stillen ihrer Kinder an, sie beschafft den jungen Mädchen Stellen bei rechtgläubigen Hausfrauen, sie schickt schwächliche Kinder aufs Land und schwierige ins Kinderheim, sie ermahnt insbesondere die Frauen ihres Blocks dazu, »gute Nachbarschaft« zu halten, so daß die eine sich der Angelegenheiten der anderen annimmt, und sie kann einer kinderlosen Frau des Blocks, die eine geräumige Wohnung oder einen kleinen Garten hat, befehlen, die sieben Kinder ihrer erschöpften Nachbarin in Pflege zu nehmen, während diese das achte erwartet. Ich erfuhr nie so recht, welche reellen Machtmittel der Reichsfrauenbund ausspielen kann, um seinen Willen dann durchzusetzen, wenn ihm der Gehorsam verweigert wird. Der Fehler lag vielleicht bei mir und darin, daß mir die Voraussetzungen fehlten, die Konsequenzen solch einer Einrichtung verstehen zu können. Wenn ich fragte, antworteten sie mir: »Es kommt nie vor« – und diese Antwort war vielleicht schon in sich so aufschlußreich wie eine Erklärung.

Ich aß an einem der langen, weißgescheuerten Tische in der Kantine des Frauenbundes zu Mittag, zusammen mit Anhängerinnen aus allen Gegenden des Reiches, mit frischen, soliden jungen Mädchen, die wie ein Spatzenschwarm aufzwitscherten, und mit von harter Arbeit geprägten Veteraninnen, die etwas merkwürdig Kindliches in ihrem Blick hatten. Es fiel mir auf, daß die Frauen, die jetzt die gesamte deutsche Weiblichkeit regieren, von einem Typ sind, der vor dem Kommen des Dritten Reiches nur geringe Möglichkeiten hatte, Macht zu gewinnen. Es ist ein merkwürdiger Gedanke, daß das Wesen eines einzelnen Mannes eine ganze Gesellschaft umschichten und verwandeln kann wie ein Magnet, der über einen Haufen Metallstücke gezogen wird.

Die Volksfront und die Arbeitsfront sind nach demselben System aufgebaut und erfassen so gleichfalls die ganze Nation. Diese Gesellschaft ist nicht malerisch, und auch nicht melodisch, sie hat aber, weiß Gott, Struktur. So hat sie denn auch in der Baukunst ihre größte ästhetische Leistung vollbracht. Ich habe einige ihrer riesigen architektonischen Werke zu sehen bekommen: die Reichskanzlei, die neue Reichsbank, das Stadion. Der Baustil des Dritten Reiches, den sie neoklassisch nennen, lehnt sich gegen das auf, was in der Zeit kurz vor seinem Kommen gebaut wurde, wirkt aber im übrigen am stärksten durch seine Dimensionen. Ich habe auch einen Stadtplan von Berlin gesehen, der zeigte, wie die Stadt werden soll, wenn einmal die Abriß- und Aufbauarbeiten, die auch im Krieg mit voller Kraft vorangehen, abgeschlossen sind; es ist, zumindest was die Areale und das Gewicht der Materialien angeht, ein beispielloses Großwerk. Alle deutschen Handwerksarbeiten in Stein, Holz oder Eisen, die ich hier gesehen habe, sind sehr schön ausgeführt.

Es ist unmöglich, nicht fortwährend, den ganzen Tag hindurch, von der Willenskraft und dem unermeßlichen Arbeitsvermögen dieser Nation stark beeindruckt zu werden. »Glauben Sie«, so wird man in Berlin gefragt, »daß eine andere Nation in der Lage gewesen wäre, all dies in sieben Jahren hervorzubringen?« – »Nein«, antwortet man, »und ich hätte es bei Gott nie geglaubt, wenn ich es nicht mit eigenen Augen gesehen hätte.« Auch nachdem ich es gesehen habe, ist es mir unerklärlich, wie es möglich gewesen ist, so etwas innerhalb so kurzer Zeit zu schaffen – und dann auch: warum mußte all dies so schnell geschaffen werden? Es ist ein übermenschliches, ein unmenschliches Tempo. Das ist kein Wachstum, es ist eine *tour de force,* und darin steckt irgendwo Angst, man weiß nicht recht, ob beim Zuschauer oder bei den Baumeistern.

Nichts von all diesem wäre ohne das einzigartige Organisationsvermögen des deutschen Volkes möglich gewesen. Von allem, was ich hier gesehen habe, ist dies das Merkwürdigste. Man könnte fast annehmen, es gäbe bei diesem Volk einen besonderen Sinn, durch den das Leben eine Rechenaufgabe wird, von der man denkt, daß sie lösbar sein muß. Wir Menschen aus anderen Nationen können bei all unserer tiefen Bewunderung den Eindruck von etwas Gespenstischem nicht loswerden, es ist, als würde man eine Sache zu Tode organisieren, und das Ganze könnte wie das volkswirtschaftliche System in Tibet enden, von dem ich gelesen habe, daß man dort auf den Altären Lampen mit Yak-Öl brennen läßt, um dem Land gute Ernten zu verschaffen; die Anzahl der Lampen ist aber im Laufe der Zeit so vervielfacht worden und das Yak-Öl so teuer geworden, daß die jährlichen Gesamteinnahmen in Tibet jetzt dazu verwendet werden, das Öl zu bezahlen. – Aber so sehen es die Deutschen nun einmal. Wenn ich hier mit Vertretern der verschiedenen Einrichtungen zusammengewesen bin, habe ich das Gefühl gehabt, als wäre es das Organisieren einer Sache an sich, einer beliebigen Sache, das sie entzücken würde, dem sie sich hingeben wie in religiöser Verehrung. Sie hegen eine ursprüngliche und reine Liebe zu Zahlen, schwelgen in hohen Ziffern und überbieten sich damit und gehen so unbefangen, ohne Hintergedanken damit um, als wäre die Idee, die die Zahlen wiedergeben, ihrem eigenen Bewußtsein entsprungen. Ein sehr intelligenter junger Doktor von der Arbeitsfront versuchte mich mit ihrem Finanzsystem vertraut zu machen. Alle deutschen Arbeiter und Arbeitgeber sind in der Arbeitsfront organisiert, die 28 Millionen Mitglieder zählt. Jeder zahlt einen Monatsbeitrag, der für keinen von ihnen unter 25 Pfennigen oder über 15 Mark liegt, das ergibt einen Durchschnittsbeitrag von zwei Mark. Wie man mir sagte, sind dies fünfzig Prozent weniger als das, was ein Arbeiter früher an seine Gewerkschaftskasse gezahlt hat; das Verhältnis zwischen dem, was er von der einen Organisation hatte, und dem, was er jetzt von der anderen hat, kenne ich allerdings nicht. »Nun werden Sie ja selbst ausrechnen können, was das an Jahreseinnahmen ergibt«, sagte der junge Doktor. Ja freilich konnte ich das, es waren 672 Millionen Mark. – »Und wie sollte man nun Ihrer Meinung nach«, fragte er mit seinen ernsten, auf mich gerichteten Augen, »diese Summe am sinnvollsten verteilen?« – Selbst in der Rationierung und den Einschränkungen schien für sie eine gewisse Harmonie und Größe zu liegen: die Not des Volkes war zu Ende, sie war auf Papier gesetzt, rubriziert und vergöttlicht.

Andere Nationen haben den deutschen Sinn für Systeme und die Bereitschaft, sich systematisieren zu lassen, als Zeichen fehlender Individualität aufgefaßt. Es ist aber keineswegs sicher, daß das so richtig ist. Vielleicht hat die Individualität des Durchschnittsdeutschen eine eigene tiefgründende Quelle, so daß er sich allen Gesetzen unterwerfen kann, ohne daß er in seinem eigentlichen Wesen Schaden erleidet. Ich bin nicht der Auffassung, daß zum Beispiel der Durchschnittsengländer, der ja im praktischen Leben einen größeren Spielraum verlangt, sich letztlich mehr Mühe gibt, um sich seine eigene Meinung über die Welt und das Leben zu bilden. Besonders bei der einfachen deutschen Frau, der Hausfrau, mit der man auf der Straße und in den Geschäften spricht und die überhaupt ein erstaunliches und bewundernswürdiges Glied der Menschheit ist, hat man das Gefühl, daß sie, bei allen Verboten um sie herum, ihr eigenes Leben unangetastet weiterführt. Vielleicht, habe ich gedacht, gleichen sie den behäbigen, unbeirrbaren Tiefseefischen, die mir aus der Naturgeschichte bekannt sind und die ihre eigenen Wege schwimmen, mit vielen Tausend Tonnen Wassermassen über sich. – Wenn es wahr ist, daß sie platzen, wenn sie an die Meeresoberfläche gezogen und vom Druck befreit werden, dann geschieht dies ja auch nicht aus innerer Leere.

Ob es wohl je so etwas wie dieses Dritte Reich gegeben hat? Von den Erscheinungen, die ich in meinem Leben persönlich kennengelernt habe, ist diejenige, die ihm am nächsten kommt, der Islam, die mohammedanische Welt und Weltanschauung. Das Wort Islam bedeutet *Hingabe,* es ist wohl dasselbe wie das, was das Dritte Reich mit seinem Handaufheben zum Ausdruck bringt: Dein im Leben und im Tod.

Von diesen beiden ist der Islam das höhere Ideal, weil es edler ist, Gott zu dienen als einem Vaterland oder einer Rasse. Der Ruf vom Minarett: »Es gibt nur einen Gott, und Mohammed ist sein Prophet« ist eher von ewiger Natur als irgendein Feldgeschrei vom auserwählten Volk. Der Halbmond ist ein edleres Zeichen als das Hakenkreuz (das jedenfalls für mich etwas Unruhiges und Gestörtes, Spastisches in seiner Bewegung hat, falls nicht die Haken, wie auf den Türmen am Stadioneingang, so gebogen sind, daß sie Teile einer Kreislinie bilden, daß sie die Figur sammeln und sie zur Ruhe bringen). Trotzdem haben die beiden Welten vieles gemeinsam. Man darf aber dabei nicht an den späteren Islam denken, wie wir ihn jetzt kennen, nachdem er unter den Weltreligionen einen *modus vivendi* gefunden hat. Man muß elf oder zwölf Jahrhunderte zurückgehen, bis zur Begegnung mit der jungen mohammedanischen Bewegung, als sie sich erhob und wie eine Fahne entfaltete und hinauszog, sich die Welt zu unterwerfen. Da muß es in den Wolken geblitzt und gedonnert haben, und den angrenzenden Reichen muß übel zu Mute gewesen sein. Woher schöpfte das Wüstenvolk diese Kraft?

Die mohammedanische Weltanschauung besitzt, wie der Nazismus, ein ungeheures Selbstwertgefühl: Der Rechtgläubige steht über allen Ungläubigen, eine rechtgläubige Seele ist mehr wert als alles Gold der Welt. Ihrem Wesen nach steht sie über allen Klassengrenzen wie das Dritte Reich; ein Mohammedaner ist so gut wie der andere, sei er Wasserträger oder Emir. Es gibt einen immensen Zusammenhalt und eine große Hilfsbereitschaft unter den Gläubigen – zehn Prozent deines Vermögens mußt du an bedürftige Moslems geben, und das ist kein Almosen, sondern eine Schuld, die du da bezahlst. In seinen Ritualen hat der Islam Ähnlichkeit mit dem Dritten Reich: Die Rechtgläubigen bekommen keine Zeit, einander fremd zu werden. Einige Dinge in dem Buch *Mein Kampf* gleichen Kapiteln im Koran.

Der Islam wurde mit dem Schwert verbreitet: das ist eine Anklage, die von anderen Religionen gegen ihn erhoben wird, von Religionen, die jedoch in diesem Punkt nicht alle das beste Gewissen haben können. Ich will nach dem Gedächtnis zitieren – denn man kann ja hier in Berlin keine englischen Bücher zum Nachschlagen kaufen –, was Carlyle darüber in seinem Buch *Heroes and Hero-Worship* sagt, das übrigens insgesamt vieles mit den Gedankengängen des Dritten Reiches gemeinsam hat. »Mit dem Schwert«, schreibt er. »Jawohl, aber woher bekam der Prophet die Schwerter? Jede neue Religion beginnt als Minderheit eines einzigen Mannes – auf der einen Seite er, auf der anderen Seite all die anderen. Da würde ihm der Versuch nichts nützen, den Glauben mit dem Schwert zu verbreiten. Laßt ihn sich seine Schwerter beschaffen.«

Die Vorstellung des Islam vom Paradies ist aus einer Kriegerphantasie entstanden, sie ist das Ideal eines marschierenden Heeres. »Solange Ihr marschiert, müßt Ihr Euch allen Entbehrungen unterwerfen, enthaltsam bleiben und kampfbereit sein. Wenn aber die Stadt eingenommen ist und wir das Lager aufgeschlagen haben, dann wird das alles ganz anders.« Es ist ein Fünfjahresplan in übernatürlicher Größe.

Der Islam ist von seiner Wüstenherkunft geprägt, es sind Sandstürme und große Luftspiegelungen darin. Dafür besitzt das Dritte Reich eine, wie ich finde, rein ekstatische Respektabilität, die honette Ambition auf Gedeih und Verderb, im

Himmel und auf Erden. Welche der beiden Mentalitäten die gefährlichere ist, ist schwer zu sagen.

Wahrhaftig, wie sie im Koran sagen – Mohammed benutzt das Wort als einen Satz für sich. Wahrhaftig. – Aber der Islam war ein Glaube an Gott. Er konnte sowohl geben als auch nehmen, aus ganzer Macht, er wollte die ganze Welt erlösen, wenn die Welt ihn nur annehmen wollte. Die besiegten Völker, die den Islam annahmen, wurden mit ihm eins. Deswegen gewann der Islam mit mehr Recht an Boden, als es irgendeiner siegreichen Rasse gelingen kann; deswegen fanden sich der Islam und die ihn umgebende Welt leichter miteinander ab, als das Dritte Reich und die übrige Welt es tun können. [...]

[E]in Rassenkult läuft in sich selbst zurück, und sein Siegeszug wird ein *circulus vitiosus.* Er kann nicht geben und nicht nehmen. Aller Kraft und Freude zum Trotz, und trotz der großen Zukunftshoffnungen, die hier hochgehalten werden, hat der Nazismus nur eine kurze Perspektive. Deshalb haftet dem Wesen des Dritten Reiches ein tragisches Moment an, seine großen Glanzrollen sind tragische Rollen. Ein Volk oder eine Masse in einem Volk hat sich auf neue, überraschende und entsetzliche Weise erhoben, es hebt sich vor dem Himmel mit gewaltiger Kraft ab, es wirft einen gewaltigen Schatten, und keiner von uns weiß, wie weit oder auf wen von uns dieser Schatten fallen wird. Und doch, denkt der Zuschauer, steht dieses Volk zuletzt sich selbst im Licht.

Wenn man einige Zeitlang versucht hat, das Dritte Reich kennenzulernen, und über dessen Organisation, soziale Einrichtungen, Kunst, Architektur und Philosophie und Ideale einiges erfahren hat, kann es vorkommen, daß man auf der Straße stehenbleibt und mit einem Gefühl der Befreiung die Soldaten ansieht, die nach Westen marschieren und sich jetzt mit Völkern einer anderen Art auseinandersetzen müssen. Ja, man kann auf den Gedanken verfallen, daß es für eine Rasse, die in sich selbst ihr Ideal und ihren Zweck hat und die in ihrem Credo Blutmischung verbietet, zu einer Notwendigkeit wird, Krieg zu führen, und zwar jeglichen Krieg, um den Fluß des Blutes in Ordnung zu halten. Das ist immerhin eine Art Beziehung zu anderen Menschen: mit ihnen zu kämpfen. »Der Nazismus ist kein Exportartikel«, erklärt man hier oft – das Evangelium dieses Volkes kann kein anderes Volk umarmen, »to embrace«, wie man auf englisch sagt. Mit einem lebhaften Ideenimport gibt sich das Dritte Reich auch nicht ab. Sein Ehrgeiz richtet sich auf die Autarkie. Es gibt wohl keinen achtbareren Ehrgeiz; vor einem selbstgenügsamen Mann müssen alle den Hut ziehen, er hat anscheinend sein Schäfchen im trockenen. Es gibt aber auch Bereiche im Leben und in der Leidenschaft, in denen die Autarkie die Nerven und die Konstitution angreifen und zur Hysterie führen und damit verhängnisvoll werden kann. [...]

Kraft und Freude

Ich bin zu einer Zeit hierhergekommen, in der Berlin wie ein prächtiger Vogel in der Mauser seinen Glanz verloren hatte – die Armee ist an der Front.

Hier gibt es keine Musik in den Straßen, keine fliegenden Fahnen, keinen tausendfachen Marschtritt: alles, was marschiert, klingt und ins Auge sticht, ist von der Bildfläche verschwunden, und es besteht keine Möglichkeit, sich blenden zu lassen. Ich kann mich an die Berichte meiner Freunde und Bekannten erinnern, die vor vier Jahren zur Olympiade hier waren, Berichte über stürmische Siege und Seligkeit, die damals vom jungen Dritten Reich ausgingen und in denen sie den Halt verloren – ich selbst verspüre aber nichts davon. Ich kann sagen, daß die Stadt einen kümmerlichen Eindruck macht. Die Straßen sind über jede Beschreibung schmutzig, man hat sich gerade noch die Zeit genommen, um den Schnee an die Seiten zu werfen, man hat ihn aber nicht beseitigen können, denn die Lastwagen haben andere Dinge vor. Die Leute tragen vorsichtshalber ihre Kleidung vom vorigen Jahr; ich habe keine Lumpen gesehen, aber auch keine Eleganz. In einer großen Stadt ist, mehr als anderswo, *le superflu le nécessaire,* und ohne eine kulturelle Elite wirkt sie unerträglich gleichförmig wie die Hoffnungslosigkeit selbst. Wenn ich in der Halle des Hotels Adlon sitze, das ein typisches Produkt der ersten Dekade des Jahrhunderts ist, mit schweren, diskreten Effekten aus Gold und Bronze, mit Marmor, Mosaiken und Glas, dann denke ich, daß der Portier und das Empfangspersonal die einzigen Menschen sind, die so aussehen, als würden sie dazugehören. Das Publikum wirkt hier vollkommen fremd, und gäbe es nicht eine andere Art von Menschen, würde es niemand in den Sinn kommen, solche Häuser zu bauen, damit sie dann darin sitzen. Die Lebensmittelkarten, auf die man gut aufpassen muß und die man beim Bestellen seines Mittagessens vorzulegen hat, verleihen der Mahlzeit ein zutiefst anspruchsloses und von vornherein kümmerliches Gepräge – mit einem solchen Tischgebet kann kein Festmahl seinen Anfang nehmen. *La dure nécessité, maîtresse des hommes et des dieux,* sie scheint auf Berlin schwer zu lasten.

Wenn man aber schon einige Tage hier ist, ändert sich die Stimmung unmerklich. Die großen Arbeiten werden ja fortgesetzt, es erklingen Hammerschläge von himmelhohen Gerüsten und vom Erdboden her, auf dem riesige Straßen gebaut werden. Diese Gesellschaft ist nicht ausgeplündert, sondern verzichtet bewußt für ein festes Ziel. Auf den zweiten Blick erhält sie dann eine Art Eleganz, wie ein Mann, der den Mantel auszieht und die Ärmel hochkrempelt, wenn eine wichtige Arbeit ansteht, und der doch korrekt, der Gelegenheit entsprechend, angezogen ist. Der Wille, das einmütige, bewußte Pflichtgefühl verleihen diesem Berlin im Wintermatsch feste Umrisse und Haltung.

Die Verdunklung wirkt an den Märzabenden, wenn man sie zum ersten Male erlebt, schreckenerregend. Merkwürdigerweise hat man das Gefühl, man versinkt; bei dem Ganzen entstehen geradezu Gefühle, als ertrinke man. Man gewöhnt sich ziemlich schnell daran, im Dunkeln zu gehen, aber man wird trotzdem nicht vor ständig wiederkehrenden Ängsten bewahrt. Nicht die Dunkelheit bedrückt einen, sondern der Gedanke, auf allen Seiten von vier Millionen Menschen umgeben zu sein, die beschlossen haben, in der Nacht unsichtbar zu bleiben und sich ganz still zu verhalten. Das ist das stumme Wissen um ein Ziel, so deutlich ausgedrückt, als wäre es in Worte gefaßt.

So beherrscht den Fremden in Berlin überall der Eindruck einer ungeheuren Willensanspannung. Die Willenskraft ist die Leistung des Dritten Reiches – wo der Wille genügt, genügt das Ganze, und je nachdem, ob man an die Macht des Willens glaubt, kann man an dessen Evangelium glauben. [...]

Da dachte ich:

»Nemesis, du bist eine mächtige Göttin, furchtbar ist es, dein Antlitz zu schauen! So schreitest du denn voran. Heute besteht vielleicht der große Unterschied zwischen Deutschland und England, entscheidender als irgendein politischer Gegensatz, darin, daß England gute Tage gekannt hat, während Deutschland Böses und Unrecht erlitten hat. In diesem Jahre des Herrn, März 1940, fällt es uns schwer, uns auch nur vorzustellen, daß England von einer Übermacht besiegt und unter das Joch eines Urteils gebeugt werden könnte, das der Nation selbst als ungerecht erscheinen müßte; noch schwerer fällt uns vielleicht die Vorstellung, man könnte England – sogar unter solchen Bedingungen und während es alle Kraft auf die Genugtuung gerichtet hätte – dazu bringen, das eigentliche Vertrauen auf Gottes Gnade aufzugeben, das man Humor nennt. Hier ist der Humor selbst Anathema, eine Ketzerei gegenüber dem alleinseligmachenden Glauben an die Allmacht des Willens. Wem der Wind die Segel schwellen läßt, der verläßt sich auf Gottes Gnade, aber diejenigen, die bei den schweren Rudern auf den Ruderbänken sitzen, die müssen sich auf den Willen verlassen. Vor zweiundzwanzig Jahren beschlossen die vereinigten, siegreichen Nationen, den Deutschen den Glauben an Gottes Gnade für Deutschland zu nehmen. Und dieses Volk, das überall, wo man ihm begegnet, von dieser Prüfung geprägt ist, beschloß, sich auf den Willen als einzige Gnade, die Gott ihm erzeigt, zu verlassen.«

»Man soll einem besiegten Feind nie den Glauben an *la grâce de Dieu* nehmen«, dachte ich.

Hier lernt man ein merkwürdiges und bedeutsames Phänomen der Zeit kennen: die Propaganda, die sicher nicht Kunst ist, sondern eine Kunst im Dienste eines Zweckes. »Die Propaganda ist das Salz des Dritten Reiches«, sagte mir ein junger Deutscher. – Ich glaube jedoch, es kann so weit kommen, daß die Propagandakünstler, genau wie die verderbten demokratischen Nationen im Namen des »l'art pour l'art«-Mottos, Propaganda um der Propaganda willen betreiben; sie hat wohl etwas von einer Besessenheit an sich, sie ist eine Art Magie. Für mich ist sie mit einem Moment der Unsicherheit behaftet, wie ein Geschäft, das sein Kapital verzehrt und über keine Reserven verfügt. [...] – Die Propaganda, die jetzt eine solche Vollkommenheit erreicht hat, umfaßt alle Daseinsbereiche und überrascht immer wieder dadurch, daß sie auf neue Felder übergreift. Wenn aber einmal eine neue Generation herangewachsen ist, die sich völlig von der Tradition einer Beziehung zwischen Wort und Tatsache emanzipiert hat, dann wird der Gehalt des Worts aus ihm hinausgezaubert sein, es wird wie Papiergeld werden, wofür es nirgendwo Golddeckung gibt, und die Propaganda wird ihre Kraft verloren haben. Womit soll sie dann gesalzen werden? – Es ist zu nichts hinfort nütze... (Matthäus 5,13).

Der Film ist für die Propaganda ein geschickt eingesetztes und wirksames Werkzeug. Ich habe hier viele große, hervorragende Propagandafilme gesehen. Ich bedauere, daß ich keinen Sinn für Filme habe (weil ich die Photographie überhaupt nicht mag und ganz gewiß die Dinge nicht so sehe, wie die Kamera sie sieht). Hier in Deutschland photographiert man vermutlich so gut wie möglich, und die langen Bildserien sind außerordentlich geschickt und effektvoll aufgemacht. Sie sind allerdings für ein Publikum bestimmt, dem selbständige Phantasie entweder ganz abgeht oder das sich auf jeden Fall nicht davon stören läßt, daß man im voraus wissen kann, wohin das Ganze führen und wie es enden soll.

Ich bin auch in den Ufa-Ateliers in der Ufa-Stadt bei Babelsberg gewesen, und ich bin durch die riesigen Gebäude gewandert. Es war an einem eiskalten Tag, und in der Nacht war Schnee gefallen. Hier hatte ich die Ehre, Zarah Leander und Willy Birgel zu begrüßen, die Maria Stuart und Bothwell spielten. Wir kamen zur Freilichtbühne der Ufa gerade in dem Augenblick, als die Königin in einer sechsspännigen Karosse von Bothwell und seinen berittenen Männern umstellt wurde. Man hätte annehmen sollen, daß es schwierig sein würde, eine Szene aus dem schottischen Hochland mitten in einer Stadt zu spielen, hier war die Kamera aber tief in die Erde eingegraben worden, so daß ihr Horizont ganz niedrig lag, und im Hintergrund hatte man einige Sandhaufen aufgeworfen und mit kleinen Fichten bepflanzt; auf dem Bild, erzählte man mir, würde es sich wie eine Landschaft des Hochlandes ausnehmen. Die Pferde konnten nur mit Mühe die Karosse durch den tiefen Schlamm und Schnee ziehen und wollten sich auch nicht aufbäumen, wie sie sollten, wenn der Haufe Bothwells herangaloppierte, vermutlich hatten sie sich an den Überfall gewöhnt, und während wir zuschauten, wurde das Ganze drei- oder viermal wiederholt. Zarah Leander und eine junge Hofdame, die bei ihr im Wagen war, klagten, daß sie erbärmlich froren. In den Ateliers, in den hohen, einem Dom ähnlichen Räumen, war man dabei, große, prachtvolle Interieurs aus dem achtzehnten Jahrhundert zu arrangieren, und es war unterhaltsam zu sehen, wie genau und gewissenhaft alle Details von den Dekorateuren und Handwerkern der Ufa gezeichnet und zusammengesetzt wurden, es war eine schöne Handwerksarbeit, das Material war aber vergänglicher Art. Zu meiner Überraschung sollte *Jud Süß* aufgenommen werden. Graf Schönfeld vom Propagandaministerium, der mein Begleiter war, erklärte mir, daß es sich jedoch nicht um den Helden Feuchtwangers handelte – Feuchtwanger war ja des Landes verwiesen –, sondern um den historischen Süß, und ich begriff, daß es eine Art Propagandafilm werden sollte. Ich weiß nicht mehr viel über den historischen Juden Süß; hier sah es so aus, als hätte sich seine Geschichte im wesentlichen im Bett zugetragen, es standen drei riesige, pompöse Louis-XV-Betten in den verschiedenen Räumen, in denen der Film spielte – am Fußende vom Bett des Juden Süß war der Davidstern angebracht, das heilige jüdische Zeichen. In den anderen Ateliers wiederholten sie Szenen von je einer halben Minute Dauer aus einer bayerischen Bauernkomödie und aus einem Drama, das in einem Fischerdorf an der Nordsee spielte. Als wir wieder ins Freie hinaustraten, sahen wir, wie Maria Stuart noch einmal von Bothwell angehalten und entführt wurde.

Bei diesem Anblick dachte ich: »Hier sehe ich also mit eigenen Augen Dantes Hölle, auf der Erde. – Dies hätte kein einzelner Mensch unserer Zeit ersinnen können, das kann nur der Zeitgeist selbst schaffen. Die arme Königin von Schottland hat einmal einen verhängnisvollen Fehltritt getan, in einem unseligen Augenblick entschied sich ihr Leben – und jetzt, dreihundert Jahre später, muß sie spuken und das Entsetzliche in einer noch entsetzlicheren Gestalt erleben. Zwischen hohen Vorstadtkasernen in der rauhen und eiskalten Berliner Luft fährt sie zu ihrer tragischen Begegnung in einer Karosse mit Vorhängen aus gemalter Pappe, durch einen Sandhaufen, der die *moors* und *glens* ihres Landes darstellen soll. Ihre eigene Schönheit, die ihr Stolz und ihr Glück war, ist in höllischer Manier nachgebildet, mit dicker, orangefarbener Schminke und daumengroßen steifen Wimpern wie bei einer Puppe, sie ist in Hermelin und Seide gekleidet, die weder Hermelin noch Seide sind. Und doch hat sie es schwarz auf weiß, daß der Ort die Landstraße bei Dunbar und die Zeit der unglückselige 28. März 1566 ist. Und wenn der unwiderrufliche Augenblick da ist, wenn die Reiterschar angesprengt kommt, ihre Pferde beim Zaum packt und den Wagen anhält, wenn die Schwerter aus der Scheide gezückt werden, wenn Bothwell ganz dicht am Wagenrad ihr ›Maria‹ ins Gesicht ruft – dann ertönt der trockene Befehl des schwarzen Technikers an der zentralen Maschinerie tief unten in der Erde: ›Noch einmal.‹ Hier haben wir das Gericht und das Urteil des zwanzigsten Jahrhunderts, die moderne, schneidige Aufmachung der Göttin Nemesis.«

Seit ich in Babelsberg war, habe ich immer wieder, ohne es zu wollen, die Heroen des Dritten Reiches so gesehen, wie sie mit dem Make-up eines Filmstars und zwischen Kulissen in den großen Augenblicken ihres Lebens und ihrer Karriere erscheinen werden. – Und welche Augenblicke wird wohl das Publikum der Zukunft die größten nennen, welche wird es verewigt sehen wollen – welche Augenblicke, die die Helden auf Befehl eines Regisseurs dann immer aufs neue wiederholen müssen? – Das können wir nicht wissen. [...]

Schauplätze

Die Theater sind voll in Berlin, das gereicht dem Berliner Publikum zur Ehre, jetzt bei der Verdunklung und dem Matsch der Wintermonate. Es ist schwierig, eine Theaterkarte zu bekommen, und ich hätte nicht viel gesehen, wenn nicht das Propagandaministerium mir liebenswürdigerweise Karten besorgt hätte.

Es sind nur wenige moderne Stücke im Programm, sie spielen die klassischen Stücke. Viele Ausländer in Berlin beschweren sich darüber und warten ungeduldig auf die neue Theaterkunst, die von der Willenskraft des Dritten Reiches geschaffen werden soll. Wer weiß aber, ob nicht dieses pflichttreue, schwergeprüfte Volk unbewußt den Weg in die Theater einschlägt, um für einige Stunden nicht ermutigt, gestärkt und auf dem rechten Weg gehalten zu werden und um sich statt dessen Geistern ohne Zweck überlassen zu können:

»Und wenn alles bricht,
ist Trost zu schöpfen
in der Tragödie, bei den großen
Trostlosen.«

Hier ist viel von volkstümlicher Kunst die Rede. Nicht eine kleine Kulturelite, sondern das große deutsche Volk selbst soll jetzt die Kunst des Dritten Reiches schaffen, sagt man. – Ja, wenn das große Volk reden könnte, was würde es dann sagen? Ich habe hier einige Kunstwerke zu Gesicht bekommen, von denen man mir erklärt hat, sie seien ureigene Kunst des Volks. Allerdings habe ich keine Gemäldeausstellung gesehen, und soviel ich weiß, hat es auch keine gegeben, aber ich habe in den großen Dekorationsarbeiten, Deckengemälden und Mosaiken der riesigen, neuen öffentlichen Gebäude einen Vorgeschmack von der bildenden Kunst bekommen. Alle diese Werke sind von der gigantischen Respektabilität des Dritten Reiches durchdrungen. Die großen, nackten, flachen Figuren sind so achtbar wie nur möglich. Der achtbare, nackte junge Mann, eine Hand auf den Pflug oder ans Schwert gelegt und mit weitgeöffneten blauen Augen – ihm zur Seite eine achtbare, schwergliedrige nackte Jungfrau mit hellem, frommem Gesicht, die sich einige Felder weiter zu der von allen geachteten üppigen, seligen jungen Mutter entwickelt hat, Milch und Honig fließen bei ihr. Es ist dies eine ständig wiederholte heroische Idylle. So sieht sich das Volk nicht. Ich glaube fast, daß es sich im Herzen ein wenig schämt, wenn es dazu aufgefordert wird, sich in dem Portrait wiederzuerkennen – ob nun seiner selbst oder des Künstlers wegen, sei dahingestellt. Das ist das Volk mit den Augen der Mittelklasse gesehen, oder vielmehr, wie das Volk nach dem Wunsch und im Traum der Mittelklasse sein sollte; es gleicht dem Original nicht viel mehr als die Hirtenpoesie des achtzehnten Jahrhunderts, die eine empfindsame und geistreiche Idylle war, das Bild und der Traum vom Volk in den Augen einer aristokratischen Kultur. Weder das Heroische noch die Idylle liegt der breiten Masse. Ich glaube, daß die ureigene Kunst des Volkes die Satire ist oder werden wird, eine Art tragische Satire, die die ganze Erbärmlichkeit und das ganze Grauen des Lebens in ihren Bereich einbezieht und dazu fromm und spitz lacht. Die meiste Negerkunst, die ich gesehen habe, war eine solche tragische Satire, wie die Märchen »Der große Klaus und der kleine Klaus« und »Der Schweinehirt« und »Old Tom of Bedlam's Song«. – Das Volk mag keine Übertreibungen, weder Heldenepen noch Karikaturen, es ist leise, selbst in seinen Leidenschaften. Es untertreibt, falls man das Wort benutzen kann, absichtlich und sagt über die Menschen, denen es höchstes Lob spenden will, daß sie »nicht ohne sind« – wörtlich genommen jedoch eine mäßige Anerkennung. [...]

Gleichzeitig mit der Aufführung von *König Lear* im Deutschen Theater wurden Bernard Shaw, Musset und Ibsen in Berlin gespielt. Wie es scheint, gibt es in den klassischen Werken nichts, was das Dritte Reich glaubt fürchten zu müssen. Die Deutschen eignen sich jedoch die klassische Kunst des Auslands auf ihre Weise an, in Großmachtmanier, und dem Fremden aus einer kleinen Nation, der zuhört, während sie darüber reden, kann dabei schon etwas beklommen zu Mute werden. Shakespeare, sagen sie, ist kraft seiner gewaltigen Menschlichkeit in Wirklichkeit Germane, Shaw ist in seinem klaren Gespür für Probleme Germane, Ibsen ist in seiner Wahrheitssuche und in seinem bitteren Idealismus Germane. Und die eifrige deutsche Gastfreundschaft vereinnahmt nicht allein die klassische dramatische Kunst auf diese Weise, sondern Kunst und Taten der ganzen Geschichte. – Hans Christian Andersen wird hereingebeten, durch sein Gemüt ist er ja deutsch, Søren Kierkegaard ist es durch seine Tiefe, Rembrandt ist deutsch in seinem künstlerischen Ernst, und Michelangelo ist allein schon durch sein Format Germane. Das ist ein Glaube, der Berge versetzen kann, und man blickt sich erschrocken um – wieviel soll hier unter diesem Erdrutsch begraben werden? – Seht her! Deutschland führt einen Feldzug wie Alexander der Große – möge es der Welt beweisen, daß Alexander und die alten Griechen im Geiste und in Wahrheit Deutsche waren.

Howard Smith

Die Stimmungskurve der Deutschen

Howard Smith arbeitete von 1940 bis 1941 als Korrespondent für *United Press,* die *New York Times* und *CBS* in Berlin. Der Originaltitel seines Buches lautet: *Last Train from Berlin.* Smith gelang es, buchstäblich mit dem »letzten Zug« aus Deutschland über die Schweizer Grenze auszureisen. Als die Japaner Pearl Harbor überfallen hatten, erklärte Adolf Hitler den Vereinigten Staaten den Krieg. Als Angehöriger eines feindlichen Landes wäre Smith interniert worden. In der Schweiz angekommen, verfaßte er seinen Erlebnisbericht. Teile des Buches wurden, wie Smith in seinem Nachwort zur Neuausgabe von 1982 erzählt, in die Sprachen besetzter Länder übertragen und von alliierten Flugzeugen abgeworfen. In Dänemark brachte die Untergrundbewegung Broschüren in Umlauf. Der Stoff sollte sogar in Hollywood – mit Gary Cooper in der Hauptrolle – verfilmt werden. – Es handelt sich nicht um einen bloßen Erlebnisbericht; das Buch entwickelt aus alltäglichen Beobachtungen eine Reihe scharfer Analysen – beispielsweise der Stimmungskurve der deutschen Bevölkerung, deren Verlauf von der jeweiligen Aussicht auf Frieden abhängig war.

Die Kurve, die den Verlauf der deutschen Moral nachzeichnet, ist keine elegante Schlangenlinie, die sich – wie die Stimmungskurve praktisch aller Völker, die im Frieden leben – langgezogen aufwärtsbewegt und langsam und ruhig wieder abwärtsgleitet. Sie ist vielmehr eine Zackenlinie auf niedrigem Niveau, die anfallartig plötzlich in die Höhe schnellt, um sofort wieder scharf nach unten abzuknicken. Der Grund für ihre krassen Konturen ist die unverminderte Angst vor diesem Krieg, die das deutsche Volk immer noch beherrscht, und die naive Bereitschaft, auch noch dem aberwitzigsten Gerücht zu glauben, das auf ein baldiges Ende des Krieges hindeutet. [...]

Die Moral war schon in Friedenszeiten nicht gerade hoch gewesen. Nach den Erfahrungen während meines ständigen Hin- und Herreisens zwischen England und Deutschland bin ich davon überzeugt, daß das erste Opfer von Hitlers Nervenkrieg gegen England – welche Wirkung er auch immer dort erzielt haben mag – in Wirklichkeit das eigene Volk gewesen ist. In der Zeit des Münchener Abkommens waren die Engländer beunruhigt, sogar äußerst beunruhigt; ich weiß das, denn ich lebte damals in England und war ebenfalls beunruhigt. Aber als ich kurz darauf nach Deutschland fuhr, waren die Zeichen der Anspannung dort weitaus krasser als alles, was ich persönlich in England erlebt hatte. Der Inhaber der Pension, in der ich in Köln meist wohnte, war nach dem Münchener Abkommen plötzlich aus der Pacht ausgestiegen und von Köln weggezogen, weil er Angst hatte, seine Pension liege zu dicht am Hauptbahnhof. Die allgemeine Stimmung brachte wohl am besten ein deutscher Student auf den Begriff, der in Amerika studiert hatte und den ich aus München kannte. Auf die Frage, wie er sich als junger Deutscher in Hitlers Reich fühle, antwortete er: »Es ist, als ob man mit einem kühnen jungen Artisten verheiratet ist, der am fliegenden Trapez arbeitet. Es wird nie langweilig, aber für die Nerven ist es eine Katastrophe.«

Wie mir meine Kollegen berichteten, fiel die Stimmungskurve nach der ersten Kriegserklärung steil ab und erreichte einen neuen Tiefpunkt. Im zweiten Kriegsmonat aber schnellte sie plötzlich in Rekordhöhe, und zwar an jenem Tag, als irgendein Schurke – man sprach von einem Juden, einem Bolschewisten oder einem Plutokraten, der mit dem Fallschirm abgesprungen war – ein Gerücht in die Welt setzte: Premierminister Chamberlain sei zurückgetreten und England habe sich zu Friedensverhandlungen mit Hitler bereiterklärt. Das Gerücht wanderte durch ganz Berlin. Hunderte von Berlinern versammelten sich vor der Reichskanzlei und riefen in Sprechchören: »WIR WOLLEN UNSEREN FÜHRER!« – aus Dankbarkeit für den schnellen Frieden, der gar nicht eingetreten war. In einer solchen Verfassung treffen Enttäuschungen umso härter; die Entdeckung, daß es mit dem Frieden nichts wurde, löste einen Anfall von Depression aus.

Die Invasion in Dänemark und Norwegen belebte die Stimmung ein wenig, ließ sie aber nicht nennenswert ansteigen. Wie gleichgültig die Bevölkerung auf diesen einmalig kühnen Sprung übers Meer zur Besetzung eines gebirgigen Landes reagierte, davon zeugten in brutaler Offenheit die Stapel unverkaufter Extrablätter, neben denen die Zeitungsjungen einen ruhigen Nachmittag verbrachten. Die leichte Begeisterung, die es gegeben haben mag, wurde durch das Wissen wieder eingedämmt, daß diese Eroberungen ein strategischer Gewinn sein mochten, für den Frieden aber nicht entscheidend waren – und allein daran war und ist das deutsche Volk interessiert. Ich kann mich an ein typisches Gespräch von zwei alten Leuten erinnern, denen ich an jenem Vormittag nach der Invasion in Norwegen bei einem Besuch im Berliner Zoo begegnete. Der eine war ein alter Mann mit Kaiser-Wilhelm-Bart, der offensichtlich jeden Tag seinen Dackel im Zoo spazierenführte, der andere war der Kontrolleur am Eingang, der dem alten Mann die Karte abnahm und sagte:

»MORGEN. Schon gehört, heute morgen sind wir in Norwegen einmarschiert.«

»JA«, sagte der Besucher und nahm seine Zigarre aus dem Mund, »und in Dänemark auch.«

»JA«, sagte der Kontrolleur und reichte die abgerissene Karte zurück.

»AUF WIEDERSEHEN.«

»WIEDERSEHEN.« Und der alte Mann und sein Dackel gingen durch das Tor, um das merkwürdige Verhalten der Tiere zu beobachten, der wilden wie der zahmen.

Der Beginn des Frankreichfeldzuges brachte dagegen eine entschiedene Reaktion: einen drastischen Stimmungsabfall.

Was das Bewußtsein der Deutschen mit am meisten gefährdet, ist das Denken in Parallelen zum Ersten Weltkrieg. Fällt auch nur der Name eines Ortes, um den im letzten Krieg blutige Schlachten stattfanden, so löst das unvermeidlich die Vorstellung aus, es könnte wieder so ähnlich ausgehen. Genau das tat die Meldung vom Überschreiten der belgischen Grenze am 10. Mai. In einer Pension am Kurfürstendamm, in der ich damals wohnte, kam ein anderer Pensionsgast, ein schon älterer Preuße zu mir ins Zimmer, nachdem er gerade die Überschriften in der Zeitung gelesen hatte. Er setzte sich hin und sah mich besorgt und forschend an.

»Es hat angefangen«, sagte er. Ich konnte nur zustimmen.

»Nun wird es richtig losgehen«, meinte er dann und starrte wieder auf seine zusammengefaltete Zeitung.

»Wir haben diesen Krieg nicht gewollt. Wirklich nicht.«

Tränen stiegen in seine harten, alten Augen, als er weitersprach und die altbekannte deutsche Sache verteidigte. Dies war typisch für die Weltkriegs-Generation: sie vertraute nicht auf die Stärke der Deutschen, sie glaubte uneingeschränkter als jeder Engländer oder Franzose an die deutsche Unterlegenheit, und sie flehte beim einzigen Ausländer in Reichweite um Gnade. Es war eine rührende kleine Szene, aber zu Mitgefühl konnte ich mich nur schwer durchringen. Wer sich am Anfang duckt, wird im Augenblick des Triumphes im Handumdrehen herrisch und arrogant.

Die raschen Siege drückten die Stimmungskurve wieder nach oben: Eben Emael, Lüttich, Brüssel, Dünkirchen wurden eingenommen. Aber es bleibt ein erstaunlicher Beweis für das mangelnde Vertrauen in die eigene Armee, daß die meisten Deutschen, mit denen ich mich unterhielt, auch noch nach Dünkirchen – als die deutschen Truppen kurz (nur einen Tag) innehielten, um zum entscheidenden Angriff gegen die Franzosen Anlauf zu nehmen – das Gefühl hatten, sie würden besiegt werden. Ihr Glaube an den Endsieg war in keiner Weise gestärkt. Als die deutschen Truppen 1940 an der Somme plötzlich Halt machten, war sofort die Erinnerung wieder da, wie Moltke zur Marne vorgestoßen war, wie die Front dort festgelegen und das vierjährige Elend eines Abnutzungskrieges begonnen hatte. Auf einen Höhepunkt stieg die Moral, als der Waffenstillstand mit Frankreich unterzeichnet wurde. Eigenartigerweise gab es nach diesem Ereignis, das doch einen der größten militärischen Siege aller Zeiten anzeigte, keinerlei Demonstrationen auf den Straßen. In ganz Berlin war keinerlei offener Ausdruck dieser Hochstimmung zu verzeichnen. (Kurz zuvor, als Italien einen sicheren Moment abgepaßt hatte, um in den Krieg einzusteigen, war es zum ersten und während des Krieges einzigen Demonstrations»zug« durch die Straßen von Berlin gekommen, dem einige Deutsche auf den Bürgersteigen verständnislos hinterherglotzten. Der Zug war von den paar faschistischen Schwarzhemden organisiert, die es in Berlin gab, und bestand aus etwa fünfzig deutschen Studenten, die teutonisch verlegen aus der Wäsche schauten, wie sie da hinter drei oder vier Italienern in schwarzer Faschistenuniform einhermarschierten.)

Etwa einen Monat später geschah etwas Außergewöhnliches. Die Kurve erreichte eine absolute Rekordhöhe. Es war das einzige Mal, daß ich Szenen echter, hemmungsloser Begeisterung erlebt habe: Deutsche, die vor reiner, spontaner Freude lachten und weinten – das ist weder davor noch danach jemals wieder vorgekommen. Eine Division Berliner Infanterie war aus Frankreich zurückgekehrt. Sie sollte die West-Ost-Achse entlang durch das Brandenburger Siegestor hindurch und die Straße Unter den Linden hinuntermarschieren. Nach der Parade sollte die ganze Division demobilisiert werden. Endlich ein reales, fühlbares Zeichen des Sieges, das die Beendigung eines Krieges anzeigte, den die Deutschen haßten und fürchteten. Da kamen sie. Söhne, Männer und Väter, sonnengebräunt und gekräftigt nach langem Militärdienst, glücklich wie die Kinder, endgültig zu ihren Familien zurück. Die Gebäude an der Straße Unter den Linden waren mit großen rot-weißen Fahnentüchern behängt, jedes von ihnen 40 Meter lang und 3 Meter breit. Auf der Siegesallee und auf allen auf sie zuführenden Straßen hatten sich Tausende von jubelnden Menschen eingefunden. Die Soldaten marschierten an der Ehrentribüne vorbei, die am Pariser Platz vor der amerikanischen und – welche Ironie – der französischen Botschaft aufgebaut war und auf der Goebbels und der Kommandeur der Berliner Garnison ihren militärischen Gruß erwiderten. Dann marschierten sie in Wolken von Konfetti Unter den Linden entlang. Kinder durchbrachen die Polizeiketten und überreichten den marschierenden Soldaten Blumen, ein Dutzend Militärkapellen spielte Märsche. Ein wirklich wunderbarer Tag. In all diesen glücklichen Herzen lebte der Glaube, damit sei nun der Krieg endgültig zu Ende. Aber so symbolisch es war, daß die Ehrentribünen vor der alten französischen Botschaft aufgebaut waren, so symbolisch war es vielleicht auch, daß die Route dieser Siegesparade am östlichen Ende der Straße Unter den Linden direkt auf das Hauptportal von Kaiser Wilhelms Schloß zustößt, wo der oberste Kriegsherr des Ersten Weltkrieges residiert hatte. Aber das entging der allgemeinen Aufmerksamkeit.

Die Ehrentribünen am Pariser Platz blieben noch einen weiteren Monat aufgebaut, gekrönt vom Adler des deutschen Heeres. Offensichtlich sollten weitere Divisionen von der Front zurückkehren und demobilisiert werden. Eines Tages wurde dann von der Mitte der Tribüne der Heeres-Adler entfernt und das Luftwaffen-Emblem, der goldene Adler mit den ausgebreiteten Flügeln, an seine Stelle montiert. Offenbar standen ein paar unwiderstehliche Schläge gegen England bevor; der nächste Sieg – und die Berliner Luftwaffeneinheiten würden von der Front heimkehren, um auf den Spuren der Infanterie durch das Siegestor zu marschieren, hinein in die Freiheit vom Kriegsdienst. England würde angesichts des Friedensversprechens des Führers und seines Wunsches, »das Empire zu schonen«, rasch zur Vernunft kommen, und die ganze Geschichte würde zu Ende sein.

Es ist durchaus nicht nur eine Erfindung der Presseleute, daß Deutschland – Volk wie Führer – damals damit rechnete, England werde auf Friedensverhandlungen eingehen. Mir war aus höchst zuverlässigen Quellen bekannt, daß das Propagandaministerium damals bereits Aufträge an Dekorationsfirmen vergab, die die Hauptstraßen der deutschen Städte für die triumphale Heimkehr aller deutschen Truppen mit Siegessäulen ausstaffieren sollten. Mein Informant ist der Leiter einer der Firmen, die einen solchen Auftrag erhielten, und diese Firma fing im Juli 1940 tatsächlich damit an, solche Straßendekorationen anzufertigen. Aus verläßlicher Quelle hörte ich auch, daß Hitler einen seiner führenden Architekten nach Berlin kommen ließ, um außerhalb Berlins einen neuen, einzigartigen Triumphbogen errichten zu lassen, der noch ein wenig größer ausfallen sollte als der *Arc de Triomphe* in Paris.

Was aus diesen Hoffnungen geworden ist, ist bereits Geschichte. Churchill hielt offenbar nichts von der Idee. Der Goldglanz auf den Flügeln des Adleremblems verschwand unter dem ersten Schnee des Winters, und eines späten Abends bemerkte ich bei einem Spaziergang Unter den Linden einen Trupp Arbeiter, der die Siegestribüne auseinandermontierte und diese Planken der Hoffnung in Lastwagen davonkarrte. Sie arbeiteten zügig, und am nächsten Morgen lag der Pariser Platz wieder frei und offen da. Danach sackte die Stimmungskurve steil nach unten. Und wie die Kurve der amerikanischen Konjunktur nach 1929 hat sie sich nie wieder richtig emporgearbeitet. Die geschilderten Szenen wiederholten sich in kleinerem Maßstab in ganz Deutschland. In vielen Dörfern wölbten sich am Ortseingang rohgezimmerte kleine Triumphbogen über die Straßen. Ich sah welche auf einer Autotour durch Süddeutschland, artig verziert mit Tannenzweigen und kleinen Blumensträußen, die in der Mitte an vergoldeten Kordeln herunterbaumelten. Die Transparente, die an solchen Bögen angebracht waren, verkündeten: »Rothenburg (oder Nördlingen oder Dillingen) grüßt seine siegreichen Helden«. Als ich sie später noch einmal sah, waren die Tannenzweige vertrocknet, die Nadeln fielen von den Zweigen und die Blumen waren vom Regen verwaschen.

Harry Flannery

In der Wildwest-Bar

Um seinen Vorgänger William Shirer als Korrespondent abzulösen, kam Harry Flannery im November 1940 nach Berlin. In seinem Buch *Assignment to Berlin* schildert Flannery seine zehnmonatige Mission in Deutschland: von der Anreise (über Portugal und Spanien) bis zur Ausreise im September 1941. (Die folgenden Auszüge beziehen sich in chronologischer Reihenfolge auf Ereignisse von Ende November 1940 bis zum Herbst 1941.)

Während eines Luftangriffs am Abend des 26. November war ich zum erstenmal in einem öffentlichen *Luftschutzraum** eingeschlossen. Ich befand mich gerade auf der belebten Friedrichstraße, als die Sirenen aufheulten. Plötzlich beschleunigten die Passanten ihre Schritte, die leisen Gespräche wurden aufgeregter, hier und da drangen laute Rufe durch die Dunkelheit. Ich blieb stehen, drehte mich um und schloß mich den Leuten an, die in Richtung Unter den Linden eilten. Einige kamen uns entgegen. Ein Polizist hielt mich auf.

»Suchen Sie sofort einen Luftschutzraum auf«, sagte er.

»Aber mein Hotel ist nur zwei Ecken weiter, das Adlon.«

»Interessiert mich nicht, Sie müssen einen Luftschutzraum aufsuchen.«

Ich drehte mich um und ging langsam in die entgegengesetzte Richtung. Ein junger Mann in einer der vielen Naziuniformen kam vorbei, es war die eines Luftschutzbeauftragten. Ich fragte ihn nach dem nächstgelegenen Schutzraum. Wir gingen zusammen. Er erkannte meinen Akzent und meine Unsicherheit im Deutschen, erklärte, daß er acht Jahre zuvor in der Schule Englisch gelernt habe, und schlug vor, unsere Unterhaltung auf englisch zu führen. Er sprach so schlecht Englisch wie ich Deutsch, aber es war ein interessantes Sprachenmischmasch. An der Straßenecke stießen wir auf eines der gelben Hinweisschilder mit der Aufschrift »Luftschutzraum«. Wir gingen dorthin, standen im Hauseingang und unterhielten uns. Der Luftangriff hatte begonnen. Wir beobachteten die langen Finger der Scheinwerfer, die den Himmel absuchten, wir sahen das Feuerwerk der Luftabwehrkanonen und den hellen Schein der Leuchtspurgeschosse, hörten das dumpfe Grollen in der Ferne und den Höllenlärm, wenn die Kampfhandlungen näher rückten. Der Luftschutzwart trat auf uns zu.

»Sie müssen nach unten«, sagte er. »Ich bin für diesen Abschnitt zuständig, niemand darf draußen bleiben. Jemand könnte Sie sehen und mich anzeigen.«

Wir zögerten einen Moment und tasteten uns dann durch einen langen, dunklen Korridor eine Treppe hinunter, wo blaue Lämpchen brannten, bis wir in einen Keller kamen. Der Raum war ausgestattet mit rohen Holztischen und Sitzbänken, wie man sie für ein Picknick im Grünen verwendet. Ein paar ärmlich gekleidete Männer und Frauen saßen an dem Tisch vor uns, einige unterhielten sich, andere hatten den Kopf in die Arme gelegt. An den anderen Tischen saßen junge Soldaten, die sich lachend mit ihren Mädchen unterhielten, manche saßen auf den Tischen, ein Mädchen rechts neben mir baumelte mit den Beinen. Andere saßen auf den Bänken, hielten einander in den Armen. Einige Soldaten hatten offensichtlich getrunken.

Der junge Luftschutzmann und ich standen neben einem Stützpfeiler und sprachen miteinander. Einer der jungen Soldaten kam auf uns zu.

»Ich habe gehört, daß Sie englisch reden«, sagte er. »Ich möchte mich zuerst entschuldigen, daß einige von uns getrunken haben. Wir hatten einen schweren Tag, wir haben Wein und Bier getrunken, dagegen gibt's doch nichts zu sagen, oder?«

Ich pflichtete ihm bei.

»Ich war mal in England«, fuhr der Soldat fort. »Ein Jahr war ich drüben, habe Klavier in einer Kapelle gespielt. Hat mir gefallen, die Leute waren nett, war eine tolle Zeit.«

Dann richtete er sich auf, beugte sich zu mir und hielt mir den ausgestreckten Finger ins Gesicht.

»Aber jetzt ist Krieg«, rief er, »ich hasse die Engländer. Sie sind mir egal, ich will sie nur abknallen.«

Die Situation in einem Luftschutzkeller, mit lauter betrunkenen Soldaten, war nicht besonders dazu angetan, England zu verteidigen. Ich antwortete nur, daß ich ihn verstehen könne, und überlegte, in welche Ecke ich mich zurückziehen konnte. Dann wurde zu meiner Erleichterung Entwarnung gegeben, der durchdringende, ununterbrochene Sirenenton. Alles sprang auf und drängte unter freudigen Rufen zur Treppe. Der Soldat hatte mich schon vergessen.

Der Luftschutzmann war dagegen sehr besorgt um mich. Er bestand darauf, mich zu meinem Hotel zu begleiten.

In der *Wochenschau** wurden amerikanische Filmaufnahmen von den deutschen Luftangriffen auf London gezeigt. Der Film begann mit Bildern von deutschem Bodenpersonal beim Verladen großer Fliegerbomben, drei Meter lang und so schwer, daß sie von einem Traktor und sechs Mann herangeschafft werden mußten und an Stahlseilen und mit besonderen Winden in die Schächte hochgehievt wurden. Dann sah man die deutschen Flugzeuge in den Wolken. Unten am Boden zeichneten sich die Umrisse der Themse ab. Die Bomben wurden ausgeklinkt. Berge von Erde flogen in die Höhe, Rauchwolken stiegen auf. Dann folgten die amerikanischen Aufnahmen von den Londoner Trümmern. König George und Königin Elizabeth sahen sich das Zerstörungswerk an. Keine Stimme wies darauf hin, wer die beiden waren, und ich glaube nicht, daß die deutschen Zuschauer wußten, um wen es sich handelte. Jedenfalls zeigte das Publikum keinerlei Reaktion.

Die Haltung der Zuschauer war sehr aufschlußreich. Die Bombardierung Londons endete mit einer Nahaufnahme von Winston Churchill, zu der die Stimme des deutschen Kommentators rief: »An alldem ist Winston Churchill schuld!« Jedes andere Publikum, zumal einer kriegführenden Nation, hätte wütend auf den Regierungschef des Feindes reagiert, wahrscheinlich empörte Racherufe ausgestoßen, doch die deutschen Zuschauer saßen stumm und ruhig da.

Auch die nächsten Filmaufnahmen waren interessant. Man sah japanische Soldaten vorbeimarschieren. Amerikanische Zuschauer hätten beim Anblick einer Einheit von Verbündeten begeistert geklatscht, aber auch diesmal machten die Deutschen nur leise Bemerkungen und husteten nervös. Möglicherweise hatten sie, wie mir von einigen berichtet worden war, Probleme damit, daß sie, das angebliche Herrenvolk, weiß, blond und arisch, dem die Reinheit der Rasse das höchste Gut war, diese kleinen braunen Männer zu Hauptverbündeten hatten. Das erklärte vermutlich die mangelnde Reaktion der Zuschauer, aber ihre Haltung zeigte mir auch diesmal, daß die Deutschen nicht vom Krieg begeistert waren, daß sie ihn akzeptierten als bitterernste Angelegenheit, die sie nur dann bejubelten, wenn einer ihrer Volksredner sie dazu überredete oder die Einpeitscher sie dazu anhielten.

Einmal abgesehen von den Ausbrüchen nationalsozialistischer Politiker im Radio und in der Presse und abgesehen auch von Berichten über fieberhafte diplomatische Aktivitäten und Gerüchten über Truppenbewegungen, deutete Anfang 1941 in Berlin wenig darauf hin, daß Krieg war. Keine Luftangriffe schreckten uns auf, und der Konflikt schien fern.

Der Schnee, der im November gefallen war, blieb bis in den Januar hinein liegen, und alle paar Tage schneite es. An einem Sonntag gingen Joe Harsch [ein Journalisten-Kollege] und ich vor dem Essen in der Budapester Straße durch den Tiergarten, sahen die Soldaten, die mit ihren gestiefelten Mädchen am Arm spazierengingen, Familien, die rasch vorbeieilten, Kinder, die ohne Schlitten schneeglatte Hügel heruntersausten, Schlittschuhläufer auf den Seen und Wildenten, die auf dem Eis umherwatschelten und auf den offenen Gewässern schwammen.

Unter den Linden drängte sich das Volk, vor den Schaufenstern blieb man stehen und ging dann langsam weiter. Fast jeden Sonntag waren Männer und Frauen auf den Straßen, die mit ihren roten Sammelbüchsen für das Winterhilfswerk sammelten – für die Notleidenden in einem Land ohne Arbeitslose, so daß nicht ganz einsichtig war, daß irgend jemand staatliche Unterstützung benötigte. Im Flüsterton wurde gemunkelt, daß das Geld zum größten Teil in die Kriegskassen floß. Jedenfalls wurde jede zweite Woche drei Tage lang, von Freitag bis Sonntag, für das Winterhilfswerk gesammelt.

Als ich an diesem Sonntag die Linden entlangging, spielten Orchester auf den Grünstreifen zwischen den beiden Fahrbahnen, verkleidete Figuren, auch Kühe und Pferde, tanzten zur Musik. Es gab sogar warme Würstchen, für die man der Verkäuferin Fleischmarken im Wert von 50 Gramm aushändigen mußte. Altmodisch kostümierte Leute fuhren in Kutschen vorbei und hielten an den Ecken, um zu sammeln. Unter den Linden waren es hochgewachsene Männer in Schornsteinfegerkluft, mit Zylinder und Besen, nach deutscher Tradition Glücksbringer, die mit ihren Sammelbüchsen klapperten.

Damit die Sammlung ein wenig Abwechslung bekam, war jedesmal eine andere Gruppe für die Sammlung zuständig – in der einen Woche war es die Polizei, dann das Militär, die Arbeitsfront, das Rote Kreuz oder die Hitlerjugend. Und jedesmal gab es andere Anstecknadeln – einmal gab es kleine Blumen, kleine Bücher über den Krieg, dann wieder kleine Panzer, Flugabwehrkanonen, Flammenwerfer und andere Waffen, und als die Polizei dran war, gab es kleine Verkehrszeichen. Ich weiß noch, daß es am 19. Januar Abzeichen pittoresker Berliner Typen gab – Blumenfrauen vom Potsdamer Platz, Milchmänner mit ihren Glocken, *Dienstmänner** in ihren langen weißen Schürzen und einzelne Originale wie Erich Carow, den Kneipenwirt im Berliner Norden. Einmal gab es die Tierkreiszeichen als Anstecker, unter denen man sich das eigene heraussuchte. Meistens versuchte ich, auf ein Abzeichen zu verzichten, doch bei dieser Gelegenheit bekam ich eines – es war das Zeichen »Zwillinge«. Ein andermal gab es kleine Glasknöpfe mit den Köpfen prominenter Deutscher – Hitler, Hindenburg, Bismarck, Goethe, Schiller und anderer. Von Hitler wurden bewußt nicht so viele Abzeichen hergestellt, so daß sie am Ende eine Rarität darstellten und mehr Geld einbrachten – bis zu zweihundert Mark. In meinem Bericht an jenem Tag gelang es mir, trotz Zensur, den Satz durchzubringen, daß die Deutschen für den Kopf Hitlers viel Geld bezahlten.

Anders als in den Vereinigten Staaten schützte das Tragen einer Anstecknadel nicht vor weiteren Spendenappellen. Sie wies einen offenbar als potentielles Opfer aus, und manche Leute trugen das ganze Angebot der Woche am Mantelaufschlag. Mitunter waren die Sammler sehr hartnäckig. Einmal kam ein stämmiger Arbeiter in die U-Bahn, sagte ein paar Worte und hielt dann allen Leuten seine rote Sammelbüchse unter die Nase. Einmal wurde ich in einem Nachtclub um eine Spende gebeten. Zuerst war ich noch höflich.

*»Nein, danke«**, sagte ich.

Der Mann ließ nicht locker.

*»Nein, danke«**, sagte ich, diesmal lauter.

Er gab noch immer nicht auf.

»I don't want any!« rief ich auf englisch.

Der Mann starrte mich mit offenem Mund an, ließ aber von mir ab.

Später habe ich mich noch öfter dieser Methode bedient. Wenn ich auf englisch antwortete, guckten mich die Spendensammler meist irritiert an und ließen mich in Ruhe.

Busse, Straßenbahnen und U-Bahnen waren immer voll, besonders sonntags, wenn die Verkehrsverbindungen eingeschränkt waren. Unter den Passagieren befanden sich Familien, die in die Ausflugslokale und ins Konzert oder ins Theater fuhren, in Kaffeehäuser und Restaurants. In Richtung Westen waren es oft junge Leute, die mit Skiern in den Grunewald wollten. Soldaten unternahmen Besichtigungsfahrten in alten Pferdekutschen, die Wilhelmstraße hinunter und durch das Brandenburger Tor. Zahllose Lastwagen, die Soldaten beförderten, manchmal auch Panzer und Geschütze, fuhren vorüber.

An Werktagen sah man viele kleine Autos, die mit Motorradmotoren betrieben wurden, kleine Dreiradlieferwagen und Fahrzeuge mit zwei, drei Anhängern. Pferdefuhrwerke waren keine Seltenheit, und ich habe sogar alte Postkutschen aus der Zeit der Jahrhundertwende gesehen, die wieder aktiviert worden waren, weil sie von Pferden gezogen werden konnten. Bequeme Limousinen standen nur vor den Büros hoher Staatsrepräsentanten und den großen Hotels, etwa dem Adlon, denn nur die hohen Nazis oder deren Gäste durften darin fahren.

Von den kleinen Leuten durfte niemand ein Auto fahren, es sei denn, man konnte nachweisen, daß es unbedingt notwendig war, und auch dann durfte man es nur benutzen, wenn man sein Ziel nicht mit öffentlichen Verkehrsmitteln erreichen konnte. Als Geschäftsmann hatte man noch lange keinen Anspruch auf einen Lieferwagen, und wenn man mit Waren zu tun hatte, die ein Fahrzeug notwendig machten, durfte man es einem Freund nur ausleihen, wenn man eine Geldstrafe zwischen 50 und 300 Mark, den Verlust des Führerscheins und womöglich sogar die Beschlagnahme des Autos riskieren wollte.

Es war verboten, mit dem Taxi ins Theater, ins Restaurant oder zu Freunden zu fahren. Nur Kranke, Invaliden, Alte und Reisende mit schwerem Gepäck durften Taxis benutzen. Anfang 1941 wurde verfügt, daß Taxis nach 21 Uhr nicht mehr fahren durften, so daß jeder, der nach neun ein Taxi brauchte, die Polizei einschalten mußte. Ich habe oft erlebt, wie Polizisten Taxis anhielten und prüften, ob der

Reisende zur Fahrt berechtigt war. Wenn der Fahrer die betreffende Person unbefugt beförderte, mußte er ebenfalls mit einer Strafe und eventuell dem Verlust von Lizenz und Auto rechnen.

Wer ein Auto fahren durfte, erhielt nur soviel Benzin zugeteilt, wie unbedingt notwendig war. Bill Shirer durfte ein Auto benutzen, weil er versichert hatte, daß er oft zum Sender fahren müsse zu einer Zeit, in der es kein anderes Verkehrsmittel gab. Bei ausländischen Korrespondenten waren die Nazis meist großzügig. Im ersten Jahr verlangten sie keinen neuen Führerschein, sofern man eine Fahrerlaubnis aus einem anderen Land besaß, allerdings mußte man stets eine deutsche Übersetzung mit sich führen. Mein Führerschein war in University City, Missouri, ausgestellt worden. In der deutschen Fassung, abgestempelt vom deutschen Automobilclub, war die Abkürzung »Mo.« (für Missouri) mit »Mexiko« übersetzt worden. An Benzin bekam man monatlich zwischen 25 und 500 Liter zugeteilt. Der staatlich festgesetzte Benzinpreis betrug 0,44 Mark pro Liter.

Deutsche Autobesitzer wurden ermahnt, die Reifen sorgfältig zu behandeln. Auf neue Reifen mußte man wochenlang warten, und wenn Reparaturen anfielen, mußte man sich an ein besonderes Amt wenden, das eine Genehmigung erteilte, die nur für diesen Tag gültig war. Und da die Wehrmacht absoluten Vorrang hatte und Arbeitskräfte knapp waren, mußte man mindestens eine, manchmal auch zwei Wochen warten, bevor mit der Reparatur überhaupt begonnen wurde.

Viele Privatautos wurden mit Holzgas betrieben, wobei im Innern des Autos oder auf einem kleinen Anhänger ein Öfchen mittransportiert wurde. Holzgas war recht erfolgreich, auch wenn die Zylinder täglich gereinigt werden mußten, und so verbreitet, daß es allein in Berlin und Umgebung zweihundert Tankstellen für Holzgas gab.

Busse und einige Lieferwagen wurden mit einem Gas betrieben, das aus Abfall gewonnen wurde. Vorn neben dem Fahrer war ein großer Tank eingebaut.

Alle deutschen Autos mußten mit roten Winkern ausgestattet sein, damit der Fahrer das nachfolgenden Fahrzeugs sich auf ein Abbiegen nach rechts oder links einstellen konnte. Diese Winker wurden vom Armaturenbrett aus bedient.

Die deutschen Autobahnen, mit zwei breiten Fahrspuren in jeder Richtung, durch Grünstreifen voneinander getrennt, und mit kleeblattartig geführten Schnittpunkten, die einen kreuzungsfreien Verkehr garantierten, waren die eindrucksvollsten Straßen, die ich je gesehen habe. Sie verbanden alle größeren deutschen Städte und waren tatsächlich nicht so sehr für den Personenverkehr gedacht, sondern, wie alles in Nazi-Deutschland, für eine rasche Bewegung mechanisierter Truppenverbände.

—

Unlängst war der Tag der Wehrmacht. Zu diesem Anlaß war der Waffenstillstandswagen von Compiègne im Lustgarten aufgestellt worden, und gegen Eintritt konnte man auf einer eigenes errichteten Plattform an dem dunkellackierten Waggon entlanggehen und zu den Fenstern hineinschauen. Auf dem offenen Platz zwischen Staatsoper und Kronprinzenpalais standen leichte und schwere Panzer, Flugzeuge, Flugabwehrkanonen und andere Geschütze, auf denen die Jungen herumturnen, an deren Kurbeln sie herumdrehen und durch deren Visiergeräte sie schauen durften. Auf dem Grünstreifen unter den Linden standen Feldküchen, an denen Essen verteilt wurde. Und überall im Reich waren Kasernen, Exerzierplätze, Marinestützpunkte und Fliegerhorste Schauplatz militärischer Vorführungen, von Spielen und Unterhaltung, an denen die Prominenz aus Film, Varieté und Oper teilnahm.

—

In einer Berliner Kaserne, die ich besuchte, waren mehrere Säle als Cafés hergerichtet, die Spanien, Rumänien, Rußland, die Niederlande, Skandinavien, Italien, den Balkan und sogar die Vereinigten Staaten repräsentierten. Das schien mir ein interessanter Hinweis darauf zu sein, daß die Deutschen, weniger emotional als die Amerikaner, trotz aller amerikafeindlichen Zeitungspropaganda nichts gegen amerikanische Staatsangehörige und Amerikanisches hatten – von Einzelfällen einmal abgesehen. Das Sternenbanner wehte vor dem Amerika-Haus am Adolf-Hitler-Platz, es schmückte das Wandmosaik bei Braun Unter den Linden, eine Bäckerei in der Friedrichstraße Ecke Unter den Linden zeigte die englische und amerikanische Fahne, und auch vor dem Haus Vaterland am Potsdamer Platz wehte das Sternenbanner.

Haus Vaterland hatte, genau wie die Kaserne, mehrere Räume im Stil verschiedener Länder geschmückt. Die Wildwest-Bar erinnerte an eine Blockhütte, Porträts von Lincoln und Jefferson hingen an der Wand, eines von Bill Hart hing über der Bar, daneben eine Anheuser-Busch-Reproduktion von *Custer's Last Stand.* Ein Fenster war so dekoriert, als blicke man über eine Wildwest-Landschaft mit Bergen im Hintergrund und einer einsamen Hütte im Tal, in der Licht brannte. Die großen blonden Kellner, mit Cowboy-Hemden und bunten Tüchern um den Hals, waren nicht sehr überzeugend kostümiert, aber viel erstaunlicher war, daß Deutschland bereit war, Krieg gegen die Vereinigten Staaten zu führen, obwohl man überhaupt nichts gegen die Amerikaner hatte.

Draußen vor der Wildwest-Bar blieb ich neben einem Schußapparat stehen, mit dem man auf Bilder vorbeifliegender Flugzeuge schießen konnte. Zwei junge Flaksoldaten waren dort zugange. Der eine schoß mit großer Inbrunst, trat dann zurück, schlug sich auf die Brust und rief: »Ich will mein *Ritterkreuz** haben!«

Vor der Potsdamer Kaserne standen am Tag der Wehrmacht Wachposten in den bunten Uniformen der kaiserlichen *Garde du Corps.* Einige marschierten und ritten in Husaren-, Ulanen- und Dragoneruniform vorbei. Andere fuhren in uralten Kutschen durch den Park. In einer Kaserne demonstrierten Soldaten ihre akrobatischen Kunststücke auf Pferden und Motorrädern, Panzer führten eine Schlacht vor, Kinder durften in Beirädern, in gepanzerten Mannschaftswagen und

Panzern mitfahren, kleine Jungen lagen hinter Maschinengewehren und schossen auf ein in der Luft schwebendes Flugzeugmodell, und Mädchen konnten für zehn Pfennig mit einem unbekannten Soldaten telefonieren.

—

Auch in Berlin gewöhnte man sich wieder an die Alarmsirenen. An den Straßenecken wurde gezeigt, wie man einen Brand richtig bekämpft. Die einen trugen Masken, die anderen Overalls und Helme. Einer füllte Eimer mit Wasser, ein anderer bediente eine Pumpe, und ein dritter, mit einem Brett als Schutzschild, richtete einen Schlauch gegen die Flammen. Auf Plakaten war eine Frau zu sehen, die gegen die Flammen kämpft, und ein Junge, der ihr einen mit Wasser gefüllten Eimer bringt. In der Presse wurde angeregt, Waschzuberdeckel als Schutzschild gegen die Flammen zu verwenden und die Löschausrüstung (Eimer, Sand, Besen und Schaufel) auf dem Treppenabsatz um einen solchen Deckel zu ergänzen. Die Leute erfuhren, daß der Sand in 10-Pfund-Säcken abgefüllt werden sollte. Die Presse brachte Artikel zum Thema Luftschutz. Die Temperatur im Luftschutzkeller, hieß es, sollte 15 Grad betragen, und aus Gründen der Wohnlichkeit wurde empfohlen, Fußboden und Wände mit alten Wolldecken oder Papier zu bedecken. Es wurde daran erinnert, daß die Versicherung bei Todesfällen oder Verletzungen nur dann aufkam, wenn der Betreffende einen Schutzraum aufgesucht hatte, und daß in allen Haushalten eine Schachtel mit den wichtigsten Papieren bereitstehen solle, die man bei Luftalarm in den Keller mitnehmen könne. Deutschen Journalisten wurde eine Führung durch Flak-Stellungen angeboten, damit sie etwas über die Luftabwehrmaßnahmen schreiben. In einem Artikel stand, daß die Offiziere wegen des Geschützlärms ihre Befehle über Mikrophone erteilten, die sie um den Hals trugen.

Die Bevölkerung wurde eindringlich darauf hingewiesen, daß praktisch jede Straftat, bei Verdunkelung verübt, mit der Todesstrafe geahndet werde. In Leipzig wurden zwei Leute hingerichtet, weil sie Einbrüche verübt hatten. In Berlin wurde ein Mann hingerichtet, weil er einer Frau die Geldbörse entwendet hatte, ein anderer, weil er eine Tonne Kohle gestohlen hatte, beides während der Verdunkelung. Ein Berliner, der das Licht bei sich hatte brennen lassen, mußte zusätzlich zu einer Strafe den Einsatz der Feuerwehr bezahlen, die in die Wohnung eingedrungen war. Ein Plakat mit der Mahnung *Verdunkle!** – »Blackout« – zeigte ein Skelett, das in einem Flugzeug saß und eine Bombe auf ein Gebäude warf, in dem noch Licht brannte.

Vor meiner Abreise nach Kreta wollte Plack unbedingt noch ein paar Nachtclubs mit mir besuchen und essen gehen. Am Samstag, dem 21. Mai, führte er mich in die Jockey-Bar, wo ich Photos amerikanischer Filmschauspieler an der Wand sah, unter anderem von Leslie Howard, der zu dieser Zeit bei der BBC war. Das Orchester spielte amerikanische Tanzmusik in modernem Tempo für die Gäste, die alle einen sehr kultivierten Eindruck machten. Die Atmosphäre ähnelte derjenigen im Carlton. In beiden konnte man sich wie in einem New Yorker Nachtclub fühlen, nur daß hier nicht getanzt wurde. Während eines Feldzugs darf nirgends getanzt werden.

Am Sonntag abend ging Plack mit mir zu Horcher, dem feinen Berliner Restaurant, wo seit Kriegsbeginn nur die höchsten Vertreter des Reichs Zutritt hatten. Anderen, die dort einen Tisch bestellen wollten, wurde erklärt, daß nichts mehr frei sei. Selbst während des Krieges konnte Horcher an seinem Renommee aus jener Zeit festhalten, als auf der Speisekarte keine Preise standen, weil einem, so die Legende, nach einem Essen bei Horcher egal war, wieviel man zu bezahlen hatte. Während des Krieges war Horcher das Restaurant, in das führende Nazis ihre Freunde großspurig ausführen konnten. Es gab *Hors d'œuvres* (unter anderem Gänseleberpastete, eingelegten Hering und Hummersalat), gebratenes Hähnchen, Eiscreme mit echter Schokoladensauce und echten Kaffee. Bei Horcher wurden auch die Lebensmittelmarken nicht nachgezählt, die man abgab. Auf dem Tisch stand ein Kästchen, und man erwartete einfach, daß die Gäste ehrlich waren. Die Preise waren vermutlich astronomisch – ich kann es nur vermuten, da die Rechnung nicht an unseren Tisch gebracht wurde.

Die ganze letzte Woche hatte es nur vereinzelte und nichtssagende Informationen gegeben. Das Oberkommando selbst hatte mehr oder weniger geschwiegen, und das einzige, was man erfuhr, stammte von den eher unzuverlässigen Propagandakompanien. Am Sonntag, dem 29. Juni, hauten die Nazis auf die Pauke. An den wichtigsten Straßen, Unter den Linden oder Kurfürstendamm, wurden überall Lautsprecher angebracht, aus denen, wie im ganzen Reich über Radio, ab dem frühen Morgen Meldungen bekanntgegeben wurden. Ein Sprecher unterbrach das laufende Programm, um mitzuteilen, daß »in *zehn Minuten**« eine Bekanntmachung erfolgen werde. Es folgte Marschmusik. Fünf Minuten später teilte der Sprecher mit, die Meldung werde nunmehr in *fünf Minuten** zu hören sein. Und schließlich erklang nach einem packenden Musikstück eine Trompetenfanfare mit Trommelwirbel, und es kam der dramatische Vorspann: »Das *Oberkommando der Wehrmacht* gibt bekannt«.*

Dann folgte der Bericht, und abschließend wurde die Nationalhymne, *Deutschland über Alles**, gespielt.

Jeder hatte während des Berichts schweigend dazustehen. Auf dem Kurfürstendamm blieb die Menge stehen, und in den Cafés erhoben sich die Leute von den Tischen. Während der ersten Lautsprechermeldungen brach die Begeisterung der Menschen wieder durch. Ich hörte Ausrufe wie »Phantastisch!«, »Unglaublich!« oder »Wunderbar!«

In einem Wehrmachtsbericht hieß es, daß am ersten Tag der Kämpfe 322 Flugzeuge der Roten abgeschossen worden seien und daß die Sowjets seitdem insgesamt 1811 Maschinen verloren hätten, die eigene Seite dagegen nur 35.

Später wurde die Zahl der seit dem 23. Juni abgeschossenen Feindflugzeuge auf 2582 erhöht.

In einem dritten Bericht wurde gemeldet, daß Brest-Litowsk in deutschen Händen sei, dann, daß Wilna und Kaunas eingenommen seien. Jeder dieser Berichte war kurz.

Nach den ersten Meldungen wurden Extrablätter verteilt. Der *Völkische Beobachter** verkündete in riesigen, rot unterstrichenen Lettern: »Siegreicher Vormarsch.« Darüber standen die Worte: »Überwältigender Beginn der deutschen Operationen«, darunter: »Vormarsch der Sowjetarmee zerschlagen. 1300 Panzerfahrzeuge zerstört. Die Düna überquert, Dünaburg eingenommen.« Durch die Straßen fuhren Lautsprecherwagen, die Aufnahmen der aktuellsten Frontmeldungen und neue Berichte der Propagandakompanien abspielten. So ging es den ganzen Tag weiter, mit immer neuen Meldungen, Extrablättern und Bekanntmachungen.

Der Rußland-Krieg wurde als Spektakel präsentiert, doch bevor der Tag zu Ende war, begannen die Menschen, wie nicht anders zu erwarten, sich ablehnend zu äußern. Schon bald war ihnen klar, daß die ganze Sache lange geplant war, und das erregte ihr Mißfallen.

»Ist doch sonnenklar«, hörte ich einen Deutschen sagen, »daß sie diese Wehrmachtsberichte für heute aufgehoben haben. Warum haben sie uns nicht schon die ganze Woche über den Fortgang der Kämpfe unterrichtet? Sie machen aus diesem Krieg eine richtige Show.«

Selbst Nazis räumten mir gegenüber ein, daß die Absicht nur zu deutlich sei. Goebbels, angeblich der große Propagandaexperte, hatte sich abermals als tolpatschiger Laie erwiesen.

Zum erstenmal während meiner Zeit im Reich bekam ich im Zug nach Hamburg einen Platz. Die Deutschen fuhren nicht in Städte, die Ziele des Luftkriegs waren. Unterwegs versuchte ich, das sagenumwobene falsche Berlin zu entdecken. Zwei Amerikaner und einige Deutsche hatten versichert, diese Stadt nördlich von Berlin an der Bahnstrecke nach

Hamburg gesehen zu haben, doch ich bemerkte nichts. Die Idee war verrückt, aber nicht unmöglich. Immerhin hätten die Deutschen, die viel Zeit und Geld in Tarnmaßnahmen gesteckt haben, durchaus etwas errichten können, was wie ein verdunkeltes Berlin aussah. Bei richtiger Dunkelheit konnten die Bomberpiloten, die in großer Höhe flogen, nur wenig von dem echten Berlin erkennen, höchstens einige Lichter und sich abzeichnende Seen und Flüsse. Und es bestand Grund zu der Annahme, es könne ein zweites Berlin geben, da die Briten im Herbst 1941 zweimal Einsätze über Berlin meldeten, von denen ich nichts gemerkt hatte. Vielleicht hatten sie die Phantomstadt überflogen.

Wie dem auch sei, im Sommer und Herbst 1941 gingen die Nazis im realen Berlin dazu über, mögliche Angriffsziele zu verbergen. Das ehrgeizigste Projekt war die Tarnung der Ost-West-Achse, die acht Kilometer lang und so breit war, daß in jeder Richtung fünf Autos nebeneinander fahren konnten, und insofern für die Bomberpiloten ein idealer Wegweiser ins Stadtzentrum. Links neben der Ost-West-Achse, in der Höhe des Brandenburger Tors, liegen der Reichstag, die Krolloper und der Lehrter Bahnhof, rechts die Wilhelmstraße mit Reichskanzlei, Auswärtigem Amt und Propagandaministerium, der Potsdamer und Anhalter Bahnhof, weiter geradeaus die alten wilhelminischen Palais und der Bahnhof Friedrichstraße.

Westlich des Brandenburger Tors erstreckte sich, beiderseits der Ost-West-Achse und auf einer Länge von drei Kilometern, der Tiergarten. Hier errichteten Arbeiter fünf Meter hohe Stahlstangen, an denen mit grünen Stoffstreifen bespannter Maschendraht befestigt wurde. Unter diesem Netz konnte der Straßenverkehr weiterhin fließen, doch für die Bomberpiloten war die Straße nun nicht mehr vom Tiergarten zu unterscheiden. Bei meiner Abreise aus Berlin waren die restlichen fünf Kilometer der Ost-West-Achse noch nicht abgedeckt, aber vermutlich würde man sie mit Hilfe von abgedeckten Gerüsten unsichtbar machen, die Gebäude darstellten.

So war man schon andernorts in Berlin verfahren. Der Lietzensee, der den Bomberpiloten als Wegweiser entgegenschien, war auf diese Weise bedeckt worden. Interessanterweise schwammen die Wildenten, die früher auf dem Lietzensee geschwommen waren, weiterhin unter den Pseudogebäuden umher. Die Deutschlandhalle und andere markante Orientierungspunkte waren mit Tarnnetzen überzogen, so daß sie wie Parkanlagen anmuteten. Um den Illusionseffekt zu verstärken, waren offene Plätze wie der Adolf-Hitler-Platz und ein Park in der Nähe der Ost-West-Achse mit falschen Häusern versehen worden.

Hamburg war ebenfalls getarnt. Der Bahnhof, in dem ich ankam, hatte sich für die Bomberpiloten in einen Park verwandelt, und andere Gebäude in der Nähe waren entweder unsichtbar gemacht worden oder hatten neue Umrisse erhalten. In der Innenstadt bemerkte ich noch ehrgeizigere Maßnahmen. Die Binnenalster war mit Gerüststrukturen bedeckt, aber für den erforderlichen Schiffsverkehr hatte man eine schmale Gasse übriggelassen. Zur Verstärkung der Illusion hatte man die Umrisse der Binnenalster auf einen Teil der Außenalster übertragen, und die Brücke, die beide Gewässer verbindet, war anderswo dargestellt. Als ich später mit dem Boot auf der Elbe in den Hafen fuhr, schienen wir eine hügelige Insel mit Felsen und Bäumen zu passieren, die ich aber nur flüchtig wahrnahm, doch als wir die Insel schon fast hinter uns gelassen hatten, sah ich eine Fabrik auf dem unfertigen Teil einer Landzunge, der aus ein paar hundert Meter Entfernung überzeugend menschenleer wirkte.

Während meines Aufenthalts in Frankfurt wurde die Vorschrift erlassen, daß alle Juden den gelben Davidstern mit dem Wort *Jude** auf dem Mantel tragen mußten. In Frankfurt wurde mir auch zum erstenmal klar, wie viele Juden es noch im Reich gab. In Frankfurt und Berlin hatten vor Hitlers Machtergreifung mehr Juden gelebt als in irgendeiner anderen deutschen Stadt, aber es erschien unvorstellbar, daß sich noch Tausende halten konnten, obwohl ihnen nahezu jede Existenzmöglichkeit genommen war. Ich entsann mich, daß die *Deutsche Zeitung in den Niederlanden* kurz zuvor geschrieben hatte, daß es in Deutschland noch 200000 Juden gebe, 170000 in Böhmen und Mähren, 60000 in Wien und 160000 im neu errichteten Ghetto von Litzmannstadt im Warthegau, aber das waren unzuverlässige Zahlen.

In Frankfurt besuchte ich das alte Rothschild-Haus, ein ehrwürdiges Haus auf einem großen Grundstück mit Garten, Springbrunnen und Teich. Die Nazis hatten einen Park daraus gemacht, zu dem Juden allerdings keinen Zutritt hatten. Juden standen andere Parkanlagen offen, der Tiergarten beispielsweise, aber sie durften dort nicht herumstehen oder sich auf die Bänke setzen. Juden wurden auch nicht in die großen Hotels, Theater und Restaurants gelassen, und auch einige Straßen durften sie nicht betreten.

Während ich unweit des Rothschild-Hauses auf die Straßenbahn wartete, fiel mir auf, daß viele Passanten Juden waren, fast jeder zehnte, und daß sie teilweise erstaunlich gut gekleidet waren. Von der Straßenbahn aus sah ich Kinder mit dem Stern auf dem Mantel und ein altes jüdisches Paar, das ein Wägelchen vor sich herschob. Mit Interesse bemerkte ich, daß die meisten Deutschen, selbst am ersten Tag dieser neuen Verfügung, nicht auf die Juden achteten. Weder in Frankfurt noch in Berlin oder sonstwo habe ich einen arischen Deutschen einen Juden anstarren sehen. Niemand achtete auf den Davidstern, und die Juden trugen ihn mit erkennbarem Stolz.

Jedermann wußte, daß dieser Verfügung weitere harte antijüdische Maßnahmen folgen würden. Einige Parteimitglieder, Krauss und Lessing [die Zensoren, mit denen William Shirer und Harry Flannery in Berlin beim Rundfunk zu tun hatten; beide hatten eine Zeitlang in den USA gelebt], waren ausgesprochene Feinde der Juden, aber die meisten Deutschen sympathisierten mit ihnen. Viele gingen heimlich zu jüdischen Ärzten, weil sie wußten, daß es keine besseren gab, und andere bemühten sich, alten Freunden nach Kräften zu helfen. Da jüdische Ärzte und Anwälte nur mit Juden zu tun haben und die meisten Juden nur niedrige Arbeiten verrichten durften, war nicht ganz klar, wovon sie lebten. »Für Juden geeignet sind Tätigkeiten als Erdarbeiter, Straßenkehrer, Lumpensortierer, Fabrikarbeiter und ähnliche«, schrieb die *Börsenzeitung**. Andere Verdienstmöglichkeiten gab es für Juden nicht.

Und selbst wenn sie ein paar Mark verdienten, konnten sie nicht überall einkaufen. Die Geschäfte waren nur zu bestimmten Tageszeiten für sie geöffnet, und einige weigerten sich ohnehin, an Juden zu verkaufen. Juden konnten mit ihren Lebensmittelkarten, die mit dem Aufdruck »Jude« versehen waren, nur Grundnahrungsmittel einkaufen – Obst, die meisten Gemüse, Zigaretten, Schokolade und andere Sonderzuteilungen waren unerreichbar, selbst für Kinder. Sie erhielten keine Lohnfortzahlung im Krankheitsfall und keine Rente, und die Versicherung ersetzte ihnen keine Bombenschäden.

Als angesichts der zunehmenden Zahl von Fremdarbeitern und Parteioffiziellen und Wehrmachtsangehörigen in Berlin die Wohnungssituation immer schwieriger wurde, mußten Juden in Wohnungen umziehen, in denen schon eine oder mehrere jüdische Familien wohnten, sie mußten in Baracken am Stadtrand ausweichen oder wurden nach Polen abtransportiert. Wer den Umzugsbefehl erhielt, durfte nicht mehr als fünfzig Kilo Gepäck mitnehmen und, sofern er nach Polen geschickt wurde, nicht mehr als hundert Mark, von denen er den Behörden neunzig für den Transport abzugeben hatte. Er machte sich also mit zehn Mark und dem Allernötigsten auf die Reise. Einige kamen nach Litzmannstadt, wo sie für rund eine Mark Tageslohn Uniformen für die Wehrmacht produzierten. Andere wurden nach Ostpolen in ein großes, stacheldrahtumzäuntes und militärisch bewachtes Areal abtransportiert, das nur von Juden bewohnt wurde. Hier konnten sie verhungern oder anderweitig dahinvegetieren. Es handelte sich im Grunde um ein riesiges Konzentrationslager, das sich von den anderen KZs nur durch seine

Größe und die Tatsache unterschied, daß die Insassen dort keine Nahrungsmittel bekamen.

»Die Juden sind schuld am Krieg«, sagte Dr. Goebbels. »Die Behandlung, die sie erfahren, ist nicht ungerecht, sondern durchaus verdient.«

Vielleicht weil sie entschlossen sind, auch bei Verfolgung weiterzumachen, weil sie die Fähigkeit besitzen, trotz ihres Leids nicht aufzugeben, bewegten sich die Juden, die ich in Deutschland sah, noch immer erhobenen Hauptes. Sie erwiesen sich als würdige Kinder ihrer Ahnen.

Howard Smith

Sonderpressekonferenz, 9. Oktober 1941

Ausländische Rundfunkjournalisten wie William Shirer, Harry Flannery und Howard Smith mußten ihre Manuskripte vor der Live-Übertragung der deutschen Zensur vorlegen. Unter den Bedingungen von Zensur, Gleichschaltung, Propaganda und Desinformation waren die Korrespondenten darauf angewiesen, aus unscheinbaren Details des Alltagslebens politische Rückschlüsse zu ziehen und zwischen den Zeilen der amtlichen deutschen Verlautbarungen zu lesen. Smith analysiert die Berichterstattung über den Rußlandfeldzug und beobachtet, wie die deutsche Propaganda alle Glaubwürdigkeit verspielte. Am 22. Juni 1941 hatten Hitlers Truppen die Sowjetunion überfallen. In gigantischen »Kesselschlachten« vernichteten sie große Teile der feindlichen Armeen und machten weite Geländegewinne. Am 30. September begann die Offensive auf Moskau, die den endgültigen Sieg in diesem »Blitzkrieg« besiegeln sollte. Am 7. Oktober wurden die Verbände des Gegners bei Wjasma und Brjansk eingeschlossen. Dann jedoch brachten sich verschlechternde Wetterverhältnisse und wachsender Widerstand den Sturm auf die Hauptstadt in Sichtweite der Außenbezirke zum Erliegen. Anfang Dezember begann auf breiter Front der sowjetische Gegenangriff.

Es gibt ein Datum, das weit mehr als alle anderen den Scheitelpunkt markiert, den Zeitpunkt in der Geschichte Adolf Hitlers und des Nationalsozialismus, vor dem alles aufwärts und nach dem alles abwärts ging. Dieses Datum ist Donnerstag, der 9. Oktober 1941. Seit diesem Tag sank die Moral des deutschen Volkes dermaßen rapide, daß nichts in der

Welt sie wieder aufrichten kann, es sei denn der vollständige, endgültige, entscheidende militärische Sieg in diesem Kriege. Seitdem ist mit Propaganda nichts mehr zu machen und mit kecken militärischen Erfolgen auch nichts, solange sie nur verblüffend, nicht aber entscheidend ausfallen. An diesem Tag zerstörte sich die deutsche Propaganda selbst, seitdem ist sie kein wirksames Mittel mehr, mit dem die Meinung, die Stimmung und die Moral des Volkes geformt werden kann. Seit diesem Tage greift eine Gleichgültigkeit gegenüber militärischen Erfolgen um sich, die nur durch eine wirkliche, handfeste *Entscheidung* noch überwunden werden kann. Wenn diese Entscheidung nicht bald kommt, wage ich die Voraussage, daß Deutschland den Krieg verlieren wird. In diesem Fall wird, denke ich, der historische Verlauf den 9. Oktober nicht nur zum Scheitelpunkt der Nazigeschichte machen, sondern zum Wendepunkt in der ganzen Auseinandersetzung, der – um mich mal an Hitler anzulehnen – das Schicksal der Welt für die nächsten tausend Jahre entscheiden wird. Die Welt hat von diesem Datum kaum Notiz genommen, hauptsächlich, weil seine letztendlichen Folgen in eine Richtung weisen, die allen damaligen Anzeichen exakt zuwiderläuft. Es ist eine spannende Geschichte. Hier ist sie.

Nach allem, was darüber bekannt geworden ist, können wir die Geschichte chronologisch rekonstruieren. Der Krieg in Rußland hatte die Stimmung auf den Tiefpunkt gebracht. Die Rote Armee dachte gar nicht daran, nach einer Serie mächtiger Schläge zusammenzubrechen. Der Winter rückte näher. In Deutschland war die Lage infolge der nicht enden wollenden Belastungen durchaus nicht günstig. Während an der mittleren Front vor Moskau einen Monat lang Ruhe herrschte, zog Hitler so unauffällig wie möglich jeden Soldaten und jedes Gewehr zusammen, das er aus dem Reich abziehen oder an anderen Fronten entbehren konnte. Wie die Feder eines gigantischen Katapults zog er dicht vor den russischen Linien ein geballtes Millionenheer zusammen, machte sich bereit zu dem entscheidenden Schlag, dem keine

Armee der Welt widerstehen konnte. Dies sollte der Höhepunkt sein, das Konzentrat der Kriegskunst und Militärmacht Preußens. Diese geballte Macht war nicht die, mit der er die Maginot-Linie durchlöchert hatte: »DIESMAL GING ES AUFS GANZE!« – um zu zitieren, was Hitlers offizielle Zeitung im Rückblick über dieses Ereignis geschrieben hat. Am 2. Oktober ließ Hitler die Feder los, und die geballte Masse schnellte vorwärts. Am ersten Tag war der Vormarsch bereits beeindruckend, der Ausgang jedoch noch nicht sicher. Am 4. Oktober fuhr Hitler von seinem Hauptquartier im Osten nach Berlin, um die Kampagne für das Winterhilfswerk mit einer Rede zu eröffnen. Der Anlaß war durchaus melancholisch. Anfang 1941 hatte Hitler den Sieg noch für dasselbe Jahr versprochen; jetzt war er wieder in Berlin und eröffnete schon zum drittenmal in diesem Krieg eine Winterhilfswerk-Kampagne. Über die neue Offensive hatte der Führer zwar eine totale Informationssperre verhängt, aber der Anlaß erforderte ein Zeichen der Hoffnung. Und so tat der Führer seinem Volk zum erstenmal kund, daß diese gewaltige neue Offensive begonnen hatte, und prophezeite, daß der Krieg im Osten noch vor Ende des Winters zu einer Entscheidung kommen werde. Das war schön und gut, aber nachdem Hitler an die Front zurückgekehrt war, warteten die Leute ungeduldig auf die näheren Einzelheiten. Am 8. Oktober ließ der Führer eine Meldung des Oberkommandos veröffentlichen – die erste Meldung, und sie sprach von Fortschritten. Endlich am Morgen des 9. Oktober, ließ Hitler, nachdem er über seinen Karten gebrütet und verkündet hatte, wie prächtig auf diesen Karten die Dinge standen, seinen verkniffenen kleinen Pressechef Dr. Otto Dietrich aus seiner nahe gelegenen Unterkunft herbeiholen. Er setzte seine Hornbrille ab (die er im kleinen Kreise trägt, aber zielbewußt aus der Reichweite von Hofphotographen heraushält) und schlug dem Doktor in einem Anfall von Größenwahn vor, in die Stadt zurückzukehren und alles zu offenbaren. Die Periode des »strategischen Stillschweigens« war zu Ende. Dietrich ließ sich von der prächtigen »historischen« Stimmung seines Führers anstecken, ging zu seinem Quartier zurück und gab einem Untergebenen den Auftrag, Dr. Goebbels in Berlin anzurufen. Der sollte die Weltpresse zusammenrufen – es galt, Geschichte zu machen. Dann zog Dr. Dietrich seinen grauen Überzieher an, klopfte den ersten leichten Schnee des Ostens von seinen gewienerten Schuhen und bestieg mit bedeutungsschwerer Miene sein Flugzeug nach Berlin, ganz der treue alte Paladin, der mit der frohen Kunde vom Schlachtfeld zum Hofe eilt.

Als das Telefon klingelte, lag ich mit einer üblen Erkältung und schädelsprengenden Kopfschmerzen im Bett. Am Apparat war die Sekretärin von Dr. Frölich, dem Verbindungsoffizier des Propagandaministeriums für die amerikanischen Presse- und Rundfunkleute. Sie war ganz aufgeregt: ich müsse unbedingt um Punkt zwölf Uhr mittags zu einer wichtigen Sonderpressekonferenz kommen, es handele sich um etwas außerordentlich Wichtiges. Nein, sie wisse nicht, worum es gehe, aber ich solle rechtzeitig da sein, denn fünf nach zwölf würden die Türen geschlossen und von Posten abgeriegelt.

An diesem Nachmittag hatte ich keine Sendung. Auch hatte ich, nachdem ich zwei Jahre lang ständig dieselben Nazi-Gala-Shows genossen hatte, mit »historischen Ereignissen« nichts mehr am Hut, und das weitere Schicksal einer Welt, die noch immer kein wirksames Mittel gegen eine normale Grippe entdeckt hatte, war mir ohnehin egal. So drehte ich mich um und versuchte zu schlafen. Wieder klingelte das Telefon. Diesmal war es Guido Enderis, der Chef des Berliner *New York Times*-Büros, für den ich ab und zu Artikel schrieb. Sein Reporter, Brooks Peters, war nach Hause gefahren, um dem »Berlin Blues« zu entrinnen, ob ich wohl für die *Times* einen Bericht über die Sonderpressekonferenz übernehmen könnte? Sie sei von historischer Tragweite, hatte man ihm versichert. Widerwillig gab ich nach.

Ich zog mich an, stopfte mir zwei Taschentücher in den Mantel und fuhr mit der U-Bahn zur Wilhelmstraße. Der in rotem Plüsch gehaltene Theatersaal des Propagandaministeriums wimmelte von Reportern aus aller Herren Länder, die in einem Dutzend Sprachen darüber spekulierten, worum das Ganze wohl gehe. Mein Kopf pochte vor sich hin. Vorne war ein langgestreckter Konferenztisch aufgebaut, und um diesen Tisch herum war eine stattliche Schar prachtvoller Uniformen gruppiert – grüne, braune, graue und zwei Schattierungen blaue – vollgestopft mit preußischen Offizieren, Parteifunktionären und schlichten Ministerialbeamten. Sie strahlten vor Freude darüber, daß sie hier vor ihrem alltäglichen PUBLIKUM in Kostümen auftreten durften, die ihren für zivile Kluft gebauten Figuren einen seltenen Glanz verliehen.

Wie bei allen »historischen« Nazi-Ereignissen (ausgenommen denjenigen, bei denen Hitler selbst die führende Rolle spielt, denn er kann es sich leisten, den Rahmen des Üblichen zu verlassen) traf der Hauptdarsteller mit eindrucksvoller und exakter Verspätung ein. Schlag 12 Uhr 30 hasteten ein paar Offiziere in den Raum und kündigten damit das Eintreffen des Führer-Sendboten an. Die Grüppchen formierten sich zu einer anständigen Phalanx, und herein kam der kleine Dr. Dietrich. Die Grußtechnik seines Führers imitierend, klappte er seine rechte Hand an die Schulter hoch und strahlte, als müsse er vor lauter mitgebrachten Neuigkeiten platzen. Es folgte ausgedehntes Händeschütteln, davor und danach jeweils ein steifarmiger Hitlergruß, Kameras klickten und Blitzlichter zuckten. Über der großen Bühne hinter dem Hauptdarsteller Dietrich glitt der rote Samtvorhang auseinander und enthüllte eine riesige Karte des europäischen Teils von Rußland. Sie war dreimal so groß wie der Sprecher. Die Wirkung war bestechend.

Dietrich wurde kurz und salbungsvoll eingeführt von Dr. Brauweiler, einem lahmen alten Karrengaul der Nazipartei, den man nach der Verhaftung Böhmers zum Leiter der Auslandspresseabteilung des Ministeriums gemacht und in eine schicke blaue Uniform gesteckt hatte, als Belohnung dafür, daß er acht Jahre lang kein Wort und keinen Gedanken geäußert hatte. Nach Dr. Brauweilers Worten erhob sich der kleine Doktor und begann zu reden. Leider kann ich ihn nicht direkt zitieren. Dieses bedeutende Ereignis zeichnet sich nämlich durch einen sehr merkwürdigen Begleitumstand aus: der Text von Dietrichs Rede wurde nie veröffentlicht. Im Gegensatz zu den meisten wichtigen Äußerungen von Nazi-Führern bekam das deutsche Volk seine Worte nie über den Rundfunk zu hören, eine Sache, die in deutschen wie in Ausländerkreisen befremdliches Tuscheln auslöste. Es ist durchaus denkbar, daß sich zwischen all den Rosen der Begeisterung, die an diesem Freudentag so einträchtig blühten, irgendwo ein kleiner, unauffälliger Dorn des Mißtrauens versteckt hatte. Vielleicht hatte ein kleiner Beamter in das Hirn des Dr. Goebbels, der diese Inszenierung veranstaltete, den denkbar zartesten Keim des Zweifels gesenkt; vielleicht hatte dieser Beamte den entmutigenden Hinweis auf den reichlich unbestimmten Abstand zwischen Tasse und Lippe gewagt und jenen schrecklichen Satz ausgesprochen, der für die ausgeklügeltsten Pläne einem Bannfluch gleichkommt: »Aber angenommen, die Sache geht nicht so aus?« Sollte es einen solchen Beamten gegeben haben, so können wir sicher sein, daß er inzwischen – egal wie unwillkommen an jenem heiteren Tag seine kalte Dusche gewesen sein mag – für diesen Einwand befördert und mit einer neuen Uniform belohnt worden ist.

Denn Dietrich sprach kühne Worte und schlug mäßigende und einschränkende Formulierungen in alle Winde. In der Sprache des diplomatischen Korrespondenten würde man sagen: Dietrich lehnte sich weit, sehr weit hinaus aus einem mächtig hohen Fenster. In unwiderruflichem Ton verkündete er, die *allerletzten Reste* der Roten Armee seien vor Moskau in zwei eisernen Kesseln der Deutschen eingeschlossen und gingen ihrer raschen, gnadenlosen Vernichtung entgegen. Das war sensationell. Um zu begreifen, wie phantastisch diese Geschichte war, muß man sich den Hintergrund klarmachen. Dies war die erste substantielle Meldung über die machtvolle neue Offensive. Sie stammte direkt und persönlich von Adolf Hitler, es gab also an ihr keinen Zweifel.

Dietrich erläuterte weiter: Hinter diesen beiden Kesseln lag zwischen der deutschen Armee und Moskau nur noch die und die Entfernung – und sonst gar nichts.

Dietrich wollte damit sagen, wie ein Korrespondent es später ausdrückte, daß zwischen Deutschland und der vollendeten Eroberung der unerhörten Reichtümer Rußlands nur noch die Zeitspanne läge, »die Mensch und Maschine brauchen, um diese Entfernung zurückzulegen.« Nach nur sieben Tagen hatte die Offensive des Führers die Rote Armee in Stücke geschlagen, die Entscheidung war gefallen und der Kontinent im Osten lag wie eine halbohnmächtige Jungfrau in den kraftvollen Armen des lüsternen, hungrigen deutschen Kriegers. »... Und dafür, meine Herren, verbürge ich mich mit meinem ganzen Ruf als Journalist!« rief Dietrich aus und fuchtelte mit seiner Faust dramatisch in der Luft herum.

Nun wird niemand bestreiten wollen, daß die Nazis Lügen erzählen, und zwar ganz gewaltige Lügen. Es stimmt dennoch, daß Hitler bei überprüfbaren militärischen Details nie eine Lüge erzählt hat. Das hat zwei gute Gründe. Erstens hat er es nicht nötig gehabt; solange man siegt, braucht man nicht zu flunkern. Zweitens kann ein militärisches Detail zu leicht überprüft werden, und wenn sich herausstellen würde, daß der »Allmächtige« eine glatte Unwahrheit gesagt hat – das gilt erst recht bei einem so wichtigen Ereignis wie diesem –, wäre das für sein Ansehen katastrophal. Deshalb mußten wir Journalisten einfach davon ausgehen, daß diese dramatischen Behauptungen die Wahrheit und nichts als die Wahrheit darstellten. Die von Dietrich übermittelten Worte des Führers lösten in den Köpfen der Zuhörer beklemmende Bilder aus. Rußland mit seinen ganzen Ressourcen in den Händen Hitlers: ein Zuwachs von fast 200 Millionen Einheiten Sklavenarbeit zur Produktion von Kriegsgerät; somit würde das für Deutschland verfügbare Arbeitskräftepotential dasjenige übertreffen, das England, Nordamerika und Südamerika zusammen aufbrachten. Hitlers Armee, zehn Millionen Mann, siegestrunken und auf die Fortsetzung ihres lockeren Nationalsports versessen, würde sich nach diesem Sieg ungehindert nach Westen wenden können, um schließlich auch noch England mit Blut und mit Nazis zu überschwemmen. In der ersten Reihe waren die amerikanischen Agenturleute schon halb von ihren Sitzen gerutscht und starrten nervös zu der Tür, hinter der die Telefone lagen, über die sie Amerika und die ganze Welt informieren konnten. Ich vergaß die Kopfschmerzen, aber an ihre Stelle trat die schmerzhaftere Gewißheit – die alle Anwesenden teilten –, daß der Krieg im Osten vorbei war und die Entscheidung in dem gesamten Konflikt vielleicht schon in den Händen von Hitler lag.

Als Dietrich geendet hatte, herrschte angespannte Erregung. Die Uniformen drängten sich um ihn und schüttelten ihm unablässig die Hände, man gratulierte sich sozusagen gegenseitig zum deutschen Sieg. Die Agenturleute waren durch den Gang zu den Telefonen gestürzt und gaben kurze, brandheiße Meldungen an ihre Büros durch. Die Korrespondenten der Achsenmächte und der Balkanstaaten klatschten und jubelten. Stehend verabschiedeten sie Dietrich mit zum Hitlergruß emporgestreckten Armen, als dieser aus dem Raum eilte, um rechtzeitig zu den letzten fürchterlichen Schlägen – sozusagen zu den Gnadenstößen – im Führerhauptquartier zurück zu sein. Um dabeizusein beim Großen Finale.

Ich verließ den Theatersaal, ging die Marmortreppe hinunter und sprach kurz mit [Louis] Lochner [Associated Press] und mit [Fred] Oechsner [United Press], der gerade aus Amerika zurück war. Die Stimmung war rundum düster. Dann ging ich allein die Wilhelmstraße hinauf zur Adlon-Bar, um meine Erkältung mit Alkohol zu bekämpfen. Das Radio in der Bar kündigte gerade eine Sondermeldung aus dem Führerhauptquartier an; als sie durchkam, stellte der Barmann lauter. Verlesen wurde der Bericht über die militärische Lage, den Dietrich in seiner Rede gegeben hatte, abzüglich seiner ausschmückenden Bemerkungen und prophetischen Voraussagen. Ich überflog meine Notizen und begann, auf dem Rücken eines Briefumschlages einen Leitartikel zu entwerfen; aber es war eine dieser heimtückischen Geschichten, deren Implikationen einen immer mehr entmutigen, je tiefer man darüber nachdenkt. Ich verließ das Hotel und nahm ein Taxi zum Büro der *Times*, um mir das Hilfsmittel zu verschaffen, das mir für klares Denken unentbehrlich ist: eine Schreibmaschine. Bis zur Abgabe des Artikels hatte ich noch ein paar Stunden Zeit.

Dieselbe heimtückische Wirkung hatte offensichtlich alle erfaßt. Mehrere amerikanische Büroleiter hatten tags zuvor für den 10. Oktober die Einladung zu einer Reise an die Ostfront erhalten – der größte Leckerbissen, den das deutsche Oberkommando Journalisten anzubieten hatte. Aber die Überzeugung, daß das Ende womöglich nur noch Stunden auf sich warten ließ, war bei uns derart stark geworden, daß Louis Lochner von der AP das Propagandaministerium anrief und dem zuständigen Beamten mitteilte, er habe sich zu einem Verzicht auf seinen Platz entschlossen und werde in Berlin bleiben. Es war ihm zu riskant, sich in einem solchen Moment von seiner Kommunikationsbasis zu entfernen. Dann rief Pierre Huss vom INS an und ließ sich ebenfalls entschuldigen. [Fred] Oechsner von der UP schwankte, rang sich aber schließlich dazu durch, die Chance einer Fahrt in den Osten wahrzunehmen. An diesem Nachmittag gingen lauter wortmächtige Berichte, »Kommentare zur Lage« voll bedeutungsschwerer historischer Schlußfolgerungen, über den Draht.

Dabei entging freilich fast allen Korrespondenten, wie das deutsche Volk selbst reagierte. Zum damaligen Zeitpunkt und in der damaligen Atmosphäre des Triumphes blieb dieser Umstand im Vergleich mit Überlegungen über die neuen strategischen und ökonomischen Vorteile, die sich Hitler durch die totale Eroberung Rußlands eröffnen würden, letztlich zweitrangig. Aber als diese Atmosphäre verflogen war und die eigentlichen Folgen zutage traten, da stellte sich diese Reaktion des Volkes als der Haupt- und als ein für Hitler verhängnisvoller Umstand heraus.

Der kleine Dorn des Mißtrauens hatte es verhindert, daß dem Volk die volle Wucht von Dr. Dietrichs Prophezeiungen nahegebracht wurde. Die Zeitungen veröffentlichten keine direkten Zitate. Aber sie brachten gedrängte, bereinigte, indirekt formulierende Zusammenfassungen der »epochalen« Konferenz, die kräftig genug ausfielen, um die deutschen Herzen schneller schlagen zu lassen. Die Schlagzeilen schrien: »Der Schleier über der Neuen Offensive ist gelüftet!« – »Dietrich: Der Feldzug im Osten ist entschieden!« Der *Völkische Beobachter* brachte als Schlagzeile: »Die große Stunde hat geschlagen! Die Armeegruppen Timoschenko und Woroschilow eingekreist – die Armeegruppe Budjonnj in Auflösung«. Die offizielle Nazizeitung zitierte den Tagesbefehl, den der Führer zu Beginn der Offensive an die Armee gerichtet hatte: sie solle ausholen »zu dem letzten gewaltigen Hieb, der noch vor dem Einbruch des Winters diesen Gegner zerschmettern soll«, und »die letzte große Entscheidungsschlacht dieses Jahres« vollenden. Sodann folgte ein kühner Kommentar, der nur um wenige Grade weniger endgültig klang als Dietrichs Worte: »Heute … meldet die Front Führer und Volk, daß der Befehl im wesentlichen vollzogen, daß die Entscheidung im Sinne dieses Befehles strategisch gefallen ist. Wenn jemals der Begriff des Blitzkrieges verwirklicht werden konnte – hier *ist* er verwirklicht worden! Sieben kurze Herbsttage haben genügt, um der ungeheuerlichsten Kriegsmaschine aller Zeiten den tödlichen Stoß zu versetzen, von dem sie sich niemals wieder erholen kann.«

Die Reaktion war elektrisierend. Gesichtern, die seit Wochen bedrückt dreingeblickt hatten, war deutliche Erleichterung anzusehen. In Baarz' Bierkneipe an der Rückfront von Unter den Linden erhoben sich die Leute zum Hitlergruß, als das Radio nach einer Wiederholung der OKW-Meldung das HORST-WESSEL-LIED und DEUTSCHLAND ÜBER ALLES abspielte. Gerüchte – das riskante tägliche Brot der Menschen in jedem totalitären Land, wo Nachrichten verzerrt oder unterdrückt werden – breiteten sich in der Stadt aus wie ein Buschfeuer. Bei Baarz flüsterte mir ein Kellner zu, ob ich es schon gehört habe, Stalin hätte um einen Waffenstillstand gebeten. Zu Hause hielt mich der Hauswart im Treppenhaus an und erzählte mir, von zuverlässigen Informanten, die mit hohen Parteikreisen befreundet seien, wisse er, daß Moskau an diesem Mittag gefallen sei. Die Zivilbevölkerung würde vor Freude über ihre Befreiung die deutschen Panzer mit Rosen bekränzen. Noch am Abend oder morgen würde alles in einer Sondermeldung bekanntgegeben werden. In den folgenden Tagen bekamen die Buchhandlungen frische Sortimente russischer Grammatiken und Lehrbücher für Anfänger herein, ganze Schaufenster waren voll davon. Überall regte sich der Ehrgeiz, eine Stellung in der reichen, neuen Kolonie zu ergattern. Der Reichswirtschaftsminister, Dr. Walther Funk, setzte sich hin und schrieb eine glänzende Rede über die koloniale Mission Deutschlands in Rußland mit dem Titel: »Der Beitrag des Ostens zum Neuen Europa«. Am nächsten Tag erschien sie in den Zeitungen unter dem Titel: »Europas wirtschaftliche Zukunft ist gesichert«.

Das schreckliche Abschlachten der besten Söhne Deutschlands ging seinem Ende zu. Bis Weihnachten würden die Jungs aus den Panzern gestiegen sein. Endlich Regen für das verdurstende Wüstenvolk! So, wie sein Gott es verheißen und die Apostel es verkündet hatten. Die dankbaren Götzenverehrer wälzten sich freudetrunken im kühlenden Naß.

Man kann sich kaum vorstellen, was dies für die Menschen in Deutschland bedeutete, wenn man nicht die beiden Kriegsjahre mit ihnen zusammen erlebt und ihr Leiden mitangesehen hat. Für die Zwecke einer starken, eisern entschlossenen Führung waren diese Menschen erstaunlich ängstlich und schwankend in ihren Stimmungen. Vom ersten Augenblick an haben sie diesen Krieg gehaßt, und sie – das vielberufene Volk – wollen ihn lieber heute als morgen beenden. Vor 1939 hatten sie den Krieg weit mehr gefürchtet als die anderen Völker, denen ihre Führung und ihre Armee mit Vernichtung drohte. In den wenigen Augenblicken, da das Ende in Sicht zu sein schien, freuten sie sich wie Kinder. Dr. Goebbels ist nicht gerade dafür berühmt, daß er die Wahrheit spricht. Aber als er sagte: »Das deutsche Volk hat diesen Krieg nicht gewollt«, da hat er ein einziges Mal gewußt, was er sagte.

Wenn ich jemals verrückte Tage erlebt habe, dann waren es diese. Es ist fast zu schade, daß sie nicht länger dauerten. Aber das taten sie nicht. Das Erwachen war jäh und grausam. Im folgenden gebe ich die originale, tagtägliche Abfolge der Schlagzeilen des *Völkischen Beobachters* wieder, wie sie nach der Dietrich-Episode erschienen sind. Der Leser möge selbst das Gefälle herausspüren.

10. Oktober (die Schlagzeile bezog sich auf die Rede Dietrichs und zog sich über die volle Breite der ersten Seite):
Die Große Stunde hat geschlagen
DER FELDZUG IM OSTEN ENTSCHIEDEN

11. Oktober (in schwarzen Lettern):
DURCHBRUCH IM OSTEN IN EINER BREITE VON 500 KILOMETERN

12. Oktober:
VERNICHTUNG DER ARMEEN AM ASOWSCHEN MEER VOR DEM ABSCHLUSS
Schrecklicher Terror in Odessa – Sowjetische Deserteure von hinten erschossen

13. Oktober:
Die Kessel von Brjansk und Wjasma bereits weit hinter der Front

14. Oktober:
Operationen im Osten gehen planmäßig voran

15. Oktober:
Operationen im Osten gehen wie vorgesehen voran

Und am selben Tag hieß die Hauptschlagzeile: SCHNELLBOOTE VERSENKEN BRITISCHE FRACHTER IM KONVOI! Nur zwei Wochen nach dem Beginn des größten militärischen Schlags Hitlers, eine Woche nachdem die Entscheidung gefallen war und vier Tage nachdem sich Stalins letzte Armeen in Auflösung befanden, war die Versenkung von zwei britischen Frachtern im Kanal wichtiger geworden als die größte militärische Auseinandersetzung der Welt! [...]

Dr. Dietrich war immer ein kühner Redner gewesen, stets bereit, seinen guten Ruf zumindest teilweise leichtfertig aufs Spiel zu setzen. Er liebte dreiste Behauptungen und waghalsige Vorhersagen; und er schwelgte gern in Superlativen. Vor einem öffentlichen Publikum traf er einmal die berühmte Feststellung, die deutsche Presse sei die freieste der ganzen Welt und die deutsche Öffentlichkeit unter allen Völkern die am besten informierte. Dies war eine Äußerung, die ihn gleich zu Beginn des Krieges bei den Auslandskorrespondenten als ungeheuren Hornochsen einführte. [...]

Das Elend lag für ihn freilich nicht darin, daß sein Ruf bei den ausländischen Rundfunk- und Zeitungskorrespondenten hinüber war, sondern daß er beim deutschen Volk unten durch war. Und das Elend war umso größer, als die ganze Reputation der Nazipropaganda von seinem Debakel betroffen war. Es löste eine Flut jener kleinen Witze, jener politischen Anspielungen und drei- oder vierzeiligen mündlichen Glossen aus, die in Deutschland eine raschere und weitere Verbreitung finden als alle Goebbelsschen Zeitungen. Im privaten Kreis erlaubte man sich den kleinen Scherz, beim Erwähnen der Dietrich-Rede die geballte Faust zu heben und zu sagen: »DER BOLSCHEWISMUS IST TOT! ES LEBE DER BOLSCHEWISMUS!« Ein anderes Beispiel: In Berlin zirkulierte heimlich eine grob gezeichnete, aber geschickt vervielfältigte Karikatur, die einen deutschen Propaganda-Soldaten zeigt, wie er den russischen Linien gegenüber am Rande eines Schützengrabens steht und ein großes Plakat hochhält, auf dem zu lesen ist: »Russen! Ihr habt aufgehört zu existieren!« Unterschrift: »Dr. Dietrich«. [...]

Nachdem Hitlers kleiner Pressechef die Stimmung seines Volkes in den Himmel gehoben und dann wieder in den Abgrund der Verzweiflung gestürzt hatte, konnte die deutsche Propaganda die Moral des deutschen Volkes nie wieder entscheidend beeinflussen. Von nun an stand zwischen dem Ministerium des Dr. Goebbels und seinem Volk eine Mauer des Mißtrauens. Der Schafhirte hatte zu oft »Der Wolf ist da!« gerufen.

Das Ganze war mehr als eine pfiffige kleine Analyse für Gespräche nach Tisch. Es gab überwältigende Beweise dafür, daß die Analyse auch richtig war. Das erste Anzeichen waren die Zeitungsauflagen. Vom Hörensagen wußte ich, daß ein Auflagenrückgang stattgefunden hatte; um dies zu überprüfen, fragte ich meine Zeitungsfrau an einem großen Kiosk am Wittenbergplatz. Sie erzählte mir, an allen Kiosken, die von ihrem Zeitungshändler betrieben wurden, sei der Absatz zurückgegangen. An ihrem eigenen Kiosk um mehr als vierzig Prozent. [...]

Noch wichtiger war eine andere Entwicklung: das rasch um sich greifende Abhören von ausländischen Rundfunksendungen, besonders von solchen aus London und Moskau. Es war ein positives Zeichen dafür, daß die Leute ihre Informationen woanders suchten, und nicht nur ein negatives dafür, daß sie keine mehr aus Naziquellen beziehen wollten. Ein Beamter des Propagandaministeriums erzählte mir, die Festnahmen für dieses »Verbrechen« seien nach der Dietrich-Rede ums Dreifache gestiegen. [...]

Am 23. November langte der *Völkische Beobachter* erneut in seinen roten Farbtopf und produzierte eine riesige, nur aus zwei Worten bestehende Schlagzeile: ROSTOW GENOMMEN! Aber der Verkauf der Zeitung ließ sich dadurch in keiner Weise ankurbeln. Viel aufmerksamer lasen die Leute eine unscheinbare kleine Meldung des Oberkommandos, die zwei Wochen darauf im *VB* erschien. Es ging bereits auf Weihnachten zu. Die Geschäfte waren leer, lediglich in den Spielwarenläden waren eine Menge Würfelspiele zu haben, eins davon mit dem Titel »Bomben auf England«. Es gab keinen Alkohol für den Weihnachtspunsch, es gab keine Gänse oder Kaninchen für das Weihnachtsessen. Auf den

Straßen wurden die abendlichen Schlangen vor den Geschäften immer länger. Die unscheinbare Meldung lautete, die Truppen des Führers hätten eine russische Stadt namens Rostow geräumt, die an der Mündung des Flusses Don liege. Dies sei notwendig geworden, um Vergeltungsaktionen gegen die Zivilbevölkerung vorzubereiten, als Antwort auf die ungastliche Haltung der Bewohner. Die Meldung erschien in schwarz.

Jacques Chardonne

Der Himmel von Nieflheim

Während des Krieges betrieben die Nationalsozialisten eine auswärtige Kulturpolitik. Sie versuchten, europäische Schriftsteller für ihre Zwecke einzusetzen. Im Oktober 1941 und im Oktober 1942 organisierten sie propagandawirksame Rundreisen, die jeweils in einem internationalen Schriftstellerkongreß in Weimar ihren Abschluß fanden. Zahlreiche Teilnehmer veröffentlichten anschließend Berichte. Der Franzose Jacques Chardonne, der an beiden Reisen teilnahm, schrieb einen literarischen Großessay, *Le Ciel de Nieflheim* (1943). (Der Titel verweist auf die »Nebelwelt« der nordischen Mythologie, urzeitliche Region im hohen Norden und späteres Totenreich. Im Text zitiert Chardonne einen Satz aus *Le Génie du Rhin* [1921] von Maurice Barrès [1862–1923], der ihn wiederum Goethe zuschreibt: »Ah! je n'aime pas le ciel de Nieflheim.«) Einzelne Reiseeindrücke aus Deutschland werden mit Bildern des ländlichen Frankreich zur reaktionären Vision eines kulturellen Europa zusammengefügt, das es gemeinsam gegen die Sowjetunion zu verteidigen gelte. Chardonne wurde in diesem Sinne gleich nach seiner Rückkehr aus Deutschland im Dezember 1941 bei Marschall Philippe Pétain (1856–1951) vorstellig, den er vergeblich zu einem aktiven Kriegseintritt auf deutscher Seite zu bewegen versuchte. Unter deutscher Besatzung war Chardonne als Leiter eines Verlages (Édition Stock) tätig. Nach der Befreiung wurde er als Kollaborateur zur Rechenschaft gezogen, zunächst 1944 verhaftet und anschließend unter Hausarrest gestellt. Das Verfahren gegen ihn wurde 1946 eingestellt. Heute ist Chardonne als wichtiger Autor in zahlreichen französischen Literaturgeschichten vertreten.

Zusammen mit Marcel Jouhandeau, [Ramon] Fernandez und [Gerhard] Heller begab ich mich nach Bonn, wo der Bürgermeister Schriftsteller aus mehreren Ländern empfing. Für diesen Abend hatte er Funktionäre der Region, einige Offiziere sowie markante Persönlichkeiten eingeladen, die aus Berlin gekommen waren. Später wurde ich häufig zu derartigen Zusammenkünften eingeladen; doch bereits Bonn hatte mir alles enthüllt.

Hier sah ich Honoratioren einer neuen Art. Die Merkmale der einstigen Kasten, der Schmiß des Studenten, der Dünkel des Offiziers, eine bestimmte wilhelminische Statur waren verschwunden. Alle diese Männer haben einen Ausdruck der Zusammengehörigkeit. Die meisten sind bescheidener Herkunft, doch gehören einige dem Adel an. Auch das ist schwer zu erkennen; fast alle waren gleich jung; alle waren sie arm, und sie sind in einer Tragödie aufgewachsen. Den Eindruck, den sie mir auf Anhieb vermittelten, könnte ich mit dem Wort Eleganz umschreiben, und später fand ich den Grund dafür: diese Männer leben auf dem Höhepunkt ihrer selbst. Und diese Verklärung ist der Nationalsozialismus.

Unsere herkömmlichen Vorstellungen von Deutschland sind falsch, oder sie haben aufgehört, richtig zu sein. Es ist ein Volk, das eine Revolution gemacht hat, und ich glaube, daß das in der Geschichte eines Volkes wohl nur einmal vorkommt. Zwar gibt es in Deutschland noch Privateigentum, Arbeiter, Arbeitgeber, Adlige, Militärs, aber die Beziehungen zwischen den Menschen sind andere. Die neue Gesellschaft wurde nicht auf Trümmern und Feindschaften errichtet. Sie ist stark, weil sie brüderlich ist. Diese Kraft und die Schönheit dieser Kraft entspringen nicht dem Zwang. Ein Volk, das so große Dinge hervorgebracht hat, ist nicht geknechtet, es ist ein erleuchtetes Volk.

Im deutschen Sozialismus tritt jener feudale und religiöse germanische Geist in Erscheinung, den das rein Materielle nicht befriedigt, dem wohl ist in der Größe, in der seine Gegensätze sich versöhnen, und der in der Stunde einer Erneuerung der Welt seinen vollen Ausdruck gefunden hat. Das wahrhaft Neue in Deutschland liegt im Menschen.

—

Die Revolution hat die deutsche Gesellschaft und ihren Geist zutiefst verändert. Manche bleiben jenen empfindlichen Formen des Lebens verhaftet, welche die hohe Temperatur der sozialen Umgestaltung nicht überstehen. Veränderungen der Kunst und der Kultur haben zu allen Zeiten Empörung hervorgerufen, und unsere Bibliotheken sind voll vom Seufzen der Greise, die das, was sie für gut hielten, sich wandeln sahen. Weder unsere Sinne noch das Denken sind dem Leben angemessen.

Das Gefühl, das mich überkommt, wenn ich die deutsche Gesellschaft insgesamt betrachte, ist ästhetischer Natur. Es handelt sich um moralische Schönheit (Mut, Willensstärke, Opferbereitschaft, Anstand und verschiedene Formen der Gesundheit), aber auch um Stil und Plastik. Diese Gesellschaft hat noch in ihren geringsten Ausdrucksformen Stil; sie vermittelt eine erhabene Atmosphäre.

Baldur von Schirach empfing in der Wiener Hofburg Schriftsteller in legerer Kleidung, die aus verschiedenen Ländern Europas kamen. Diese Schar von Ausländern, unter die sich einige Würdenträger Wiens in ihren gelben Uniformjacken mischten, nahm sich im Königssaal nicht sehr gut aus.

Man ließ sich an etwa zwanzig runden Tischen nieder, die ein Kranz roter Kerzen beleuchtete und ein Strauß Herbstlaub schmückte, inmitten des prächtigen Geschirrs aus einer anderen Zeit.

Das elektrische Licht erlosch. Man vernahm einen Chor von Bach, einen von Kinderstimmen gesummten Gesang, dann ein Quintett von Mozart, und noch einmal jenen Gesang der Reinheit und seine verhaltenen Klänge. Die allgemeine Stille, das Halbdunkel, das die Anwesenden verschwinden ließ, nur das Flackern der roten Kerzen, das Herbstlaub und die allerschönste Musik bildeten eine Art spirituelles Schauspiel. An diesem Abend fiel kein einziges Wort.

Stets habe ich bei den Versammlungen ein gewisses Gepränge voller Würde und Geschmack gespürt, das nicht allein vom Dekor und von der Musik, sondern von einer Geistesart herrührte.

Es war in Freiburg, an einem Sonntag (ich erinnere mich daran, denn am Morgen war ich in eine Kirche voll wahrhaft andächtiger Gläubiger gegangen). Man lud uns zum Erntedankfest in einem nahe gelegenen Dorf ein.

Ein sehr großer, ganz neuer Saal. Ein Podium scheint auf einem Blumenbeet zu stehen. Die Leute des Dorfs feiern die Ernte mit Chören, der allerhöchsten Musik, einer Anrufung der Natur, vorgetragen von der deutlich artikulierten, kraftvollen Stimme eines Knaben; das alles ohne Frohsinn, in einer Art ernster Begeisterung, unter der Leitung eines sehr jungen Mannes mit dem Gesicht eines Soldaten-Apostels, dessen Aufgabe es ist, über den Bezirk zu wachen, die Bauern zu beraten, sich nach ihren Fähigkeiten zu erkundigen und sie zu unterstützen.

Mir erscheint das alles bewundernswert, aber ich spüre einige Verlegenheit bei den Deutschen, die uns begleiten, und ich ahne ihre Gefühle: Der religiöse Ton schockiert sie. Übermäßiger Skrupel. Dieses Volk, das die Grundfesten der Gesellschaft dahinschwinden sah (in einem Orkan, den noch andere erleben werden), hat sich ihrer erneut bemächtigt und ihnen jene Heiligkeit zurückgegeben, welche die Gewohnheit auslöscht. Die Dankbarkeit gegenüber der Erde kann durchaus mit dieser Inbrunst zum Ausdruck kommen, ohne die vierzig Millionen deutscher Katholiken zu beunruhigen, die weit empfindlicher sind als die unsrigen und nie die Kränkungen erfahren haben, die unsere Republik den Gläubigen zufügte.

Der Nationalsozialismus erweitert unseren Begriff des Heiligen, ohne ihn zu entstellen. Dieses Volk ist von Religion durchdrungen.

—

Man kann lange in Deutschland leben, ohne jemandem zu begegnen, der die SS verkörpert, eine völlig neue germanische Schöpfung, die der ältesten Substanz dieses Volkes entstammt und ihm nicht ähnelt; man könnte meinen, es handele sich um einen der gewöhnlichen Menschheit völlig fremden Orden kriegerischer Mönche.

Bei Tagesanbruch versammeln sie sich auf dem Platz, führen einige disziplinierte Bewegungen aus, singen und zerstreuen sich dann; sie ziehen durch die Straßen, mit grünen Wollhandschuhen, oder spielen Ball. Alle sind sehr groß in der eleganten Uniform, überraschen durch ihre Jugend und ihr freudiges Gebaren. Dennoch langweilen sie sich und trauern Rußland nach, »wo es immer etwas zu tun gab«. Sie waren an allen Schlachten beteiligt, in allen Ländern Europas, stets als Sieger; doch ähneln sie in nichts dem traditionellen Krieger. Ihre Jugend ist ein Widerschein der Seele: sie haben einen Glauben. Mut ist bei ihnen kein Zufall; er gleicht einer ständig praktizierten Hygiene, die ihnen ein gesundes Aussehen von seltsamer Reinheit verleiht. Der Typus des vollendeten, jedoch vereinfachten Menschen, den man einstmals kannte und der sogleich zur Vollkommenheit gelangt: zu jener Absolutheit, die man Heldentum nennt. Sie leben unbefangen in totaler Selbstverleugnung, sie haben nichts Persönliches an sich, sie scheinen weder Traurigkeit noch Angst, weder Hunger noch Verlangen zu empfinden; es sind die Engel des Krieges, die vom Himmel über Nieflheim herabgestiegen sind, um den Menschen für einen Augenblick bei einer für sie zu schweren Aufgabe zu helfen: zu retten, was zu retten ist.

József Nyírö

»Feind hört mit!«

Der aus Nordtransylvanien (Siebenbürgen) stammende Ungar József Nyírö beherrschte die deutsche Sprache. Er wurde 1912 in Wien zum Priester geweiht. Nach dem Ersten Weltkrieg legte er das Priesteramt nieder und heiratete. Er arbeitete als Journalist, Verleger und Romancier. 1942 wurde er Abgeordneter für seine Heimatregion im ungarischen Parlament. Nach dem Krieg lebte Nyírö in Bayern und schließlich, bis zu seinem Tod, in Spanien. Wie Jacques Chardonne nahm József Nyírö im Oktober 1941 und im Oktober 1942 an den beiden Weimarer Kongressen der »Europäischen Schriftsteller-Vereinigung« teil, die 1941 von den Nationalsozialisten ins Leben gerufen wurde. In der Zeitschrift dieser Vereinigung, *Europäische Literatur,* wirft er einen »Blick auf das kämpfende Deutschland« (1942). Er berichtet vom ersten seiner beiden Aufenthalte in Weimar und in Berlin. Nyírö betrachtet das Alltagsleben – auf der Suche nach den Anzeichen des Krieges. Während er vorgibt, nachweisen zu wollen, wie wenig das Land durch Krieg und Luftangriffe beeinträchtigt sei, verzeichnet er einige Details, die aus heutiger Sicht kritisch wirken: unter anderem Invaliden oder die Rationierung von Lebensmitteln. Ein jüdisches Geschäft scheint ihn magisch anzuziehen. Vor allem aber stellt er fest, daß man ihm, dem Ausländer, allenthalben verschlossen, abweisend, feindlich begegnet: »Feind hört mit!«

Man hat schon ganze Bibliotheken voll über das Reich geschrieben. Für mich aber blieb ein Geheimnis. Nämlich die Kraft, die dieses Volk fähig macht, seinen Kampf der ganzen Welt gegenüber siegreich zu bestehen.

Ich machte mir meine Gedanken darüber und konnte es zuletzt kaum erwarten, bis ich ins Reich kam. »Ich werde Wunder sehen«, sagte ich mir im stillen. Und ich habe keine »Wunder« gesehen. Ich habe keine gesehen, weil man, über die Grenze gekommen, das kriegführende Deutschland überhaupt nicht sieht. Nur einige Zeichen und Spuren fielen mir ins Auge. Ich habe sie mir gemerkt.

Im Eisenbahnwagen fiel mir eine kleine gedruckte Tafel auf: »Achtung! Feind hört mit!«

Ich zuckte die Achseln. Auf so etwas geben die Menschen nicht viel. Wir sollen in der Eisenbahn nicht sprechen, mit wem wir wollen? Aber, ich bitte schön! Was denken die Deutschen eigentlich? Das Abteil der Eisenbahn ist, mindestens bei uns, ein Beichtstuhl, wo man seine Sorgen, Sünden und Geheimnisse offen erzählt und sie dem Gegenüber sozusagen aufzwingt. Es ist der Ort, wo man am besten alle Fragen der Staatsführung besprechen, wo man am leichtesten Weisungen für die Heeresleitung geben kann.

Das wird wohl auch hier so sein, dachte ich. Ich brauche nur meine Ohren offenzuhalten, und ich kenne in einer halben Stunde die »Lage« haargenau, als sei ich in Deutschland groß geworden. [...]

*

Ich habe mich in meinen Erwartungen geirrt. Ich fuhr einige tausend Kilometer im Reich herum, aber niemand sprach vom Krieg. Auch kein einziges Wort. Für neunzig Millionen Menschen genügt diese kleine Tafel, genügt das Bewußtsein, der Feind könnte es auch hören, was erzählt wird.

Das ist das Geheimnis Deutschlands: auch in kleinen Sachen groß sein zu können.

*

Es liegen irgendwie in der Luft die Ordnung, die Pünktlichkeit, das Selbstbewußtsein, der Wille, die Selbstachtung, die Sicherheit, die Organisation und irgendein ungeschriebenes Gesetz, dem sich auch der Fremde nicht entziehen kann.

Warum habe *ich* den Vorhang im Abteil heruntergezogen? Es ist wahr, dort steht die Ermahnung. Aber warum warte ich nicht, bis der Schaffner es tut? So wie zu Hause! Es ist ja *seine* Pflicht! Warum habe ich mich wenigstens nicht innerlich dagegen gesträubt?

Warum ging ich nicht in den jüdischen Laden hinein, als ich die Aufschrift entdeckte: »Von Juden für Juden!« Gerade dieses Geschäft interessierte mich. Ich war neugierig. Ich blieb vor dem Laden stehen und wollte mir einreden, mich davon überzeugen, diese Maßnahme beziehe sich nicht auf mich. Niemand kann mich zur Rede stellen, wenn ich hineingehe. Aber trotzdem ging ich weiter. Es hielt mich etwas zurück.

Etwas. Diese geheimnisvolle Macht, dieser unsichtbare Geist, der über dem Reich Wache steht.

*

Endlich ein Kriegsverletzter. Ich freue mich fast auf ihn. Man kann den Krieg nicht verstecken. Ich wußte, daß ich ihn treffen werde. Hier stieg er ein, in Leipzig. Sein Arm lag im Gipsverband, er aber kümmerte sich nicht darum. Was mir aber auffiel: ich habe im ganzen nur drei Kriegsverletzte getroffen. Und die auf der Eisenbahn. Auf den Straßen fehlen sie vollständig. Nicht so wie im Weltkrieg. Damals, ich erinnere mich gut, traf man sie auf Schritt und Tritt. Sie waren Mode. Sie haben das Mitleid, die Liebe und die warmen Blicke der Frauen genossen. Später wetzte sich die Romantik sozusagen ab. Man hatte sich an sie gewöhnt. Der Anblick der Wunden, der Lahmheiten, der Leiden irritierte die Menschen. Die mit dem Kriege ziehenden düsteren Wirklichkeiten traten in den Vordergrund, man sah in den Verwundeten die Gespenster der schweren Zeit. Der körperlichen folgte die Verletzung der Seele. Das hatten die Armen nicht verdient.

Heute werden sie geheilt. Sie werden in Kurorte geschickt, um zu genesen. In jeder Hinsicht wird für sie gesorgt. Sie tummeln sich nicht als lebendige Plakate des Todes und der

Vernichtung. Den Kriegsverletzten plagen auch nicht die Sorgen für sich und seine Familie. Er ist der Achtung, der Dankbarkeit und der Hilfsbereitschaft der Nation sicher. Und er wird es sein, solange es Deutsche auf der Erde gibt. Diese Gewißheit und diese Sicherheit ist jedes Opfer wert.

*

Und die Toten?

Auch sie habe ich in Berlin besucht. Sie ruhen im Innern des Reichsehrenmals, sinnbildlich im Kreis der Kränze, die den mächtigen Granitblock umzingeln, im Schatten des Kreuzes. Eltern, Frauen, Geschwister, Verlobte legen hier Kränze nieder, um die Geliebten, deren irdische Hülle irgendwo auf fremden Kriegsschauplätzen liegt, in die große Einheit und in die Geschichte der Nation mit einzuschließen. Die Namen und die kurzen Sätze schließen Schicksale ein, die die Schönheit und die Größe der für das Vaterland gebrachten Opfer verkünden. Diese Innigkeit, Seelenwärme, dieses Selbstbewußtsein und dieser glückliche Stolz, das ist die deutsche Geschichte selbst. Wer sie betrachtet, diese Zeichen des Gedenkens, fühlt sich emporgehoben. Er sehnt sich fast selbst nach einem solchen Kranz, damit auch sein Name im Buch der Nation verzeichnet sei. Keinen Schrecken, keine Angst, keine Auflehnung gegen den Tod, gegen den kalten Hieb des Geschickes fühlt man hier, sondern Selbstbewußtsein, Einfachheit, Tiefe und Höhe.

Denn sie sind keine Opfer, sie sind die Gesegneten des Vaterlandes.

*

Aber ich denke, was das Ehrenmal zeigt, das ist der gewesene Krieg, das ist in bestimmter Hinsicht Vergangenheit, Alt-Vergangenheit oder Neu-Vergangenheit. Ich möchte aber irgend etwas vom Krieg sehen. Ich möchte, offen gestanden, die Verwüstungen durch die Fliegerangriffe sehen. Schauen wir uns die Oper an. Ich weiß, daß sie einige englische Bomben abgekriegt hat. Die deutsche Meldung teilte es auch mit. Wahrhaftig, sie ist von Bauzäunen umgeben. Sand, Steine,

Baumaterial sind ringsherum aufgehäuft. Drüben arbeitet man an einer Ecke des Doms. Und auf dem Spreeufer sah ich ein Gebäude, dessen Fenster der Luftdruck zerschmettert hatte. Aber gemessen an meinen Vorstellungen ist alles das so unwahrscheinlich gering, daß ich an meinen eigenen Feststellungen zweifle. Das sind ja hier einfache Bau- und Wiederherstellungsarbeiten, wie man sie in jeder Stadt sieht. Nun, ich werde mich vergewissern. Ich nehme einen Fußgänger aufs Korn, zeige auf die Oper und frage:

»Sagen Sie, was ist mit diesem Gebäude geschehen?«

Der schaut mich vom Kopf bis zu den Füßen mißtrauisch an. Ich merke, daß er eine Sekunde lang daran denkt, mich einem Schupo zu übergeben. Dann sagt er mürrisch und kurz: »Abgebrannt!«, und geht verschlossen weiter. Sein ganzes Wesen ist eine einzige Zurückweisung. Ich starre ihm mit offenem Mund und eigentlich neidisch nach.

Ist es nicht bewundernswert, daß dieser einfache, namenlose deutsche Mann, dieser eine von den neunzig Millionen, sich so benimmt, als wären alle Geheimnisse und alle Sorgen des Reiches ihm allein anvertraut und aufgebürdet? Er quatscht nicht und schwatzt nicht und bindet nicht sofort alles dem ersten Dahergelaufenen auf die Nase. Sein Mißtrauen heißt Schutz dem Vaterlande. Es ist eine nicht von außen, sondern von innen kommende Pflicht. Was hier und anderswo im Reich geschieht, ist eine innere Angelegenheit des Reiches, die man ohne mich erledigen will.

Das lag in dem einzigen Wort: »Abgebrannt!«

Alles gliedert sich in diese wunderbare Lebensorganisation ein. Auch der Krieg, den man nur so gewinnen kann. Das weiß ein jeder. Nicht nur der Herr Reichsminister, sondern auch diese Gestalt, die, sich selbst vergessend, am Kaiserdenkmal lehnt und in der Spree angelt. Ich halte ihn für ein Sinnbild der deutschen Ruhe. Nichts symbolisierte mir diese Ruhe besser als dieser angelnde Mann. Wo das Reich in aller Welt die größten Taten leistet, steht er da, im Zeichen des tiefsten Friedens, und angelt mit voller Seelenruhe in der Spree.

Nur beim Mittagessen kam ich dahinter, daß dieser Mensch mit dem Angeln keine Zerstreuung suchte. Er arbeitete. Beruflich oder nicht, das weiß ich nicht. Der Kellner sagte mir auch etwas Ähnliches, als ich ihm die Geschichte erzählte.

»Ausgeschlossen«, daß der Mann herumlungert.

*

»Ausgeschlossen« – sagte der Kellner, richtiger der Herr Ober, denn hier fängt jede Mahlzeit mit der Arbeit des Herrn Ober an, der die Bestellung aufnimmt, die entsprechenden Marken abschneidet und dann für die Gerichte sorgt. So geschieht es bei jedem. Mir war es freilich am Anfang ungewohnt, und ich wollte mich nicht damit abfinden. Teils deshalb, weil ich von zu Hause die Parole mitbrachte: »Lobe nicht das Markensystem!« Trotzdem wir einsehen, daß in außerordentlichen Zeiten die Notwendigkeit besteht, die Rationen zu errechnen und zuzuteilen, sind wir geneigt, die Lebensmittelmarken als unsere Feinde anzusehen. Einfach, weil sie unsere Bequemlichkeit rauben. Gott sei Dank haben die Zuständigen mehr Verstand wie wir, und sie setzen ihren Willen durch und die Maßnahmen, die die Zeit und die Lage erfordern.

»Ausnahmen wird es auch hier geben«, dachte ich mir, und wartete in Weimar gespannt auf das Essen, das der Minister zu Ehren der ausländischen Schriftsteller gab. Und mein Kinnladen fiel herunter, als ich sah, daß der Ober die Marken des Ministers ebenso abschnitt wie die meinen.

Das ist wieder eine Sache, wo man nur sagen kann: Hut ab!

*

Aber warum bringt man mir nicht endlich das Abendessen? Doch eine Schweinerei! – brumme ich vor mich hin, wie von zu Hause gewöhnt. Wütend schau' ich vor mich hin, da bemerke ich ein kleines Schild auf dem Tisch: »An diesem Tisch bedient mein Mitarbeiter Friedrich Müller.«

»Donnerwetter!« denke ich bestürzt. »Mit-ar-bei-ter?«

Also nicht: »Hören Sie, Kellner?« Oder: »Sie fliegen hinaus, Menschenskind oder Esel, der Sie sind ...« Nein! Ehre der Arbeit und Hochachtung vor dem Arbeiter. »Mitarbeiter!«

Solche »Kleinigkeiten« muß man auch bemerken.

*

Und ähnliche Kleinigkeiten:

Ein Hotel hat mich mit einem in die Wand eingebauten Rundfunkgerät überrascht. Der Apparat war aber nur auf die deutsche Wellenlänge eingestellt. Der Gast kann sich nicht von London infizieren lassen.

In einem anderen Hotel erwarteten mich drei Bücher auf dem Tisch. Hitlers *Kampf,* von Bruno Brehm *So fing es an* und ein schönes illustriertes Buch über die Geschichte und die Sehenswürdigkeiten der Stadt.

Man nimmt sie in die Hand, und dann vergißt man sich. Ich bin gezwungen, die Geschichte der Stadt und die geschichtlichen Änderungen zur Kenntnis zu nehmen. Mit einer feinen Geste stahl man es in meine Kenntnisse hinein. Den anderen Tag tritt man gut orientiert auf die Straße.

*

»Nun, ja!« – seufzt der Mensch auf dem Heimweg. – »Nun ja, zu Hause!« ...

Es wäre gut, wenn es auch bei uns so wäre, das auch. Der Mensch zieht unwillkürlich Vergleiche, aus Sorge für seine eigene Nation. Widerstrebende Gefühle kämpfen miteinander. Einmal stellt man niedergeschlagen fest, daß wir zu Hause noch viel zu lernen haben, in der anderen Minute schmiedet man Pläne, um den großen Wettkampf der europäischen Völker mitmachen zu können. Man ist von Verantwortung erfüllt und ist besorgt um seine Nation. Die Seele kämpft und wogt.

Man weiß gar nicht, daß all dies so ist, weil der wahre Ungar im Ausland noch mehr zum Ungarn wird. Erst wenn er an der Grenzstation wieder das erste ungarische Wort hört, zittert ein unbekanntes Gefühl durch ihn hindurch. Er steht auf und setzt sich wieder auf seinen Platz. Es wird ihm in dieser Stunde klar, daß auch in uns Kräfte, Fähigkeiten und Werte sind, die uns im erbitterten Wettkampf der Menschheit haben stark bleiben lassen. Nur von uns hängt es ab, daß wir auch in der Zukunft bestehen und uns ungebrochen vor den Richtstuhl der Geschichte stellen können und das Urteil empfangen, das uns erlaubt, einen würdigen Platz im neuen Europa einzunehmen. […]

Howard Smith

Am Schwanz des Löwen

Als er Deutschland Ende 1941 verließ, hatte Howard Smith keinerlei Aufzeichnungen mitnehmen können. Er schrieb sein Buch in der Schweiz und veröffentlichte es umgehend in den USA und in England (1942). In den sechziger Jahren wurde Howard Smith zu einem berühmten Nachrichtenjournalisten beim US-amerikanischen Fernsehsender *ABC*. In der folgenden Passage skizziert er seine Theorie des inneren Verfalls der nazideutschen Gesellschaft. Und er entfaltet seine These, daß die Deutschen nicht den Mut aufbrachten, ihrer Führung die Gefolgschaft zu versagen, weil sie eine Vergeltung für ihre Verbrechen befürchteten, deren sie sich schon damals sehr wohl bewußt waren.

Will man etwas von Berlin sehen, muß man in den Straßen umherlaufen. Will man etwas von den Menschen sehen, muß man mit der U-Bahn fahren. Dort kann man sie nicht nur sehen, sondern auch riechen. Die Zeit und die Zahl der U-Bahn-Waggons reicht nicht aus, um die Züge jeden Tag anständig zu reinigen und zu lüften. Und so hat sich in ihrem Innern ein Geruch nach altem Schweiß festgesetzt, nach Schweiß von hart arbeitenden Körpern, denen monatlich ein Stück Seife von der Größe einer Streichholzschachtel zusteht. Dieser Geruch hat sich mit der Zeit und dem Fortgang des Krieges nicht nur quantitativ verstärkt, er ist schließlich auch qualitativ immer penetranter geworden. Im Sommer kann man in dieser Luft ersticken, und das ist durchaus wörtlich zu nehmen: in der U-Bahn geben täglich Dutzenden von Menschen, deren Mägen und Körper ohnehin nicht die kräftigsten sind, die Beine nach. Manchmal muß man irgendwo, auf halbem Weg, einfach aussteigen, um auf dem Bahnsteig zwischen zwei Zügen einmal kurz frische Luft zu schnappen.

Die Gesichter der Menschen sind blaß, von einem mehligen, ungesunden Weiß, nur um die milden, leblosen Augen liegen rötliche Ringe. Man würde sich mit der Zeit an diese Gesichter gewöhnen und sie für normal und natürlich halten, wenn nicht ab und zu auch Soldaten mit der U-Bahn fahren würden. Dann fällt einem der deutliche Kontrast auf zwischen diesen jungen Männern, die vitaminhaltige Kost essen und zeitweise an der frischen Luft leben, und den Millionen Nicht-Uniformierten, die keine Vitamine bekommen und täglich zehn bis zwölf Stunden in Fabriken und Geschäften arbeiten. Der Vitaminmangel führt auch dazu, daß die Zähne rasch und augenscheinlich schlecht werden. Mein Zahnarzt erzählte mir, daß alle Zähne gleichzeitig verfallen, fast wie Würfelzucker, der sich in Wasser auflöste. Die Zahnärzte sind stark überlastet, denn die meisten von ihnen müssen die Hälfte der Zeit für die Armee arbeiten und betreuen in der restlichen Zeit ihre Privatpraxis, dabei hat sich die Patientenzahl verdoppelt. So haben sie ihre Honorare beträchtlich erhöht, um Patienten abzuschrecken; mein Zahnarzt meinte, sie seien einfach dazu gezwungen gewesen. In diesem Winter hat Berlin die seit Jahren hartnäckigste Grippewelle erlebt. Die Ärzte sagen voraus, daß sie sich jedes Jahr verschärfen und vermutlich gefährliche Ausmaße annehmen wird, wenn sich an der Versorgungslage nichts ändert, vor allem bei Schuhen, denn die nutzen sich am schnellsten ab.

So erschöpft und krankheitsanfällig die Berliner sind, so mißmutig ist ihre Stimmung. Das ist noch milde ausgedrückt, in Wirklichkeit sind sie geradezu »unausstehlich« geworden. In ihren Gesichtern weisen alle Linien nach unten. Gegen einen gelegentlichen Anfall guter Laune weiß ich kein besseres Mittel als zehn Stationen mit der U-Bahn fahren. Wenn der überfüllte Zug plötzlich ins Schlingern kommt und dadurch der eigene Ellbogen in den Rücken eines Nachbarn gepreßt wird, dann löst das ein heftiges, zehnminütiges Wortgefecht aus, und jedes menschliche Wesen im Zug fühlt sich aufgefordert, mit einem derartigen Fanatismus Partei zu ergreifen, als ob vom Ausgang der Auseinandersetzung sein Leben abhinge. Prügeln tun sie sich nie, sie drohen nur. – »ICH ZEIGE DICH AN, JUNGER MANN!« lautet heutzutage die Zauberformel (oder auch: »Mein Freund ist ein hohes Tier in der Partei, der wird dir was erzählen!« Sie benehmen sich wie Kinder, die sich gegenseitig androhen: ich erzähl' es meinem Papi, der ist stärker als deiner).

Die Berliner waren von jeher notorische Querulanten. Ständig mußten sie über irgend etwas nörgeln. Aber ihre Nörgeleien waren eher gutmütiger Art, man konnte darüber lachen. Im vergangenen Jahr hat sich das jedoch in eine neue und gänzlich andere Richtung entwickelt. Es ist nicht mehr komisch, es ist richtiggehend krankhaft, wenn Menschen mit bleichen, übermüdeten, ausgebrannten Gesichtern, die kurz zuvor noch ausdruckslos ins Leere gestarrt haben, plötzlich wie vom Schlag getroffen einen heftigen Wutanfall kriegen und sich gegenseitig aus nichtigem oder eingebildetem Anlaß Beleidigungen ins Gesicht schreien. Dabei konnte man verfolgen, wie sich das Naturell der Menschen immer mehr veränderte, je länger der Krieg dauerte. Und ganz deutlich – wie man Unkraut wachsen sieht – konnte man beobachten, wie die Verbitterung beinahe schlagartig zunahm, als das Ende des Krieges wieder außer Sichtweite rückte. All das mitzuerleben ist deprimierend und hinterläßt einen schalen Geschmack. Die Ursache dafür ist zum Teil pure Angst, zum Teil ein nationaler Minderwertigkeitskomplex. Vor allem aber rührt die Verbitterung daher, daß die Leute krank sind, schlicht und einfach krank – an Leib und Seele.

Vielleicht hat es nur den Anschein, aber in meinen Augen hat diese Krankheit die kleinen Leute aus der Mittelklasse am härtesten getroffen. Werfen wir etwa einen Blick auf die geselligen Familienabende, zu denen ich häufig eingeladen war. Früher pflegten Mittelstandsfamilien, denen eine ehrbare Mittelstands-Existenz alles bedeutete, einen ganzen

Abend lang SKAT zu spielen und eine oder zwei Flaschen kühlen Wein zu trinken. In der letzten Zeit habe ich mehrere Male miterlebt, wie sehr sich die Atmosphäre solcher Abende verändert hat. SKAT wird überhaupt nicht mehr gespielt. Man kratzt alle halbgefüllten Flaschen Alkohol zusammen, die aufzutreiben sind, und die werden dann eben geleert. Man trinkt nicht um des maßvollen Trinkens willen, nicht um den Geschmack eines bestimmtes Getränkes zu genießen oder sich seiner allmählichen Wirkung zu erfreuen. Nein, man trinkt, um sich zu besaufen, und zwar total und maßlos; um sich ausgelassen, laut und ungehemmt benehmen zu können, nachdem man Wein, Bier, süßen Likör und ERSATZ-Cognac, alles durcheinander, in sich hineingeschüttet hat. In ihrer ganzen Atmosphäre erinnerten solche Abende an eine billige Hafenkneipe. Ich möchte über sie keinerlei moralisches Urteil fällen, für eine soziale Einschätzung bieten sie jedoch eine gute Grundlage: hier herrschte eine Atmosphäre des gesellschaftlichen Abstiegs. Und mir scheint, daß sie sich am dichtesten in denjenigen Schichten der deutschen Bevölkerung zusammenbraute, die schon immer die entscheidende Stütze der deutschen Gesellschaft gewesen sind: im KLEINBÜRGERTUM. Jedwede Gesellschaft existiert fort, weil breite Teile der Bevölkerung ein Interesse an ihrer Fortexistenz haben. In Deutschland haben die kleinbürgerlichen Schichten immer ein Interesse am Fortbestand der bürgerlichen Gesellschaft gehabt. Hitler haben sie an die Macht gebracht, weil sie hofften, dadurch ihre soziale Stellung gegen jenes abgeschottete Kastenwesen von Privilegien zu behaupten, das die Klassen über ihnen pflegten. Jetzt erscheint es mir so, als ob dieses Kleinbürgertum aus Enttäuschung apathisch geworden ist und sich ins Vergessen flüchtet, mit Alkohol oder auf andere Weise. Auch der Aberglaube hat stark an Boden gewonnen. Ein krankhaftes Interesse für Pseudo-Wissenschaften und plumpen Aberglauben jeder erdenklichen Art hat nacheinander die Konjunktur für alles mögliche ausgelöst: für Phrenologie, für Astrologie und für alle Arten von Wahrsagerei. Sicher liegt auch einer der

Gründe, warum Goebbels alle Hellseher von den deutschen Bühnen verbannt hat, in der Tatsache, daß sie zu viel Einfluß auf die Menschen gewonnen haben. Diese ganze Atmosphäre erinnerte mich unweigerlich an eine andere Gesellschaft, in der ein Mann namens Rasputin in höheren gesellschaftlichen Kreisen vergleichbaren Einfluß gewonnen hatte, bevor diese Gesellschaft kurz darauf zusammenbrach. Menschen, die entweder nicht zugeben wollen, daß sie wissen, was bei ihnen nicht in Ordnung ist, oder die unfähig sind, etwas dagegen zu tun – d. h. Hitler abzuschaffen –, suchen ihre Zuflucht eben in solchen ERSATZ-Richtungen.

Das ist eine psychologische Erscheinung, aber sie hat ihre physische Entsprechung. Menschen, die unter nichts anderem leiden als unter den unvermeidlichen Folgen einer schlechten Ernährung, daran jedoch nichts ändern können, erfinden für ihre Beschwerden phantasievolle Namen und decken sich dagegen mit allen möglichen rezeptfreien Heilmittelchen aus den Drogerien ein. Die Hersteller solcher Rezepturen bilden die einzige Branche – außer der Rüstungsindustrie –, die in Deutschland heutzutage noch das große Geld verdient. Bei jeder Frau findet sich in der Handtasche neben so gut wie leeren Kosmetikdöschen eine wohlgefüllte Pillenschachtel, und für keinen Mann ist die Mahlzeit komplett ohne eine der vielen bunten Magenpastillen. Ein Mittel namens OKASA, das für sexuelle Potenz sorgen soll, ist für die Deutschen fast zu einer nationalen Institution geworden. Junge Mädchen lassen bei Luftwaffenoffizieren Schachteln mit PERVITIN mitgehen, um Kräfte aufzutanken, die eigentlich von Natur aus vorhanden sein müßten. Die ganze Atmosphäre erinnert mich irgendwie an eine Opiumhöhle, die ich vor vielen Jahren in New Orleans besucht habe.

Wenn ich das Reich Hitlers in ein einziges Bild zu fassen hätte, würde ich es mit einem appetitlich aussehenden, dicken Apfel vergleichen, der außen eine feste, rote, blanke Schale hat, im Kern aber völlig verfault ist. Die glänzende Schale besteht aus Armee und Gestapo, die inzwischen die Hauptmacht der Nazipartei verkörpert. Sie bilden eine starke, eine sehr starke äußere Hülle. Das verfaulte Innere ist *die komplette Nazigesellschaft*.

[...] Die Nazigesellschaft ist von oben bis unten und durch und durch verfault, mit Ausnahme eben dieser starken, hermetisch dichten Hülle. Die Leute haben wirklich die Schnauze voll. Jene allgemeine Gesellschaftstheorie, die man *Faschismus* nennt und deren eine Form der Nazismus ist, hat in Europa den Gipfel ihrer Popularität hinter sich, und was ihre Anhängerschaft betrifft, so ist ihre Zeit abgelaufen. Nachdem die Welt feststellen konnte, was Faschismus bedeutet, wird er nie wieder eine derartige Anziehungskraft entwickeln.

In Dänemark stellen sich die Nazis gegen Parlamentswahlen, denn sie wissen, daß die Wahlen – so sicher wie die Sonne aufgeht – damit enden würden, daß das dänische Volk die drei lumpigen dänischen Nazis, die jetzt noch im Parlament sitzen, zum Teufel jagen würde. In Norwegen und Holland trauen sich die Nazis nicht einmal, das vorgesehene »Plebiszit« durchzuführen, denn dabei würde sich herausstellen, daß ihre Philosophie wahrhaftig erledigt ist. Als Ideengebäude ist der Nazismus tot wie ein Sargnagel. Aber wie stehen die Deutschen zu ihm? Im Grunde hängen sie an den Nazis dran, wie ein Mann, der die überraschende Entdeckung gemacht hat, daß er den Schwanz eines Löwen in den Händen hält, und der sich einfach weiter daran festhält – nicht weil er die Nähe des Löwen so toll findet, sondern weil er unsagbare Angst davor hat, was wohl passiert, wenn er losläßt. Oder ein anderes Bild: sie sind wie kleine Jungen, die eine lustige Schlittenfahrt unternehmen, bis sie auf einen vereisten Hang geraten und plötzlich in wilden Kurven auf einer Kufe hinunterrasen – vor Angst können sie nicht mehr abspringen und mit jeder Sekunde wird es unmöglicher. Damit wir uns nicht falsch verstehen: Ich will damit nicht einfach sagen: die Deutschen haben Angst vor der Gestapo und warten nur, bis die Gestapo geschwächt ist. Dann werden sie den großen Aufstand machen. Zwar spielt die

Gestapo bei ihren Angstgefühlen sicher eine große Rolle, aber doch nicht die größte. Der Hauptgrund, warum sich die Deutschen am Schwanz des Löwen festklammern, ist folgende quälende Frage, die ihnen wie ein Alptraum im Nacken sitzt: Wie wird es ihnen ergehen, wenn sie den Krieg nicht gewinnen? Was werden ihre Feinde, die so lange unter ihnen leiden mußten, mit ihnen tun? Wie werden die gemarterten Völker, die die Deutschen versklavt haben, wie werden die Tschechoslowaken, die Polen, die Franzosen reagieren, wenn keine Gestapo mehr da ist, um sie niederzuhalten? Die Deutschen sind keine überzeugten Nazis, nicht einmal mehr fünf Prozent von ihnen. Aber dieses Volk erstarrt vor Angst, wenn es daran denkt, welches Schicksal ihm bevorsteht, falls es aus dem Abenteuer, in das die Nazis es gestürzt haben, nicht siegreich hervorgehen sollte. In dieser Hinsicht sind die neuesten Töne der Nazi-Propaganda sehr aufschlußreich. Zwei Jahre lang hat Goebbels auf einer güldenen Trompete geschmettert, wie schön es nach dem SIEG sein werde. Damit wollte er sein Volk in die Schlacht locken. Seit letztem Herbst klingt auf einmal ein ganz anderes Motiv an: Wie wird es den Deutschen wohl ergehen, wenn sie *nicht* den Sieg erringen? Wer die Berichte gelesen hat, die die amerikanischen Korrespondenten damals aus Berlin übermittelt haben, wird sich an den berühmten Leitartikel erinnern, den Goebbels verfaßt und unter dem Titel »Wann und Wie?« in *Das Reich* publiziert hat. In diesem Artikel gab er zum ersten Mal vor den deutschen Lesern und vor der ganzen Welt zu, daß sich die Verhältnisse in Deutschland sehr verschlechtert haben. Am Schluß aber warnte er sein Volk: Wie schlecht auch immer die Dinge gegenwärtig stünden, das sei nichts im Vergleich mit dem, was mit Deutschland geschehen würde, wenn der Krieg verlorenginge. Diese Töne schlägt jetzt die deutsche Presse andauernd und immer wieder an. Die Angst in den Herzen der Deutschen hochzustacheln – dies ist Goebbels als einzig starke Waffe in seinem Arsenal verblieben, seit Dr. Dietrich die anderen außer Gefecht gesetzt hat.

Die Menschen draußen, die das Nazisystem nur von Foto- und Filmaufnahmen kennen, von den dramatischen Bildern seiner glänzenden Militärmaschine, von den eisernen, entschlossenen Gesichtern seiner Führer, diese Menschen würden es kaum glauben, was für eine bizarre, in allen Fugen krachende Apparatur sich unter diesem glatten, geschniegelten Äußeren verbirgt. Nicht nur, daß die Menschen, die diesen Führern mit ihren versteinerten Gesichtern Gefolgschaft leisten, ängstlich, verschreckt und niedergeschlagen sind. Ich meine damit auch die Regierung, die Art also, wie man diese Menschen und ihre Angelegenheiten verwaltet. [...] Heute ähnelt diese Apparatur einer absurden, einem Alptraum entsprungenen Plastik – nur eben noch komplizierter und unlogischer. Und ohne Hinweisschilder A, B und C, aus denen hervorgehen könnte, wie das ganze Ding funktioniert. Die Leute, die es betreiben, wissen es selber nicht.

Gösta Block

Werft keine Steine auf den Pianisten!

Im Ersten Weltkrieg hatte Gösta Block freiwillig auf deutscher Seite an der Westfront teilgenommen. Mit Auszeichnungen versehen, kehrte er nach Stockholm zurück und schloß seine unterbrochene Schullaufbahn ab. Er wurde Journalist. In den zwanziger Jahren gab Block, dessen Familie ihre Wurzeln in Deutschland hat, zwei Ausgaben der Monatsschrift *Sueco-germanica* für deutsch-schwedischen Kultur- und Handelsaustausch heraus; er wurde Chefredakteur der Boulevardzeitung *Gnistan* [Der Funke]. Darüber hinaus arbeitete er als PR-Berater für einen Schauspieler und leitete ein Textilgeschäft. Über die Abrüstungspolitik, der er sich widersetzte, zerstritt er sich mit den schwedischen Sozialdemokraten, wandte sich den Nationalsozialisten zu und wurde NS-Abgeordneter auf lokaler Ebene. Von 1940 bis 1942 arbeitete er in der Presseabteilung der deutschen Botschaft in Stockholm. Schließlich nahm er eine Anstellung beim deutschen Reichsrundfunk in Berlin an, wo er sich von Februar bis September 1942 aufhielt. Block arbeitete als Leiter des schwedischen Programms (das nach der Frequenz »Königsbergradio« genannt wurde), als Sprecher und als Reporter. Nach einem halben Jahr ging Block in sein Heimatland zurück und veröffentlichte 1943 (im Eigenverlag) ein kritisches Buch, in dem er seine »Innenansichten« aus Deutschland wiedergibt. (Die Umschlagseite zeigt die schwedische Familie vor dem Berliner Funkhaus, das mit Tarnnetzen camoufliert ist.) Er nimmt wieder Kontakt zu Sozialdemokraten auf. Wegen seiner Nazisympathie wurde Block vor seiner Reise ebenso wie danach von der schwedischen Sicherheitspolizei überwacht.

Es steht außer Zweifel, daß es sich im Dritten Reich weder lohnt noch der Gesundheit zuträglich ist, für Recht und Ordnung einzustehen. Deshalb werden viele gravierende Mißstände in Deutschland auch nicht beseitigt.

Es ist eine unbestreitbare Tatsache, daß man sich sehr empfindlich die Finger verbrennt, wenn man nicht achtgibt, mit wem man sich umgibt. Niemand will das gerne, und da man im voraus kaum weiß, mit wem man es zu tun hat, schreiten die Menschen in Deutschland gegenwärtig nur in wirklichen Ausnahmefällen ein, um Mißhandlungen oder andere Rechtsbrüche zu verhindern. Im allgemeinen ist es den Rechtsbrechern äußerlich nicht anzusehen, welche Stellung sie in Partei und Gesellschaft einnehmen. Deshalb kann es leicht passieren, daß man auf das falsche Pferd setzt, und sich im Dritten Reich zu vertippen ist gefährlicher als an den meisten Ecken der Welt.

Diese Angst, sich für das Recht einzusetzen, äußert sich auch auf anderen Gebieten, beispielsweise in der Verwaltung und den Betrieben. Hat man einen Vorgesetzten oder Untergebenen, der seine Pflichten dermaßen vernachlässigt, daß dadurch Schaden entsteht, so ist es besser, dies geschehen zu lassen, als sich Feinde zu machen. Es kann sogar sein, daß man sich durch ein solches Verhalten Freunde und Ansehen erwirbt, was allerdings weniger wichtig ist. Freunde haben im allgemeinen ein schlechteres Gedächtnis als Feinde. Deshalb zieht der, der sich einmischt, am Ende doch immer den kürzeren, und zwar selbst dann, wenn er absolut im Recht ist!

Die Verhältnisse im Dritten Reich lassen die Menschen abstumpfen. Kein Gedanke daran, sich unnötige Sorgen zu machen. Der kommt am weitesten, der nur das Notwendigste tut, und das so unauffällig wie möglich. Es herrscht nicht der Ehrgeiz, aufzusteigen, denn um so schmerzhafter wird es, wenn man wieder hinabfällt. Dafür hat es Beispiele gegeben. Je weniger man sich bemerkbar macht, desto weniger wird man wahrgenommen! Nicht auffallen, das ist im Dritten Reich die sicherste und erstrebenswerteste Art zu leben. Was das für einen Einfluß auf die Leistungsfähigkeit und den Unternehmungsgeist hat, liegt auf der Hand. Allerdings sind solche Eigenschaften gegenwärtig nicht erforderlich, denn man kommt ohnedies dorthin, wohin man gehört, dafür sorgen schon Partei und »Gestapo«.

Die Deutschen, die Juden und die Ausländer

Sind die Verhältnisse im Dritten Reich für die wenigsten paradiesisch, so sind sie für gewisse Gruppen von Menschen die wahre Hölle. Insbesondere gilt das für die Juden, aber auch Ausländer spüren oft genug, daß sie nicht dem »Herrenvolk« angehören, obwohl sie sich für Deutschland einsetzen und arbeiten.

Heutzutage sind die Juden in Deutschland Freiwild. Sie haben keine Bürgerrechte und werden täglich in Wort und Schrift darauf hingewiesen, daß sie die Feinde des deutschen Volkes sind. Überall schreit ihnen das von riesigen Plakaten herab ins Gesicht, und die Blicke von mehr oder weniger bedeutenden Parteimitgliedern, die über sie hinwegstreichen, verkünden nichts Gutes für die Zukunft, d. h., wenn die Zukunft so wird, wie es diese Leute hoffen und glauben machen wollen.

Wie vermutlich jedermann weiß, müssen die Juden heute einen handtellergroßen, gelben, sechseckigen Stern auf der linken Brustseite tragen, auf dem in der Mitte das Wort »Jude« in deutscher Schrift zu lesen ist. Selbst Kleinkinder müssen diesen Zierat tragen. Sieht man diese Zeichen, fühlt man sich tief betroffen, daß der- oder diejenige nicht der sogenannten Volksgemeinschaft angehört, was an sich ja nicht tragisch ist.

Die Tragödie besteht vielmehr darin, daß die Juden gezwungen sind, im Dritten Reich zu leben und die Schikanen zu erdulden, die sich die augenblicklichen Machthaber ausdenken. Und das sind nicht gerade wenige! Deutschlands Juden wurden mit Berufsverboten belegt. Einige Ärzte,

Zahnärzte und Rechtsanwälte haben zwar eine Ausnahmegenehmigung erhalten, dürfen ihre Dienste aber nur Angehörigen ihrer eigenen Rasse anbieten. Einkäufe von Lebensmitteln und anderen Dingen dürfen die Juden nur zwischen vier und fünf Uhr nachmittags erledigen, und was dann noch übrig ist, kann man sich leicht vorstellen.

Auf ihre Karten erhalten die Juden nur solche Waren, die als unmittelbar lebensnotwendig angesehen werden. Anderes, wie zum Beispiel Bonbons und Schokolade, bekommen sie nicht. Das gleiche gilt für Sonderzuteilungen von Lebensmitteln, so daß man ohne Übertreibung sagen kann, daß Juden in Deutschland heute bitter Not leiden.

Den Juden ist es untersagt, Theater und Kinos zu besuchen, und eine sehr große Anzahl deutscher Geschäfte weist durch Schilder darauf hin, daß Juden nicht bedient werden. Ja, es gibt sogar Zeitungsverkäufer, die mit solchen Schildern Eindruck schinden. Zug und Straßenbahn können die Juden benutzen, allerdings dürfen sie nicht sitzen, wenn andere Reisende stehen. Das hat zur Folge, daß sich kaum ein Jude um einen Sitzplatz bemüht. Lieber bleiben sie stehen, als das Risiko einzugehen, von einem Kind oder halbwüchsigen Bengel aufgescheucht zu werden.

Dennoch kann man bisweilen Leute beobachten, die jüdische Männer und Frauen von ihren Sitzen vertreiben, um sich auf ihre Plätze zu setzen. Bei den anderen Fahrgästen beobachtet man zwar viele mißbilligende Blicke, es kommt aber nur äußerst selten vor, daß jemand einschreitet. Wie ich bereits sagte, die Bewohner des Dritten Reiches mußten lernen, daß man sich nicht in Dinge einmischt, die einen nicht direkt betreffen, auch dann nicht, wenn sie noch so absurd sind.

Dennoch ist es vorgekommen, und ich werde hier ein paar Episoden berichten, die die Haltung der Mehrheit der Deutschen diesbezüglich ins rechte Licht rücken. Ich bin selbst nicht Zeuge dieser Begebenheiten gewesen, aber sie wurden mir von Leuten berichtet, an deren Glaubwürdigkeit ich nicht den geringsten Zweifel hege.

Die eine Episode ereignete sich neulich in der Berliner »Untergrundbahn«*. Zusammengesunken in einer Ecke des vollbesetzten Wagens saß ein kleines Judenweiblein in den Sechzigern. Sehr viele Leute standen, aber keiner vertrieb die alte Jüdin von ihrem Platz. Urplötzlich drängte sich ein großgewachsener, wohlgenährter Herr in strahlend neuer Parteiuniform zu der alten Frau vor und wies sie schroff an aufzustehen, da er auf ihrem Platz sitzen wollte.

Die Alte war wie versteinert und außerstande, sich sofort zu erheben. Das tat dafür ein Hauptmann, der in der entgegengesetzten Wagenecke saß. Er trug eine ziemlich verschlissene Felduniform, eine verknitterte Mütze, und es war unschwer zu erkennen, daß er erst vor wenigen Tagen von der Front zurückgekehrt war. Er klopfte dem Parteionkel auf die Schulter und bot ihm seinen Platz an. Dieser erklärte dem Hauptmann daraufhin verstört, daß das nicht der Zweck der Übung war, daß er seinen Platz nicht haben wolle, sondern daß es notwendig sei, den Juden gegenüber die Augen offenzuhalten, »reinen Tisch zu machen mit diesem Gesindel, das unser Land zerstört«.

Der Hauptmann musterte daraufhin den feinen Parteifunktionär von Kopf bis Fuß und sagte: »Ich frage mich, ob nicht wir Frontsoldaten statt dessen reinen Tisch mit dem Gesindel machen müssen, das augenblicklich damit beschäftigt ist, Deutschland ins Verderben zu führen.« Der ganze Wagen lachte laut auf, während sich der Parteibonze auf den Bahnsteig flüchtete und in einer Ecke versteckte. Die Parole »Der Starke ist am mächtigsten allein« gilt offenbar nicht immer.

Die zweite Begebenheit ähnelt der ersten und trug sich vor etwa einem Jahr in einer süddeutschen Stadt zu. In einem Straßenbahnwagen kam eine ältere Jüdin einem »SS«-Mann aus Versehen in die Quere. Der Uniformierte beschimpfte die Frau daraufhin lautstark, daß sie und ihresgleichen den Krieg zu verantworten hätten, Deutschland aussögen und ähnliches mehr. Die Sitznachbarn hörten Anteil nehmend zu, ohne jedoch einzuschreiten. Das tat dafür ein Frontsoldat, der in der Nähe stand. Er bahnte sich den Weg zu dem »SS«-Mann und sagte ihm, dieser solle sein schmutziges Maul halten und auf dem schnellsten Wege den Wagen verlassen. Andernfalls würde er schneller draußen sein, als ihm lieb wäre.

Der »SS«-Mann schaute sich hilfesuchend im Wagen um, aber da niemand auch nur die geringsten Anstalten machte, ihm beizustehen, stieg er an der nächsten Haltestelle aus. Die Wageninsassen spendeten lauten Beifall. Anschließend klopfte der Frontsoldat der Jüdin auf die Schulter und sagte zu ihr, daß es in Deutschland keinen vernünftigen Menschen gebe, der glaube, daß sie einen Krieg heraufbeschworen hätte. Die das getan hätten, seien ganz andere Leute. Sie solle keine Angst haben, denn deren Tage seien bereits gezählt. [...]

Aber nicht nur die Juden werden gegenwärtig in Deutschland schlecht behandelt. Auch Ausländer unterschiedlicher Kategorien werden durch das deutsche »Herrenvolk« wie Paria angesehen, egal, ob sie für Deutschland arbeiten oder nicht. [...] Da sind beispielsweise die vielen polnischen Arbeiter, die in der deutschen Landwirtschaft eingesetzt werden. An derselben Stelle, an der die Juden ihren Stern tragen, tragen sie ein »P«, und daß sie nicht viel besser als die Juden behandelt werden, ist eine Tatsache. Es bleibt zu hoffen, daß nicht das deutsche Volk eines Tages dafür bezahlen muß, denn im großen und ganzen ist es unschuldig an dem, was seine Machthaber nach 1933 begonnen haben.

Selbstverständlich ist es die Schuld der Deutschen, daß der Nationalsozialismus einmal an die Macht gekommen ist, aber was seitdem geschehen ist, hat nicht die Zustimmung des prächtigen deutschen Volkes. Es hat sich auch nicht freiwillig dem System unterworfen, sondern ist vielmehr dazu gezwungen worden. Das Dritte Reich hat die Mittel, Menschen gefügig zu machen.

Ein Mann, der Befehle nicht befolgt, wird in diesem Deutschland nicht alt. Vielleicht ist diese Tatsache an sich weder besonders bemerkenswert noch abschreckend, aber es gibt ja noch Frau und Kinder, die man natürlich keiner

Gefahr aussetzen will. Genau das aber riskiert man im Dritten Reich, wenn man nicht mit den Wölfen heult, und deshalb heulen heute so viele mit denen, gegen die man sich am liebsten auflehnen würde. Das wissen auch die führenden Männer des Reiches, und es macht sie um so fanatischer, wodurch die Stimmung mehr und mehr aufgeheizt wird.

Es ist kein Vergnügen, heutzutage als Ausländer in Deutschland zu leben. Dafür gibt es zahlreiche Gründe. Zum einen sind die Deutschen der berechtigten Ansicht, daß sie nicht über mehr Lebensmittel verfügen, als sie selber benötigen. Außerdem werden Ausländer in Deutschland – mit Ausnahme derjenigen, die rein körperlich arbeiten – viel besser entlohnt als die Deutschen selbst, und sie sind von bestimmten Steuern befreit, was den Neid zusätzlich schürt.

Hinzu kommt, daß die unteren Schichten des deutschen Volkes die Glücklichen beneiden, die einen ausländischen Paß haben und nicht auf Gedeih und Verderb den Nazis ausgeliefert sind. Natürlich ist der, den man beneidet, nur selten wohl gelitten. Auch wenn dem nicht so ist, neigt man freilich selbst dazu, die Blicke zu mißdeuten.

Noch eine andere Sache kommt hinzu, die mitverantwortlich dafür ist, daß große Teile der deutschen Bevölkerung heute mehr oder minder wütend auf die im Lande arbeitenden Ausländer sind. Man glaubt, daß die Ausländer durch ihren Einsatz das Ende von Krieg und Naziherrschaft hinauszögern. Diese Kreise sehen nämlich im jetzigen Krieg dasjenige Übel, mit dem das allergrößte Übel, der Nationalsozialismus selbst, ausgetrieben wird. Es ist daher gut zu verstehen, daß die, die sich vollkommen grundlos in diese Angelegenheit einmischen und damit den befreienden Untergang aufhalten, nicht besonders geliebt werden.

Das sind die Hintergründe der Feindseligkeiten, die von Teilen des deutschen Volkes ausgehen, von denen man sich anderes erwartet hätte. Die Gründe dafür, daß der Rest der Deutschen den Ausländern gegenüber nicht bedeutend freundlicher eingestellt ist, sind genauso einfach zu verstehen. In erster Linie verachtet man alle, die nicht der deutschen

»Herrenrasse« angehören. Angehörigen »niederer Rassen« kann man das noch nachsehen, aber daß Germanen sich nicht sofort für den Nationalsozialismus und dessen Segnungen begeistern, für diese »uralte nordische Lehre«, das kann man absolut nicht nachvollziehen, geschweige denn verzeihen.

Man trifft heute Deutsche, mit denen sich kein Wort über Schweden wechseln läßt, ohne daß einem heftig die Leviten gelesen werden. Vergleichbare Erfahrungen machen Holländer, Dänen und Norweger, und die Zahl der Angehörigen dieser Völker einschließlich der Schweden, die Deutschland seinem Schicksal überlassen würden, wenn sie die Chance dazu hätten, ist beachtlich. Ich wage sogar zu behaupten, daß von den Rundfunksprechern, die heute für das Dritte Reich Propaganda machen, für dessen neue Sitten und Errungenschaften, nicht ein einziger eine anspruchslose, bedeutend schlechter bezahlte Stellung in der Heimat ausschlagen würde, wenn eine solche zur Verfügung stünde.

Es dürfte für jeden leicht nachzuempfinden sein, wie man sich fühlt, wenn man nur um der Familie und des täglichen Auskommens willen im Radio für eine Sache wirbt, an die man selbst nicht mehr glaubt Also seid nachsichtig, »werft nicht allzu große Steine auf die Pianisten« und geht nicht zu streng mit ihnen ins Gericht!

KONRAD WARNER

In der sterbenden Stadt

Bevor er im November 1943 nach Berlin zurückkehrte, verbrachte Konrad Warner einige Monate auf dem Land. Der Hauptteil seines Buches *Schicksalswende Europas?* (1944) ist der Beschreibung der Luftangriffe und der Zerstörung der deutschen Hauptstadt 1943/44 gewidmet. Teile erschienen vorab in der *Weltwoche.* Die französische Ausgabe trägt den aussagekräftigen Titel *Dans la Cité mourante ...: In der sterbenden Stadt ...*

Am 1. März 1943, Görings Tag der Luftwaffe, erfolgte ein grösserer Angriff. Obwohl das Volk an nationalen Feiertagen stets mit Grossangriffen rechnete, wirkte sich auch dieser »Raid« als Überraschung aus, wobei allerdings auch das Wetter eine Rolle spielte. Ich befand mich gerade im Schweizer Café Josty in der Kaiserallee, als um halb zehn Uhr abends die Sirenen aufheulten. Eine Viertelstunde später begannen die Abwehrgeschütze zu schiessen. Leichtsinnig, wie viele andere, stellte ich mich unter das Vordach des Wilmersdorfer Stadthauses und betrachtete mir das kriegerische Schauspiel. Die schweren Geschütze donnerten, die leichte Flak wirbelte in geschwungenen Bogen verschiedenfarbige Leuchtspurmunition über das Häusermeer, und man konnte sich einstiger Seenachtfeste erinnern, an denen es ähnlich aussah und böllerte.

Aber hier war es ernst. Ein Flugzeug nach dem andern flog langsam und unbeirrbar in grosser Höhe über die Stadt hinweg, immer im Licht der Scheinwerfer, und zeitweise konnte ich acht bis zehn gleichzeitig ihren Weg ziehen sehen. Wütend tobte und bellte die Flak hinauf. Ein englischer

Bomber ging plötzlich in hellen Flammen auf, trudelte ab, ein Flügel brach los und stürzte in einer anderen Richtung weiter, während der brennende Rumpf senkrecht in die Stadt herabfiel. Während ich das beobachtete, klatschten überraschend zwanzig bis dreissig Brandbomben in einer Reihe vor mir auf die Strasse und in die gegenüberliegenden Häuser. Es herrschte ein äusserst starker Wind, und bald standen die Obergeschosse der betroffenen Gebäude in Flammen.

Die Flak schoss ohne Unterbruch. Klirrend regneten Flaksplitter herab, zerschlugen Scheiben, Dachziegel und Blechdächer, prallten an den Wänden und Mauern ab, und sausten wie gefährliche Hornissen durch die Nacht. Mit einem Male näherte sich ein unbeschreibliches Dröhnen, das ausser den Ohren der ganze Körper wahrnahm. Alle Gebäude begannen leicht zu zittern, Fenster klirrten in ihren Rahmen, Blechschilder an ihren Befestigungen, die Dächer mussten in Schwingung versetzt worden sein. Und dann brauste ein Schwarm von Flugzeugen im Tiefflug über die Häuser hinweg, so dass man meinen konnte, sie würden an die Schornsteine stossen. Im gleichen Augenblick verspürte ich einen starken Luftdruck und hörte das dumpfe »Plup-plup-plup« der Einschläge. Fensterscheiben barsten, und der ohrenbetäubende Lärm ringsum liess einen die Einzelheiten nur undeutlich unterscheiden.

Am andern Tag stellte es sich heraus, dass der Prager Platz bombardiert worden war, der in der unmittelbaren Nähe meines nächtlichen Standortes lag. Mit einer einzigen Ausnahme waren alle Häuser rings um den Platz und in den sternförmig abzweigenden Strassen vollkommen zerstört. Es wurde abgesperrt und man musste in einem grossen Kreise aussen herum gehen, wenn man einen Überblick über die Zerstörungen gewinnen wollte. Ich ging in jede Strasse hinein, die zu dem Platze führte; aus allen Kellern drangen noch dicke Rauchwolken. Meist standen nur noch Teile der Hauptmauern.

Vom März bis zum August 1943 wurde Berlin nicht in nennenswerter Weise durch Luftangriffe gestört. Im August aber gaben einige schwerere Nachtangriffe den Auftakt zur bevorstehenden Zerstörung. Aber die Ruhe kehrte wieder ein. Ab und zu wurde abends oder nachts Alarm gegeben. Moskitos schwirrten in schnellem Zickzackflug umher, manchmal vom Lichte der Scheinwerferbündel gepackt und ein Stück weit begleitet. Die Flugabwehr schoss an den nächtlichen Himmel hinauf, der seine ursprüngliche Bedeutung verloren hatte. Er war zum Arsenal der Hölle geworden, aus dem Phosphor und Benzol, Minen und Sprengbomben herabgeschleudert wurden.

Doch die nächtlichen Moskito-Besuche waren nur leichtes Geplänkel, Auskundschaftung, Irreführung. Immer wurden zwar Schäden hervorgerufen, aber sie verteilten sich auf ein grosses Gebiet und wurden noch nicht so stark beachtet. Man hörte das Rollen und Bellen der schweren und leichten Geschütze und fernher die Bombeneinschläge. Wenn sich die Flugzeuge näherten, dann eilte man von der Strasse, auf die einen die Neugierde geführt hatte, zurück in die Keller. Zwar wurden die Berliner aufgerüttelt, doch wollten und konnten sie noch immer nicht glauben, dass ihre Stadt das gleiche Schicksal erleiden sollte, wie vorher so viele andere deutsche Städte.

René Juvet

»*Morgen muß ich zurück ins Lager*«

In Frankfurt am Main geboren, wuchs Numa Tétaz alias René Juvet als zweisprachiger Auslandsschweizer in München auf. Neben seinem deutschen Erlebnisbericht veröffentlichte er unter seinem Pseudonym die kurze Schrift *Die Deutschen im kommenden Europa* (1945). Nach dem Krieg publizierte er unter seinem richtigen Namen ein Buch über den Selbstmord (*Du darfst leben,* 1970) und engagierte sich in der Schweizer Telephonseelsorge. – Die folgenden Szenen aus dem Buch *Ich war dabei* (1944) spielen im März des Jahres 1943 in Bayern.

Von den 700000 verbrannten Bänden der Staatsbibliothek, deren rauchgeschwärzte Wände ohne Dach jetzt traurig in den Himmel starren, sind viele Tausende nur in München vorhanden gewesen und völlig unersetzlich. Nach Monaten sind noch die rauchgeschwärzten Papierfetzen durch die Luft gewirbelt. Ich hob einmal einen auf, der mir vor den Füßen lag, und es war ein Blatt aus einer alten Ausgabe des *Candide* von Voltaire, oben an der Seite stand: »Und indem er alles betrachtete, fand er, daß alles sich zum Besten verhalte auf der besten aller Welten.«

Ich fuhr auf einer kleinen Nebenlinie spätabends nach Augsburg heim. An einer Haltestelle stieg ein SS-Mann zu mir ins Abteil. Wir waren allein, und es war so dunkel, daß einer des anderen Gesicht nicht erkennen konnte. Er hatte offensichtlich getrunken und war redselig. »Wissen Sie«, sagte er, »bei unserem Beruf muß man Alkohol haben, sonst hält man es nicht aus und man kann nicht schlafen.« Er war auf Urlaub, Sohn katholischer Eltern und zur Unterschrift unter das »freiwillige« Verpflichtungsformular für den SS-Dienst übertölpelt worden. Seinen Dienst verrichtete er in einem Konzentrationslager bei Linz, in dem ausschließlich Juden und Ausländer östlicher Herkunft waren. Die Arbeit dieser Leute bestand darin, schwere Steine, unter denen sie fast zusammenbrachen, dem Sisyphus gleich bergan zu schleppen. Wer zusammenbrach, wurde mit Peitschenhieben weitergetrieben. Der Weg, auf dem die Steine zu transportieren sind, ist zu beiden Seiten von Drähten eingezäumt, die mit hochgespanntem elektrischen Strom geladen sind. Wenn einer erledigt werden soll, treibt man ihn mit vorgehaltener Waffe gegen die Drähte. Amtlich hat er dann Selbstmord begangen. »Morgen muß ich zurück ins Lager«, sagte mein SS-Mann, »aber ich weiß nicht, ob nicht auch ich eines Tages gegen die Drähte laufe. Ich kann nicht mehr. Wie soll das ausgehen? Es muß doch einen Gott geben; der Führer redet ja auch immer vom Allmächtigen, besonders wenn es uns dreckig geht; glauben Sie, daß der das alles ungestraft hingehen läßt, was die sich da ausgeheckt haben? Freilich, sie haben Handschuhe an, um sich ihre Finger nicht dreckig zu machen, aber uns lassen sie zu Mördern werden.«

Ich sagte nichts mehr. »Die da«, wenn die SS schon so sprach, wie mochte es bei den anderen aussehen?

Konrad Warner

»Tausche Bratpfanne gegen Führerbild«

Ausführlich beschreibt Konrad Warner in mehreren Kapiteln seines Buches den Luftkrieg, die Zerstörung der Stadt Berlin: »Vorspiel zur Hölle«, »Die Vernichtung schreitet fort«, »Eine Weltstadt stirbt«. Obwohl er um eine nüchterne Schilderung bemüht ist, wird sein Stil um so literarischer, je unerträglicher das Grauen ist, das es beschreibt.

Krieg und Angst und Überdruss, Müdigkeit und Krankheit, Armut und Not grinsten mir aus manchem Gesicht entgegen. Die Besinnung auf dem Lande hatte mir die abgestumpften Augen wieder geöffnet, und ich sah die traurigen Hinterhäuser der Bahnlinie entlang, sah den herabfallenden Verputz und die billigen Betten, die bleichen Gesichter abgehärmter Frauen und die ernsten Augen unterernährter und frühreifer Kinder. Ich sah die abgetragene Kleidung meiner Nachbarn, ihre schlaftrunkenen Mienen, ihren Hunger nach Brot, Licht, Sonne und Frieden. Ich sah die Bedrückung und Schicksalsergebenheit, ja beinahe unbeteiligte Gelassenheit der Bewohner dieser Stadt sich wie ein unsichtbares Fluidum überallhin verbreiten und es war unheimlich und erschütternd zugleich, ihrer aller unabwendbares Schicksal vorauszuahnen.

Kinder spielen Krieg

Da spielten einige Kinder auf der Strasse »Fliegerangriff«. Es waren Dreikäsehoche, sie gingen noch nicht zur Schule. Ihre kindlichen Mienen waren verzerrt von der Kampferbitterung, mit der sie an der Front gegen den Feind ihr Leben einsetzen würden, wenn sie Soldaten wären. Der Junge mit dem Papierflugzeug in der Hand rannte im Kreise, er ahmte mit seinem Brummen das Motorengeräusch der Bomber nach. Durch helle Schreie zeigte er das Ausklinken der Bomben an, und dann markierte das gemeinsame Geschrei aller die Einschläge im Stadtgebiet. Ein anderer setzte sich als Nachtjäger in Bewegung und beschoss seinen Kameraden aus dem Maschinengewehr, das er mit dem hohen »täk-täk-täk« seiner kindlichen Stimme imitierte. Ein dritter bildete den Löschtrupp, ein nächster das Bergungskommando, andere fühlten sich als Flakposten und schossen an den nächtlichen Himmel hinauf. Am Ende des »Spiels« standen alle in einem Kreise herum und betrachteten den angerichteten Schaden. Ihre Phantasie liess sie die Brände ausmalen, sie sahen die Verheerungen der Sprengbomben, dort war eine Mine eingeschlagen, und hier lagen noch Verschüttete.

Ich hatte nach einem Angriff gesehen, wie der Besitzer eines in Brand geratenen Haushaltgeschäftes sein Warenlager zu retten versuchte. Die ganze Strasse war vollgepfropft mit allerlei Gegenständen des häuslichen Bedarfs. Die Frauen griffen heraus, was ihnen am dringendsten fehlte, und dabei schimpften sie über den Ladenbesitzer, der sie jedesmal abgewiesen und vertröstet habe, es sei noch keine Ware geliefert worden, sein Lager sei leer, und sie müssten sich noch gedulden. Auch er hatte auf Zeiten gehofft, in denen er mit grösserem Gewinn und mit weniger Abgaben an den Staat seine gestauten Vorräte würde losschlagen können.

Die Knappheit wirkte sich in den unglaublichsten Formen aus. Die starken Raucher sammelten ihre Zigarren- und Zigarettenstummel, um sie in der Pfeife oder in selbst gerollten Zigaretten zu verwerten. Wer auf Hygiene hielt, der kochte sich die Stummel aus und trocknete sie auf einem Löschpapier über der Heizung. Dann wurden sie kleingeschnitten und vermischt mit Lavendel, Rosen und Weichselblättern, mit Pfefferminz-, Kamillen- und Lindenblütentee, den man in den Drogerien noch erhalten konnte. Oft hatte ich beobachtet, wie in späten Abendstunden ärmliche Gestalten durch die Restaurants von Tisch zu Tisch huschten, um die Aschenbecher zu leeren. In den Untergrundbahnhöfen wischten die Beamten nach Verkehrsschluss die Perrons, und sie hatten immer zwei Eimer bei sich, einen für den zusammengefegten Schmutz, und den zweiten für die weggeworfenen Stummel.

An den Endstationen der Untergrundbahn kippten Kinder die Aschenbecher um, und auf die Frage, was sie mit den aussortierten Zigarettenstummeln anfangen wollten, antworteten sie: »Die bringen wir Muttern, die macht neue daraus und verkauft sie.« Auf den Strassen sah ich die Süchtigen den Strassengraben entlang schleichen, gebückt und aufmerksam, und von Zeit zu Zeit hoben sie ihre kostbaren Funde auf. Es war keine Seltenheit, es fiel gar nicht mehr auf, dass selbst Menschen aus den besseren Kreisen eine Büchse mit sich führten, in welcher sie die Überreste ihrer Glimmstengel sammelten. Dabei traf nur selten ein verschämter Seitenblick den Nachbarn.

Juden und SS

Es ist erschütternd, zu hören, was ein einziges gepeinigtes Herz vor einem ausschüttet, wenn es sich einmal erleichtern kann. Der Mann hat mir auch von einem seiner Freunde, einem höheren Offizier der Waffen-SS, berichtet, dass dieser wegen Gewissenskonflikten wahnsinnig geworden sei, nachdem er monatelang ununterbrochen damit beauftragt war, in den besetzten Ostgebieten Juden hinzurichten, nicht etwa einzeln, sondern in Massen. Er war nach Hause gekommen und hatte sich vor seiner Frau niedergeworfen und alles gebeichtet. Da er wirklich verrückt geworden war, kam er in eine Klinik.

Mein Bekannter schilderte mir auch, wie die Juden am Rande einer Schlucht niederknien mussten, in die sie nach dem Genickschuss hinabstürzten. – »Eine Sprengung bedeckte die Stätte des Grauens mit Schutt, und keines Menschen Auge wird je die gemordeten Zeugen erblicken. Aber im Bewusstsein ihrer Glaubensbrüder werden sie in einem unnachgiebigen Willen zur Rache fortleben.

Anderswo wurden die Juden vergast. In den Städten holte man sie bei Nacht und Nebel aus ihren Wohnungen und entführte sie auf Lastwagen. Die Kinder wurden von SS-Leuten an den Armen gepackt und hinaufgeworfen. Mit geschultertem Gewehr standen die SS-Leute umher. Ich habe es selbst des öfteren beobachten können, auf nächtlichen Heimwegen, nach endlosen Gesprächen mit Bekannten über Krieg und Politik. Die Stadt schlief, die Finsternis kroch durch die Strassen. Da tauchten die Lastwagen auf, schwarze Gestalten eilten in die Häuser, gebückte Wesen harrten unter Bewachung des Kommenden, während aus dem Hausflur Weinen und Schreie drangen, die bald erstickt wurden.«

—

An den vielen Bäumen, welche die breiten Berliner Strassen schmücken, bringt das Volk auf Zetteln seine Tauschangebote an, wenn ein Inserat in der Zeitung zu teuer kommt. Auf einem solchen Zettel stand einmal geschrieben: »Tausche wegen Fettmangel eine beinahe neue Bratpfanne gegen ein Führerbild.« – Im Grunewald fand man an den Bäumen die Fotografien der führenden Persönlichkeiten, wie sie in jedem Büro, in jeder Wohnung und in jeder Wirtschaft angebracht sind, aber mit durchstossenen Augen. Immer wieder schreiben Unbekannte an die Wände der Untergrundbahn: »Stalin siegt!«

—

Im Flakturm am Zoo

Am Montag, dem 22. November 1943, sollte das Verhängnis über die Hauptstadt hereinbrechen. Bisher waren die Angriffe meist bei klarem Wetter erfolgt, dieser Tag aber war finster, tief bewölkt und regnerisch. Kein Mensch rechnete mit Alarm oder gar mit Angriff. Ein feines Regengeriesel erfüllte die Luft. »Na, heute werden sie wohl nicht kommen«, warf man ins Gespräch ein, wenn man einen Bekannten traf oder mit dem Nachbarn ein paar Worte wechselte. »Nein, das Wetter ist zu schlecht, da werden wir Ruhe haben.«

[...] Wir waren gerade dabei, unser Feldküchengericht zu löffeln, als pünktlich im vermuteten Augenblick die Sirenen zu heulen begannen. Wir rechneten lediglich mit einem sogenannten Störangriff, suchten aber den Flakbunker am Bahnhof Zoo auf, dessen Luftschutzraum fünfzehn- bis achtzehntausend Personen Platz bietet. Bisher war ich immer bei Alarm unbesorgt nach Hause gegangen, heute aber eilte ich zum Luftschutzraum, des schlechten Wetters wegen und auch aus Interesse, da ich den festungsartigen Bau mit den vier Geschütztürmen bisher nur von aussen betrachtet hatte.

Durch ein breites Treppenhaus gelangten wir in die zweite der fünf Etagen, fanden aber keine Sitzplätze mehr. Wie in einer Kirche standen da die Bankreihen, auf denen die Menschen sassen, die unterwegs vom Alarm überrascht worden waren. Wir stellten uns an einer Wand auf und harrten des Kommenden. Man unterhielt sich zuerst lebhaft, stellte Mutmassungen über den bevorstehenden Angriff an, aber da alle hofften, bald wieder ins Freie gelangen zu können, machte man sich keine grossen Sorgen.

Es waren ungeheure Mengen Stahlbeton verwendet worden, um diesen Flakturm zu errichten, und da Mauern und Decken ausserordentlich stark und dick waren, drang von aussen kein Laut herein. Soldaten regelten den Verkehr, verteilten die Menschen auf die Stockwerke und in die vielen Räumlichkeiten, elektrische Beleuchtung ermöglichte das Lesen oder Handarbeiten. Manche Leute hatten in kleineren Koffern ihre Wertsachen und wichtigsten Habseligkeiten mitgebracht. Andere kamen aus den nahe gelegenen Kinos oder Wirtschaften, wo sie mitten im Genuss ihres Feierabends gestört worden waren.

Gegen acht Uhr musste der Angriff begonnen haben. Man hörte wie von ferne die Abschüsse der Geschütze über unseren Köpfen. Zeitweise wuchs das gedämpfte Donnern an und man ahnte, dass es sich doch um mehr als einen Störangriff handeln konnte. Da erfolgte plötzlich ein harter Aufschlag, das massive Gebäude wurde bis in die Grundfesten erschüttert. Irgendwo klirrte es metallisch und laut, das Licht verlöschte wie mit einem Wimpernschlag – dann herrschte Totenstille. Gleich darauf begannen die Geschütze wieder zu feuern, und man vermeinte, das Dröhnen von Flugzeugmotoren zu vernehmen. Die Menschen lösten sich aus ihrer Erstarrung, und fingen wieder an zu sprechen. Aus der Dunkelheit leuchtete ab und zu eine Taschenlampe auf. Dann zündete jemand eine Kerze an. Sofort benutzten einige die Finsternis, um eine Zigarette in Brand zu stecken. Aber die feinen Nasen der Wachen merkten das gleich, und die Sünder mussten die Glut austreten.

Eine Frau wurde ohnmächtig, es wurde nach Wasser gerufen, dann war alles wieder ruhig. Die Gespräche hatten Flüsterton angenommen. Noch einmal krachte es an der Aussenseite des Bunkers, man hörte Holz splittern. Das Feuer der Geschütze war ausserordentlich stark, man konnte es jetzt besser hören, weil sich die vielen Menschen stiller verhielten.

Den Endalarm konnte man nicht hören, aber jeder merkte plötzlich, dass es so weit war. Langsam begannen die Kanäle abwärtszufliessen, im Schneckentempo gelangte man aus dem Raum heraus, durch den Korridor auf den Vorplatz, wohin sich auch die Menschen aus den andern Räumen ergossen. Eng aneinander gedrückt tastete man sich über die Stufen hinab. Unten in der Eingangshalle, die von einer nur leicht gebauten Mauer umschlossen war, hatte es eingeschlagen. Eine Holztreppe war herabgestürzt, Türen waren eingedrückt und von draussen irrte roter Brandschein herein. Rauch erfüllte die Halle, alle begannen zu husten.

Endlich hatten wir das Freie erreicht, aber wie sah es da aus! Der Bunker liegt inmitten eines Ausläufers des Tiergartenparks, zwischen Bäumen, Rasenflächen und Strauchanlagen. Gegenüber zieht sich der Bahndamm hin. Die Bäume und Sträucher brannten, hinter dem Damm lohte die Flamme in voller Breite rot in das feuchte Gewölk hinauf. Schwarzer Rauch erfüllte die Luft und nahm jede Sicht. Da die Anlagen brannten, wussten die Menschen im ersten Augenblick nicht, wohin sie sich wenden sollten. Und nun begannen in der nächsten Umgebung Zeitzünder mit lautem Knall zu explodieren, einer hinter dem anderen, so dass die Menge wieder zurückflutete zu den Eingängen, wo es ein unbeschreibliches Gedränge gab. Der Luftdruck der krepierenden Bomben war bis hierher zu spüren. Und jetzt kamen Menschen an, mit ein, zwei Köfferchen, darunter viele aus Charlottenburg, die berichteten, dass dort alles brenne, ihre Häuser seien zerstört, der ganze Stadtteil sei vernichtet. Wie ich nachher feststellte, war dies übertrieben, aber inmitten des Feuermeeres konnte man glauben, die ganze Stadt brenne gleichzeitig. [...]

Zunächst eilte ich zum Bahnhof Zoo, der offenbar nicht getroffen worden war. Aber ringsumher brannten alle Gebäude. Die Kaiser-Wilhelm-Gedächtniskirche stand in hellen Flammen, der Ufa-Palast am Zoo war nur noch eine Ruine. Weiter, durch die Joachimsthaler Strasse zum Kurfürstendamm. Auch hier brannten einzelne Häuser, der Himmel war rot, aber wegen des feuchten Gewölks und des tiefhängenden Rauches konnte man nicht weit sehen. Ich blickte in die Seitenstrassen, aber der Blick drang nicht durch den undurchsichtigen schwarzen Vorhang, aus dem da und dort feuerrote Brände hervorzüngelten. Ich rannte in die Kaiserallee, wo sich mir ein scharfer Luftzug entgegenwarf, erfüllt vom Funkenregen, der aus den zu beiden Seiten brennenden Gebäuden hervorstob. Strassenbahndrähte lagen auf dem Boden, Bäume waren umgerissen, Aeste herabgeschleudert worden. Der Weg knirschte unter meinen Füssen, weil er ganz mit Glassplittern bedeckt war. Ich hastete und stolperte weiter, ein Taschentuch vor Mund und Augen, den Hut tief ins Gesicht gezogen und den Mantel hochgeklappt.

Aber ich musste einmal kurz anhalten und Luft schöpfen. Gegenüber schleppten zwei alte Leute, ein Mann und eine Frau, ihre Koffer. Sie bogen um die Strassenecke. Das Gebäude stand vom Parterre an in Flammen. Oben begann sich ein turmartiger Vorbau ganz langsam zu lösen. Ich glaubte, eine der bekannten Zeitlupenaufnahmen zu sehen, die den Einsturz eines Kamins in seinen einzelnen Phasen zeigen. Und gleichzeitig sah ich unten die alten Leute, die eben ihre Koffer einen Augenblick abstellten, um Atem zu holen. Aber schon griffen sie wieder zu und setzten sich in Bewegung. Bevor ich schreien konnte, stürzte das Gemäuer in einer Staubwolke herab, aus der diese beiden Alten gerade in dem Augenblick hervortappten, als ich sie zerschmettert glaubte. Sie waren noch einmal davongekommen.

—

Der Feuersturm wuchs allmählich ins Unglaubliche, und es wurde immer gefährlicher, sich zwischen den niederbrennenden Häusern durch die Strassen zu bewegen. Wir kämpften uns in der Strassenmitte vorwärts, um nicht von herabfallenden Steinen getroffen zu werden. Das Feuer dröhnte, brauste und heulte, es krachte, knisterte und explodierte gleichsam aus sich selbst und wölbte sich in dicken Schwaden aus Fenstern, Türen und eingestürzten Mauern heraus. Über dem roten Flammenmeer bleckte ein schwarzes Gewölbe, das alle Fürchterlichkeiten der Welt zu umschliessen schien.

—

Mit der Zeit gewöhnte man sich an die Zerstörung und kein Mensch sah mehr auf, wenn er an einem Trümmerfeld vorbeikam. Das Auge registrierte den schaurigen Anblick wie eine alltägliche Erscheinung, fast ohne Regung des Herzens. Auch die Gefühle des Grauens, des Mitleids und Schreckens werden mit der Zeit abgestumpft. Und es ist gut so, wenn man mitten im Bereich des Todes ein schattenhaftes Dasein führen muss, denn sonst müsste man verrückt werden.

Die Menschen liefen umher, als ob sie nicht in diese Welt gehörten. Zwei alte Leute schoben einen Servierboy auf Rädern vor sich her. Darauf hatten sie den Rest ihrer Habe getürmt, um ihn irgendwo in »Sicherheit« zu bringen. Andere durchsuchten die Trümmer ihrer Wohnungen. Ich sah, wie die Leute in die Keller krochen, die teilweise unter Wasser standen, um noch etwas zu bergen. Der Sicherheits- und Hilfsdienst, Bergungskommandos und Militär gruben nach Verschütteten, beseitigten Trümmer und Verkehrshindernisse. Überall standen in Kreideschrift die neuen Adressen der Ausgebombten an den Fassaden. In den ausgebrannten Schaufenstern hingen Papierschilder mit der Aufschrift: »Der Betrieb geht ungestört weiter. Der Verkauf findet jetzt da und da statt«. »Wir arbeiten weiter bis zum Sieg!«

In Lebensmittelgeschäften, Drogerien und Tabakläden, überall sprach ich mit den Leuten, und immer wieder hörte ich die Frage: »Wie soll das bloss noch werden?« – »Wann kommt wohl die Vergeltung?« mit einem bittern Unterton des Zweifels. »Wie lange soll das noch so weitergehen, soll denn ganz Berlin kaputtgehen?« Und viele sagten: »Wenn doch erst einmal *alles* kaputt wäre, dann hätte man wenigstens seine Ruhe!« – »Man ist immer froh, wenn man morgens noch lebt und ein Dach über dem Kopf hat.« – »Man muss alles abschreiben, was man besitzt, wir werden doch alles verlieren!« – »Wenn doch alles nur erst einmal ein Ende hätte!«

Die Zerstörung Berlins ist eine Katastrophe von historischem Ausmass. In den fernsten Jahrhunderten wird davon die Kunde gehen. Und wer weiss, wofür diese Ruinenstadt Symbol wird? Wir sehen die Zeichen des Untergangs, aber wir können sie noch nicht deuten. Auf den fotografischen Aufnahmen aus der Luft sehen wir die Mauerreste. Schwarz und tot starren sie in die Höhe wie die Augenhöhlen einer verstümmelten Leiche. Und so blicken alle anderen Städte in einen erbarmungslosen Himmel. In allen Ländern schreien diese Wunden nach Frieden und Heilung. Aber ungehört verhallt ihr Wehruf. Die Vernichtung schreitet fort bis zur Ausblutung.

Ein Stadtteil nach dem andern wird in Schutt und Asche gelegt. Der Städtetod breitet sich aus wie die Lava eines Vulkans. Das ist das Werk der Menschen. Aber manchmal scheint es, als ob die Geschehnisse unabhängig vom Willen der Menschen hereinbrechen wie ein Naturereignis. Haben die Regierungen die Entwicklung noch in der Hand? Die entfesselte Geschichte läuft ab wie ein schauriges Theaterstück im Grand Guignol. Aber das Stück wird zur Wirklichkeit. Das Publikum selbst wird gefoltert und verliert sein Blut, während die Direktoren im Büro sitzen und die Einnahmen registrieren.

Ich war zufällig in Berlin. Gerade so gut hätte ich dasselbe in London oder in Bukarest, in Sofia oder in Leningrad erleben können. Eine Weltstadt stirbt! Nein, eine Welt geht unter. Wer Augen hat, zu sehen, und wer Ohren hat, zu hören, der erlebt diesen Untergang alle Tage.

THEO FINDAHL

Teppichangriff

Der Norweger Theo Findahl war von 1939 bis 1945 als Berichterstatter der norwegischen Tageszeitung *Aftenposten* in Berlin. In *Untergang Berlin* beschreibt Findahl die Verheerung der deutschen Hauptstadt während des letzten Kriegsjahres – durch den Bombenkrieg und den Einmarsch der Roten Armee. Unter die erzählenden und reflektierenden Kapitel sind ausführliche Tagebucheinträge montiert. Das Buch wurde 1946 in deutscher Übersetzung veröffentlicht. Nach dem Krieg war Theo Findahl Korrespondent von *Aftenposten* in New York. Im folgenden beschreibt Findahl den Luftangriff vom 22. November 1943, den auch Konrad Warner erlebte.

Tagebuch, 22. November 1943

Der Anruf aus Oslo kommt genau auf die Minute 18.15 Uhr. Als ich den Hörer anhänge, ist die Uhr genau 19.30. Alarm! Nun, vielleicht passiert ja doch nichts. Ich bin allein in der Wohnung im Hansaviertel, Klopstockstraße 33, also muß ich einen Rundgang durch die Zimmer machen, um nachzusehen, ob alles Licht gelöscht, die Badewanne mit Wasser gefüllt ist, die Fenster offen sind, damit der Luftdruck nicht die Scheiben eindrücke. Es ist in der letzten Woche so oft gerade um diese Zeit des Abends Alarm gewesen, aber es ist zu keinem Angriff gekommen. Goebbels hat den Berlinern so halbwegs den Glauben beigebracht, daß die RAF nicht ganz bis nach Berlin vordringen kann, dank der glänzenden Luftabwehr der Stadt. Ich habe keine Lust, den kleinen Koffer mit einer Garnitur Wäsche und Toilettensachen mitzunehmen, und gehe allein durch die stockdunklen Straßen zum Großen Stern, unserer alten Zufluchtstätte, wo wir, eine ganze Schar von Kollegen und Freunden, uns in dem unterirdischen Durchgang zu treffen pflegen, immer wenn englische Bomber Berlin anfliegen.

Heute abend sind nicht sehr viele Bekannte in unserem erlesenen Bunker. Ich sitze mit einigen Ungarn zusammen, dem slowakischen Presseattaché und einer Anzahl Fremder. Der Beschuß beginnt. Wir sehen uns gegenseitig an. Dies ist wahrhaftig ernster, viel ernster als irgendein früherer Luftangriff, den wir erlebt haben. Die schweren Metalltüren fliegen durch den Luftdruck auf, und die Trommelfelle schmerzen. Das Licht geht aus – ein donnerndes Getöse von Explosionen ringsum. Eine Bombe muß ganz in der Nähe niedergegangen sein, vielleicht gerade über unsern Köpfen. Es wird still in dem dunklen Bunker. Einzelne Anläufe zur Hysterie bei einigen Frauen werden schnellstens erstickt – glücklicherweise sind immer nur wenig Menschen in dem östlichen Bunker am Großen Stern. Gut, daß wir hier sind und nicht in dem westlichen, der immer vollbesetzt ist.

Wie furchtbar der Angriff gewesen ist, können wir erst ermessen, als wir auf den Platz vor der Siegessäule hinaustreten, nachdem das Schießen vorüber ist. Der ganze große runde Platz ist mit Bombensplittern übersät, mit Zweigen und Ästen von den Bäumen im Park. Am Rande des Bürgersteiges entlang sind reihenweise Autos in helle Flammen gehüllt, draußen auf dem Asphalt steht ein lodernder Autobus, einer Riesenfackel ähnlich. Schwarzer Rauch peitscht uns ins Gesicht von dem Sturm, den das Flammenmeer hervorruft. *Teppichangriff* – wie gegen Hamburg? Ja, dies sollte der erste Teppichangriff gegen Berlin sein und gerade über dieser Gegend hier.

Von dem Platz hier sieht es aus, als brenne die ganze Stadt. Das gesamte Hansaviertel hinter dem Park steht in Flammen. Ich muß nach Haus, um zu sehen, ob irgend etwas gerettet werden kann! In der Altonaer Straße ist die Wasserleitung geborsten, die Straße gleicht einem Binnensee. Unmöglich, auf diesem Wege zum Hansaplatz vorwärtszukommen. Der Tiergarten ist wie ein Dschungel, Zweige und Stengel stechen einem ins Gesicht, während man sich über gestürzte Baumstämme vorwärtstastet. Die Händelallee – ein Feuermeer! Ich gehe weiter und biege in die Klopstockstraße ein. Die Straße ist so heiß wie ein Backofen – an einzelnen Stellen versuchen die Leute etwas zu retten, hier und da werden Teile des Inventars auf die Straße hinausgeschleudert, aber die meisten geben die Mühe auf und lassen es nur brennen. Hoffnungslos, in das Haus Nummer 33 hineinzukommen – ein glühender Wind peitscht durch die Straßen, das Haus ist ein einziger Feuerwirbel. Aus dem großen Hause gegenüber, das den besten Keller der Stadt hat, wankt eine Schar verstörter Frauen herbei, ein halberwachsenes Mädchen schreit hysterisch, aber die meisten sind ganz ruhig, wie halb betäubt. Wie in einem Blitz sehe ich die blasse, stöhnende Französin vor mir, die sich vor drei Jahren in Bergues an den Hauswänden entlangschleppte, nachdem die Deutschen die Stadt in Schutt und Trümmer gelegt hatten. Das beste ist, so schnell wie möglich kehrtzumachen und wieder in den Park zurückzukommen, wo die Luft nicht ganz so beißend ist von Ruß und Rauch wie hier – schnell weg von dieser Stelle, die drei Jahre unser Zuhause gewesen ist!

Abermals Alarm! Der Menschenstrom auf der Achse macht kehrtum auf den Großen Stern zu, lange Schlangen haben sich schon vor den Eingängen der beiden Bunker gebildet. Besser, allein zu sein, irgendwo draußen im Park irgendeine Stelle zu finden, wo man wie ein Vogel Strauß unter eine Bank kriechen, sich flach auf den Erdboden hinlegen kann, aber nur allein sein und nicht von der Masse zerquetscht oder in Atome zerrissen werden! Ich wanke wie im Taumel durch den dunklen Park dahin. Es ist nicht leicht, sich einen Weg zu bahnen. Überall liegen niedergebrochene Bäume als große Hindernisse auf den Wegen. Aber hier weht kein beißender und glühender Wind. Die Luft ist verhältnismäßig rein und still, und viele Steige sind menschenleer und gut begehbar. Die Sirenen heulen, die Gefahr ist vorüber. Offenbar sind es nur einige Spähflugzeuge gewesen, die die Wirkung des Angriffs photographieren und die Löscharbeiten stören wollten. Langsam kann man es jetzt wagen, weiterzugehen – aber wohin? Ein Zuhause hat man ja nicht mehr.

Hinunter in die Stadt, wie aus alter Gewohnheit zur Wilhelmstraße, dem Arbeitsplatz. Das Hotel *Adlon* steht wie eine dunkle Wand gegen den feuerroten Himmel. Dort hinein kann man ja gehen, vielleicht sogar ein Zimmer bekommen oder sich jedenfalls in der Halle ausruhen. Ich bin nicht der einzige, der diese Idee gehabt hat: die große Halle in dem alten Luxushotel ist von sehr vorübergehenden Gästen überfüllt. Nicht ein Bettplatz ist aufzutreiben, aber man kann in der Halle sitzen bleiben. Rußgeschwärzte Menschen stauen sich überall zusammen, auf Stühlen und Bänken; auf dem Marmorfußboden liegen Koffer, Bündel, Pakete – wie in einem Flüchtlingslager. Die Drehtüren gehen ohne Aufhören, aber trotzdem ist es still, ganz still in der Halle. Alle sprechen leise, alle scheinen todmüde zu sein, alle haben das gleiche erlebt, es bedarf keiner Worte und Erklärungen, eine sonderbar drückende Stimmung von *Untergang* erfüllt die Atmosphäre. Wahrlich, hier geht eine Weltstadt gerade vor unsern Augen unter. Reminiszenzen an Romane über Karthagos und Roms Fall, über die Katastrophe von Pompeji jagen einem durch den Kopf. Aber dies geht nur um so schneller, als die Maschinen des Westens so viel schneller sind als die irgendeiner anderen Zivilisation. Ein so gewaltiger Schlag, daß er nicht zu fassen ist…

—

27. November 1943

In der Bar im Klub am Leipziger Platz herrscht hektisches Leben, da zwei prominente deutsche Journalisten einander an Witzen und Schnurren und abenteuerlichen Anekdoten von der »Schlacht um Berlin« am 22. November überbieten. Der brennende Zug voller toter Menschen, der über den ganzen »Ring« rund um die Stadt raste, der Puma aus dem Zoo, der durch ein Meer von Funken sprang und auf dem Lützowplatz getötet wurde, die Schildkröten und Krokodile, die im Aquarium des Zoo gesotten wurden – der reine Edgar

Allan Poe! Ist wirklich die Kunst, lebendiges unterhaltsames Geplauder um alle Dinge zu machen, auch in diesen apokalyptischen Tagen der Kern aller Journalistik? »Ein Erdbeben ist besser als gar kein Ereignis überhaupt.« »Nun ja«, sagt einer, »irgendeine *politische* Wirkung bekommen diese Angriffe auf alle Fälle nicht. Die Engländer irren sich, falls sie meinen, daß die Angriffe Unzufriedenheit mit der Regierung nach sich ziehen könnten. Die Leute haben jetzt so genug mit ihren eigenen Sorgen zu tun, daß sie nicht einmal Zeit haben, an Politik überhaupt zu denken«, fährt er fort und beginnt zu summen: »Sous les débris de Berlin«, im selben Ton wie »Sous les ponts de Paris«. »Das neue Berlin«, sagt ein anderer, »erhebt sich nicht auf den Ruinen, sondern lebt unter den Ruinen. Prost!«

Seltsam ist es, wie der Bombenlärm die Leute hier alles andere vergessen läßt – Gomel, Kiew, Witebsk – aber wie lange?

René Schindler

Leipzig ist tot!

In seinem »Tatsachenbericht« *Ein Schweizer erlebt das geheime Deutschland* beschreibt René Schindler eine Reise aus dem Jahr 1944: die Überschreitung der Grenze, die Fahrt im Zug, die Versorgungslage, die zerstörten Städte, die Auswirkungen des Luftkriegs auf die Menschen, die »Bonzen«, die Macht der Partei, erste Absetzbewegungen (»Absprünge«) ins Ausland, ausländische Arbeiter, das neu entstandene »Bombenproletariat«, die Veränderungen in der Sprache, die Judenvernichtung – und das Dilemma vieler Deutscher zwischen Vernunft und Patriotismus, Existenzsorge und Zukunftsangst. Während Hitler seine letzte Neujahrsansprache hält, kehrt der Reisende zurück in die Schweiz. (Wahrscheinlich wurden die Reise und der Bericht aber schon früher beendet.) Die ausgewählten Auszüge schildern den Beginn der Reise, die Ankunft mit dem Zug. Der Begriff vom »geheimen Deutschland« bezieht sich auf die angeblich zahlreichen Deutschen, die unter dem Terror des Regimes schwiegen und nur dem vertrauenswürdigen Fremden ihre Anklage mitteilten. Er ist lesbar als Anspielung auf einen Begriff des George-Kreises, der seit 1910 verwendet wurde und schließlich im Titel des Gedichts »Geheimes Deutschland« von Stefan George selbst (1868–1933) – im Gedichtband *Das Neue Reich* (1928) – auftaucht. Während sich dieser Begriff ursprünglich auf den Bund der Eingeweihten als ›eigentliches Deutschland‹ (in Absetzung vom kaiserlichen) bezog, wurde er später als präfaschistisch kritisiert, wogegen Georges Jünger ihn nach 1945 zur Chiffre für die »innere Emigration« stilisierten. Einer Legende zufolge soll Claus Graf Schenk von Stauffenberg (1907–1944) vor seinem Tod gerufen haben: »Es lebe das geheime Deutschland!« (und nicht das *»heilige«*, wie es die Geschichtsschreibung überliefert). Schindler setzt seine Hoffnung noch auf einen inneren Widerstand gegen das Naziregime oder auf eine Erhebung der ausländischen Zwangsarbeiter. Hinter dem Pseudonym verbirgt sich Franz Wolfgang Rieppel. Der Verfasser wurde 1917 in Weimar geboren und wuchs in Deutschland auf (bis 1934). Er besuchte Schulen in Deutschland und England und promovierte 1942 in Zürich als Volkswirt über *Die Entschuldung der schweizerischen Landwirtschaft*. Anschließend war er Wissenschaftlicher Mitarbeiter an der Handelshochschule St. Gallen. Nach dem Krieg arbeitete er für die chemische Industrie in Basel. In den neunziger Jahren veröffentlichte er Gedichtbände.

Die Abteile sind dreckig, die Polster zerschlissen, die Fenster verrußt. Es riecht undefinierbar schlecht und verkommen. Ein typischer Geruch, der uns fortan nicht mehr verlassen sollte, der sich zeitweise bis ins Unerträgliche steigerte. Dafür finden wir alle einen guten Platz, zum letztenmal bis zur Rückkehr in die Heimat, denn schon in Bregenz wird der Zug gestürmt, und in wenigen Minuten sind unsere beiden Wagen überfüllt. Wir bekommen zwei Zivilisten in unser Abteil, dazu eine Rotkreuzschwester und drei Uniformen. Acht Reisende mit ihrem ganzen Gepäck sind wir in einem Zweitklaßabteil auf der Fahrt nach München. Wir fahren durch ein Land, das einen Krieg auf Leben und Tod zu führen hat. Plakate mit Verdunkelungsvorschriften, mit Verhaltungsmaßregeln für den Fall von Fliegerangriffen und die immer wiederkehrende Warnung: »Vorsicht bei Gesprächen! Feind hört mit!«, die Uniformen und alle Gespräche erinnern ständig daran.

In Lindau werden unsere Wagen an den ebenso überfüllten Münchner Zug gehängt. Auch hier, wie schon in Bregenz, verkünden Plakate und Spruchbänder: »Erst siegen, dann reisen!« und »Räder müssen rollen für den Sieg!« Für D-Zug-Fahrten braucht man dementsprechend einen Nachweis über die Kriegswichtigkeit der Fahrt, sofern diese eine bestimmte Distanz überschreitet. Trotzdem ist auch der letzte Platz besetzt. Die Gänge sind mit Menschen und Gepäck verstopft, und nicht selten sieht man einen Reisenden den Zug durch ein Fenster verlassen. Alle Dialekte Deutschlands sind zu hören, aber man hört ebenso viel Italienisch und Französisch – auch der Balkan ist reichlich vertreten.

Die Gespräche der Reisenden drehen sich in erster Linie ums Essen. Die Schaffnerin wird gefragt, wann wir nach München kommen, und weiß nicht, wie weit der Zug heute überhaupt fahren kann. Man spricht über Bombardierungen, und keiner ist unter den Mitreisenden, der nicht in irgend einer Form von ihnen betroffen wurde.

Von Stuttgart erzählt einer, dort habe ein Korb voll Äpfel längere Zeit auf einer Mauer gestanden mit der Aufforderung: »Bitte mitnehmen, kostet nichts!«, und sei von einem Unbekannten immer wieder gefüllt worden. Darunter habe jemand »Danke« geschrieben. Das, als man in der ganzen Stadt keinen einzigen Apfel zu kaufen bekam. – Ein stiller Protest gegen die Ablieferungspflicht?

Der Verkehr in diesen Ruinen ist unterschiedlich. In München wurde bei einem Angriff ein Depot und damit ein großer Teil des Wagenmaterials der Straßenbahn zerstört. Zu den blauen Münchner Wagen gesellten sich grüne aus Kattowitz und gelbe aus Verona. Aber der Münchner ist kein Held der Organisation. Weite Strecken muß man zu Fuß gehen, weil die Fahrleitung oder die Schienen nicht wieder in Ordnung gebracht werden konnten. So zum Beispiel, wenn man sich das getroffene »Braune Haus« ansehen will oder das »Mahnmal« am Odeonsplatz, das zwar noch steht, aber ohne die Ehrenwache, die peinlich darauf achtete, daß jeder, der vorüberging, den Arm auch richtig zum Hitlergruß zu Ehren der Opfer des 9. November erhebe, denn die Ehrenwache würde heute auf einem Schutthaufen stehen und auf die gegenüberliegenden Ruinen der Residenz stieren müssen.

Das war nicht immer gleich. Bei früheren Angriffen reichte der Schutt schon einmal bis zu der Ehrenwache am »Mahnmal« heran. Aber mit einem ungeheuren Aufwand von Lastwagen, Baggern und unzähligen Gefangenen wurde der Schutt in wenigen Tagen beseitigt. Das alles nur, damit die Wache wieder im Stechschritt aufziehen konnte, während nur wenige Häuserblocks von ihr entfernt die Bevölkerung ohne jede Hilfe Verschüttete auszugraben versuchte.

—

»Zutritt verboten wegen Einsturzgefahr!«

Gespensterhaft wirken die Ruinen vor dem Nachthimmel. Der Brandgeruch ist stellenweise besonders stark wahrnehmbar; aber die Stadt scheint tot, scheint ausgestorben, niemand kümmert sich um die verlodernden Brände, niemand kümmert sich um uns.

Und überall das gleiche Bild. In München und Augsburg, Stuttgart, Darmstadt und Frankfurt, Leipzig und in Berlin. Überall Ruinen und Trümmer, Schutt und Scherben.

Zwischen all diesen Trümmern liegen Möbelstücke und Koffer, eine verrostete Schreibmaschine, Kandelaber und Akten, Heizungskörper und Badewannen, Röhren, Kabel, ausgebrannte und rostige Geldschränke, Teile einer Nähmaschine, Glasscherben und Dachziegel.

Einzelne Häuser, Straßenzüge, ganze Häuserblocks: »Zutritt verboten wegen Einsturzgefahr!«

Ich könnte nicht sagen, welche der gesehenen Städte am schwersten getroffen wurde; welche heute, nach neuen Angriffen, nicht noch schwerer gelitten hat, als ich es bei meinem Besuch feststellen konnte.

Was sagen uns heute noch Zahlen? Kann die stärkste Phantasie sich denn eine Vorstellung davon machen, was hinter der Feststellung liegt, daß zum Beispiel in Leipzig, bei jenem ersten fürchterlichen Angriff, der doch nur eine knappe halbe Stunde dauerte, etwa 260000 Menschen obdachlos geworden sind, daß die Zahl der damals unter den

Trümmern Begrabenen weit über 2000 liegen soll? Und das allein bei einem Angriff, allein in Leipzig, das seither noch viele Angriffe über sich ergehen lassen mußte.

Und wie oft hat sich »Leipzig« inzwischen nicht schon wiederholt! In Leipzig waren es »nur« 2000 Tote, die der Angriff von der Bevölkerung forderte; in Freiburg sollen es über 30000 gewesen sein! Von Ulm und dem Rheinland, München und dem norddeutschen Raum sind bisher überhaupt keine Zahlen mehr bekannt geworden.

Und mit den Menschen werden ihre Städte getroffen. München ist die in der Schweiz wohl am besten bekannte deutsche Stadt. Besuchte man doch vor dem Kriege je nach Temperament ihre Universität, die Oktoberwiese oder auch den Schwabinger Fasching. Und gerade Schwabing, das lustige, leichtlebige Künstlerquartier, ist am schwersten getroffen. Mars und Tod gaben sich hier ein Stelldichein und setzten unter eine ganze Epoche, unter ein Stück Münchens, das in der Welt zum Begriff geworden war, einen grausamen Schlußstrich. Doch nicht nur Schwabing, auch in der Innenstadt, rund um den Bahnhof und entlang der die Stadt durchziehenden Geleisezuführungen, im Tal und Mittersendling, der Au und Bogenhausen, überall trifft man das Schild: »Zutritt verboten!«

In Augsburg wird man vergeblich nach den »Drei Mohren« suchen. Die Königsstraße in Stuttgart ist ein einziges Trümmerfeld. Das »Goethe-Haus« in Frankfurt, der »Römer« und alle die andern, dem ausländischen Besucher von der Vorkriegszeit her bekannten Stätten der alten Stadt sind heute nur noch unkenntliche Ruinen. »Darmstadt-Rest« nennt man heute mit bitterem Humor eine einstmals blühende Stadt, und würde man von Berlin, der Hauptstadt »Großdeutschlands«, alle noch erhaltenen Häuser zusammenstellen, so würde wohl nicht viel mehr als ein unbedeutendes Provinzstädtchen davon übrig bleiben.

Und endlich noch Leipzig.

Leipzig ist tot! Was von der durch ihren großen Kantor Johann Sebastian Bach berühmten Stadt, von der Messestadt, vom wohl größten Musik- und Buchverlagszentrum Europas noch übrig geblieben ist, ist der Aufzählung nicht wert. Leipzig ist tot, ist ausgelöscht und wird in Generationen sich nicht wieder erholen können von diesem Stahl- und Feuerregen, den der Krieg über der Stadt und ihren Ruinen ausgeschüttet hat.

Die ganze Innenstadt, den Osten und Süden Leipzigs fand ich in Trümmern. Es existiert nicht mehr, ist ausradiert, coventrisiert. Sämtliche Theater einschließlich Varietés, Kleinkunstbühnen und Kinos sind von den Bomben geschlossen worden, noch ehe Goebbels die Schließung aller dieser Institute im ganzen Reich im Zeichen des totalen Kriegseinsatzes verordnete und von dieser Maßnahme lediglich die Kinos ausnahm. Alle Großbanken, mehrere Kirchen, die Universität, der Hauptbahnhof, das Alte Rathaus, die Hauptpost, die Museen, sämtliche Hotels, bis auf eines, und auch das schwer beschädigt, liegen in Schutt und Asche. Das Buch- und Musikverlagsviertel ist total vernichtet. In den dem Messebesucher bekannten Hauptgeschäftsstraßen der Stadt steht kein einziges Haus mehr.

Die Zahl der Obdachlosen im ganzen Reich geht inzwischen in die Millionen, die der Opfer des Luftkrieges in die Hunderttausende.

Wieder andere Schilder warnen: »Vorsicht, auf diesem Grundstück ist Rattengift gelegt!«, und »Kampf den Ratten!« inserieren die Zeitungen. Denn die Ratten, die in diesen unglücklichen Städten heute reichlich Nahrung finden, wurden zu einer gefährlichen Plage.

Und überall Schutt und Trümmer, Schutt und Ruinen; meterhohe Schutthaufen ziehen die Gehsteige hin, und an ihnen sind wiederum Schilder befestigt, Schilder und Zettel auch an den Resten der Gartenzäune, Fassaden mit Kreideinschriften, die die neuen Adressen der früheren Bewohner der Häuser mitteilen.

Denn irgendwo und irgendwie müssen die Menschen ja weiterleben, wenn auch viele sich nicht mehr klar darüber sind, wozu eigentlich sie heute noch weiterleben.

THEO FINDAHL

Der Himmel ist rot

Nicht selten kreuzten sich die Wege der ausländischen Beobachter in Deutschland. So begegnet der Norweger Theo Findahl seinem dänischen Kollegen Jacob Kronika. Und er zitiert Howard Smiths *Last Train from Berlin* ... Sie haben alle ein gemeinsames Thema: die Zerstörung der deutschen Städte durch die alliierten Luftangriffe.

3. Februar 1945

Riesenangriff auf Berlin, der größte im bisherigen Luftkrieg. Die jungen amerikanischen Flieger kommen herangesegelt wie zur Parade. Es ist ein herrliches Wetter, milde wie im April, mit hellem Sonnenschein und leichten Wölkchen an einem frischen blauen Himmel. Die schneeweißen Kondensstreifen stehen gleich langen, flatternden Schleppen von den silbrig-schimmernden Maschinen ab, die so glatt und gleichmäßig heranbrausen wie ein Schnellzug auf Schienen. Während die braven Bürger in den Villengärten der Vorstädte diesen Anblick genießen können, müssen drinnen in der Stadt alle in die Keller und U-Bahn-Stationen eilen. Sieben schwere Bomben fallen auf die Innenstadt zwischen Potsdamer Platz und Anhalter Bahnhof. Siebenmal fahren wir drinnen im S-Bahn-Tunnel vom Luftdruck und dem Knallen der Explosionen zusammen. Das Licht geht aus. Der Tunnel ist schwarz wie die Nacht, angefüllt mit Ruß und Rauch, unheimlich wie ein Totenreich. Ab und zu äußert sich die unterdrückte Panik in einem Chorus von nervösen Stimmen, die nach den schärfsten Explosionen »Ruhe!« rufen. Frauenstimmen schreien nach einem Arzt; aber es kommt keiner, und es kommt keine Sanitätsschwester, und der Patient, wer es nun auch sein mag, muß sich helfen, so gut er kann. Ich bin auch krank, habe Fieber, Schmerzen im Hals und entschließe mich, geradeswegs nach Haus zu gehen und mich ins Bett zu legen, falls man dies überleben sollte.

Draußen auf der Straße herrscht die gleiche Stimmung, wie wir sie von jedem Großangriff her so gut kennen. Aufgerissene Straßenbahnschienen, ausgebrannte Wagen. Stillstand im Verkehr. Alle müssen zu Fuß durch ein Chaos von Mauerresten und um tiefe Krater herum stapfen, die sich mit grünbraunem Wasser füllen. Rauch, Ruß, Brandgeruch. Ein starker Wind wirbelt den scharfen Staub auf, der einem in den Augen brennt. Wir sind nicht im geringsten neugierig darauf, noch mehr Ruinen und Brände zu sehen, wir sind nur müde; alles ist häßlich und ekelhaft anzusehen. Das herrliche Hotel Esplanade, eines der besten in Europa, hat einen Volltreffer bekommen und ist jetzt eine brennende Ruine. Der Volksgerichtshof daneben steht ebenfalls in heller Lohe; das ist wenigstens ein Trost.

Auch heute hat keiner von uns die Deutschen rufen hören: Nieder mit den Amerikanern! Nieder mit den Russen! oder ähnliches, was ja zu erwarten wäre nach allem, was man aus früheren Kriegen weiß. Ob nicht aber der erste Schrei: Nieder mit Hitler! gezündet haben würde wie ein Funke in trockenem Gras? Man hat so das Gefühl. Es liegt in der Luft wie der ungeborene Lenz. »Ach ja«, seufzt ein hartgesottener Kollege, »was wird aus den Völkern Europas wohl noch werden? Wir glauben nicht mehr an Wirtschaftsführer, nicht an Politiker und schon gar nicht an die Militärs. Wo ist die ›Streitbare Kirche‹? Möge sie wieder auferstehen und den Kreuzzug predigen gegen alle falschen Propheten und Volksverführer, die ihren Anhängern alle Macht der Welt versprechen, falls sie nur blind folgen wollen!«

Zu Hause in der Kielganstraße ist alles in Ordnung. Das Haus hat eine kleine Erschütterung abbekommen von einer Bombe, die in der Nähe fiel. Die Haushälterin ist eifrig mit dem Staubtuch beschäftigt, sehr gekränkt darüber, daß

Kalkstaub vom Dach auf die Möbel hinuntergefallen ist. Ich bin hungrig wie ein Wolf und esse, bevor ich zu Bett gehe, schlafe bis um sieben Uhr abends. Dann stehe ich auf. Der Himmel ist rot von dem Schein der Riesenbrände. Ich ziehe die Gardine herunter, zünde die Lampe an, die unter ihrem milchweißen Schirm so friedlich leuchtet, setze mich in den Lehnstuhl und lasse das Radio ein wenig leichte Musik schnurren. Wieder kommt dieses sonderbare Gefühl über mich, in einer gepolsterten Nußschale von einem Boot zu sitzen und durch fürchterliche Brandungen an gähnenden Abgründen vorüberzusegeln. Auch diesmal ist man mit dem Leben davongekommen. Ein tiefes Gefühl von Dankbarkeit steigt in mir auf für die wunderliche kleine Dämmerstunde, die ich jetzt durchlebe.

5. Februar 1945

Drinnen in den schweren Betonbunkern wie hier in der Karlstraße ruft die Geborgenheit an sich eine Art Alltagsstimmung hervor. – Leises Geschwätz und Gesumm überall; die Madams sitzen herum und reden über die Essenpreise, drei Backfische auf der Bank mir gerade gegenüber kichern und lachen, stecken die Köpfe zusammen und betrachten sich Bilder von Filmschauspielern. Soldaten, die gar nicht ungeschickt sind, sich im Gedränge zwischen Frauen und Kindern durchzuwinden, lachen und plaudern ebenfalls. Die Älteren und Mittelalterlichen unter den Menschen sind am ernsthaftesten und sehen müde und verdrossen aus. Man merkt wenig von irgendeiner Trauer oder einem tragischen Gefühl über Berlins Schicksal bei diesen kleinen Leuten – der Ladentisch und die Werkstatt, der Eßtisch und das Bett zu Hause sind das große Thema – wenn *das* nur steht, so ist alles gut, und vorläufig ist man zufrieden, weil man in den sicheren Bunker hineingeschlüpft ist. Der letzte bittere Witz! Meldung des Drahtfunks: Die Spitzen der Partei haben den Bunker erreicht! – es stimmt aufs Haar, denn unten in den allersichersten Bunkern sitzen Goebbels und seine Parteigenossen und regieren weiter unter den Ruinen.

8. Februar 1945

Frau von Soundso schwätzt und schwätzt ohne Aufhören mit ihren Freundinnen im Bunker, der hier und da bei nahen Explosionen leise zittert. Sie hat solche Prüfungen und Leiden durchmachen müssen, alle ihre Schuhe bis auf zwei Paar sind bei einem der Luftangriffe verbrannt, und sie hatte eine so großartige Schuhsammlung, blaue, rote, braune, weiße, schwarze, die meisten hatte sie aus Paris bekommen, und jetzt sind sie alle verbrannt, nur noch zwei Paar übrig, das Leben ist nicht mehr wert, gelebt zu werden ... »Wie spät ist es?« unterbricht die liebe Freundin ihren Redefluß. Frau von Soundso sieht auf ihre Armbanduhr, der Alarm hat jetzt fast eine Stunde gedauert, es wird Zeit, daß er aufhört. »Ist diese Uhr nicht reizend? Sieh mal«, und sie holt eine andere aus ihrer Handtasche, »ich habe so viele Uhren, alle meine Freunde in Paris schickten mir Uhren.« Sie ächzt: »Uff, wie langweilig sind doch diese Alarme!« ...

Eine Bombe kann der Langeweile rasch ein Ende machen. Möchte wissen, ob die französischen Adelsdamen während der Revolution solchen Unsinn schwätzten und plapperten, während das Erdreich unter ihren Füßen bebte und ihre Privilegien und Besitztümer unter ihnen wegglitten, ohne daß sie etwas von dem, was geschah, verstanden?

Jacob Kronika

Kinderspiele

Jacob Kronika war Sprecher der dänischen Minderheit in Südschleswig und von 1932 bis 1945 Deutschland-Korrespondent für die dänische und schwedische Presse, für *Nationaltidende* und *Svenska Dagbladet.* In den dreißiger Jahren veröffentlichte er mehrere Bücher. *Der Untergang Berlins,* das sich überwiegend aus »Tagebuchblättern aus dem untergehenden Berlin« mit eingeschobenen Zwischenüberschriften zusammensetzt, schildert die Zeit von Februar bis Mai 1945. Als Leitmotiv dient die Religion: Den Faschismus versteht Kronika als »Rebellion des Heidentums gegen das Christentum«, den Katholizismus dagegen sieht er als »Kraftzentrum für die Erneuerung«. In allegorischer Manier beschreibt Kronika Gottesdienste in Ruinen, Kirchenglocken, die unzerstört weiterläuten, die Berliner Gedächtniskirche, einen Friedhof, Kreuzigungsdarstellungen – und das halb zerstörte Denkmal eines Hohenzollernherrschers, der ein Kruzifix in der Hand hält.

25. Februar 1945

Es gibt immer noch Kinder in Berlin. Zwischen den Alarmen spielen sie unbekümmert in zerbombten Straßen. Ihr Spiel aber ist vom Krieg geprägt. Wenn sie mit ihren kleinen Spaten und Schaufeln graben, dann bauen sie fast immer Bunker. Ihr kindlicher Streit gilt dann der Konkurrenzfrage, wer den stärksten Bunker schaffen kann. Mit altklugen Mienen sprechen sie über die Spreng-Wirkung der verschiedenen Bombenkaliber; sie operieren sachkundig mit 2 Tons, 4 Tons, 6 Tons und mit Superbomben.

*

Ein amerikanischer Bomber war auf ein Eckhaus im Inneren Berlins abgestürzt. Das Haus war bereits durch Bomben arg beschädigt. Nur noch wenige Mauerreste standen; sie reichten bis etwa zum ersten Stockwerk hinauf. Alles andere war ein Trümmerhaufen. An dieser Ecke befand sich einmal ein großes und vornehmes Blumengeschäft. Inmitten der Zerstörung schaukelte ein Schild mit der Aufschrift »Blumen«.

Auf den rauchgeschwärzten und pulverisierten Resten des Blumenladens lag nun der amerikanische Bomber. Die Leute blieben stehen und sahen sich die Geschichte an. Mit Kennermiene stellten sie fest, daß der Bomber in sehr geringer Höhe getroffen sein mußte, sonst hätte er nicht so verhältnismäßig unbeschädigt sein können!

Auf dem Wrack der Maschine lag ein Mitglied der Besatzung. Sonderbar – es sah fast so aus, als ob der tote Flieger völlig unverletzt geblieben wäre. Doch war es wohl nur die solide, dicht schließende Fliegerkombination, die diesen Eindruck hervorrief.

Der Pilot lag auf dem Rücken. Der eine Arm ragte gen Himmel. Das Gesicht war ganz schwarz.

Eines Tages kletterte ein zehn- bis zwölfjähriger Berliner Junge auf die Ruinen des Blumengeschäftes hinauf. Keiner der Passanten kümmerte sich weiter darum. Niemand sagte etwas.

Was hatte der Junge vor? Er schielte nach rechts und nach links. Dann glitt er vorsichtig an den toten Piloten heran. Sich auf die Knie niederlassend, begann er mit irgend etwas zu hantieren, das zum Wrack der Maschine gehörte. Es verging eine Weile, ehe der Junge sich wieder aufrichtete. Seine Beute versuchte er – so gut es sich machen ließ – zu verbergen. Mit unsicherem Blick streifte er die Menschen, die unten auf der Straße standen. Immer noch sagte niemand etwas. Vorsichtig begann der Junge nun mit dem Abstieg. Kaum hatten seine kleinen, emsigen Füße festen Boden berührt, als er, seine Beute an sich pressend, mit langen Sätzen davonlief.

– Er hat den Fallschirm mitgenommen, rief ein Mann.

– Halt, Junge! ließ sich ein anderer vernehmen.

– Sowas ist streng verboten ...

– Laß ihn nur laufen, bemerkte ein junges Mädchen. Seine Mutter wird froh sein über die schöne Seide ...

*

Mitten in der ausgebombten Straße steht eine alte Wasserpumpe. Es ist ein Exemplar aus Eisen, gewichtigen Formats.

Zum Glück gibt es viele Pumpen dieser Art in Berlin. In normalen Zeiten wirkten sie prähistorisch. Jetzt aber, in den Tagen des Luftkrieges, sind die Berliner froh, daß es noch solche Pumpen gibt. Wo sollten sie sonst Wasser hernehmen, wenn die unterirdischen Leitungen und Rohre Volltreffer bekommen haben?

Männer und Frauen stehen Schlange. Meistens in langen Reihen, denn es dauert eine Weile, ehe die Eimer vollgepumpt sind. Aber die Geduld ist groß. Man muß ja froh und dankbar sein, so lange man noch zu denen gehört, die ein eigenes Heim mit Wasser versorgen können!

In der Nähe der alten Pumpe stehen havarierte Straßenbahnwagen auf zerstörten Schienen. Alle Scheiben sind zersplittert. Die Karosserie zeigt Löcher und Beulen. Zerrissen liegt die Stromleitung auf der Erde.

Zwei kleine Mädchen krabbeln auf den Trittbrettern herum. Eines von ihnen hält eine schäbige Puppe im Arm. Um den Kopf hat es ein Tuch gebunden, genau so, wie die Frauen in Rußland und Polen es zu tun pflegen. Das andere Mädchen hat ein Stück von einem verschmutzten Laken erwischt; das ist nun eine Schürze, die fast bis auf die Zehenspitzen reicht. Beide zeigen tiefernste Gesichter. Viel zu ernst. Denn sie spielen doch nur. Was für ein Spiel ist es aber?

– Ich bin Flüchtling aus dem Osten, und *sie* ist NSV, erklärt die kleine Puppenmutti, als ich die beiden anrede.

– Hier drinnen in dieser Straßenbahn ist die Essen-Ausgabe für die Flüchtlinge auf dem Bahnhof; dort kriegen ich und mein Kind zu essen. Wir haben seit zweiundzwanzig

Tagen nichts mehr gegessen… Und mit der anderen Straßenbahn wollen wir nach Thüringen fahren. Dort bekommen wir ein neues Haus. Mit einem Garten. Und dort gibt es keine Alarme. Und die Russen kommen auch nicht mehr. Und dann kriegen wir Vati zurück aus dem Krieg…

– Dann fährt deine Mutti wohl auch mit nach Thüringen? unterbreche ich den kleinen »Flüchtling«.

– Mutti? fragt die Kleine gedehnt.

Einen Augenblick ist es still. Dann sagt sie:

– Mutti ging doch auf dem Flüchtlingstransport verloren…

– Ihre Mutti ist erschossen worden, erklärt die Freundin.

– Und nun haben wir nur noch eine NSV-Mutti, fügt der kleine Ostflüchtling tief ernst hinzu und schaut dabei auf die Puppe.

– Sie steht dort an der Pumpe und holt Wasser…

Theo Findahl

Ninive ist eine große Stadt

Für die Zerstörung Berlins bietet Theo Findahl historisch-mythologische Deutungsmuster an: den Fall der europäischen Hauptstadt »Germania« bringt er in Verbindung mit den Untergangsszenarien der legendären Städte Jerusalem, Karthago, Rom und Pompeji sowie Ninive. Ende Januar 1945 hatte die Rote Armee die Oder erreicht. Während englische und US-amerikanische Geschwader ihre Bombardierung fortsetzten, erwartete man in der Hauptstadt des Dritten Reiches den letzten Großangriff.

18. März 1945, Palmsonntag

Ein schwacher grüner Schein liegt über den herrlichen alten Weiden vor dem norwegischen Ruderklub in Wilhelmshagen, unten am Wasser in den Gärten ringsum blühen Krokus und Schneeglöckchen, die Sonne scheint segnend milde, die Stunde steht nahe bevor, daß der Lenz Einzug halten soll. Eben vor der Kirchzeit beginnt der Funk eine drohende Botschaft auszusenden. Zahlreiche Formationen von Bombern – zwei ganze »Gruppen«, das heißt wohl über tausend Flieger im ganzen! – sind nach dem Osten unterwegs, auf Berlin zu. Ein amerikanischer Tagesangriff in der gegenwärtigen Phase des Krieges pflegt von großem Stil zu sein, dies wird sicher ernst. Die Frauen in der Nachbarschaft machen sich eilends bereit, in die Bunker in Rahnsdorf zu gehen, eine Stunde Wegs von hier. Die Wirtschafterin des Klubs seufzt: »Ich halte es nicht mehr aus, das Leben ist nichts mehr wert, jeden Tag in den Bunker, schlimmer kann es wohl unter den Russen auch nicht sein, wenn der Krieg nur endlich zu Ende wäre ...« Im nächsten Atemzuge: »Eine Dame, die in der AEG im Büro sitzt, hat mir kürzlich erzählt, daß die neue Luftwaffe jetzt bald zum Einsatz fertig sei, am 27. März soll sie anfangen, sagte sie, sie haben irgendwelche elektrischen Maschinen erfunden, die die amerikanischen und englischen Flieger vom Himmel herunterholen können, vielleicht wird *das* das Kriegsende sein?...« Die kleine Hoffnung in der Stimme erstirbt wieder: »Ich weiß nicht, was ich glauben soll, wir haben so viele solche Geschichten gehört... Wenn der Krieg nur endlich zu Ende wäre ...«

Goebbels hat [...] wahrhaftig seine Landsleute mit unzähligen Geschichten von neuen Zauberwaffen vollgestopft. In Berlin ist es in der letzten Zeit um solche Dinge still geworden, statt dessen sind Geschichten in Umlauf gebracht worden von neuen Offensiven, die bald im Osten und im Westen anheben sollen, da und dort, aber hier draußen in den Vorstädten gehen noch die Erzählungen von den Wunderwaffen um...

Alarm! Der norwegische Geschäftsmann, der einzige, der für ständig im Klub wohnt, nachdem die letzten Studenten außer Landes gereist sind, und ich begeben uns zu einem der Nachbarn, dem Kohlenhändler S., der sich einen kleinen privaten Bunker im Garten errichtet hat. Es ist dort immer besser als im Ruderklub, der keinen Keller hat und ungefähr die gleiche Sicherheit bietet wie ein aufgespannter Schirm. Der Kohlenhändler ist ein ruhiger und vernünftiger Mann, hundertprozentiger Antinazi; in seinem Bunker kann jeder reden, wie er will. Das ist etwas anderes als in dem kommunalen »Splittergraben«, wo vor ein paar Tagen zwei Männer von der Polizei geschnappt worden waren, weil sie unvorsichtige Reden geführt hatten. »Dergleichen macht ja die Dinge nur schlimmer«, bemerkt der Kohlenhändler, »Haß und Wut nehmen zu.« Wir plaudern von diesem und jenem, während wir im Eingang seiner kleinen Erdhöhle stehen. In diesem Krieg sind die Zivilisten an der Reihe, in die »Schützengräben« zu kriechen. Ich denke: Will es das Geschick, daß die Bombe uns hier treffen soll, würde man auf der

Stelle gar hübsch begraben sein. Ein kleines Holzkreuz oben auf der Höhle hier würde zeigen können, wo wir ruhen. In einem besonderen Sinne finde ich es tröstlich, – viel besser, als in einem Massengrab zusammengestaucht zu sein tief drinnen in Berlin, unter Hunderten von Tonnen Mauersteinen und zerschmetterten Leitungen für Wasser, Gas und Abwässer. Diese kleinen Erdlöcher in den Vorstadtgärten sind tatsächlich viel besser als die Keller in Berlin, sie bieten gegen alles eine Sicherheit, ausgenommen natürlich gegen einen Volltreffer. Der Kohlenhändler redet weiter: »Ich habe keine Lust mehr, der Propaganda noch länger zuzuhören«, sagt er, »über Vergewaltigungen und die russischen Grausamkeiten in den Ostprovinzen. Ich drehe den Rundfunk ab, das meiste ist Lüge, dessen bin ich sicher. Ich für meinen Teil habe nichts mehr zu erhoffen, das letzte Drittel meines Lebens werde ich in Sklaverei hinschleppen müssen ...« Seine ehrlichen blauen Augen bekommen jenen fernen Ausdruck wie bei Menschen, die in ein Mysterium starren. *Wer ist schuld an dem Ganzen? Ist es dieser eine Mann?* »Die Zeit ist schuld daran«, antwortet er schnell, wie durch Gedankenübertragung, »den Menschen ist es zu gut und zu bequem ergangen, die haben immer nur gefordert, niemals gedankt, der Braten war nicht saftig genug, die Kuchen nicht süß genug, der Kaffee nicht stark genug, die Wecken nicht weiß genug, sie klagten über das Brot ... Jetzt kommt Gottes Strafgericht über sie ...«

Es bleibt keine Zeit zu weiterem Gedankenaustausch, denn jetzt beginnt der *Großangriff!* Von hier draußen gesehen ein Schauspiel von einer Gewalt und Kraft wie am Jüngsten Tage. In Schwärmen von zwölf tauchen die amerikanischen viermotorigen Bomber auf und sausen gleich hurtigen Schlangen auf das Herz von Berlin zu. Das Flugzeug selbst ist der kleine silberglänzende Schlangenkopf, dahinter schlängeln sich die langen schneeweißen Kondensstreifen in Bogen über das Blau des Himmels. Von Norden, Süden und Westen kommen sie herangebraust; das ganze Himmelsgewölbe ist weißgestreift. Jetzt geben sie das Signal zum Abwurf, Raketen, die riesengroße schneeweiße Wolkenbänder auslösen, welche die seltsamsten Figuren zeichnen. Die Flakartillerie dröhnt, die Bomben explodieren noch weit weg, die mächtige Orgelmusik des Großangriffs braust wilder und wilder. Es wird Zeit, sich in die Erdhöhle zurückzuziehen; wir können bis an die Öffnung herangehen und der Reihe nach vorsichtig hinausgucken. Vornan steht ein junger Pole, der bei dem Kohlenhändler im Brot steht; er hat die scharfen Augen und Ohren der Jugend und gibt einen ausgezeichneten Bericht, zeigt und erklärt. »Sehen Sie«, ruft er erregt, »dort kommen acht deutsche Jäger vom neuen Typus – welche Geschwindigkeit! Mein Gott! Sie fliegen gerade auf die zwölf nächsten Amerikaner los, eine richtige Luftschlacht! Einer der amerikanischen Bomber ist in Brand geschossen – die andern zerstreuen sich, sehen Sie doch nur! Das brennende Flugzeug wankt und schwankt, aber noch hat der Pilot das Steuer in der Hand, mein Gott, was für Kerle! Vielleicht wollen sie versuchen, zu den Russen rüberzukommen, aber sie kriegen es nicht, sehen Sie, sehen Sie«, – und tatsächlich, jetzt stürzt die brennende Maschine gleich einer Fackel zu Boden. Wir ducken unwillkürlich die Köpfe, obwohl die Maschine viel zu weit entfernt ist, als daß ihr Sturz uns etwas anhaben könnte …

»Die deutsche Flak scheint besser geworden zu sein«, meint der Kohlenhändler, »aber was nützt das in aller Welt?« Das Ganze ist uns jetzt viel näher auf den Leib gerückt. Hoch oben unter dem Himmelsgewölbe und unten auf der Erde dröhnen die Kanonen, ein *Furioso,* daß die Erde seufzt und bebt, sich in Schmerzen windet. Der Rauch von dem brennenden Berlin her beginnt sich gleich grauschwarzen Nebelbänken vom Horizont heranzuwälzen. Gradweise verdunkelt sich die Sonne und scheint jetzt nur noch als ein blasser Mond hinter einem dichten Schleier. Bald verschwindet sie ganz. Ein sonderbar unwirkliches, gelbgraues Licht liegt über der Erde. Es ist nichts anderes zu hören als das Dröhnen von den Explosionen. Alles Lebewesen ist ins Versteck gekrochen; die Hunde miefen, nur die törichten Hühner gehen unangefochten herum und picken am Gras. Es dauert und es dauert. Eine neue Welle von Bombern kommt herangebraust; wir können aber durch die Rauchwolken nur undeutlich einzelne Maschinen unterscheiden. Die dritte Welle – wir hören sie, sehen aber kein einziges Flugzeug mehr. Der ganze Himmel ist mit weißen und grauen Wolken bedeckt ... Über eine Stunde hat es gedauert ... Endlich wird es stiller, für diesmal ist es vorüber ... Jetzt merken wir den Wind, der immer auf die Riesenbrände folgt, es fegt mehr Asche durch die Luft, jetzt fängt es an, still und fein zu regnen; nach Großangriffen ist es immer, als vergieße der Himmel über Anti-Jerusalem Tränen.

»Ninive ist eine große Stadt, drei Tagesreisen im Umfang«, steht in der Heiligen Schrift. Von Wilhelmshagen bis ins Zentrum von Berlin sind es rund 25 Kilometer, ein Marsch von sechs bis sieben Stunden. S-Bahn und Straßenbahnen sind sicher außer Betrieb, die Autobusse haben aus Mangel an Benzin seit langem ihren Verkehr eingestellt. Glücklicherweise habe ich ein Stück dänischer Wurst in der Tasche, das muß immer eine Gelegenheit mit irgendeinem Gefährt herbeischaffen können, wenn man sich nur am Straßenrande aufstellt und damit winkt. Es trifft auch wirklich zu, und eine Stunde später stehe ich zusammen mit einer Reihe anderer Schiffbrüchiger in einem überdachten Lastfuhrwerk, das von zwei weißen Pferden gezogen wird. Wir zuckeln in einem gleichmäßigen Trab ganz bis zur Ringbahn heran. Hier aber werden die Straßen so unwegsam von Bombenkratern und herabgefallenen Mauersteinen, daß der Kutscher es ablehnt, uns noch weiter zu fahren. Wir sind drinnen im östlichen Berlin, in einem Viertel, das am schwersten mitgenommen ist. Beißender Brandrauch sticht einem in die Augen, die Feuerwehr ist mit Löscharbeiten vollauf beschäftigt, aber sie kann nicht alles schaffen. An vielen Stellen schlagen die rotgelben Flammen aus den Fensterhöhlen und Dächern, während die gegenüber Wohnenden neugierig die Gesichter zwischen Hyazinthen und Osterglocken hervorstrecken, die in den Fenstern der kleinbürgerlichen Stuben blühen, oder auf den Balkons sich versammeln, um einen besseren Überblick über das Geschehene zu gewinnen. Über die Bürgersteige verstreut steht das Strandgut von den brennenden Häusern; das hübscheste Mobiliar sieht herzlich armselig und verkommen aus, wenn es so auf die Straße hinausgeschleudert wird, vom Feuer und Wasser verheert.

An der Bevölkerung sind keinerlei Anzeichen von Unruhe zu bemerken, kein Rufen oder Schreien, keine Tränen. Vollständige Apathie. Niemand hat Kraft, einen Aufruhr gegen Hitler und den totalen Staat anzuzetteln, geschweige denn gegen Krieg und Schicksal.

Im Westen ist die Luft reiner. Der Wind hat die ganze Zeit den Rauch ferngehalten. Man hat vom Angriff nicht wesentlich viel gemerkt. Ist es wirklich so schlimm gewesen? Im Westen sind die Untergrundbahn und auch Straßenbahnen im Betrieb. »Ninive ist eine große Stadt...«

19. März 1945

Der Ingenieur fragt, wie dick die Betondecke in dem Bunker ist, den ich aufzusuchen pflege. 1,8 Meter, sage ich und erfahre, daß das bei weitem nicht stark genug ist für die Bomben vom neuesten Typus. Unser Bunker ist hoffnungslos veraltet, wie es scheint. »Die Wirkung der Bomben«, sagt der Ingenieur, »ist abhängig von ihrer kinetischen Energie plus Sprengwirkung, und die Bunker müssen danach dimensioniert werden, um eine entsprechende Widerstandskraft zu bekommen.« Dann berichtet er von der Wirkung einer amerikanischen 6-Tonnen-»Erdbebenbombe« in Duisburg, oder war es in Düsseldorf? Nach einem Volltreffer auf einen dicken Betonbunker, der zwanzigtausend Menschen Schutz gewährte, war nichts anderes auf dem Walplatz übrig als Betonpulver, Stofflumpen und Fleischfetzen. Und das Ganze war von Blut durchsickert. »Wenn man sich ausrechnet, daß jeder Mensch fünf bis sechs Liter Blut enthält«, sagt der Ingenieur, »dann haben die zwanzigtausend Menschen, die getötet wurden, eine Gesamtblutmenge von über 100 000 Litern gehabt. Es ist klar, daß davon sehr viel hervorsickern mußte...«

Der Ingenieur zieht kräftig an seiner Pfeife, bevor er weiterredet, und läßt uns für ein paar Sekunden in die bodenlose Roheit und grausame Seelenlosigkeit des Maschinenkrieges hinabstarren.

Jacob Kronika

»Ich muß mit dem Führer sprechen!«

Jacob Kronika erlebte den russischen Angriff auf Berlin. Am 16. April 1945 begann die Rote Armee mit 2 500 000 Mann ihre Großoffensive an der Oderfront. Am 20. April brach der deutsche Widerstand an der Oder zusammen. Als die sowjetischen Angriffsspitzen am 25. April bei Nauen, im Westen der Stadt, zusammentrafen, war Berlin eingeschlossen. Am 26. April drangen die sowjetischen Truppen von verschiedenen Seiten in die Stadt ein. Am 30. April beging Adolf Hitler im Führerbunker unter der Reichskanzlei Selbstmord. Die Stadt kapitulierte am 2. Mai 1945.

20. März 1945

Eine erschütternde Szene in der Voß-Straße. Aus der Ruine des Wertheim-Warenhauses kommt eine Frau gelaufen. Sie schreit und gestikuliert mit den Armen. Es hat den Anschein, als sei sie betrunken. Die Wahrheit ist, daß sie den Verstand verloren hat. Sie nähert sich dem Eingang der Reichskanzlei. Ein Polizist rennt hinter ihr drein.

– Mein Junge ist tot! Mein Junge ist tot! Ich muß mit dem »Führer« sprechen, schreit die Unglückliche.

Der Polizist hält sie fest. Ein Soldat wird zur Link-Straße geschickt, um ein Auto zu holen. Menschen strömen zusammen. Sie stehen da mit bleichen und verstörten Gesichtern und starren auf die Frau, die immer wieder vergeblich versucht, sich von dem Polizisten loszureißen.

– Ihr habt mir meinen Jungen genommen, bricht es wild aus ihr heraus. Laßt mich zum »Führer« …

Wenige Augenblicke später ist das Auto da. Die Frau wird fortgeschafft. Wohin? In den wenigen Berliner Krankenhäusern, die dem Bombenhagel stand hielten, ist kein Platz für neue Patienten; sie sind überfüllt.

*

Millionen von deutschen Müttern mußten das Leid und die Verzweiflung dieser Frau erleben. Vor einigen Jahren nahm ich in einem Maleratelier an einer kleinen Abschiedsfeier teil. Der sehr talentierte junge Maler Harry E. mußte am nächsten Tage an die Ostfront. Die Stimmung war düster. Die ganze Familie E. haßte den Krieg und den Hitlerismus. Plötzlich äußerte die Mutter des Malers:

– Ich schwöre es bei Gott im Himmel, daß ich mit meinen eigenen Händen Hitler töten werde, falls Harry aus dem Krieg nicht zurückkommt …

Harry kehrte nicht heim. Er, der in Wladiwostok geboren war, sprach russisch und liebte Rußland. Er wurde von russischen Partisanen erschossen. Seine Mutter hat ihr Rachegelübde nicht gehalten. In namenloser Verzweiflung brach sie zusammen.

—

28. März 1945

Gestern abend wurde im Presseklub in Dahlem getanzt. Beileibe keine öffentliche Belustigung. Dennoch! In diesen Zeiten! Die Deutschen widmeten sich mindestens ebenso eifrig dem Tanz wie einige der ausländischen Gäste. Hochstehende deutsche Beamte, bekannte deutsche Redakteure mit ihren Damen drehten sich auf dem Parkett der Bibliothek. Ein Grammophon lieferte die Musik. Unter den Lieblingsplatten, die immer wieder herhalten mußten, befand sich auch der bekannte englische Mrs. Miniver-Walzer. Und das im untergehenden Berlin!

—

10. April 1945

Eigentlich sollte man meinen, daß diese ganze Untergangsatmosphäre, die nun schon so lange würgend auf Berlin lastet, jede animalische Erotik der Gasse ausgelöscht habe. Das ist nicht der Fall. Die Soldaten entfalten einen unverhüllten Appetit. In den frühen Abendstunden sind die dunklen Bezirke am Zoo, am Wittenbergplatz sowie der Kurfürstendamm von erotischer Wildheit erfüllt. Triebe toben sich aus. Es ist ein Treiben, wie man es in vergangenen normalen Zeiten nicht gekannt hat.

Die Frauen sind keineswegs zurückhaltender. Der Hunger nach dem Mann macht viele von ihnen vollkommen hemmungslos. Junge Soldaten haben es nicht nötig, erst lange auf Freiersfüßen zu wandeln. Sie sind eine sehr begehrte Beute. Frauen opfern Zigaretten und eine Mahlzeit, um flüchtig ihren Begierden frönen zu können.

In den großen Luftschutzbunkern, wo Tausende von Menschen zusammenströmen, spürt man bei nächtlichen Alarmen nicht nur Müdigkeit und stumpfe Verzweiflung, sondern auch die zitternden Fäden einer grobsinnlichen Erotik.

Die ganz Jungen sind deutlich gezeichnet; viel zu früh haben sie ihren Trieben nachgegeben. Jungen und Mädchen in Uniformen sind – viel zu jung an Jahren – längst wissend und erwachsen. Niemand hält sie zurück. Das Familienleben existiert nicht mehr. Und alles Lagerleben im Krieg wirkt aufreizend. Die Ärzte in Berlin wissen von der furchtbaren Ausbreitung der Geschlechtskrankheiten zu erzählen; ferner von den Schwangerschaften minderjähriger Mädchen.

Im Untergang ist eine hektische Genußsucht ausgebrochen!

19. April 1945

Am Nollendorf-Platz wurde ich Zeuge eines blutigen Vorfalls. Ein junger Bursche, kaum mehr als siebzehn oder achtzehn Jahre alt, stürmte atemlos aus dem U-Bahnhof. Offensichtlich wurde er verfolgt. Er warf ein Kleiderbündel von sich und sprang wie ein gehetztes Wild in die Parkanlagen neben der U-Bahn hinein. Aber er kam nicht weit. Zwei in Zivil gekleidete Männer hasteten hinter ihm her. Als er ihrer Aufforderung, stehenzubleiben, nicht nachkam, schossen sie. Der junge Mensch wurde getötet. In seinen Taschen wurden keinerlei Ausweise gefunden.

Die Leute strömten aus der Bahnhofshalle. Bald drängte sich eine Schar um den Getöteten und um die beiden Zivilisten mit den Revolvern. Mit gedämpften Stimmen besprachen die Zuschauer das Vorgefallene:

Die beiden Zivilisten seien Kriminalbeamte, deren Aufgabe darin bestehe, Ausschau nach Deserteuren zu halten. Zivilisten im wehrpflichtigen Alter mußten den Beamten ihre Papiere vorzeigen. Auch der junge Bursche war angehalten worden. Aber er lief den Beamten davon, und diese Flucht hatte ihn das Leben gekostet.

– Ob er wohl Ausländer ist? fragten die Leute, während sie auf den Toten starrten.

– Wohl kaum, entgegnete ein älterer Mann. Als Ausländer hätte er doch gültige Legitimationen bei sich gehabt. Er ist wohl einer aus unseren Reihen, der keine Lust zu weiterem Kriegsspielen verspürte...

– Er ist doch nur ein Kind, äußerte eine Frau. War es denn nötig, ihn gleich zu erschießen?

21. April 1945

Russische »Stormowitz«-Maschinen kreisen ununterbrochen über der Stadt. Der Reichskanzlei erweisen sie ein besonderes Interesse. Offenbar werden keine Bomben geworfen. Es ist sehr spannend, die Flugzeuge der Russen zu beobachten.

Zum Propagandaministerium besteht keine Telephon-Verbindung mehr. Ich gehe hinüber und erfahre, daß Dr. Goebbels die sofortige Übersiedlung in die tief unter der Erde liegenden Schutzräume angeordnet hat.

Abendblätter erscheinen nicht. Die gewohnten Pressekorrespondenzen bleiben gleichfalls aus. Die Auflösung schreitet schnell!

Merkwürdigerweise gelingt es, Kopenhagen und Stockholm ins Telephon zu bekommen. Während ich mit den Redaktionen spreche, sausen die Granaten über den Leipziger und den Potsdamer Platz. Am anderen Ende der Leitung, also in Dänemark und Schweden, behaupten sie, das Artilleriefeuer vernehmen zu können.

Flüchtlinge strömen aus dem Osten herein. Ein furchtbarer Anblick. Wo sollen diese Menschen untergebracht werden? Lange Kolonnen wandern durch die Leipziger Straße. Sie führen Hausrat, Pferde und Kühe mit. Wo werden sie Futter für die armen Tiere finden? Ein zehnjähriger Junge aus Freienwalde bindet seine Kuh an der Pforte des Presseklubs fest.

—

22. April 1945

Gestern abend sprach Dr. Goebbels über den Rundfunk. Er werde – so versicherte er – mit Frau und Kindern in Berlin bleiben, bis der Sieg errungen sei. Gleichzeitig geiferte er neue Drohungen gegen Deserteure und Defaitisten.

Den in Berlin verbliebenen Ausländern servierte er einen besonderen Sermon. Es werde ihnen schlecht ergehen, wenn sie den Versuch unternehmen sollten, die Verteidigung der Stadt zu sabotieren. Man werde jedes Haus, das eine weiße Kapitulationsfahne zeige, als »Pestbazillus« betrachten, fuhr Dr. Goebbels fort. Umgehend werde man entsprechende Maßnahmen treffen.

Sämtliche Barrikaden sind endgültig geschlossen worden. Volkssturm-Männer mit alten Gewehrmodellen stehen Wache an den engen Öffnungen, durch die sich die Passanten eben noch einzeln hindurchzwängen können.

Lange Züge von schweren deutschen Militärlastwagen passieren die Ost-West-Achse und die Tiergartenstraße. Sie sind mit Tannenzweigen getarnt. Das Tiergartenviertel mit der Bendlerstraße, dem Sitz des OKW, verwandelt sich in ein reguläres Feldlager.

Russische Maschinen fliegen Serienangriffe gegen die beiden schweren Flaktürme am Zoo. Diese Türme sind – so heißt es – Berlins kräftigste Verteidigungsposition. Die Langrohrgeschütze auf den Eckplattformen der Türme richten ihr Feuer mit ohrenbetäubendem Lärm gegen die Wellen der russischen Angreifer.

Die Menschen sind wild darauf aus, sich mit kleinen Extrareserven an Lebensmitteln zu versehen. Sonntagsruhe gibt es selbstverständlich heute nicht mehr. Lange Schlangen harren vor den Läden. Fleisch, Zucker und Konserven sollen nach einer Goebbels-Anordnung ohne Marken zu erhalten sein. Die vorhandenen Bestände aber sind äußerst gering. Die Geschäftsinhaber fürchten Unruhen und Plünderungen.

—

22. April 1945

Ich war wieder auf einen Sprung im Propagandaministerium. Dort wird nur noch in den Räumen des unterirdischen Bunkers weitergearbeitet.

Dr. Goebbels produziert bis ans Ende seine Wahnsinnspropaganda. Heute agiert er aufgepulvert und hoffnungsfreudig, denn »es bereiten sich großpolitische Sensationen vor«. Molotow fahre nicht nach San Franzisco! Die Alliierten seien grunduneinig über die polnische Frage! Das Bündnis zwischen Ost und West stehe unmittelbar vor dem endgültigen Bruch! Man wolle die Botschafter abberufen!

Auch die engsten Mitarbeiter von Goebbels dort unten im Bunker mühen sich vergebens, gute Miene zum bösen Spiel zu machen. Es ist aus mit der Nazi-Gläubigkeit!

—

22. April 1945

Weit mehr Menschen als sonst begeben sich bereits in den frühen Nachmittagsstunden zu den S- und U-Bahnhöfen, um sich für die Nacht einzurichten. Kleine Kinder laufen mit schweren Stahlhelmen auf den Köpfen herum. Ein herzzerreißender Anblick. In diesen Kindergesichtern ist nichts Kindliches mehr zu entdecken.

—

22. April 1945

Die Hitler-Jungen haben eine Art Polizeigewalt erhalten. Sie durchstreifen in Patrouillen zu je sechs die Straßen. Gewehr über der Schulter. Kein Erwachsener beaufsichtigt sie. Die Jungen tun, wozu sie Lust und Laune haben. Die Bevölkerung ist empört – und schweigt.

Die bewaffneten Knaben-Patrouillen machen Jagd auf Fahrräder. Sie »beschlagnahmen« jedes Rad, dessen sie habhaft werden können. Geld haben diese Jünglinge in Hülle und Fülle.

—

23. April 1945

In der letzten Nacht hat »Adlon« die Türen zum Weinkeller weit aufgetan. Die Gäste konnten trinken, was sie mochten. Es entstand ein wildes Symposion, zu dem die Granaten die Begleitmusik lieferten.

—

23. April 1945

Innerhalb der Absperrung nichts als Soldaten. Neue, rote Telephondrähte laufen kreuz und quer über Bürgersteige und Ruinen. Oder sind es elektrische Kabel, die zu Sprengladungen führen? Hitler steht selbstverständlich auf dem Standpunkt, daß die Russen auch nicht ein einziges nur einigermaßen bewohnbares Gebäude in Berlin vorfinden sollen! *Seine* Standpunkte!!

Theo Findahl

Knäckebrot aus Stockholm

Von einer Villa im vornehmen Berliner Bezirk Dahlem, in der er Zuflucht vor den anrückenden sowjetischen Verbänden gesucht hat, begibt sich Theo Findahl Ende April 1945 ins zerstörte Stadtzentrum.

23. April 1945

Eine unvergeßliche Fahrt war diese unsere letzte Autotour durch Berlin. Wir sind vier im Wagen, einer von uns muß unablässig in das Blau des Himmels spähen nach russischen »Großmovitjen«, die unversehens gleich schnellen Raubvögeln auf Autos und alles mögliche andere Gefährt niederstoßen. Wenn man einen russischen Flieger erblickt, muß das Auto jäh anhalten, am liebsten dicht unter einem Baum, und wir sitzen mäuschenstill, bis das Flugzeug genau über unseren Köpfen ist, dann ist die Gefahr schon vorüber, und das Auto fährt in rasender Geschwindigkeit weiter. Ohne Zwischenfall kommen wir ganz bis zur Güntzelstraße in Wilmersdorf und laden die lebenswichtigen Pakete auf. Jetzt gilt es, in die Wohnung an der Kielganstraße in der Nähe des Nollendorfplatzes zu gelangen und am liebsten ganz bis zum finnischen Bunker, um Kleidung und anderen Besitz in Sicherheit zu bringen. Aber wir sind zu spät unterwegs: Die Hauptstraßen sind mit Barrikaden versperrt, und der Wagen muß sich auf den wunderlichsten Umwegen vorwärtswinden. Auf dem Lützowplatz schlagen die Granaten alle Augenblicke ein, es ist ein Wahnsinn, weiter vorwärtskommen zu wollen – kehrtum marsch und nach Dahlem zurück! Die wenigen Autos, denen wir begegnen, fahren alle in dem gleichen übernervösen Eiltempo wie wir selbst, und niemals ist die Gefahr für einen Zusammenstoß größer gewesen, aber das Glück ist uns hold, und wir erreichen Dahlem wohl und munter. Schiffbrüchige können nicht glücklicher sein, eine selige grüne Insel zu erreichen, als wir, da wir eine Weile später in dem blühenden, lenzfrischen Garten sitzen, der nach all dem Kanonengedröhn drinnen in der grauen Innenstadt doppelt friedlich und schön wirkt, während das Mittagessen so anheimelnd im Topf auf dem Herde brutzelt, der zwischen dichtem grünen Buschwerk steht.

Eier, Butter und Büchsenfleisch zu haben ist gut, aber wir haben zu wenig Vorrat an dem, was wichtiger ist: *Brot*. In Lichterfelde-West, bei einem der geheimen Vertrauensleute der Königlich Norwegischen Regierung für Berlin, liegen Pakete, die von der norwegischen Gesandtschaft in Stockholm geschickt wurden und unter vielem anderen große Mengen von Knäckebrot enthalten. Wenn ich hoffen will, es zu ergattern, dann muß der Versuch noch heute nachmittag gewagt werden, so schnell wie möglich. Das Donnern der Artillerie nimmt an Heftigkeit zu, immer mehr russische Flieger schwirren durch die Luft; es ist offenbar, daß der Krieg sich Dahlem nähert. Der Weg nach Lichterfelde-West ist nicht weit, zu Fuß eine halbe Stunde, aber ein Spaziergang ist es nicht. Ich gehe zu meinem Kollegen Huitfeldt vom dänischen *Socialdemokraten,* ihn um seine Begleitung zu bitten; es ist unter solchen Umständen besser, man ist zu zweit. Mehrmals drücken wir uns, das Herz im Halse, in einen Torweg, während die Bomben russischer Flieger in den nahen Gärten explodieren und die Granatsplitter von der deutschen Flakartillerie durch das Laub in den Alleebäumen sausen. Aber wir gelangen an unser Ziel, wir bekommen die Pakete, und zurück kommen wir auch. Jetzt haben wir Brot und anderes Essen für zwei bis drei Wochen, abgekochtes Wasser in Flaschen, ungekochtes Wasser in Bottichen und Eimern und Badewannen, Holz genug für den Herd im Garten, wir sind von Elektrizität, Gas, Wasserversorgung unabhängig. Schlafplätze richten wir uns in einem der Kellerräume auf

Matratzen her, einen anderen Raum im Keller möblieren wir mit Gartenmöbeln zu einem kombinierten Wohn- und Eßraum. Wir sind so gut auf den Sturmlauf der Roten Armee gegen Hitlers Hauptstadt vorbereitet, wie es so armen Zivilisten in einer winzigen Villa in der Gartenstadt Dahlem nur möglich ist.

Wiking Jerk

Götterdämmerung

Ein schwedischer Freiwilliger der Waffen-SS schildert seine Erlebnisse in der Division »Nordland« während der letzten Kriegsmonate an der deutschen Ostfront. Beginnend mit dem Neujahrstag, handelt sein im selben Jahr in Schweden erschienenes Buch von den Kämpfen des Jahres 1945 gegen die auf die Reichshauptstadt vordringende Rote Armee: zunächst in Kurland (Baltikum), darauf in Pommern, um den Brückenkopf Stettin, an der Oderfront, beim Rückzug in die Vororte der deutschen Hauptstadt und schließlich vom »Endkampf« im Stadtgebiet. Der Titel des schwedischen Originals, *Ragnarök,* bedeutet »Götterdämmerung«. Die nationalsozialistische Ideologie kommt auch im Rückblick aus der Perspektive der unmittelbaren Nachkriegszeit zum Ausdruck. Die Identität des Autors wird in der deutschen Ausgabe, die nach dem Krieg in Buenos Aires erschien, nicht preisgegeben. Das Buch beruht auf den Erinnerungen beziehungsweise Erzählungen von Erik Wallin, genannt »Jerka«. Aufgezeichnet wurde es von Thorolf Hillblad. Hillblad war beim schwedischen Programm des Reichsrundfunks der Vorgänger von Gösta Block. Wallin war vor dem Krieg Mitglied der schwedischen NS-Bewegung. Zwischen 1939 und 1942 Kriegsfreiwilliger in Finnland, trat er im Januar 1943 der Waffen-SS bei. Nach dem Krieg wurde Wallin von Neonazis als Idol verehrt. Die ausgewählten Passagen spielen Ende April 1945 um und in Berlin. Der eigentliche »Endkampf« dauerte etwa zwei Wochen: vom 20. April bis zum 2. Mai 1945.

Wir näherten uns Berlin. Es ging schnell rückwärts in diesen Tagen. Die Landschaft veränderte ihren Charakter. Wir fuhren in die Fichtenwälder der Mark Brandenburg hinein, wo zwischen den Bäumen zahlreiche Seen schimmerten. Die Wochenendhütten, die Ausflugsgasthäuser und die kleinen Erfrischungshallen für die radelnden und autofahrenden Berliner wurden immer häufiger. Jetzt standen sie alle leer oder beherbergten vorübergehend verwundete und erschöpfte Soldaten.

Auf dem Giebel eines idyllischen kleinen Gasthauses trat uns zum ersten Male die Parole »Berlin bleibt deutsch«* entgegen. Sie war über die verblichene Reklameschrift für die Biermarke »Berliner Kindl« gemalt.

Die Hoffnung, die Rote Armee vor Berlin aufhalten zu können, war zerstoben. An die Mitwirkung der westlichen Feinde dachte niemand mehr. Wir standen ja schon dicht vor Berlin. Abgestellte, zerschossene gelbe und blaurote Stadtbahnzüge standen auf den halbzertrümmerten Bahndämmen. Immer öfter stießen wir auf Bahnhöfe des Ortsnetzes der Reichshauptstadt, deren Namen mit Berlin verknüpft werden mußten. Überall hingen Straßenanzeigen für »Commerzbank«, *Lokalanzeiger, Berliner Morgenpost*.

Das alles bedrückte uns sehr. Von immer mehr Häuserwänden leuchtete die Parole »Berlin bleibt deutsch!«, aber nun fragten wir uns mit Verzweiflung im Herzen: »Wird Berlin wirklich deutsch bleiben?« Die letzte Hoffnung war jetzt Obergruppenführer Steiner und seine Nordarmee, die wie man sagte, auf dem Wege war, um uns zu entsetzen.

Nun begann der eigentliche Kampf um Berlin. Wir fanden Bereitstellungen vor, die die Zivilbevölkerung gegraben und gebaut hatte, seitdem die Bolschewisten um die Jahreswende an der Weichsel durchgebrochen waren. Bei wichtigen Einfahrten stand Sperrmaterial gegen russische Panzer bereit, um mit Traktoren oder Panzerwagen hervorgeschleppt zu werden. Es waren mit Pflastersteinen beladene Straßenbahnwagen und riesige Möbelwagen bekannter Speditionsfirmen wie »Knauer«, »Berliner Rollgesellschaft«, »Schmeling« usw.

Schützenlöcher, die es an fast jeder Straßenecke gab, waren in der Regel schon besetzt mit Volkssturmmännern, deren Bewaffnung aus einigen Panzerfäusten bestand. Überall wimmelte es von Volksstürmlern, die meisten nur mit Helm und Armbinde als Kennzeichen, unter ihnen eine Menge Buben von 12 bis 15 Jahren aus der Hitler-Jugend*. Durch den schonungslos grausamen Bombenkrieg wie alte Frontsoldaten abgehärtet, zeigten sie mitten im schlimmsten Trommelfeuer Sicherheit und geistiges Gleichgewicht, die uns erschrecken ließen, wenn wir daran dachten, daß dies doch Jungens seien, die eigentlich in Spiel und Spaß auf den Schulhof gehörten.

Als der Feind erschien oder durch sein Feuer lokalisiert werden konnte, bekamen die Gesichter dieser Jungen die [...] grimmigen entschlossenen Züge der erprobten Veteranen. Zu der Kampfsicherheit dieser Kriegskinder kam außerdem eine haßerfüllte Wut und Todesverachtung, die wir Erwachsenen nicht mehr aufzubringen vermochten. Geschmeidig und pfeilschnell wie Wiesel krochen und kletterten sie in die gewagtesten Stellungen, um mit einer Panzerfaust einen russischen Panzer zu zersprengen oder mit einer Handgranate einen oder einige heranschleichende Rotarmisten zu zerfetzen. Mehrere hundert Stalinpanzer waren es, die im Kampf um Berlin von Jungen in diesem Alter unschädlich gemacht wurden.

Die öffentlichen Verkehrsmittel lagen paralysiert. Mit einer Schubkarre oder einem schwachen Rad kamen diese armen Menschen mit ihren Kindern und notwendigsten Habseligkeiten nicht weit, wenn sie sich erst mehrere Meilen durch die Ruinenfelder der Riesenstadt abquälen mußten, an Sperren vorbei, über Pferdekadaver und Menschenleichen, die anfingen, sich auf den Straßen zu häufen.

Die zurückgebliebenen Millionen flüchteten sich hinunter in die Luftschutzkeller. Dies war ein Dasein, an das sie sich schon gewöhnt hatten. Höhlenmenschen des 20. Jahrhunderts! Da krochen sie zusammen in angsterfülltem Harren, horchten nach dem unbarmherzig herannahenden Kampflärm, vernahmen die Erschütterungen der Granateinschläge und hörten die Häuser über sich zusammenstürzen. Zehntausende von diesen schreckgelähmten Höhlenbewohnern wurden unter den zusammenstürzenden Steinmassen zerquetscht oder von der Außenwelt abgeschlossen, um hilflos einem qualvollen Tod durch Durst und Hunger ausgeliefert zu sein. Jene, die das Schicksal verschonte, mußten solange, wie nur irgend möglich, jeden Tropfen Wasser und jedes Stück Brot sparen. Aus dem Keller zu springen, um beim Wasserposten an der nächsten Straßenecke Wasser zu holen, hieß dem sicheren Tod in die Arme laufen. In dieser Stadt gab es kaum mehr einen ruhigen Winkel. Unbarmherzige Granaten fanden immer wieder den Weg zu einem unglücklichen Opfer.

Von Unruhe erfüllt über das Schicksal unserer Kameraden fuhren wir die Hermannstraße in nördlicher Richtung entlang. Sammelplatz war U-Bahn Stadtmitte, wo der neue Gefechtsstand der Division eingerichtet werden sollte. Eine Stunde lang fuhren wir kreuz und quer durch fast unpassierbare Straßen. Auf einer Hauswand sahen wir zum ersten Male in hastig hingekritzelten Buchstaben: »SS-Verräter – Kriegsverlängerer«. Deutsche Kommunisten bei der Arbeit! So, nun begannen auch sie, den Kopf hervorzuheben.

Fing die Moral der Zivilbevölkerung, die bis jetzt in einer glänzenden Weise all die harten Proben des Bombenterrors bestanden hatte, vielleicht zu wanken an? Noch wurden wir mit »Heil Hitler« gegrüßt, als wir mal anhielten, um irgendeinen wasserholenden Zivilisten um den Weg nach Stadtmitte zu fragen. Aber es war vielleicht nur aus Angst vor den Totenkopfsoldaten, daß sie noch so grüßten. Würden wir auch einen inneren Feind zu bekämpfen bekommen?

Kaum hatte ich diese Gedanken zu Ende gebracht, als mitten auf dem Hermannplatz von einem Dach herab ein Kugelregen über den Wagen prasselte. Da lagen deutsche Kommunisten mit roten Armbinden und beschossen uns mit MGs, die sie aus dem Vorrat des Volkssturms entwendet hatten. Leute einer anderen SS-Einheit kamen laufend und sprangen in ein anderes Gebäude jenseits des Platzes, um von dort mit ihren MGs das Dach dahinten unter Feuer zu nehmen. Andere liefen in das Bolschewistennest und steckten das obere Stockwerk an. Dann stellten sie sich in das Haustor, um abzuwarten, ob die Roten dort oben vorziehen würden, im Feuer zu verrecken oder herunterzukommen, um am nächsten Laternenpfahl aufgehängt zu werden.

Wir bemerkten auch andere Auflösungstendenzen auf unserer irrenden Fahrt bis zur Stadtmitte. Zahlreiche Landser standen waffenlos in den Haustüren herum. Wenn sie unseren Wagen erblickten, zogen sie sich in der Regel schnell ins Dunkle zurück. Wir sahen auch restlos besoffene Soldaten, die auf den Straßen umhertorkelten, ohne sich um Granaten und Fliegerbomben zu kümmern.

In einem Hauseingang gab sich ein Weib einem Landser hemmungslos hin. Gegenüber waren ein alter Mann und einige Frauen damit beschäftigt, große Stücke aus einem aufgeschwollenen Pferdekadaver zu reißen. Eine Granate heulte heran. Sie warfen sich für einen Augenblick hinter den Pferdekörper und setzten gleich danach mit blutigen Händen ihre Arbeit in dem Kadaver fort. Keinen Blick widmeten sie den beiden im Hauseingang. Was nur Kulturverputz war, begann in großen Stücken abzubröckeln. Es zeigten sich an einigen Stellen bedrohliche Anzeichen von moralischem Verfall.

Jacob Kronika

Die letzten Tage

Wenige Tage bevor die Rote Armee einrückt, sieht der dänische Beobachter Jacob Kronika die SS-Kämpfer aus den nordischen Ländern an sich vorbeiziehen, von deren Erfahrungen das Buch *Endkampf um Berlin* handelt.

24. April 1945

Wir stehen an der großen Schöneberger Verkehrsader, der »Hauptstraße«, und beobachten die geschlagenen Kolonnen. Ein Lastauto rollt vorüber, angefüllt mit verwundeten SS-Leuten von der Division Wiking. Es sind sicherlich auch Dänen darunter. Wir aber verhalten uns natürlich passiv und schweigend.

An der Ecke Hauptstraße–Reppichstraße, dort, wo der Verkehr am stärksten brandet, hat man einen Mann an den Mast einer Omnibus-Haltestelle aufgeknüpft. Ein Grauen schüttelt uns. *Das* wagen die Nazis der Bevölkerung Berlins zu bieten! Dabei sind es vielleicht nur noch wenige Stunden bis zum definitiven Untergang!

25. April 1945

Als wir über den Lützowplatz zurückgehen, sind deutsche Artilleristen damit beschäftigt, zwei schwere Geschütze in Stellung zu bringen. Das eine Rohr weist gen Nordwest, das andere gen Südost.

26. April 1945

Die Siegessäule ist deutscher Gefechtsstand. Melder kommen und gehen. Die Ost-West-Achse wird als Start- und Landeplatz für kleinere Flugzeuge benutzt. Rot-weiße Signalanlagen sind auf der breiten Straße angebracht.

Virginia Irwin

Die ersten »Amerikanski« in Berlin

Als sich US-amerikanische und sowjetische Truppen bei Torgau an der Elbe begegneten, ergriff die Journalistin Virginia Irwin zusammen mit ihrem Kollegen Andrew Tully und dem Fahrer John Wilson die Gelegenheit, auf eigene Faust in einem Geländefahrzeug hinter die Linien der Roten Armee zu fahren. Die drei waren die ersten US-Amerikaner, die 1945 Berlin erreichten, als in der Stadt noch gekämpft wurde. 1943 war Irwin mit dem Roten Kreuz nach Europa gekommen und hatte seit 1944 vom Krieg in Frankreich, Belgien, den Niederlanden sowie Luxemburg und schließlich in Deutschland berichtet. Der folgende Text bildet den ersten Teil eines dreiteiligen Artikels, der erst zwei Wochen später im *St. Louis Post-Dispatch* erschien. Irwins Bericht wurde, ebenso wie der ihres Kollegen, vom Oberkommando der US-Streitkräfte der sowjetischen Zensur vorgelegt. Auf dem zurückgereichten Typoskript sind deren Streichungen zu erkennen – die allerdings in der Zeitungsveröffentlichung vom 8. Mai, dem Tag der deutschen Kapitulation vor der Sowjetarmee, nicht berücksichtigt wurden. (Die zensierten Stellen sind im folgenden unterstrichen.) Die US-Militärbehörden entzogen der eigenmächtigen Reporterin die Zulassung als Kriegsberichterstatterin. Von 1946 bis 1960 arbeitete sie im New Yorker Büro der Zeitung, für die sie bereits seit 1932 tätig war.

Berlin, 27. April 1945

Ich gehöre zu den ersten drei Amerikanern, die Berlin betreten haben.

Nachdem wir die Elbe überquert hatten, wo sich Russen und Amerikaner heute nachmittag begegnet waren, kam ich heute abend, nach abenteuerlicher Fahrt bei Dunkelheit, in Berlin an, zusammen mit Andrew Tully, dem Reporter des *Boston Traveller,* und unserem Fahrer, Sergeant John Wilson aus Roxbury (Massachusetts).

Dichter Rauch liegt in der Luft. Überall ist das Knattern leichter Waffen zu hören. Die russische Artillerie belegt die Stadt mit fast ununterbrochenem Sperrfeuer. Doch in diesem russischen Befehlsstand, wo wir die Gäste von Major Nikolai Kowalowski sind, ist eine grandiose Feier im Gang. Die Ankunft von drei Amerikanern in Berlin war Anlaß für die Russen, ihren besten Wodka heranzuschaffen und ein überwältigendes Festessen zu unseren Ehren zu veranstalten.

Ich habe die allerseltsamsten russischen Speisen gegessen, und jeder russische Offizier brachte einen Toast auf mich aus. Ich habe mit mindestens einem Dutzend Russen unterschiedlichster Dienstgrade und terpsichorischer Begabung getanzt. Ich wurde sogar in jene Variante des Tanzens mit akrobatisch gebeugtem Knie eingeführt, die der Major als »Kosakentanz« bezeichnete.

Wir trafen heute abend kurz vor acht in Berlin ein, nach einer der merkwürdigsten Fahrten, die ich je unternommen habe. Es war eine nervenaufreibende Angelegenheit. Wir kamen vom Weg ab und mußten, da die Karte nicht viel hergab, uns auf gut Glück durchschlagen. Keiner von uns sprach ein Wort Russisch.

Die deutschen Wegweiser waren durch Schilder mit russischen Aufschriften ersetzt worden. Wir erreichten Berlin dank einer behelfsmäßigen amerikanischen Fahne, die an unserem Jeep wehte, nach x-fachem Händeschütteln und wiederholten Versicherungen gegenüber grimmigen Russen, daß wir »Amerikanski« seien. Und sobald wir sie von unserer Identität überzeugt hatten, sahen wir uns jedesmal von Menschenmassen umringt. Russische Infanteristen kletterten von ihren Pferdewagen und scharten sich um uns, Flüchtlinge jedweder Nationalität kamen herbeigelaufen, und jedesmal mußte die Straße geradezu mit Gewalt geräumt werden, ehe wir weiterfahren konnten.

Heute mittag waren wir in Torgau, am östlichen Elbufer, eingeladen zu einem Essen mit Generalmajor Emil Rheinhart, Kommandeur der 69. US-Division, Generalmajor Clarence R. Huebner, Kommandeur des 5. US-Korps, Generalmajor Gleb Wladimirowitsch Baklanow, Kommandeur des 34. Korps der Roten Armee, sowie General Wladimir Rusakow, Kommandeur der 58. Gardeinfanteriedivision. Dieses Essen war die offizielle Feier des Zusammentreffens der amerikanischen und russischen Verbände an der Elbe. Von Torgau aus fuhren wir in nördlicher Richtung weiter, hinter den russischen Linien, nicht selten über menschenleere Straße, durch dunkle Wälder. Und dann stießen wir wieder auf verstopfte Fernstraßen, auf denen sich die Masse der russischen Armee in allen möglichen Fuhrwerken langsam voranbewegte. Die Soldaten saßen auf amerikanischen Zweieinhalbtonnern, auf zweirädrigen Karren, auf altmodischen Ponywägelchen, auf Leiterwagen, auf leichten Kaleschen. Sie fuhren in allem, was sich nur ziehen ließ. Die Wagen waren mit Heu beladen, obendrauf lagen die Soldaten und sahen aus, als hätten sie einen freien Tag und machten einen Ausflug ins Grüne. Es war ein unglaublich verrückter Anblick. Die harten, grimmigen Rotarmisten, zerzaust und dreckig nach ihrem langen Kriegszug, die in ihren Uniformblusen und hohen Stiefeln auf diesen sonderbaren Fuhrwerken saßen und singend und Wodka trinkend in Richtung Berlin fuhren, glichen einer großen Picknickgesellschaft.

Kurz vor acht Uhr abends erreichten wir mit den Spitzen der russischen Verbände die deutsche Hauptstadt Berlin. Am Straßenrand und in den Vorgärten der zerbombten Vororte lagen tote Deutsche. Die Straßen waren verstopft mit russischen Panzern, Geschützen, Infanterie, Soldaten in zotteligen Pelzmützen, und überall liefen die Pferde der russischen Armee herrenlos herum. Aber die Russen waren glücklich – eine unbeschreibliche wilde Freude hatte sie ergriffen. Sie sind in Berlin. Hier, in der deutschen Hauptstadt, liegt ihre wahre Rache für Leningrad und Stalingrad, für Sewastopol und Moskau.

Und sie nehmen tatsächlich Rache. Die Felder, an denen wir auf der Fahrt nach Berlin vorbeikamen, sind übersät mit den Karren und Habseligkeiten der Deutschen, die aus der Hauptstadt entkommen wollten. Doch die Russen sind nicht so höflich wie die Amerikaner zu den Deutschen, die das Vorankommen der Militärkolonnen behindern. Die Amerikaner warten, bis die Deutschen die Straße geräumt haben, die Russen fahren einfach über die deutschen Fuhrwerke hinweg oder drängen sie von der Straße und stoßen sie um.

Auf der Fahrt nach Berlin habe ich sehr wenige Deutsche gesehen. Sie haben große Angst vor den Russen, fürchten sie, wie noch keine Nation den Eroberer gefürchtet hat.

Die Soldaten der Roten Armee sind harte, gut ausgebildete Kämpfer, ein wunderbarer Haufen. Und wunderbare Gastgeber. Befreite amerikanische Kriegsgefangene, an denen ich heute vorbeikam, berichteten mir, daß die Russen mit jedem Amerikaner, dem sie begegnen, noch das letzte Stückchen Brot und den letzten Rest aus ihrer Feldflasche teilen. Und heute abend lerne auch ich diese russische Gastfreundschaft kennen.

Der russische Befehlsstand ist in der Ruine eines Hauses in Berlin untergebracht, einer Stadt, die amerikanische Bombenflugzeuge praktisch dem Erdboden gleichgemacht haben. Im Haus gibt es keinen Strom und kein fließendes Wasser. Doch unser Gastgeber, der russische Major, ist über solche Schwierigkeiten erhaben. Kaum war ich eingetroffen, befahl er seinem Adjutanten, einem wilden Mongolen mit einer langen Narbe auf der linken Wange, eine Schüssel mit Wasser warm zu machen. Und nachdem ich mir das Gesicht gewaschen hatte, überreichte mir der Major deutschen Gesichtspuder, eine viertelvolle Flasche deutsches Parfüm und einen zersprungenen Spiegel. Ich richtete mich her, so gut es ging, und setzte mich im Kerzenschein an einen blumengeschmückten Tisch. Als Kerzenhalter dienten alte Milchflaschen, und die Blumen standen in einem alten Gurkenglas. Aber das Essen war so feierlich und förmlich wie ein Staatsbankett in Washington. Bei jedem Trinkspruch erhoben sich die russischen Offiziere, schlugen die Hacken zusammen, verbeugten sich tief und leerten ihr Wodkaglas. Außer Wodka gab es noch Cognac und ein Getränk von dynamitartiger Stärke, das der Major nur als »Schnaps« bezeichnete.

Das Essen wurde von einer Deutschen und der russischen Wäscherin aufgetragen, die im Artillerie-Hauptquartier Dienst taten. Als Hors d'œuvres gab es eine gigantische Platte mit etwas, das wie geräucherter Lachs schmeckte. Dann gab es ein seltsames Gericht, das wie Hammel schmeckte, am Holzkohlefeuer geröstet, Unmengen von Kartoffelbrei mit Fleischsauce, einen riesigen russischen Käse und als Nachtisch russische Blätterteigpastetchen. Nach jedem Gang wurden Toasts ausgebracht auf den »großen verstorbenen Präsidenten Roosevelt«, auf Stalin, auf Präsident Truman, auf Churchill, auf »Chauptmann Andrej Tuuli«, auf »Chauptmann Virzhinia Errwinn«, auf die Rote Armee, auf »Serzhant Willsonn« und auf »den amerikanischen Jeep«.

Währenddessen tobte ganz in der Nähe die Schlacht um Berlin. Das Dröhnen der Artillerie ließ das Haus erzittern und die Kerzen flackern. Die Kerzen flackern noch immer, während ich diese Zeilen schreibe – die aufregendste Story, die ein Zeitungsreporter erleben kann. Alles ist unwirklich. Die russischen Offiziere in ihren abgetragenen, aber sehr militärischen Uniformen, ihren Medaillen von Leningrad und Stalingrad und all den anderen großen russischen Schlachten sind unwirklich. Die ganze Schlacht ist irgendwie unwirklich, und immer wieder geht mir durch den Kopf, daß dies hier die größte Müllkippe der Welt ist – die Überreste der Hauptstadt eines Weltreichs und eine ganze Stadt voller Leichen.

Ich fragte den Major, ob Berlin seine größte Schlacht sei. Er lächelte traurig und sagte auf französisch: »Nein. Für uns gab es größere Schlachten. In denen wir unsere Frauen und Kinder verloren haben.«

Und dann erzählte er von den seltsamen Angehörigen seines Stabes, die er um sich versammelt hatte. Jeder seiner Offiziere hatte im Kampf gegen die Deutschen seine ganze Familie verloren.

In der Geschichte dieses russischen Majors, dachte ich, lag die Erklärung für den Erfolg des heftigen Kampfes, den die Russen um Berlin führen. Fast die ganze Stadt ist nun in russischer Hand.

Wiking Jerk

Die Leiche des Propagandaministers

Als sich die Kämpfe um die Berliner Innenstadt ihrem Ende näherten und die Soldaten der Roten Armee immer tiefer ins Regierungsviertel eindrangen, tötete sich Adolf Hitler am 30. April 1945 im Bunker unter der Reichskanzlei. Einen Tag später beging Joseph Goebbels Selbstmord. Die Leiche des Reichskanzlers wurde von den verbliebenen Gefolgsleuten vollständig verbrannt, die seines kurzzeitigen Nachfolgers nur teilweise. Wiking Jerk berichtet, wie er bei der Gefangennahme durch Rotarmisten seine Identität als SS-Mann verbergen konnte und wie es ihm gelang, aus dem Kriegsgefangenenlager zu entkommen. Auf seinem Weg durch das Stadtzentrum will er vor der Reichskanzlei die Leiche des Propagandaministers und Gauleiters der Reichshauptstadt gesehen haben.

Am Wilhelmsplatz angelangt, erstarrte ich. An einem Galgen vor der Reichskanzlei hing ein Leichnam. Ich trat näher. Goebbels! Wenn auch die Bolschewisten seine Nase eingeschlagen und der Leiche einen tiefen Seitengewehrstich am Halse versetzt hatten, so war doch ein Irrtum ausgeschlossen. Zivilisten, die vorbeigingen, wandten den Kopf ab; aber die Rotarmisten blieben lachend in Gruppen stehen und zeigten auf den baumelnden Körper.

Jacob Kronika

Schrei nach Rache

Im Gebäude und im Bunker der dänischen Gesandtschaft suchen Ende April / Anfang Mai 1945 nicht nur die verbliebenen Korrespondenten wie Jacob Kronika Unterschlupf, sondern auch versprengte SS-Soldaten aus den skandinavischen Ländern. Auch Wiking Jerk, der Erzähler des Buches *Endkampf um Berlin,* berichtet, wie er zeitweise in der schwedischen Botschaft untertauchte.

3. Mai 1945

Der Kommissar sprach fließend Deutsch. Er interessierte sich lebhaft für das deutsche Legationspersonal im dänischen Bunker. Die jüngeren Frauen, die wir unter Decken und leeren Pappkartons versteckt hatten, mußten hervorkommen und sich mit den Männern und Kindern auf die Pritschen setzen. Ich erhielt die Aufforderung, mich neben den Kommissar zu stellen. Ich hatte keine Ahnung davon, was der Russe vorhatte.

Er hielt eine längere Ansprache:

– Wenn ich Sie nun einzeln frage, dann ist natürlich niemand unter Ihnen, der Nazi gewesen ist. Das kennen wir; sobald die deutschen Soldaten geschlagen und vertrieben waren, gab es unter den Deutschen nur noch Hitlergegner, nur Leute, die immer schon Anti-Nazi waren …

Ich bin Russe, Kommunist und Jude. Ich habe die deutschen Verbrechen in meinem Lande gesehen. Mein Vater und meine Mutter sind von der SS ermordet worden, weil sie Juden waren. Meine Frau und meine beiden Kinder sind verschollen. Mein Heim ist zerstört. Und so, wie es mir und den Meinen erging, ist es Millionen in Rußland ergangen.

Deutschland hat gemordet, vergewaltigt, geplündert, vernichtet… Was glauben Sie wohl, wonach uns jetzt zu tun gelüstet, nachdem wir die deutschen Armeen total geschlagen haben? –

Die deutschen Zuhörer duckten sich, zitternd vor Angst. Der Kommissar starrte auf Carls ältesten Sohn, einen Jungen von zwölf Jahren. [Carl war der Pförtner der dänischen Botschaft.]

– Steh auf, befahl er.

– Wie alt bist du?

– Zwölf Jahre, antwortete der Junge leise.

– Also ungefähr so alt, wie mein verschollener Junge heute gewesen wäre. Die SS-Verbrecher nahmen ihn mir…

Seine Hand glitt unter die Uniform. Er zog den Revolver und richtete die Waffe gegen den Jungen. Carl sprang auf. Seine Frau griff nach dem Kind.

– Aber, Kommissar, dieser Junge ist doch nicht verantwortlich…, begann ich.

Die Spannung war entsetzlich.

– Nein, nein, nein, meine Damen und Herren, ich schieße nicht, fuhr der Kommissar fort. Sie müssen aber zugeben: Grund genug zum Schießen hätte ich schon. Es ist so vieles da, was nach Rache schreit…

Er steckte den Revolver in den Gürtel.

4. Mai 1945

Wir bekamen neue und erschütternde Eindrücke vom Schlachtfeld Berlin. Es ist unmöglich, die Vernichtung in Worten zu beschreiben. Das gesamte Zentrum, das Regierungsviertel und die Gegend um die Tiergartenfestung sind total zerstört. Die Straßen sind mit Wracks von ausgebrannten Autos, Panzern, Motorrädern, Geschützen und dergleichen übersät. Allerdings ist auf den Hauptverbindungswegen bereits so viel Raum geschaffen worden, daß die Russen sich mit ihren unglaublich zahlreichen Autos und Pferdefuhrwerken durchschlängeln können. Blutjunge Verkehrs-Beamtinnen mit dem Gewehr über der Schulter sind an den Straßenecken in Funktion.

Bis jetzt hat man selbstverständlich noch keine Zeit gefunden, alle Leichen und Kadaver zu beerdigen. Man ist aber damit in vollem Gange. Um die russischen Gefallenen kümmern sich die Russen selber. Die Deutschen müssen ihre eigenen Toten begraben.

Die Berliner müssen aufräumen, Barrikaden entfernen und so fort. Männer der jüngeren Jahrgänge müssen sich russischen Militärstreifen gegenüber legitimieren, sie müssen nachweisen, daß sie nicht getarnte Soldaten sind. Die Russen fahnden nach etwa fünfzigtausend deutschen Soldaten, die sich durch Tarnung als Zivilisten vor der Kapitulation der Kriegsgefangenschaft entzogen haben. Ausländer tragen ihre nationalen Abzeichen auf dem Ärmel. Es geschieht aber oft, daß auch sie angehalten und zu Aufräumungsarbeiten herangezogen werden.

Überall sind die ersten russischen Tagesbefehle angeschlagen. Von 22 Uhr abends bis 8 Uhr morgens (russischer Zeit) dürfen sich keine Zivilpersonen auf der Straße zeigen. Radioapparate, Fotoapparate und Waffen müssen abgeliefert werden.

Viele Berliner sind ständig unterwegs. Die meisten haben keine Bleibe mehr. Unzählige kampieren unter freiem Himmel in dem mit havariertem Kriegsmaterial übersäten Tiergarten. Bei allen Wasserpumpen stehen Menschen in langen Reihen. Hungernde sind auf der Jagd nach etwas Eßbarem. Ihr Suchen ist oftmals von Erfolg gekrönt: sie finden Proviant bei gefallenen Soldaten, in zerschossenen Fahrzeugen, in zerbombten Häusern.

Theo Findahl

Achter Mai 1945

Theo Findahl erlebte das Ende des Krieges in Berlin. Am 7. Mai 1945 unterzeichnete Genraloberst Jodl im US-amerikanischen Hauptquartier in Reims die bedingungslose Kapitulation der deutschen Wehrmacht. Am 8./9. Mai 1945 wiederholte Generalfeldmarschall Keitel die Kapitulation im Hauptquartier der Sowjetarmee in Berlin-Karlshorst. Am 11. Mai kapitulierten die letzten deutschen Einheiten.

8. Mai 1945

Es ist das erstemal, daß ich so weit in der Stadt vorgedrungen bin, wo die Häßlichkeit der Zerstörungen jeder Beschreibung spottet. Die Budapester Straße mit dem Hotel Eden, Elizabeth Ardens Schönheitsinstitut und alle die eleganten Spezialgeschäfte und komfortablen Pensionate sind ein stinkender Dschungel geworden. Russische Lastkraftwagen wirbeln Wolken braunen Staubes auf, wo sie sich zwischen Bombenkratern und Ruinenresten vorwärtsbohren. Tote Pferde mit aufgeblähten Bäuchen spreizen alle vier Beine in die Luft. Abgerissene Menschenhände und Arme, verstümmelte Leichen und Leichenteile sind von den Explosionen über die Fahrstraße und gegen die Hauswände geschleudert worden. So sieht es im ganzen diplomatischen Viertel und ringsum zu allen Seiten aus. Wir brauchen Stunden, um zu Fuß nach Haus zu wandern, überall der gleiche Anblick: Ruinen, Brandstätten, Tod und Zerstörung.

Anhang

Verzeichnis der Quellen

Samuel Beckett
(1906–1989)

German Diaries [Handschrift, 6 Hefte, ca. 600 Seiten], Archiv der *Beckett International Foundation* in der *Reading University Library,* Transkription: Mark Nixon, mit Unterstützung durch James Knowlson. Einträge vom 28. Oktober 1936 (Heft 1); 24. November und 5. Dezember 1936 (Heft 2); 15. Januar 1937 (Heft 4); 3. März 1937 (Heft 5). Anmerkungen auf Grundlage der Forschungen von Mark Nixon mit besonderem Dank für seine Unterstützung. Übersetzt von Mark Nixon. © The Estate of Samuel Beckett.

Karen Blixen
[auch: Tania Blixen, Isak Dinesen]
(1885–1962)

»Breve fra et Land i Krig«, in: *Heretica* 1:4 (1948), S. 264–287 und 1:5 (1948), S. 332–355, hier: S. 277–284, 285–286, 332–334, 337–338, 339–342, 342–344, 348. »Briefe aus einem Land im Krieg«, übersetzt von Hans Christian Hjort, in: *Mottos meines Lebens. Betrachtungen aus drei Jahrzehnten,* Reinbek: Rowohlt 1993, S. 105–148, hier: S. 117–124, 125 bis 126, 127–128, 131–132, 133–136, 136–138, 141–142. © Deutsche Verlags-Anstalt GmbH, Stuttgart 1991.

Gösta Block
(1898–1955)

Tyskland inifrån. »Königsbergsradions« förre programchef har ordet, Stockholm: Blocks Förlag 1943, S. 146–147, 156–160, 161–164. Übersetzt von Gilbert Zujest. © Henning Block, Schweden.

Albert Camus
(1913–1960)

L'envers et l'endroit, Algier: Charlot 1937. In: *Essais*, Bibliothèque de la Pléiade, Bd. 2, hrsg. von Roger Quilliot und Louis Faucon, Paris: Gallimard 1990, S. 1–50, hier: S. 36. *Licht und Schatten,* in: *Kleine Prosa,* übersetzt von Guido G. Meister, Reinbek: Rowohlt 1991, S. 29–71, hier: S. 60–61. © 1961 Rowohlt Taschenbuch Verlag GmbH, Reinbek.

Jacques Chardonne
[Jacques Boutelleau]
(1884–1968)

Le Ciel de Nieflheim, ohne Ortsangabe: Eigenverlag 1943, S. 14–15, 15–16, 150–153, 173–174. Bukarest: ohne Verlagsangabe 1991, S. 17–18, 18 bis 19, 116–117, 132–133. Übersetzt von Eva Moldenhauer.

Martha Dodd
(1908–1990)

Through Embassy Eyes, New York: Harcourt, Brace and Co. 1939. *My Years in Germany,* London: Victor Gollancz 1939, S. 21–27, 28–30, 31–32, 58–62; 124–126, 128–129, 130, 131–132, 132–133, 134–136; 80–85. (Deutsche Teil-Ausgabe: *Aus dem Fenster der Botschaft,* herausgegeben von T. Rokotow, Übersetzer nicht angegeben, Berlin: Verlag der Sowjetischen Militärverwaltung in Deutschland 1946.) Übersetzt von Matthias Fienbork.

Gunnar Ekelöf
(1907–1968)

Brief vom 16. Dezember 1933 an Agnes von Krusenstjerna: *Brev 1916–1968,* herausgegeben von Carl Olov Sommar, Stockholm: Bonniers 1989, S. 50–51. In: *Der ketzerische Orpheus. Essays, Skizzen, Briefe. Zur Autobiographie und Poetologie,* herausgegeben und übersetzt von Klaus-Jürgen Liedtke, Münster: Kleinheinrich 1999, S. 207–208, hier: S. 207. © Kleinheinrich Verlag, Münster 1999.

Theo Findahl
(1891–1976)

Undergang. Berlin 1939–1945, Oslo: Forlagt Av H. Aschehoug & Co. 1945, S. 69–72, 74; 83–85; 85, 86; 86–91, 91–92; 156–158; 185–186. *Letzter Akt Berlin. 1939–1945,* übersetzt von Thyra Dohrenburg, Hamburg: Hammerich & Lesser 1946, S. 68–72, 73–74; 82–84; 84–85, 85–86; 86–91, 91–92; 159–160; 189–190. © H. Aschehoug & Co. (W. Nygaard) AS, Oslo. © für die deutsche Übersetzung: Jakobe Jakstein-Donzelli.

Harry Flannery
(1900–1975)

Assignment to Berlin, London: Michael Joseph Ltd. 1942, S. 52–53, 86–87, 110–111, 112–113, 151–152, 152–153, 199, 214, 262–263, 293–294, 295–297. Übersetzt von Matthias Fienbork. © Patricia A. Yoder, USA.

Max Frisch
(1911–1991)

»Kleines Tagebuch einer deutschen Reise«, in: *Neue Zürcher Zeitung* [Abendausgabe] 156:752, 30. April 1935, Blatt 5 (Teil I); 156:799, 7. Mai 1935, Blatt 6 (Teil II); 156:881, 20. Mai 1935, Blatt 6 (Teil III); 156: 1030, 13. Juni 1935, Blatt 5 (Berichtigung). In: *Gesammelte Werke in zeitlicher Folge*, herausgegeben von Hans Mayer und Walter Schmitz, 6 Bände, Band 1 (1931–1944), Frankfurt am Main: Suhrkamp 1976, S. 84–97, hier: S. 84–86, 88, 89–93, 95–96, 97. © Suhrkamp Verlag, Frankfurt am Main 1976.

Jean Genet
(1910–1986)

Journal du voleur, Privatdruck [1948]. Paris: Gallimard 1949, S. 138–139. *Tagebuch des Diebes,* übersetzt von Gerhard Hock (*Werke in Einzelausgaben,* 11 Bände, Band 5), Gifkendorf: Merlin 2001, S. 134. © Merlin Verlag, Gifkendorf 2001.

Heinrich Hauser
(1901–1955)

Battle Against Time. A Survey of the Germany of 1939 from the Inside, New York: Charles Scribner's Sons 1939, S. 1–27: »Berlin in the summer of 1939«, hier: S. 2–15, 17–27. Übersetzt von Matthias Fienbork. © Huc Hauser, USA.

Sven Hedin
(1865–1952)

Utan uppdrag i Berlin, Stockholm: Fahlcrantz & Gumælius 1949, S. 52 bis 53; 98–99. *Ohne Auftrag in Berlin. Begegnungen mit den Mächtigen des Dritten Reiches*, übersetzt von Jürgen Schröder, Buenos Aires: Dürer 1949. Kiel: Arndt 2000, S. 52–53; 97–98. © The Sven Hedin Foundation, Stockholm.

Richard Hillary
(1919–1943)

The Last Enemy. The Memoir of a Spitfire Pilot, London: Macmillan 1942, S. 19–23. Herausgegeben von Sebastian Faulks, Short Hills (New Jersey): Burford Books 1998, S. 17–22. *Der letzte Sieg,* übersetzt von Eva Maria Ledig, Bergisch Gladbach: Bastei Lübbe 1979, S. 28–32. © Richard Hillary, 1942.

Meinrad Inglin
(1893–1971)

»Missglückte Reise durch Deutschland. Februar/März 1940«, 28seitiges Typoskript, datiert: Sommer 1943, Nachlaß Meinrad Inglins in der Kantonsbibliothek Schwyz. »Mißglückte Reise durch Deutschland«, in:

Schweizer Monatshefte 43:3 (Juni 1963), S. 246–261, hier: S. 246–251, 251–255, 257–259, 259–261. © Ammann Verlag, Zürich.

Virginia Irwin
(1908–1980)

»Story Number 1«, für *St. Louis Post-Dispatch,* 5seitiges Typoskript, datiert: Berlin, 27. April 1945, *National Archives* II in College Park, Maryland. »Post-Dispatch reporter gets into Berlin« (Teil 1), »Virginia Irwin explores Berlin up to the firing line« (Teil 2), »Virginia Irwin in Berlin finds Russians dance and drink in midst of battle« (Teil 3), in: *St. Louis Post-Dispatch,* 8. Mai 1945, S. 1A und 2A, 9. Mai 1945, S. 1A und 3A, 10. Mai 1945, S. 1A und 3A; hier: Teil 1. »A Giant Whirlpool of Destruction«, in: *Reporting World War II*, Part II: *American Journalism 1944–1946,* New York: Library of America 1995, S. 709–719, hier: S. 709–712. Übersetzt von Matthias Fienbork. Reprinted with permission of the *St. Louis Post-Dispatch,* © 1945.

Christopher Isherwood
(1904–1986)

»A Berlin Diary (Winter 1932–3)«, in: *Goodbye to Berlin,* London: Hogarth Press 1939, S. 285–317, hier: S. 311–317. »Berliner Tagebuch«, in: *Leb wohl, Berlin. Ein Roman in Episoden,* übersetzt von Susanne Rademacher, Berlin: Ullstein 1998, S. 226–251, hier: S. 246–251. © Ullstein Buchverlage GmbH.

Wiking Jerk
[Erik Stig Wallin]
(1921–1997)

Ragnarök [Götterdämmerung], Stockholm: Den Svenskes Förlag 1945 [aufgezeichnet von Thorolf Hillblad], S. 92, 106, 109–110, 113–114, 120–122; 138–139. *Endkampf um Berlin,* Buenos Aires: Dürer 1947, S. 105, 121, 124–125, 129, 137–139, 158–159.

René Juvet
[Numa Tétaz]
(1903–1986)

Ich war dabei. 20 Jahre Nationalsozialismus 1923–1943. Tatsachenbericht eines Schweizers, Zürich / New York: Europa Verlag 1944, S. 76–82; 151–152, 152–153. © Europa Verlag AG, Zürich 1944.

Jacob Kronika
(1897–1982)

Berlins Undergang, Kopenhagen: Hagerup 1945, S. 11–14; 60–61, 68–69, 90, 114–115, 120, 121–122, 123–124, 124, 125, 127, 129; 137, 140,

145; 165–166, 168–169. *Der Untergang Berlins,* übersetzt von Margreth Bossen, Flensburg/Hamburg: Christian Wolff 1946, S. 11–14; 65–66, 74–75, 98–99, 126–127, 132, 133–134, 136, 137, 139, 142; 152, 155, 161; 184–185, 188–189.

Maria Leitner
[hier: Mary L.]
(1892–1941)

»Besuch bei Heinrich Heine«, in: *Das Wort* [Moskau] 3:1 (1938), S. 145 bis 146. In: *Elisabeth, ein Hitlermädchen. Erzählende Prosa, Reportagen und Berichte,* herausgegeben von Helga W. Schwarz, Berlin/Weimar: Aufbau 1985, S. 224–226. © Aufbau-Verlag, Berlin und Weimar 1985.

József Nyírö
(1889–1953)

»Blick auf das kämpfende Deutschland«, in: *Europäische Literatur* 1:2 (Juni 1942), S. 2–3 (leicht gekürzt). © Heirs József Nyírö.

Denis de Rougemont
(1906–1985)

Journal d'Allemagne, Paris: Gallimard 1938. *Journal aus Deutschland 1935–1936,* übersetzt von Tobias Scheffel, Wien: Paul Zsolnay 1998, S. 11–12, 15–16, 16, 16–18, 39–40, 50–51, 54–63, 79–82. © Paul Zsolnay Verlag, Wien 1985.

Jean-Paul Sartre
(1905–1980)

Eintrag vom 28. Februar 1940, in: *Les carnets de la drôle de guerre. Novembre 1939 – Mars 1940,* Paris: Gallimard 1983, S. 319–342, hier: S. 338–340. *Tagebücher. November 1939 – März 1940. Les carnets de la drôle de guerre (Gesammelte Werke,* Band 5: *Autobiographische Schriften, Briefe, Tagebücher),* in Zusammenarbeit mit dem Autor und Arlette El Kaim-Sartre herausgegeben von Traugott König, übersetzt von Eva Moldenhauer, S. 381–409, hier: S. 405–406. © Rowohlt Verlag GmbH, Reinbek bei Hamburg 1984.

René Schindler
[Franz Wolfgang Rieppel]
(1917–2000)

Ein Schweizer erlebt das geheime Deutschland. Tatsachenbericht, Zürich/New York: Europa Verlag 1945, S. 7–8, 10–13, 16. © Europa Verlag AG, Zürich 1945.

Annemarie Schwarzenbach
(1908–1942)

Brief an Klaus Mann vom 8. April 1933, in: *»Wir werden es schon zuwege bringen, das Leben«. Annemarie Schwarzenbach an Erika und Klaus Mann, Briefe 1930–1942,* herausgegeben von Uta Fleischmann, Herbolzheim: Centaurus 2001, S. 101–103. © Centaurus Verlags-GmbH & Co. KG, Herbholzheim 2001.

Shi Min
[Pseudonym]

»Deguo youji« [Deutscher Reisebericht], in: *Oufeng Meiyu* [wörtlich: *Europäischer Wind und amerikanischer Regen;* frei übersetzt: *Unser stürmisches Leben in Übersee*], herausgegeben von Tao Kangde, Schanghai: Yuzhoufeng 1938, hier: S. 66–67. Übersetzt von Heiner Frühauf. In: Heiner Frühauf, »Deutschland in der chinesischen Reiseliteratur der zwanziger und dreißiger Jahre«, in: *Mein Bild in deinem Auge. Exotismus und Moderne: Deutschland – China im 20. Jahrhundert,* herausgegeben von Wolfgang Kubin, Darmstadt: Wissenschaftliche Buchgesellschaft 1995, S. 283–299, hier: S. 292–293. © für die deutsche Übersetzung: Heiner Frühauf.

William L. Shirer
(1904–1993)

Berlin Diary. The Journal of a Foreign Correspondent, 1934–1941, New York: Alfred A. Knopf 1941, S. 142–143 (Eintrag vom 27. September 1938); S. 197–199 (Eintrag vom 1. September 1939). *Berliner Tagebuch. Aufzeichnungen eines Auslandskorrespondenten 1934–1941,* übersetzt und herausgegeben von Jürgen Schebera, Leipzig: Reclam 1995, S. 113–114; 149–151. (Übersetzung revidiert.) © The William L. Shirer Literary Trust, USA. © für die deutsche Übersetzung: Gustav Kiepenheuer Verlag GmbH, Leipzig 1994.

Georges Simenon
(1903–1989)

»Europe 33. La génération du désordre«, in: *Voilà* 3:109, 22. April 1933, S. 10–11. »Europe 33«, in: *Mes apprentissages. Reportages 1931–1946,* herausgegeben von Francis Lacassin, Paris: omnibus 2001, S. 762–805, darin: »La génération du désordre«, S. 795–800, hier: S. 798–799, 799–800. Übersetzt von Eva Moldenhauer. © Georges Simenon Family Rights Ltd.

Howard K. Smith
(1914–2002)

Last Train From Berlin, New York: Alfred A. Knopf 1942, S. 91–97; 81–91, 105–106, 106, 108, 109, 109–110, 111–112; 162–168. *Feind schreibt mit.*

Ein amerikanischer Korrespondent erlebt Nazi-Deutschland, übersetzt von Niels Kadritzke, Berlin: Rotbuch 1982. Frankfurt am Main: S. Fischer 1986, S. 80–86; 72–80, 92–93, 94, 95, 96, 98; 140–145. © 1942 by Howard K. Smith. © der deutschen Ausgabe: Rotbuch Verlag, Berlin 1982.

Konrad Warner
[Helmuth Grossmann]

Schicksalswende Europas? Ich sprach mit dem deutschen Volk ... Ein Tatsachenbericht, Rheinfelden: Langacker 1944, S. 128–130; 145–148; 16, 29–30, 54–55, 60–61, 106–107, 126, 148, 149–151, 152–153, 153–155, 160, 174–175, 201–202.

Thomas Wolfe
(1900–1938)

»I Have a Thing to Tell You *(Nun Will Ich Ihnen 'Was Sagen)*«, in: *New Republic* 90:1162 (10. März 1937), S. 132–136; 90:1163 (17. März 1937), S. 159–164; 90:1164 (24. März 1937), S. 202–207. *The Short Novels of Thomas Wolfe,* herausgegeben von C. Hugh Holman, New York: Charles Scribner's Sons 1961, S. 233–278. Übersetzt von Matthias Fienbork. © 1937 by Maxwell Perkins as Executor.

Virginia Woolf
(1882–1941)

Eintrag vom 9. Mai 1935, in: *The Diary of Virginia Woolf. Volume Four: 1931–1935,* herausgegeben von Anne Olivier Bell mit Andrew McNeillie, San Diego/New York/London: Harcourt Brace & Company 1982, S. 310–312. *Tagebücher 4. 1931–1935,* übersetzt von Maria Bosse-Sporleder, herausgegeben von Klaus Reichert, Frankfurt am Main: S. Fischer 2003, S. 458–460. © Anne Oliver Bell und Angelica Garnett 1982, 2003. © S. Fischer Verlag GmbH, Frankfurt am Main 2003.

Wir danken allen Rechteinhabern für die freundliche Abdruckgenehmigung. Einige wenige konnten nicht ermittelt werden. Wir bitten sie, sich gegebenenfalls mit der Eichborn AG in Verbindung zu setzen.

Dokumentation

Samuel Beckett

Edward Beckett (Samuel Beckett Estate), Schriftliche Auskunft, 25. September 2004.

Klaus Birkenhauer, *Samuel Beckett,* Reinbek: Rowohlt 1971, S. 63–64 (Endnoten: S. 153).

Julian Alexander Garforth (Reading University Library), Schriftliche Auskünfte, 24. März 2003 ff.

James Knowlson (University of Reading), Schriftliche Auskünfte, 19. April 2003 ff.

– ders., »Germany: The Unknown Diaries 1936–37«, in: ders., *Damned to Fame. The Life of Samuel Beckett. The authorised biography,* London: Bloomsbury 1997, S. 230–261 (Endnoten: S. 748–753).

Mark Nixon (University of Reading), Schriftliche Auskünfte, 20. Mai 2003 ff.

Karen Blixen

Hannah Arendt, »Isak Dinesen, 1885–1962«, in: Isak Dinesen, *Daguerrotypes and Other Essays,* Chicago: University of Chicago Press 1979, S. VII bis XXV.

Detlef Brennecke, *Tania Blixen,* Reinbek: Rowohlt 1996, S. 76–78 (Endnoten: S. 136).

Sigrid Daub, »Vorwort«, in: Tania Blixen, *Mottos meines Lebens. Betrachtungen aus drei Jahrzehnten,* Reinbek: Rowohlt 1993, S. 6–14.

Gösta Block

Henning Block (Kungälv, Schweden), Telephonische Auskünfte, 21. September 2004 ff.

Niclas Sennerteg (Schwedischer Rundfunk, Borås; Autor), Telephonische und schriftliche Auskünfte, 24. September 2004 ff.

Albert Camus

Albert Camus, *Carnets I. Mai 1935 – Février 1942,* Paris: Gallimard 1962, S. 55–56.

– ders., *La mort heureuse (Cahiers Albert Camus I)*, herausgegeben von Jean Sarocchi, Paris: Gallimard 1971, S. 113–117.

Catherine Camus (Lourmarin, Frankreich), Schriftliche Auskünfte, 22. Januar 2004 ff.

Philippe Ferrand (Centre de documentation Albert Camus, Aix-en-Provence), Schriftliche Auskunft, 4. März 2004.

Herbert R. Lottmann, »Den Tod im Herzen«, in: ders., *Camus. Das Bild eines Schriftstellers und seiner Epoche* [1979, *Albert Camus – A Biography*], übersetzt von Hans-Henning Werner und Ina von Trossel-Brose, München: Heyne 1988, S. 106–117 (Endnoten: S. 595).

Roger Quilliot, »L'envers et l'endroit. Commentaires. Notes et variantes. Textes complémentaires«, in: Albert Camus, *Essais,* Bibliothèque de la Pléiade, Band 2, herausgegeben von Roger Quilliot und Louis Faucon, Paris: Gallimard 1990, S. 1169–1219.

Olivier Todd, »La lettre de Salzbourg«, in: ders., *Albert Camus, une vie,* Paris: Gallimard 1996, S. 148–160 (Endnoten: 1069–1070).

Jacques Chardonne

Anonym, »Avant-propos«, in: Jacques Chardonne, *Le Ciel de Nieflheim,* Bukarest: ohne Verlagsangabe 1991, S. 5–10.

Jacques Chardonne, »Voir l'Allemagne«, in: *La Gerbe,* 13. November 1941, S. 1.

– ders., »Über die deutsch-französischen Beziehungen«, in: Bernhard Payr [Hrsg.], *Phönix oder Asche? Frankreichs geistiges Ringen nach dem Zusammenbruch,* Dortmund: Volkschaft-Verlag 1942, 2. verb. Auflage: 1943, S. 382–384.

François Dufay, *Le voyage d'automne. Octobre 1941, des écrivains français en Allemagne. Récit,* Paris: Plon 2000.

André Lagarde und Laurent Michard, »Jacques Chardonne«, in: dies., *XXe siècle. Les grands auteurs français. Anthologie et histoire littéraire,* Paris: Bordas 1988, S. 500–502.

Martha Dodd

Charles A. Beard, »Introduction. Retrospect and Recollection«, in: William Edward Dodd, *Ambassador Dodd's Diary, 1933–1938*, herausgegeben von William E. Dodd, Jr., und Martha Dodd, London: Victor Gollancz 1941, S. 7–16.

Martha Dodd, »Death in Tiflis«, in: *Penguin Parade. New Stories, Poems, etc., by Contemporary Writers* 6, herausgegeben von Denys Kilham Roberts, Harmondsworth: Penguin 1939, S. 196–211.

– dies., *L'ambassade regarde,* kein Übersetzer angegeben, Paris: Aubier 1940.

– dies., *Sowing the wind* [1944/45], Berlin (DDR): Seven Seas Publishers 1960.

– dies., *The searching light,* London: John Calder 1956.

– dies., »Porträt meines Vaters« [1961], in: William Edward Dodd, *Diplomat auf heißem Boden. Tagebuch des USA-Botschafters William E. Dodd in Berlin 1933–1938*, herausgegeben von William E. Dodd jr. und Martha

Dodd mit einer Einführung von Charles A. Beard, übersetzt von G.F. Alexan, Berlin (DDR): Verlag der Nation [1964] (dritte, überarbeitete Auflage), S. 15–25.

Martha Dodd Papers, Library of Congress, Washington D.C.

»Martha Dodd. 1908–1990«, in: *Traces,* www.traces.org/marthadodd.html (Juni 2004).

William Edward Dodd, *Ambassador Dodd's Diary, 1933–1938*, herausgegeben von William E. Dodd, Jr., und Martha Dodd, London: Victor Gollancz 1941.

John F. Fox jr. (FBI), Schriftliche Auskünfte, 26. Oktober 2004 ff.

– ders., *»In Passion and in Hope:« The Pilgrimage of an American Radical, Martha Dodd Stern and Family, 1933–1990*, Dissertation (unveröffentlichtes Manuskript), University of New Hampshire 2001.

Bella Fromm, *Blood & Banquets. A Berlin Social Diary* [1943], New York: Kensington 2002, passim.

Heinrich Maria Ledig-Rowohlt, »Statt eines Vorworts. Thomas Wolfe in Berlin«, in: *Große Erzähler des 20. Jahrhunderts*, herausgegeben von Heinrich Maria Ledig-Rowohlt, Reinbek: Rowohlt 1983, S. 7–28, hier: S. 10, 14–15, 25–26.

Philip Metcalfe, *Berlin 1933. Das Jahr der Machtergreifung. Lebensläufe zu Beginn des Nationalsozialismus,* übersetzt von Marie-Luise Gutbrodt mit Gabriele Dick, Stuttgart: Bonn Aktuell 1989.

Wendell L. Minnick, *Spies and Provocateurs. A Worldwide Encyclopedia of Persons Conducting Espionage and Covert Action, 1946–1991,* Jefferson (North Carolina)/London 1992, S. 86, 216.

Norbert Muhlen, »Das seltsame Leben der Martha Dodd. Eine Frau im Zeitalter des Verrats«, in: *Der Monat* 11:121 (Oktober 1958), S. 59–66.

D. N. Pritt, »Nachwort« [1961], in: William Edward Dodd, *Diplomat auf heißem Boden. Tagebuch des USA-Botschafters William E. Dodd in Berlin 1933–1938*, herausgegeben von William E. Dodd jr. und Martha Dodd mit einer Einführung von Charles A. Beard, übersetzt von G. F. Alexan, Berlin (DDR): Verlag der Nation [1964] (dritte, überarbeitete Auflage), S. 499–505.

T. Rokotow, »Wahrheitsgetreue Schilderung eines Augenzeugen«, in: Martha Dodd, *Aus dem Fenster der Botschaft* [gekürzte Fassung], herausgegeben von T. Rokotow, Berlin: Verlag der Sowjetischen Militärverwaltung in Deutschland 1946, S. 3–7.

William L. Shirer, *Berlin Diary: The Journal of a Foreign Correspondent, 1934–1941* [1941], herausgegeben von Gordon A. Craig, Baltimore/London: Johns Hopkins University Press 2002, hier: S. 42, 66–67, 540.

Allen Weinstein und Alexander Vassiliev, »Love and Loyalties, I: The Case of Martha Dodd«, in: dies., *The Haunted Wood. Soviet Espionage in America – the Stalin Era,* New York: Random House 1999, S. 50–71 (Endnoten: S. 349–350).

Thomas Wolfe, Brief an Martha Dodd aus New York vom 10. Juli 1935, in: *The Letters of Thomas Wolfe*, herausgegeben von Elizabeth Nowell, New York: Charles Scribner's Sons 1956, S. 477–479.

Gunnar Ekelöf

Klaus-Jürgen Liedtke, (Berlin), Schriftliche Auskunft, 15. September 2004.

– ders., »Zeittafel«, in: Gunnar Ekelöf, *Der ketzerische Orpheus. Essays, Skizzen, Briefe. Zur Autobiographie und Poetologie,* herausgegeben und übersetzt von Klaus-Jürgen Liedtke, Münster: Kleinheinrich 1999, S. 286 bis 289.

Theo Findahl

Per Egil Hegge (*Aftenposten,* Oslo), Schriftliche Auskunft, 19. Oktober 2004.

Claus Heinrich Meyer, »Letzter Akt Berlin«, in: *Süddeutsche Zeitung,* 24. Februar 2003.

W. G. Sebald, »Luftkrieg und Literatur. Züricher Vorlesungen«, in: ders., *Luftkrieg und Literatur. Mit einem Essay zu Alfred Andersch,* Frankfurt am Main: S. Fischer 2001, S. 9–110.

Harry Flannery

Harry W. Flannery Collection, Walter P. Reuther Library, Detroit.

Pat Yoder (Clinton Township, USA), Schriftliche Auskunft, 12. Oktober 2004.

Max Frisch

Werner Durth, *Deutsche Architekten. Biographische Verflechtungen 1900–1970* [1986], München: dtv 1992, insbesondere: S. 57–73 und S. 137–153.

Max Frisch, *Tagebuch 1966–1971*, in: ders., *Gesammelte Werke in zeitlicher Folge,* herausgegeben von Hans Mayer mit Walter Schmitz, 12 Bände, Band 6 (1968–1975), Teilband 1, Frankfurt am Main: Suhrkamp 1976, S. 5–404, hier: S. 163 (»Reminiszenz«).

– ders., *Montauk. Eine Erzählung* [1975], in: ders., *Gesammelte Werke in zeitlicher Folge*, herausgegeben von Hans Mayer mit Walter Schmitz, 12 Bände, Band 6 (1968–1975), Teilband 2, Frankfurt am Main: Suhrkamp 1976, S. 617–754, hier: S. 727–729 (»Die jüdische Braut aus Berlin (zur Hitler-Zeit)«).

Volker Hage, *Max Frisch,* Reinbek: Rowohlt 1983, S. 24–27 (Endnoten: S. 137–138).

»Lebensdaten«, in: *jetzt: max frisch,* herausgegeben von Luis Bolliger, Walter Obschlager und Julian Schütt, Frankfurt am Main: Suhrkamp 2001, S. 343–346.

Jean Genet

Albert Dichy und Pascal Fouché, *Jean Genet. Versuch einer Chronologie 1910–1944* [1988, *Jean Genet, Essai de chronologie 1910–1944*], übersetzt von Rolf Stürmer, Gifkendorf: Merlin 1993, S. 156–165.

Oliver Lubrich, *Das Schwinden der Differenz. Postkoloniale Poetiken,* Bielefeld: Aisthesis 2004, S. 269–279.

Jean-Bernard Moraly, *Jean Genet. La vie écrite. Biographie,* Paris 1988, S. 51–67.

Jean-Paul Sartre, *Saint Genet, comédien et martyr* (= Jean Genet, *Œuvres complètes* 1), Paris: Gallimard 1952.

Edmund White, *Genet. A Biography,* New York: Vintage 1994, S. 124 bis 127.

Heinrich Hauser

Michael Bienert, »Heinrich Hausers Verwandlungen (1932/33)«, in: ders., *Die eingebildete Metropole: Berlin im Feuilleton der Weimarer Republik,* Stuttgart: Metzler 1992, S. 180–196 (Endnoten: S. 241–244).

Walter Delabar, »Zur Besinnung gekommen – Heinrich Hauser als Autor des Eugen Diederichs Verlags. Eine Fallstudie über einen Verlagswechsel samt Varianten«, in: *Romantik, Revolution und Reform. Der Eugen Diederichs Verlag im Epochenkontext 1900–1949*, herausgegeben von Justus H. Ulbricht und Meike G. Werner, Göttingen: Wallstein 1999, S. 248 bis 270.

Grith Graebner, *»Dem Leben unter die Haut kriechen…« Heinrich Hauser – Leben und Werk. Eine kritisch-biographische Werk-Bibliographie,* Aachen: Shaker 2001.

Gregor Streim, »Als nationaler Pionier inner- und außerhalb des Dritten Reichs. Heinrich Hauser 1933–45«, in: *Spielräume des Einzelnen. Deutsche Literatur in der Weimarer Republik und im Dritten Reich*, herausgegeben von Walter Delabar, Horst Denkler und Erhard Schütz, Berlin: Weidler 1999, S. 105–120.

– ders., »Flucht nach vorn zurück. Heinrich Hauser – Portrait eines Schriftstellers zwischen Neuer Sachlichkeit und ›reaktionärem Modernismus‹«, in: *Jahrbuch der Deutschen Schillergesellschaft* 43 (1999), S. 377–402.

– ders., »Junge Völker und neue Technik. Zur Reisereportage im ›Dritten Reich‹, am Beispiel von Friedrich Sieburg, Heinrich Hauser und Margret Boveri«, in: *Zeitschrift für Germanistik* 2 (1999), S. 344–359.

Johannes Werner, »Einer, der nirgends blieb. Über Heinrich Hauser«, in: *Aus dem Antiquariat* (Beilage zum *Börsenblatt für den Deutschen Buchhandel*) 168:34 (2001), S. 209–215.

Sven Hedin

Detlef Brennecke, »Ein Werbeträger der Nazis«, in: ders., *Sven Hedin*, Reinbek: Rowohlt 1986, S. 102–107 (Endnoten: S. 131–132).

Richard Hillary

Sebastian Faulks, »Introduction«, in: Richard Hillary, *The Last Enemy. The Memoir of a Spitfire Pilot,* herausgegeben von Sebastian Faulks, Short Hills (New Jersey): Burford Books 1998, S. IX–XIV.

– ders., »Richard Hillary«, in: ders., *The Fatal Englishman. Three Short Lives* [1996], New York: Vintage 2002, S. 109–208.

Meinrad Inglin

Werner Büeler (Kantonsbibliothek Schwyz), Schriftliche Auskunft, 23. September 2002.

Thomas Hürlimann, *Der Gesandte,* in: ders., *Das Lied der Heimat. Alle Stücke,* Frankfurt am Main: S. Fischer 1998, S. 219–260.

Meinrad Inglin, Briefwechsel mit W. Imhoof (Auslandschweizer-Werk der Neuen Helvetischen Gesellschaft), 5. Januar 1940, 8. Januar 1940, 11. Januar 1940, 25. Januar 1940, 26. Januar 1940, 6. Februar 1940, 16. Februar 1940, 15. März 1940, 16. Juli 1940, Inglin-Nachlaß, Kantonsbibliothek Schwyz.

– ders., Typographiertes Schreiben [22. März 1940] an W. Imhoof, Inglin-Nachlaß, Kantonsbibliothek Schwyz.

– ders., »Missglückte Reise durch Deutschland. Februar/März 1940«, 28seitiges Typoskript, Datierung: »Sommer 1943«, Inglin-Nachlaß, Kantonsbibliothek Schwyz.

www.meinradinglin.ch.

– ders., »Missglückte Reise durch Deutschland«, 22seitiges Typoskript, ohne Datierung, wahrscheinlich 1961/1962, Inglin-Nachlaß, Kantonsbibliothek Schwyz.

Oliver Lubrich, »Meinrad Inglin (1940)«, in: ders., »En el corazón de las tinieblas: Escritores viajeros en la Alemania nazi«, in: *Revista de Occidente* 266–267 (Juli/August 2003), S. 158–185, hier: S. 174–178.

Beatrice von Matt, *Meinrad Inglin. Eine Biographie,* Zürich: Atlantis 1976, S. 200–205.

Ulrich Niederer (Zentral- und Hochschulbibliothek Luzern), Schriftliche Auskunft, 21. September 2002.

Georg Schoeck (Brunnen, Schweiz), Schriftliche Auskünfte, 24. September 2002 ff.

Virginia Irwin

Nancy Caldwell Sorel, *The Women Who Wrote the War,* New York: Perennial 2000.

Reporting World War II, Part II: *American Journalism 1944–1946,* New York: Library of America 1995, S. 917.

»SHAEF announces disaccrediting of Irwin and Tully«, in: *St. Louis Post-Dispatch*, 10. Mai 1945, S. 3A.

Schriftverkehr zwischen dem Hauptquartier der US-amerikanischen Truppen in Europa und dem Volkskommissariat für Auswärtige Angelegenheiten in Moskau, 2. Mai 1945, 3. Mai 1945, 7. Mai 1945, *National Archives* II, College Park, Maryland.

Andrew Tully, »Story Number 2«, for *Boston Traveller,* Berlin, 27. April 1945, 7 Seiten, *National Archives* II, College Park, Maryland.

Christopher Isherwood

Günther Blaicher, »Das Berlin der frühen dreißiger Jahre: Christopher Isherwood, *Mr. Norris Changes Trains* (1935) und *Goodbye to Berlin* (1939)«, in: ders., *Das Deutschlandbild in der englischen Literatur*, Darmstadt: Wissenschaftliche Buchgesellschaft 1992, S. 217–226 (Endnoten: S. 280).

Jane C. Cushman, »Cabaret – An Introduction«, in: Joe Masteroff, John Kander und Fred Ebb, *Cabaret* [1966], New York u. a.: Scholastic Book Services 1973, S. III–VII.

John van Druten, *I Am a Camera* [1951], New York: Dramatists Play Service 1983.

– ders., »Note to Producers«, ebd., S. 5–8.

Christopher Isherwood, *Sally Bowles,* London: Hogarth Press 1937.

– ders., *Christopher and his Kind 1929–1939,* London: Eyre Methuen 1977, S. 94–106.

– ders., *Lions and Shadows. An Education in the Twenties* [1947], Minneapolis: University of Minnesota Press 2000.

Joe Masteroff, John Kander und Fred Ebb, *Cabaret* [1966], New York u. a.: Scholastic Book Services 1973.

John J. White: »Sexual Mecca, Nazi Metropolis, City of Doom. The Pattern of English, Irish and American Reactions to the Berlin of the Inter-War Years«, in: *Berlin. Literary Images of a City. Eine Großstadt im Spiegel der Literatur,* herausgegeben von Derek Glass, Dietmar Rösler und John J. White, Berlin 1989, S. 124–145.

Wiking Jerk

Thorolf Hillblad, »Foreword« [2002], in: *Twilight of the Gods. A Swedish Waffen-SS Volunteer's Experiences with the 11th SS Panzergrenadier Division Nordland, Eastern Front 1944–45,* herausgegeben von Thorolf Hillblad, übersetzt von Jackie Logan mit Thorolf Hillblad, Solihull (England): Helion & Company 2004, S. 5–6.

Anders Lagerström, »Förord«, in: Wiking Jerk, *Ragnarök. En berättelse om slutstriden i Europa 1945,* Linköping: Nordiska förlaget 2004, S. 9–11.

Bosse Schön, *Svenskarna som stred för Hitler* [Die Schweden, die für Hitler kämpften], Stockholm: Dagens Nyheter Verlag 2000.

Niclas Sennerteg (Schwedischer Rundfunk, Borås; Autor), Telephonische und schriftliche Auskünfte, 24. September 2004 ff.

René Juvet

René Juvet, *Die Deutschen im kommenden Europa,* Bern: Herbert Lang 1945.

Marlys Moser (Europa Verlag, Zürich), Schriftliche Auskunft, 23. März 2004.

Alice Schneider-Tétaz (Köln), Telephonische Auskünfte, 27. September 2004 ff.

Schweizerisches Bundesarchiv, Dossier zu René Juvet, *Ich war dabei...* (Zensurakten, Abteilung Presse und Rundfunk).

Stadtarchiv München, Meldeunterlagen.

Myriam Tétaz-Gramegna (Lausanne), Schriftliche Auskunft, 21. September 2004.

Numa Tétaz, Erinnerungen [Handschrift], 538 Seiten, unveröffentlicht. – ders., *Du darfst leben,* Zürich: Flamberg 1970.

»Numa Tétaz gestorben«, in: *Neue Zürcher Zeitung,* 25. November 1986.

Jacob Kronika

Berlin im Zweiten Weltkrieg. Der Untergang der Reichshauptstadt in Augenzeugenberichten, herausgegeben von Hans Dieter Schäfer, München: Piper 1985, S. 388.

Der Kampf um Berlin 1945 in Augenzeugenberichten, herausgegeben von Peter Gosztony, München: dtv 1975.

Maria Leitner

Karolina Dorothea Fell, »Maria Leitner: Amerika, hast du es besser?«, in: dies., *Kalkuliertes Abenteuer. Reiseberichte deutschsprachiger Frauen (1920–1945)*, Stuttgart/Weimar: J. B. Metzler 1998, S. 114–130 (Endnoten: S. 296–301).

Helga W. Schwarz, »Nachwort«, in: Maria Leitner, *Elisabeth, ein Hitlermädchen. Erzählende Prosa, Reportagen und Berichte,* herausgegeben von Helga W. Schwarz, Berlin/Weimar: Aufbau 1985, S. 469–488.

József Nyírö

László-Attila Burger (Budapest), Schriftliche Auskünfte, 16. August 2004 ff.

Frank-Rutger Hausmann, *»Dichte, Dichter, tage nicht!« Die Europäische Schriftsteller-Vereinigung in Weimar 1941–1948,* Frankfurt am Main: Klostermann 2004, S. 316–320.

Denis de Rougemont

Jürg Altwegg, »Denis de Rougemont – Philosophie der Freiheit, Politik der Person«, in: Denis de Rougemont, *Journal aus Deutschland 1935–1936*, übersetzt von Tobias Scheffel, Wien: Paul Zsolnay 1998, S. 129–148.

Jean-Paul Sartre

Annie Cohen-Solal, *Sartre 1905–1980* [1985, *Sartre*], Reinbek: Rowohlt 1988, S. 172–181 (Endnoten: S. 795).

Jean-Paul Sartre, *Les carnets de la drôle de guerre. Novembre 1939 – Mars 1940*, Paris: Gallimard 1983, S. 224–226 (Eintrag vom 1. Februar 1940), S. 338–340 (Eintrag vom 28. Februar 1940), S. 345 (Eintrag vom 29. Februar 1940).

René Schindler

Ariane Duttli (Gemeinde Binningen, Schweiz), Schriftliche Auskunft, 20. September 2004.

Stefan George, »Geheimes Deutschland«, in: ders., *Das neue Reich* [1928], *Sämtliche Werke* in 18 Bänden, Band 9, Stuttgart: Klett Cotta 2001, S. 45–49.

Peter Hoffmann, »Das geheime Deutschland«, in: ders., *Claus Schenk Graf von Stauffenberg und seine Brüder*, Stuttgart: Deutsche Verlags-Anstalt 1992, S. 61–78 (Endnoten: 488–494); außerdem: S. 443 und 598–599 (Anmerkung).

Marita Keilson-Lauritz, »Hans von Prott und das ›Geheime Deutschland‹«, in: *Castrum Perigrini* 148/149 (1981), S. 18–34.

Marlys Moser (Europa Verlag, Zürich), Schriftliche Auskunft, 23. März 2004.

Franz Wolfgang Rieppel, *Die Entschuldung der Schweizerischen Landwirtschaft nach dem Bundesgesetz über die Entschuldung landwirtschaftlicher Heimwesen vom 12. Dezember 1940*, Dissertation: Universität Zürich, Zürich: Kommerzdruck und Verlags AG 1943.

– ders., *Jugend, Liebe und Tod. Ausgewählte Gedichte*, Basel: Buchverlag Basler Zeitung 1995.

– ders., *Die Krone war an allem schuld. Ein Märchen für Erwachsene* (mit Illustrationen von Helga Zilcher), Basel: Buchverlag Basler Zeitung 1996.

– ders., *Requiem. Für ein fremdes Mädchen. Für einen jungen Freund* (mit Illustrationen von Helga Zilcher), Basel: Buchverlag Basler Zeitung 1997.

Schweizerische Bundesanwaltschaft, Dossier zu Wolfgang Rieppel (1942–1944).

Schweizerisches Bundesarchiv, Dossier zu René Schindler, *Ein Schweizer erlebt das geheime Deutschland* (Zensurakten, Abteilung Presse und Rundfunk).

Stadtarchiv München, Meldeunterlagen.

Annemarie Schwarzenbach

Uta Fleischmann (Oldenburg), Schriftliche Auskunft, 18. Oktober 2004.

– dies., »Vorwort« (2001) und Vorbemerkungen (1992), in: Annemarie Schwarzenbach, *»Wir werden es schon zuwege bringen, das Leben«. Annemarie*

Schwarzenbach an Erika und Klaus Mann, Briefe 1930–1942, herausgegeben von Uta Fleischmann, Herbolzheim: Centaurus 2001, S. 11 und 12–13.

– dies., »Kurzbiographie Annemarie Schwarzenbach«, ebd., S. 193–197.

Fredric Kroll, »Der schutzlose Engel und ihr Unbehauster: Eine ungeschlossene Ehe«, ebd., S. 207–214.

Irmela von der Lühe, »›Welch störrischer Unglücksengel!‹ – Die Briefe Annemarie Schwarzenbachs aus der Sicht Erika Manns«, ebd., S. 199–205.

Annemarie Schwarzenbach. Autorin – Reisende – Fotografin. Dokumentation des Annemarie-Schwarzenbach-Symposiums in Sils/Engadin vom 25. bis 28. Juni 1998, herausgegeben von Elvira Willems, Herbolzheim: Centaurus 2001 (zweite Auflage).

Shi Min

Heiner Frühauf (Portland, USA), Schriftliche Auskünfte, 13. Juli 2003 ff.

– ders., »Deutschland in der chinesischen Reiseliteratur der zwanziger und dreißiger Jahre«, in: *Mein Bild in deinem Auge. Exotismus und Moderne: Deutschland – China im 20. Jahrhundert,* herausgegeben von Wolfgang Kubin, Darmstadt: Wissenschaftliche Buchgesellschaft 1995, S. 283–299.

William L. Shirer

Gordon A. Craig, »Foreword to the Johns Hopkins Edition«, in: William Shirer, *Berlin Diary: The Journal of a Foreign Correspondent, 1934–1941,* herausgegeben von Gordon A. Craig, Baltimore/London: Johns Hopkins University Press 2002, S. IX–XIII.

John Keegan, »Introduction«, in: William Shirer, *»This is Berlin«. Reporting from Nazi Germany 1938–40*, London: Arrow 2000, S. IX–XII.

Jürgen Schebera, »Nachbemerkung«, in: William Shirer, *Berliner Tagebuch. Aufzeichnungen eines Auslandskorrespondenten 1934–1941*, übersetzt und herausgegeben von Jürgen Schebera, Leipzig: Reclam 1995, S. 342–345.

– ders., »Nachbemerkung«, in: William Shirer, *Berliner Tagebuch. Das Ende. 1944–45*, übersetzt und herausgegeben von Jürgen Schebera, Leipzig: Gustav Kiepenheuer 1994, S. 454–457.

Inga Shirer Dean, »Preface«, in: William Shirer, *»This is Berlin«. Reporting from Nazi Germany 1938–40*, London: Arrow 2000, S. 1–10.

– dies., »Nachwort« [deutsche Fassung], in: William Shirer, *This is Berlin. Rundfunkreportagen aus Deutschland 1939–1940* [Auswahl], übersetzt von Stefan Welz und Thomas Irmer, herausgegeben von Clemens Vollnhals, Leipzig: Gustav Kiepenheuer 1999, S. 397–410.

William Shirer, *»This is Berlin«. Reporting from Nazi Germany 1938–40*, London: Arrow 2000.

– ders., *End of a Berlin Diary,* New York: Popular Library 1947.

– ders., *The Rise and Fall of the Third Reich. A History of Nazi Germany* [1959], New York: Touchstone 1990.

– ders., *Das Jahrzehnt des Unheils. Meine Erlebnisse und Erfahrungen in Deutschland und Europa 1930–1940,* übersetzt von Karl A. Klewer, Bern/München/Wien: Scherz 1986.

Clemens Vollnhals, »Einleitung«, in: William Shirer, *This is Berlin. Rundfunkreportagen aus Deutschland 1939–1940* [Auswahl], übersetzt von Stefan Welz und Thomas Irmer, herausgegeben von Clemens Vollnhals, Leipzig: Gustav Kiepenheuer 1999, S. 7–29.

Georges Simenon

Du 734 (März 2003).

Nicole Geeraert, *Georges Simenon*, Reinbek: Rowohlt 1991, S. 70 (Endnoten: S. 117).

Francis Lacassin, »Note de l'éditeur pour la nouvelle édition«, in: Georges Simenon, *Mes apprentissages. Reportages 1931–1946*, herausgegeben von Francis Lacassin, Paris: omnibus 2001, S. I–II.

– ders., »Simenon journaliste« (Préface à l'édition de 1975), ebd., S. 9–25.

– ders., »Le reportage selon Simenon«, ebd., S. 355–363.

– ders., »Entre les décombres du passé et les nuages de l'avenir«, ebd., S. 697–699.

– ders., »Repères biographiques 1928–1946«, ebd., S. 1033–1040.

Elisabeth Lenk/Katherina Kaever, *Peter Kürten, genannt der Vampir von Düsseldorf,* Frankfurt am Main: Eichborn 1997 (Die Andere Bibliothek, Band 156).

Patrick Marnham, *Der Mann, der nicht Maigret war. Das Leben des Georges Simenon* [1992, *The Man Who Wasn't Maigret*], übersetzt von Helmut Kossodo, Berlin: Albrecht Knaus 1995, S. 212–216.

Howard K. Smith

Niels Kadritzke, »Anmerkungen des Übersetzers«, in: Howard Kingsbury Smith, *Feind schreibt mit. Ein amerikanischer Korrespondent erlebt Nazi-Deutschland*, übersetzt von Niels Kadritzke, Berlin: Rotbuch 1982, S. 307 bis 310; ebenfalls: Frankfurt/Main: S. Fischer 1986, S. 306–309.

Howard K. Smith, »Nachwort des Autors« (zur deutschen Ausgabe, 1982), in: Howard Kingsbury Smith, *Feind schreibt mit. Ein amerikanischer Korrespondent erlebt Nazi-Deutschland,* übersetzt von Niels Kadritzke, Berlin: Rotbuch 1982, S. 304–306; ebenfalls: Frankfurt am Main: S. Fischer 1986, 303–305.

Konrad Warner

Berlin im Zweiten Weltkrieg. Der Untergang der Reichshauptstadt in Augenzeugenberichten, herausgegeben von Hans Dieter Schäfer, München: Piper 1985, S. 389.

Simone Bleuler (Schweizerische Landesbibliothek, Bern), Schriftliche Auskunft, 16. September 2004.

Rudolf Probst (Schweizerisches Literaturarchiv, Bern), Schriftliche Auskunft, 16. September 2004.

Schweizerisches Bundesarchiv, Dossier zu Konrad Warner, *Schicksalswende Europas…* (Zensurakten, Abteilung Presse und Rundfunk).

Konrad Warner, *Dans la Cité mourante… Le vivant témoignage d'un Suisse qui a vu de ses yeux crouler Berlin sous les bombardements,* Übersetzung, Lausanne: Éditions Spes o. J.

Thomas Wolfe

Morris Beja, »The Escapes of Time and Memory«, in: *Modern Critical Views. Thomas Wolfe*, herausgegeben von Harold Bloom, New York/New Haven/Philadelphia: Chelsea House 1987, S. 29–58.

Clyde C. Clements, Jr., »Symbolic Patterns in *You Can't Go Home Again*«, ebda., S. 9–18.

David Herbert Donald, *Look Homeward: A Life of Thomas Wolfe,* Boston/Toronto: Little, Brown and Company 1987, S. 319–326 und 384–421.

Susanne Eisele, »Thomas Wolfe: ›A great people… desperately ill with some dread malady of the soul.‹«, in: dies., *Das Deutschlandbild in der amerikanischen Literatur des Zweiten Weltkrieges,* Erlangen: Dissertation 1959, S. 13–18.

Elizabeth Evans, *Thomas Wolfe,* New York: Frederick Ungar 1984, S. 22 bis 23, 83, 131, 137 (Endnoten: S. 168, 172, 175).

C. Hugh Holman, »Introduction«, in: *The Short Novels of Thomas Wolfe,* herausgegeben von C. Hugh Holman, New York: Charles Scribner's Sons 1961, S. VII–XX.

John L. Idol, Jr., »The Narrative Discourse of Thomas Wolfe's ›I Have a Thing to Tell You‹«, in: *Studies in Short Fiction* 30 (1993), S. 45–52.

– ders., »Germany as Thomas Wolfe's Second Dark Helen: The *Angst* of *I Have a Thing to Tell You*«, in: *The Thomas Wolfe Review* 19:1 (Frühling 1995), S. 1–9.

Carol Ingalls Johnston, »The Posthumous Novels«, in: dies., *Of Time and the Artist. Thomas Wolfe, His Novels, and the Critics,* Columbia: Camden House 1996, S. 143–158.

– dies., »The Authority of the Text«, ebd., S. 159–177.

Richard S. Kennedy, »A Political Awakening: *I Have a Thing to Tell You*«, in: ders., *The Window of Memory. The Literary Career of Thomas Wolfe*, Chapel Hill: University of North Carolina Press 1962, S. 325–333.

Wolfgang Klimke, »About the Author«, in: *I Have a Thing to Tell You* (From *You Can't Go Home Again*), herausgegeben von Wolfgang Klimke, Paderborn: Schöningh o. J., S. 4–6.

Heinrich Maria Ledig-Rowohlt, »Statt eines Vorworts. Thomas Wolfe in Berlin«, in: *Große Erzähler des 20. Jahrhunderts,* herausgegeben von Heinrich Maria Ledig-Rowohlt, Reinbek: Rowohlt 1983, S. 7–28.

Oliver Lubrich, »Thomas Wolfe (1936)«, in: ders., »En el corazón de las tinieblas: Escritores viajeros en la Alemania nazi«, in: *Revista de Occidente* 266–267 (Juli/August 2003), S. 158–185, hier: S. 168–173.

Elizabeth Nowell, *Thomas Wolfe. A biography*, London/Melbourne/Toronto: Heinemann 1961, S. 269–278 und 325–336.

Robert Raynolds, *Thomas Wolfe. Memoir of a Friendship,* Austin/London: University of Texas Press 1965, S. 143–145.

Fritz Heinrich Ryssel, »Es führt kein Weg zurück«, in: ders., *Thomas Wolfe*, Berlin: Colloquium 1963 (Köpfe des XX. Jahrhunderts 31), S. 66 bis 83.

Frank Wilson, »Anticipation, Adulation, Separation, and Epiphany. Thomas Wolfe's German Experience«, in: *The Thomas Wolfe Review* 21:1 (Frühling 1997), S. 1–7.

Thomas Wolfe, *You Can't Go Home Again,* New York: HarperCollins/Perennial Classics 1998, S. 585–667.

– ders., *The Notebooks of Thomas Wolfe,* herausgegeben von Richard S. Kennedy und Paschal Reeves, Chapel Hill: North Carolina University Press 1970, 2 Bände, Band 2, S. 821–836.

– ders., *The Letters of Thomas Wolfe,* herausgegeben von Elizabeth Nowell, New York: Charles Scribner's Sons 1956, S. 459–467, 470, 477 bis 479, 540–542.

Waldemar Zacharasiewicz, »Deutschland als Gegenbild und Kontrastfolie bei Thomas Wolfe«, in: ders., *Das Deutschlandbild in der amerikanischen Literatur,* Darmstadt: Wissenschaftliche Buchgesellschaft 1998, S. 184–194 (Endnoten: S. 332–335).

Virginia Woolf

Anne Olivier Bell, »Editor's Preface«, in: *The Diary of Virginia Woolf. Volume Four: 1931–1935*, herausgegeben von Anne Olivier Bell mit Andrew McNeillie, San Diego/New York/London: Harcourt Brace & Company 1982, S. VII–IX.

– dies., »Editorial Note« und »Acknowledgments«, ebd., S. IX–XI und S. XI–XIII.

Klaus Reichert, »Vorbemerkung zu Band 4 der deutschen Ausgabe der Tagebücher«, in: Virginia Woolf, *Tagebücher 4. 1931–1935*, übersetzt von Maria Bosse-Sporleder, herausgegeben von Klaus Reichert, Frankfurt am Main: S. Fischer 2003, S. 7–10.

Werner Waldmann, *Virginia Woolf,* Reinbek: Rowohlt 1983.

Leonard Woolf, *Downhill all the Way. An Autobiography of the Years 1919–1939*, London: Readers Union/Hogarth Press 1968, S. 185–194.

Zeittafel

6. November 1932	Reichstagswahlen. Stimmenanteil der NSDAP: 33,5 Prozent.
30. Januar 1933	Reichspräsident Paul von Hindenburg beruft Adolf Hitler als Chef einer Koalitionsregierung zum Reichskanzler.
27. Februar 1933	Reichstagsbrand.
5. März 1933	Reichstagswahlen. Stimmenanteil der NSDAP: 44 Prozent
1. April 1933	Organisierter Boykott jüdischer Geschäfte.
20. Juli 1933	Konkordat zwischen dem Deutschen Reich und dem Vatikan.
30. Juni 1934	»Röhm-Morde«: Hitlers »Säuberung« der SA.
25. Juli 1934	Nationalsozialistischer Putsch in Österreich. Ermordung des austrofaschistischen Diktators Engelbert Dollfuß.
2. August 1934	Nach Hindenburgs Tod wird Hitler Reichspräsident. Vereidigung der Reichswehr auf Adolf Hitler.
13. Januar 1935	Volksabstimmung im Saarland: 91 Prozent für Wiedereingliederung in das Deutsche Reich.
16. März 1935	Wiedereinführung der allgemeinen Wehrpflicht.
15. September 1935	»Nürnberger Gesetze«.
3. Oktober 1935	Beginn des italienischen Kolonialkrieges in Abessinien.
7. März 1936	Remilitarisierung des Rheinlandes.
18. Juni 1936	Militär-Revolte unter Franco. Beginn des Spanischen Bürgerkrieges.
1. August 1936	Eröffnung der Olympischen Spiele in Berlin.
13. März 1938	»Anschluß« Österreichs.

29. September 1938	Münchener Konferenz.
1. Oktober 1938	Einmarsch in das Sudetenland.
9./10. November 1938	»Reichskristallnacht«.
15./16. März 1939	Einmarsch in die »Rest-Tschechei«.
28. März 1939	Einzug der Franquisten in Madrid. Ende des Spanischen Bürgerkrieges.
23. August 1939	Nichtangriffspakt mit der Sowjetunion.
1. September 1939	Deutscher Überfall auf Polen.
9. April 1940	Beginn der Besetzung Dänemarks und Norwegens.
10. Mai 1940	Angriff auf Luxemburg, Belgien, die Niederlande und Frankreich.
22. Juni 1940	Waffenstillstand in Compiègne.
6. Februar 1941	Eingreifen des »Afrikakorps« unter Erwin Rommel in den Krieg in Nordafrika.
6. April 1941	Feldzug gegen Jugoslawien und Griechenland.
22. Juni 1941	Überfall auf die Sowjetunion.
31. Juli 1941	Beauftragung Reinhard Heydrichs mit der »Endlösung der Judenfrage«.
9. Oktober 1941	Auf einer Pressekonferenz verkündet Hitlers Pressechef Otto Dietrich den Sieg über die Sowjetunion.
5. Dezember 1941	Beginn der sowjetischen Winteroffensive.
20. Januar 1942	»Wannsee-Konferenz« zur »Endlösung der Judenfrage«.
28. Juni 1942	Beginn der deutschen Sommeroffensive. Vordringen bis zur Wolga.
23. Oktober 1942	Beginn der britischen Gegenoffensive bei El Alamein.
19. November 1942	Beginn der sowjetischen Winteroffensive.
22. November 1942	Einkesselung der deutschen Verbände in Stalingrad.
31. Januar/ 2. Februar 1943	Kapitulation der deutschen Truppen (6. Armee unter Feldmarschall Paulus) in Stalingrad.

18. Februar 1943	Joseph Goebbels erklärt den »totalen Krieg«.
6. Juni 1944	Landung der westlichen Alliierten in der Normandie.
20. Juli 1944	Fehlschlagendes Attentat auf Adolf Hitler im Führerhauptquartier »Wolfsschanze«.
13./14. Februar 1945	Zerstörung Dresdens durch alliierte Bomber.
19. März 1945	Hitlers »Nero-Befehl« zur Verwüstung verlorener deutscher Gebiete.
16. April 1945	Beginn der letzten sowjetischen Offensive an der Oder.
30. April 1945	Adolf Hitler begeht im Bunker unter der Reichskanzlei Selbstmord.
7./8./9. Mai 1945	Unterzeichnung der bedingungslosen Kapitulation der deutschen Wehrmacht in Reims (durch Jodl) und Karlshorst (durch Keitel).

Oliver Lubrich,

geboren 1970, studierte Allgemeine und Vergleichende Literaturwissenschaft, Germanistik und Philosophie in Berlin, Saint-Étienne und Berkeley. Er unterrichtet am Institut für Allgemeine und Vergleichende Literaturwissenschaft der Freien Universität Berlin.

Übersetzung des Romans *Los amigos y el viento* von Virginia Grütter Jiménez (Ludwigsburg 1996). Kurator der Ausstellung *Zeichen des Alltags – Jüdisches Leben in Deutschland heute* (17 Standorte in Deutschland und Österreich, 2000 bis 2004). Publikationen zu Alexander von Humboldt, Dracula und James Bond, Museologie und jüdischen Studien, Shakespeare (*Shakespeares Selbstdekonstruktion,* Würzburg 2001) und Postkolonialismus (*Das Schwinden der Differenz. Postkoloniale Poetiken,* Bielefeld 2004). Zusammen mit Ottmar Ette hat Oliver Lubrich in der ANDEREN BIBLIOTHEK Alexander von Humboldts *Ansichten der Kordilleren* und *Kosmos. Entwurf einer physischen Weltbeschreibung* herausgegeben (2004).

Reisen ins Reich, 1933 bis 1945,
eine Sammlung von Berichten ausländischer Autoren
aus Deutschland, zusammengestellt und
mit einer Einleitung versehen von Oliver Lubrich,
ist im Dezember 2004 als zweihundertvierzigster Band
der ANDEREN BIBLIOTHEK im Eichborn Verlag,
Frankfurt am Main, erschienen. Auskunft über die Quellen
und die Übersetzer gibt der Anhang.
Das Lektorat lag in den Händen von Rainer Wieland.

Dieses Buch
wurde in der Korpus Garamond Antiqua
von Wilfried Schmidberger in Nördlingen gesetzt
und bei der Fuldaer Verlagsanstalt auf 100 g/m² holz-
und säurefreies mattgeglättetes Bücherpapier
der Papierfabrik Schleipen gedruckt. Den Einband
besorgte die Buchbinderei G. Lachenmaier, Reutlingen.
Ausstattung & Typographie franz.greno@libero.it

1. bis 8. Tausend, Dezember 2004.
Von diesem Band der ANDEREN BIBLIOTHEK
gibt es eine handgebundene Lederausgabe mit den
Nummern 1 bis 999; die folgenden Exemplare
der limitierten Erstausgabe werden ab 1001 numeriert.
Dieses Buch trägt die Nummer:

* 4772